MAZDAZNAN

Atem- und Gesundheitskunde

Dr. Otoman Zar Adusht Hanish

Dr. Otoman Zar Adusht Hanish

MAZDAZNAN

Atem- und Gesundheitskunde

von

Dr. Otoman Zar Adusht Hanish

(1844-1936)

Begründer der internationalen und interdenominationalen
Mazdaznan-Bewegung

In deutscher Sprache bearbeitet und 1954 herausgegeben von

Dr. Otto Rauth, M. D. PH. D.

(1881-1967)

Elektor der deutsch sprechenden Mazdaznan-Bewegung

Neuauflage 2003 der
deutschen Zentralausgabe 1954

Überarbeitet, ergänzt und herausgegeben durch die
Wassermann und Lichtweg – Arbeitsgemeinschaft

ISBN 3-00-011839-X

Inhaltsverzeichnis

Erster Teil
Entwicklung der Sinne

Zweiter Teil
Ausgleichung der Körper- und Geisteskräfte

Liederverzeichnis

Vorwort

Seitdem **Anquetil du Perron** im Jahr 1762 aus Surat in Indien nach Frankreich zurückgekehrt war und gewisse Kenntnisse **uralter zarathustrischer Lehren** mitgebracht hatte, haben Einzelne und auch ganze Schulen diese Lehren beständig ausgenutzt und ausgebeutet, ohne die eigentliche Quelle zu nennen, vielleicht auch ohne sie recht zu kennen. Swedenborg, Voltaire, Kant, Spinoza, Renan, Schopenhauer, Max Müller, Spencer, Haeckel, Jackson und viele andere haben **reichlich daraus geschöpft**, ohne den Ursprung dieser Weisheiten zu erwähnen.

Dr. Otoman Zar Adusht Hanish war der erste, der die Quelle offen nannte und den Schleier von einer **Lehre** zog, die klar und **entschleiert** gesehen zu werden verdient, um so mehr, weil sich diese uralten Weisheiten befruchtend auf alle philosophischen Systeme bis zur **Gegenwart** ausgewirkt haben. Dr. Hanish hat der Gesamtheit der von ihm wiedergebrachten Lehren den Namen **Mazdaznan** (sprich: Masdasnan) gegeben, um schon hierdurch die Herkunft zu kennzeichnen.

Aus **Liebe zur Menschheit** gab er ihr die Lehren wieder, die vergessen oder missverstanden worden waren, und betrachtete es, nachdem er die Wahrheit und die Vorteile der Lebensregeln an sich selbst erprobt hatte, als seine **heilige Pflicht**, seinen Mitmenschen den **Weg zum Fortschritt** zu ebnen, damit noch viele aus der unversiegbaren Quelle schöpfen können und die Natur mit ihren unzähligen Wundern und damit „Gott kennen" lernen.

> Der **Mensch**, der sich glücklich und wohl fühlen will, muss ständig wachsen, ständig fortschreiten, seine Fähigkeiten nutzbringend anwenden, denen **keine Grenzen** gesetzt sind. Wenn er heute seine Natur nicht voll entwickelt, so liegt das daran, dass er den Urquell alles Wissens und Könnens, die Natur, verleugnet und den Einflüssen anderer zugänglich ist und ihnen zum Opfer fällt. Durch richtiges **Ein- und Ausatmen** kann er den **Weg zur Quelle** zurückfinden. Dies ist zugleich der einzige Weg, der zum Ziel führt und auf dem das zu erstrebende Gleichgewicht zwischen **Geist und Materie** verwirklicht werden kann.

In der Zeit, als Dr. Hanish in den USA lehrte, wurden die Mazdaznan Atemübungen durch ihn oder durch seine Schüler, üblicherweise in drei Monate lang dauernden Kursen ausführlich gelehrt und praktiziert. Erst im Jahre 1902 ließ Dr. Hanish die Inhalte dieser Kurse unter dem Titel „Health- and Breath Culture“ herausgeben, um den Kursteilnehmern ein Nachschlagewerk zur Wiederholung und weiteren Vertiefung in die Hand zu geben.

Der erste Botschafter der Bewegung in Europa **Vater David Ammann** (1855-1923), übersetzte im Jahre 1909 das Werk ins Deutsche. In den Folgejahren erlebte es beständige Erweiterungen, Neuauflagen und große Verbreitung in allen Schichten der Bevölkerung.

Bei den zahlreichen Deutschland- und Europa-Reisen Dr. Hanishs, erhielt der als Leiter für die deutschsprechenden Länder eingesetzte Kalantar **Dr. Otto Rauth,** bereits 1931 unmittelbar den Auftrag, die **„Atem- und Gesundheitskunde“** neu zu überarbeiten. Jedoch konnte dies, aufgrund des Verbotes der Mazdaznan-Bewegung durch die Nationalsozialisten im Jahre 1935, erst 1954 geschehen. **Mutter Frieda Ammann** (1862-1955) schrieb im Vorwort zur Ausgabe von 1954: „Nach Vater Davids Heimgang im Jahre 1923 hat Dr. O.Z.A. Hanish selbst noch bis zum Jahr 1932 die Atem- und Heilkunde in deutscher Sprache in vielen Vorträgen durch wertvolle Ausführungen ergänzt, die eine vollständige Neubearbeitung notwendig gemacht haben. Deshalb ist der Text des gegenwärtigen Werkes mehr als eine Übersetzung aus der englischen Sprache.“

Der erste Teil dieser letzten Ausgabe wurde ab 1955 fortlaufend in der Zeitschrift „Mazdaznan - Ruf an die Welt“ veröffentlicht, aber erst 1969 wurde das komplette Buch herausgegeben und schließlich 1978 nachgedruckt.

So übergeben wir nun eine weitere Neuauflage dieses Meisterwerkes den Menschen in der Überzeugung, dass viele die Großartigkeit seiner Mission erkennen und ihren Teil zur geplanten **Regeneration des Individuums** und der Menschheit beitragen werden.

Sei dem so!

Im Namen des Verlages MAZDAZNAN - Ruf an die Welt

Juli 2003 Wassermann und *Lichtweg* - Arbeitsgemeinschaft

Einleitung

Bevor wir uns dem eigentlichen **Studium der Atem- und Gesundheitskunde** widmen, müssen wir uns mit wesentlichen Grundvoraussetzungen befassen, um den **Erfolg der rhythmischen Atemübungen zu gewährleisten.** Vor allem sollten wir uns klar sein, dass lesen und studieren die eine Seite der Medaille ist, die praktische Ausführung aber die Andere. Lesen und studieren geht natürlich der Praxis voraus, wer aber auch ernsthaft die hier beschriebenen Übungen durchführt, der wird mit seinen Erfolgen in höchstem Maße zufrieden gestellt werden.

Die **Mazdaznan-Atemkunst** ist zwar uralt und in allen alten heiligen Schriften zu finden. Neu daran ist nur die der Gegenwart entsprechende schlichte Form: die allgemein verständliche Sprache, frei von Geheimnistuerei und heute nicht mehr verstandenem Bildwerk, und die Anleitung zur praktischen Durchführung. So hat sie sich schon **hunderttausendfach bewährt** und ist daher für alle Temperamente verwendbar. Alles, was die Lehre von ihren Schülern verlangt, ist sorgfältige Selbstprüfung mit natürlichem, offenem Sinn.

Wer die Anweisungen und Ratschläge getreulich und richtig befolgt, wird gleich von Anfang an gute Erfolge haben. Wer die einleitenden **Grundatemübungen** und die **rhythmischen Atemübungen** mindestens drei Monate lang regelmäßig und mit Sammlung geübt hat, dem werden sie zu unentbehrlichen, Glück und Schutz bringenden Begleiterinnen durch alle Tage werden. Jede der rhythmischen Atemübungen sollte dabei nicht länger als 3 Minuten dauern, wobei die erste rhythmische Atemübung die Wichtigste und für jedermann zur täglichen Anwendung bestimmt ist. Die übrigen Übungen sollen mehr den Ausgleich der Körper- und Geisteskräfte fördern. Nachdem man alle eine Zeitlang geübt hat, wähle man sich zum regelmäßigen Gebrauch die Übungen aus, die mit Rücksicht auf die persönlichen Verhältnisse die beste Wirkung haben.

Nachdem man mit den einzelnen Atemübungen schon ausgiebige Erfahrungen gemacht hat, kann man auch mehrere **rhythmische Übungen** hintereinander durchführen. Dann sollten sie zusammen allerdings nicht länger als fünf bis zehn Minuten dauern und erst nach einer Pause von vier bis sechs Stunden wieder durchgeführt werden. Die **Körper-**

übungen des zweiten Teils der Atemkunde sollten nicht mehr als zehn Minuten hintereinander in Anspruch nehmen und erst nach sechs Stunden wiederholt werden. Nebenbei gesagt, gilt dies für Übungen aller Art; denn zu lange ausgedehnt, wirken sie nicht mehr anregend, sondern ermüdend und zerstreuend.

Die **ägyptischen Übungen** befinden sich in der 13. Lektion des Buches. Sie sind zur **vollständigen Ausheilung des Körpers** und an die daran geknüpfte **vollkommene Entfaltung der Geisteskräfte** von größter Wichtigkeit und verdienen daher unsere volle Aufmerksamkeit.

Niemand ist **zu jung oder zu alt** für die Atemübungen, denn in jedem Alter kann man sie durchführen und Vorteil aus ihnen ziehen.

Allmählich fangen auch die **Wissenschaftler** und **Erzieher** an, den Wert der bewussten Atempflege zu erkennen. Viele **Lehrer** haben schon **regelmäßige Atemübungen** mit ihren Schülern durchgeführt und nach einigen Monaten erreicht, dass die bisher interesselosen, teilnahmslosen, gleichgültigen und stumpfen Kinder **Lust und Liebe zum Lernen** entwickelten, und zwar nicht nur auf einem bestimmten Gebiet oder in einem bestimmten Thema, sondern **auf allen Gebieten** des Lehrplans. Gleichzeitig hatten alle Kinder **körperlich** und **gesundheitlich Fortschritte** gemacht, sodass solche „Atem-Klassen“ in jeder Beziehung über dem Durchschnitt standen, weil alle Kinder kräftiger, lebendiger, geweckter, liebenswürdiger und folgsamer waren und sich freudig und eifrig jedem neuen Thema, das ihnen der Lehrer anbot, zuwandten.

Ebenso haben schon viele **religiöse Gemeinschaften** die **Mazdaznan-Methode des Singens, Sprechens und Betens auf den Atem** angenommen und die Erfahrung gemacht, dass sie dadurch bei ihren Mitgliedern **größere Religiosität** erwecken, dass viele Mitglieder den Pfingstgeist der Illumination oder Erleuchtung erleben und Heilkräfte offenbaren, die kein Apothekermittel hervorzulocken vermag.

Die bewusste Atempflege birgt also mehr in sich, als wir ahnen.

Ausatmen

Wir beginnen damit, uns im **tiefen Ausatmen** zu üben. Damit können wir uns schon bei guter **Gesundheit** erhalten. Tief ausatmen heißt ausatmen bis aufs Äußerste, bis die Natur die Einatmung erzwingt. Wir atmen solange aus, bis es uns vorkommt, als vergingen wir in Nichts, und bis die Lungen von selbst nach Luft ringen. Wir müssen also mit dem Ausatmen einen Punkt der Erschöpfung oder Ausschöpfung oder **völligen Entleerung** erreichen.

Es hat deshalb seine Bedeutung und Berechtigung, dass die **Gläubigen** seit Menschengedenken dazu angeleitet und angehalten worden sind, **Gebete mehrmals hintereinander** je auf eine Ausatmung auszusprechen mit dem Ziel, Furcht, Kummer, Sünde und Krankheit loszuwerden. Der Zweck wird im Wesentlichen auch erreicht.

Wer **viel betet,** hat selten Beschwerden. Er mag nicht immer religiöser werden, aber mindestens wird er **gesünder,** weniger durch die Worte des Gebetes, als vielmehr durch das **Entleeren der Lunge.** Sie entledigt sich dabei der **Kohlensäure,** die sonst alle möglichen Verbindungen eingeht, die **Druck** auf den Organismus ausüben und **Spannungs- und Vergiftungszustände** hervorrufen.

Da sich die Kohlensäure im Körper immer wieder neu bildet, müssen wir auf **regelmäßige Entleerungen** bedacht sein. Deshalb machen wir es uns zur Regel, tagsüber **alle 3 Stunden für 3 Minuten das tiefe Ausatmen zu üben.** Dann fangen wir von selbst an, der Atmung größere Aufmerksamkeit zu schenken, und sobald wir festgestellt haben, dass sich unser **Gesundheitszustand** in dieser und jener Beziehung **verbessert** hat, sind wir überzeugt, dass wir durch bewusste Atempflege auch **noch mehr erreichen** können als nur bessere Gesundheit.

Das erste und einfachste, was wir üben und lernen müssen, ist also das **Ausatmen.** Das ist keine neue Entdeckung, sondern eine **uralte Erkenntnis.** Schon **Jesus** verwies seine Jünger auf das **Ausatmen.** Sie hatten sich vorher **Johannes** dem Täufer angeschlossen gehabt, der sie gelehrt hatte, gewisse **Sprüche oder Gebete** ausatmend zu sprechen. Deshalb fragten sie den Heiland: „Willst du uns nicht auch **ein Gebet** lehren?"

Und er lehrte sie ein Gebet, das sie **„ohne Unterlass", d. h. auf eine Ausatmung beten** oder sprechen sollten. Also können wir vom **„Vaterunser"** nur eine gute Wirkung erwarten, wenn wir es auf eine einzige Ausatmung aussprechen; denn dann erst entleeren sich die **Lungen** vollständig.

Erst wenn die Lungen vollständig entleert worden sind, ist ein **voller Einatmungszug** möglich. Verhelfen uns die **Gebete** dazu, dann ist kein Grund zu erkennen, warum wir nicht beten sollten. Gerade die Leute, die sagen, über das Beten seien sie längst hinaus, bitten und betteln am meisten, dass ihnen noch dieses und jenes auf Erden zuteil werde.

Also wollen wir das Vaterunser **„ohne Unterlass"** beten, wie es **Jesus** empfohlen hat. Erst sprechen wir das Vaterunser **einmal** auf eine Ausatmung, später **zweimal** und schließlich sogar **dreimal** hintereinander auf eine Ausatmung.

Beim Ausatmen bleibt die **Brust gehoben** und soll sich nicht bewegen, sondern es ist zu beachten, dass sich die Lungen innerhalb der Brust **frei bewegen**, ausdehnen und zusammenziehen können. Wir brauchen das Gebet **nicht laut** zu sprechen; es genügt sogar, dass wir es **in Gedanken** sprechen, wenn wir uns nur beim Ausatmen der **Länge** und des **Rhythmus** bewußt bleiben.

Unser Vater, der du bist im Frieden,
dein Namen erschalle! Dein Reich komme!
Dein Willen geschehe auf Erden wie im Himmel! -
Spende uns heute dein Wort und gedenke nicht unserer Fehler,
wie auch wir woll'n vergeben unseren Beleidigern!
Führe uns durch die Versuchung und befreie uns vom Irrtum!
Sei dem so!

Will uns der Atem ausgehen, ehe wir das Gebet beendet haben, dann schließen wir die **Lippen** für einen Augenblick. Dadurch sind wir in der Lage, weiter zu beten oder auszuatmen, ohne neu eingeatmet zu haben.

Am Anfang können wir ein Gebet nur bis zur Hälfte sprechen und zwischendurch einatmen, je öfter man aber ein **Gebet** während einer einzigen Ausatmung **wiederholen** kann, umso größer ist der Nutzen.

Wenn wir uns an den Worten stoßen, so wählen wir uns einfach einen **anderen Spruch**.

Alles ist im Keim enthalten,
alles Wachstum ein Entfalten,
leises Auseinanderrücken,
dass sich einzeln könne schmücken,
was zusammen war geschoben. —

Wie am Stengel stets nach oben
Blüt' um Blüte rücket weiter,
sieh' es an und lern' es heiter:
zu entwickeln, zu entfalten,
was im Herzen ist enthalten. —

Friedrich Rückert

Zur **Abwechslung im Rhythmus** können wir uns auch folgenden Spruch[1] wählen:

Öffne, o du welterhaltende Sonne, das Tor zur Wahrheit,
die durch den Glanz des blendenden Lichtes verschleiert ist!
Mildere die Ausstrahlung deiner leuchtenden Pracht,
damit ich dein wahres Wesen sehe! –
Von der Unentschlossenheit führe mich zum Entschlusse
und entschleiere die magischen Täuschungen
der Erscheinungen dieser Welt,
damit ich den Pfad der Verwirklichung sehe! – Amen

Übe solches Ausatmen oder **Beten** entspannt und auf den Sinn der Worte konzentriert **täglich für einige Minuten** und setze es **fünf Wochen lang** fort! Dann wirst du nicht mehr sagen, dass du schon alles weißt und dass es für dich nichts Neues mehr zu entdecken gibt. Denn deine Unfähigkeit, Neues zu entdecken und zu begreifen, fängt an zu schwinden.

---

[1] Weitere Sprüche und Gebete finden Sie im Buch „Das deutsche Manthra“

Wir mögen viele Dinge **wissen**, können aber sehr weit davon entfernt sein, sie zu **begreifen** und Nutzen aus ihnen zu ziehen. Wir mögen viele und sogar überdurchschnittliche **Erfahrungen** im täglichen Leben gesammelt haben, können aber doch unfähig sein, uns ein richtiges Urteil darüber zu bilden. Nur zu oft fällen wir ein falsches Urteil infolge unseres **Vorurteils, Eigensinnes, Stolzes** oder **Trotzes**, womit wir uns den **Eingebungen** unserer **Individualität** im Herzen entgegenstellen, weil wir fürchten, der Außenwelt gegenüber als Sonderling zu erscheinen. Wir könnten also sehr wohl verständiger und weiser sein, wenn wir uns nicht durch **falschen Stolz** den besseren Weg zur **inneren Überzeugung** abschneiden würden.

Dadurch begrenzen wir die Tätigkeit unseres **Gesinns** in der Zirbel zu Gunsten der nur äußerlichen Eindrücke und unterbrechen die Verbindung zwischen der **abstrakten Seite** des Gesinns und dem **Herzen.** So geraten wir vom schmalen Weg der **Ursprünglichkeit** und Originalität auf die breite und bequeme Bahn des Scheines und der **Äußerlichkeiten,** verlaufen uns in zahllose Nebenwege und ernten Illusionen und Sinnestäuschungen. Es ist aber besser, über diese oder jene Einzelheit der Außenwelt unwissend zu erscheinen und dafür den **Eingebungen** und Weisungen der abstrakten Seite unseres Wesens, d.h. unserer **Individualität** zugänglich zu bleiben, so dass wir zu unfehlbaren Schlussfolgerungen gelangen, die sich durch den Erfolg als richtig erweisen.

Wollen wir uns von der **Begrenztheit** unseres Denkenswesens und von unserer **Urteilsunfähigkeit** befreien, dann ist und bleibt die **Verlängerung der Ausatmung** das einfachste und wirksamste Mittel. Es mag uns anfangs schwer scheinen und auch schwer fallen, einen Spruch oder das **Vaterunser auf eine Ausatmung** auszusprechen; wenn wir aber entspannt, gelassen und ergeben immer wieder einen Versuch machen, werden wir schließlich doch für unsere Ausdauer belohnt.

Die völlige **Entspannung** ist dabei von großem Einfluss. Merken wir irgendwo auch nur die geringste Spannung, so ändern wir unsere Stellung sogleich ein wenig. Selbst eine ganz geringfügige Änderung kann dazu führen, dass wir die Ausatmung leicht verlängern können.

Je mehr wir mit dem **Gedanken** bei den Übungen sind, umso eher werden wir uns auch der unterschiedlichen Wirkungen bewusst, die wir durch **unterschiedlichen Rhythmus** erzielen können, besonders wenn wir den **Atem** mit der **Tonleiter** in Verbindung bringen und **Lieder** auf den Atem singen. Jede verlängerte Ausatmung wird uns neue und erstaunliche Wirkungen offenbaren und uns noch unbekannte Schätze und Kräfte erschließen.

Das **Ausatmen** mag uns **spirituell** und **intellektuell** nicht weiter entwickeln; aber es richtet uns **körperlich** immer wieder auf, so dass wir mit **Leichtigkeit** verrichten, was in den **Bereich der Materie** gehört. Darauf können wir die Erweiterung der spirituellen und der intellektuellen Seite unseres Wesens mit Erfolg aufbauen.

Mit der folgenden **Ausatmungsübung,** die seit uralten Zeiten auch **Yima-Übung** genannt wird, können wir leicht die guten Wirkungen der Ausatmung an uns selbst erfahren.

Yima-Übung

1. Ob im Stehen, Sitzen oder Liegen, **entspanne** den ganzen Körper in allen Teilen und sei ganz gelassen.
2. Wölbe die **Brust** hoch heraus und halte sie mittels der Brustmuskulatur beständig hoch, während alle anderen Muskeln des Körpers locker und entspannt sind.
3. Lege die **Zunge** flach und entspannt auf den Mundboden und die Zungenspitze an die untere Zahnreihe, wobei sich alle **Gesichtsmuskeln** entspannen.
4. Richte die **Augen** entspannt auf einen matten Punkt in Augenhöhe und lasse sie von nichts ablenken.
5. Leere die **Lungen** langsam, aber stetig und ohne Verkrampfung, indem du ausatmest, bis es wirklich nicht weiter geht.
6. Dann **halte inne mit aller Bewegung** und zähle innerlich bis 9.
7. Schließlich **atme wieder** durch die Nase tief aufschluchzend ein.
8. Dann **atme sofort wieder aus** wie vorher, bis du meinst, du könntest nicht weiter ausatmen.
9. Verharre **wiederum unbeweglich** für 9 Sekunden ehe du wieder einatmest.
10. So fahre fort **drei- bis fünfmal.**

11. Wenn du dich des Atems für 9 Sekunden völlig enthalten kannst, **erweitere die Übung auf 18, 27, 36, 45** oder mehr Sekunden. Du kannst auch während des Atementhaltens in Gedanken ein Gebet oder einen Spruch beliebiger Länge sprechen.
12. Sei stets entspannt und ergeben. Versuche **alle Gedanken** in deinem Kopf und **alle Sinneseindrücke** die von Außen auf dich einwirken **auszuschalten.**

Einatmung

Verlängern wir die **Einatmung** in der Weise, dass wir dabei die **Muskeln des Unterleibs** aufwärts gegen das **Zwerchfell** ziehen, bis wir uns im Inneren eines leisen **Seufzens** oder **Schluchzens** gewahr werden, dann verlegen sich die Schwingungen allmählich auf das **Gehirn** und es wird uns die **Umwandlung** oder Konverte der eingeatmeten **Elemente**.

Jeder solche tiefe Einatmungszug gleicht dem Einzug in die Friedensstätte am **Palmsonntag.** Der Weg ist bereitet, unser ganzes Wesen ist auf den Einzug eingestellt und wir ziehen ein in unser Eigentum, in die Fülle unseres **Gedankenwesens.**

Den in sich schluchzenden Wellen des Einatmungszugs lassen wir freien Lauf. Die Wellen erweitern sich und wir bekommen das Gefühl gleich einem **wogenden Meer**, das alles in uns Aufgestapelte umwandelt, was einem **Seufzen** oder **Schluchzen** gleicht. Wir haben es wohl auch schon wahrgenommen, glaubten aber, es unterdrücken zu müssen, weil wir meinten, wir seien melancholisch veranlagt, und sogar schon Mittel brauchten, um dies loszuwerden.

Üben wir diese Einatmungsverlängerung **täglich ein- bis fünfmal** ohne Übertreibung, aber mit liebevoller Aufmerksamkeit auf das, was wir uns mit der Einatmung angezogen haben, dann wird uns vermittels der Konverte die Empfängnis, **eine unbefleckte Empfängnis**, die sich von Tag zu Tag erweitert und die **Materie** des Körpers nach und nach **vergeistigt.**

Das bedeutet nichts anderes, als dass die **Gehirnintelligenzen** erwachen, sich ihrer **selbst bewusst** werden und demgemäß ihre **Aufgabe** bewusst erfüllen. Während sie vorher noch beeinflussbar waren, sind sie nun **einflussfrei** geworden und weisen alles Negative von sich ab. Dann kann uns nichts mehr zustoßen und wir erleiden keinen Schaden mehr. Je mehr Gehirnzellen sich so ihrer Freiheit bewusst werden, umso mehr erweitert sich **unser Selbstbewusstsein** im Großen und Ganzen.

Bedrückt oder **bekümmert** uns etwas, suchen wir einen Ausweg oder brauchen wir Hilfe, so nehmen wir sogleich diese verlängerten Einatmungszüge, weil sie das Gehirn freier und klarer machen, so dass wir eine Lösung finden.

Haben wir ein Studium durchzumachen und durch eine **Prüfung** zu gehen oder haben wir **Unterricht**, ein Seminar oder einen **Lehrkurs** zu geben, so nehmen wir zuvor diese verlängerten Einatmungszüge und **verlängern** auch noch die **Pause** nach jeder Einatmung immer mehr, so dass wir förmlich froh sind, wieder ausatmen zu können, und dabei wie von selbst sagen: „Gott sei Dank!"

Machen wir das nur **3 Minuten hintereinander**, so sind alle **Ideen** verflogen, wir sind von allem **Grübeln** befreit und **Denken freier** und leichter, weil wir **konzentrierter** geworden sind und **unser eigener Gedanke** in uns aufkommt, der uns auf alles aufmerksam macht, was vor uns tritt oder uns vorgesetzt wird.

Nehmen wir die verlängerten Einatmungszüge **tagsüber alle 3 Stunden** für je 3 Minuten oder wenn wir vor einer **neuen Aufgabe** stehen oder wenn **Müdigkeit** eintritt, und **stauen** wir dabei den Atem nach jeder Einatmung wenigstens **10 Sekunden**, dann können wir weiter schaffen, der **Kopf** bleibt **klar** und wird von Tag zu Tag klarer, weil die verlängerte Einatmung den Gehirnzellen die Arbeit erleichtert.

Natürlich **übertreiben** wir die Übung **nicht**. Die **Natur** wirkt beim Einatmen **nur für 3 Minuten**. Gehen wir mit der Übung über diese 3 Minuten hinaus, so schlägt die Natur zurück gleich einem feinfühligen Vollblutpferd, das man mit der Peitsche antreiben will; es kann das aber nicht leiden und schlägt aus.

In dieser Weise führen wir die nachfolgende **Einatmungsübung**, auch **Airyama-Übung** genannt, durch.

Airyama-Übung

1. **Entspanne alle Muskeln,** ob stehend, gehend, sitzend, liegend oder arbeitend.
2. Wölbe die **Brust** möglichst hoch heraus und halte sie beständig hoch.
3. Lege die **Zunge** flach auf den Mundboden und die Zungenspitze dicht an die untere Zahnreihe.
4. Richte die **Augen** entspannt auf einen matten Punkt in Augenhöhe.
5. Nun **atme entspannt voll ein**, bis es durchaus nicht weiter geht.
6. Halte alle Bewegungen an und **halte den Atem**, während du innerlich bis 18 zählst.
7. Schließlich **atme stöhnend aus**, bis die Lungen vollständig entleert sind und atme sofort wieder entspannt bis zur höchsten Grenze ein.
8. Dann **staue den Atem wieder**, indem du innerlich bis 18 zählst.
9. Stöhnend atme wieder aus.
10. **Wiederhole die Übung drei- bis fünfmal**, wenn immer du dich geistig leistungsfähiger machen willst, besonders auch vor geistiger Arbeit; mache sie aber nie unmittelbar nach einer Mahlzeit.
11. Wenn du es schaffst, den Atem für 18 Sekunden zu halten, dann kannst du **die Übung auf 27, 36, 45 usw. erweitern**, je nach deinem eigenen Entschluss, oder du sprichst währenddessen ein Gebet in Gedanken.
12. Sei stets entspannt, und **lausche auf die Eingebungen**, die aus deinem Inneren aufsteigen.

Bei allen **Übungen** müssen wir auf völlige **Entspannung** achten und die Übung ganz entspannt durchführen. Weil uns im Alltag so manches in Spannung bringt und der Körper sich von Natur aus alle dreieinhalb Stunden spannt, sollten wir uns von Zeit zu Zeit **bewusst** für drei oder mehr Minuten **entspannen**, indem wir uns einfach prüfen: „Ist mein Hals, sind meine Schultern, meine Arme und meine Füße entspannt – sitze ich aufrecht und entspannt?“

Wir dürfen also **nicht angespannt dasitzen** und die Schwere des Körpers sozusagen auf den Stuhl werfen. Der Körper sollte sich auf den beiden **Sitzknöchelchen** leicht **balancieren,** und diese sollten sich der Entspanntheit des ganzen Körpers bewusst sein. Dann haben wir das **Gefühl der Federleichtigkeit** und können jeden Augenblick in die Höhe gehen. Sitzen wir aber voller Spannung da, dann leiden wir unter der Schwere des Körpers und dem Druck der vielen unfruchtbaren Ideen.

Mindestens **50 Prozent** aller körperlichen **Leiden** und **Schwächen** sind auf die **Verspannung** zurückzuführen. Auch das **Gehirn** kann sich nur entwickeln, wenn die **Atmung** ganz **entspannt** vor sich geht. Entspannen wir uns, dann fallen die Schwächen ab, wir **denken klarer** und **fühlen das Richtige** mit aller Sicherheit.

Durch das klare Denken werden wir uns **der Entspanntheit bewusst** und **fühlen**, wie sich die **Natur** allmählich **regelt** und uns zu Hilfe kommt. Die **Gehirnintelligenzen** werden sich ihrer selbst bewusst und fangen wieder an, ihre Aufgabe zu erfüllen.

Wenn wir uns dann den folgenden rhythmischen Atemübungen zuwenden und uns das **rhythmische Atmen** zu eigen machen, geht uns allmählich ein Licht auf, wie einfach das Leben ist. Fahren wir mit der Atempflege **systematisch** fort, dann bilden sich die **feineren** Kräfte unserer Natur aus, erweitern unser Denkvermögen und die **bewusste Atempflege** wird uns zur tagtäglichen **Selbstverständlichkeit.**

Atemkraft

O. Z. A. Hanish

[2] Alle abgedruckten Lieder und Melodien, sind als Musik-CD oder Kassette bei den hinten aufgeführten Kontaktadressen erhältlich.

Erster Teil
Entwicklung der Sinne

1. Anrufung

O Gottgedanke, der du die himmlischen Reiche und Zarvan Akarana durchdringst, du Urgrund des Lebens und des Lichtes! Gib Weisheit allen Menschen und entzünde in ihnen das Feuer der Liebe! Du bist das wahre Ziel! Dein Name erschalle!

Möge dein Licht im Reiche der Offenbarungen ebenso hell scheinen, wie es im Busen deines unergründlichen Innersten leuchtet! Möge dein Willen unseren Gedankenlauf lenken, damit unsere Handlungen im Einklang sind mit deinen Plänen! Mit Dank im Herzen lasse uns täglich das Brot des Lebens genießen! Selbstvertrauen möge uns an das Ziel unserer Wünsche leiten!

Lasse das Licht des Gottesbewusstseins in der Finsternis scheinen, damit wir deine Gegenwart in unserem Innern fühlen! Denn du hast verheißen, dass wir auf den Pfaden des Glückes und der Freude in allen Lebenszyklen wandeln werden, und du bist der Urquell der Kraft und der Schönheit, der Pracht und Herrlichkeit in alle Ewigkeit.

Sei dem so in Om und Na! Und zu diesem Zwecke mögen alle Dinge gedeihen!

Im Namen des Allerhöchsten,
der im Herzen aller Menschen
und in allen beseelten und nicht
beseelten Wesen wohnt,
Segen und Gruß zuvor!

1. Lektion - Gesichtssinn

Wir leben in einer Sinnenwelt, in der alle unsere objektiven Begriffe und Kenntnisse vom Zustand unserer Sinne abhängen. Wollen wir unsere Kenntnisse erweitern oder größeren Nutzen daraus ziehen, so müssen wir **vollen Gebrauch** von unseren Sinnen machen können, und wollen wir unsere höherstrebenden, innersten und heiligsten Wünsche befriedigen und das Ziel einer höheren Entwicklung erreichen, so müssen wir alle unsere Sinne zu einem entsprechend hohen Grade **entwickeln.** Aus eigener Beobachtung wissen wir, dass unsere Wahrnehmungen beschränkt und mangelhaft sind, weil wir etwa kurzsichtig oder schwerhörig sind. Es liegt daher in unserem Interesse, solche Mängel zu verbessern und unsere Sinne zu entwickeln, und die Atemlehre zeigt uns, dass wir auch die Macht dazu haben.

Mazdaznan lehrt, dass der Mensch **zwölf Sinne** hat. Die ersten **sieben, Gesicht, Gehör, Geruch, Geschmack, Tastsinn, Gefühl und Eingebung** oder **Intuition**, sind zwar ziemlich allgemein anerkannt, allein die **fünf** übrigen, die sich dazwischen reihen wie die fünf Zwischentöne zwischen die sieben Haupttöne der Tonleiter, sind weniger bekannt, nämlich **Gedankenübertragung, Fernwirkung, Klarhören** oder geistige Unterscheidungsgabe, **Klarsehen** oder Hellsehen und **Verwirklichungsgabe** oder Realisation.

Wir treffen zwar manchmal Menschen, die den einen oder anderen dieser **fünf höheren Sinne** bis zu einem gewissen Grad entwickelt haben; das wird dann aber gewöhnlich nicht als ein natürlicher Zustand betrachtet, sondern gilt als eine außergewöhnliche, vielleicht sogar übernatürliche Gabe. Es ist jedoch nicht richtig gedacht, Erscheinungen, nur weil wir sie uns nicht erklären können, übernatürlichen Ursachen zuzuschreiben. Es fehlt uns einfach an der entsprechenden Entwicklung unserer Sinne, um uns die Zusammenhänge verständlich zu machen. Die Weltenordnung ist vollkommen und beruht auf ewigen Gesetzen. Es gibt deshalb keine Erscheinung, die ihren Gesetzen nicht vollkommen entspräche und nicht auf natürliche Weise erklärt werden könnte.

Jeder Mensch ohne Ausnahme hat in seinem Körper die Anlagen zu allen zwölf Sinnen. Sie bedürfen nur der Entwicklung, damit er von ihnen Gebrauch machen kann, und die Entwicklung geht Hand in Hand mit der **Vervollkommnung** des Menschen und seines Körpers. Mazdaznan gibt die Anleitung zu dieser Entwicklung, für die es auf folgende **zwölf Hauptpunkte** ankommt:

1. Die Fähigkeit, **Ga-Llama**, das zentralisierende Lebensprinzip, aufzunehmen und wirksam werden zu lassen.
2. Die Fähigkeit, den Atemstrom zu **lenken**.
3. Die Fähigkeit, **elektrisches Fluidum** in den Nervenzentren oder Ganglien durch deren Ausdehnung zu erzeugen.
4. Die Fähigkeit, den **Blutkreislauf** durch vollkommene Lungentätigkeit zu regeln.
5. Die Fähigkeit, das Blut im Körper vermittels des Herzens rhythmisch zu **verteilen**.
6. Die Fähigkeit der **Ausgleichung** durch gleichmäßige Ausbildung des Gehirns.
7. Die Fähigkeit, die Gedankenkraft und das Selbstbewusstsein mit Hilfe des **Rückenmarks** oder Shusumna zu wecken.
8. Die Fähigkeit, die **magnetischen Kreise** durch vermehrte Schwingungen des sympathischen Nervensystems oder Kundalini auszudehnen.
9. Die Fähigkeit, die aufgenommene **Nahrung** vollständig zu verdauen und umzuwandeln.
10. Die Fähigkeit des Körpers, sich vermittels seiner eigenen Einrichtungen zu **reinigen**.
11. Die Fähigkeit, in den **Drüsensystemen** Lebensströme oder innere und äußere Sekretionen zur Erhaltung und Veredlung des Körpers zu erzeugen.
12. Die Fähigkeit, durch Konzentration auf den **Urgedanken** oder den Ursprung allen Lebens von allen darin verborgenen Lebenskräften nützlichen Gebrauch zu machen.

Hieraus ergibt sich, dass wir vor allem darauf bedacht sein müssen, unseren **Körper** mit allen seinen **Einrichtungen** in **Ordnung** zu halten. Nur dann dürfen wir erwarten, dass wir aus dieser wundervollen Atemlehre wirklich Nutzen ziehen und dieses Leben in seiner Fülle genießen können. Die **Atemübungen** in Verbindung mit den verschiedenen Stellungen vermitteln ungeahntes Wohlbefinden und Glück. Wer der Erkenntnis ermangelt, kommt zum Verständnis der Wahrheit und wer schon einen gewissen Grad der Erleuchtung erreicht hat, erhält mehr Licht.

Die Übungen sind keine Erzeugnisse der Neuzeit, die erst auf ihre Brauchbarkeit wissenschaftlich untersucht werden müssten, sondern sind **in allen Zeitaltern**, in allen Zonen der Erde und unter den verschiedensten Verhältnissen, geprüft, befolgt und durch die denkbar besten Ergebnisse bestätigt worden. Wer sie in dem Geiste, in dem sie gegeben worden sind, vornimmt, erreicht das gewünschte Ziel. Sie sind also Mittel zur Erreichung eines Ziels und wir machen von ihnen Gebrauch, wie wir Gabel und Löffel zur Aufnahme der Nahrung benutzen.

Mit den Übungen sind keine Opfer und keine Demütigungen verbunden. Sie verlangen nur **Interesse** und einen **festen Entschluss**, der die **Konzentration** auf die vorzunehmenden Übungen zur Folge hat. Je besser wir dabei den Gedanken zu konzentrieren verstehen, je getreulicher wir die einzelnen, auch kleinsten Anweisungen befolgen und je gewissenhafter wir die daraus erwachsenden Pflichten uns selbst gegenüber erfüllen, umso größer wird der Gewinn aus den Übungen sein, viel größer, als wir zu vermuten wagen.

> Am besten lieferst du dir selbst einen kleinen Beweis. Fühlst du dich **müde und erschöpft** von den Sorgen und Plagen des Daseins, dann bringe deinen Körper in einen Zustand völliger **Entspannung** und **atme lange aus** mit dem **Gedanken**: „Mein Gott, ich bin dieser Welt und ihrer Bürde müde!" Mit dem nächsten Atemzug ziehst du viel frische Luft ein und denkst dabei: „Ich bin das All im All!" und schon fühlt sich dein zagendes Herz unmittelbar erleichtert, neue Hoffnung zieht in dich ein, du fühlst dich neubelebt und erhoben und wirst dir deines wahren Wesens bewusst. Du hast wieder Kraft gewonnen, den Kampf des Lebens aufzunehmen. Atmest du eine Weile in diesem Zustand vollkommener Entspannung tief aus und ein, so erkennst du immer klarer, dass das Leben trotz aller Bürden lebenswert ist.

Jeder von uns hat schon ähnliche Erfahrungen an sich selbst gemacht, ohne sich aber Rechenschaft darüber zu geben. Es gibt Zeiten, in denen uns zu Mute ist, als sei das Ende gekommen, und dann wieder solche, in denen wir uns neubelebt und neugestärkt fühlen. Immer ist diese Neubelebung die Folge einer **tieferen Einatmung** bei völliger **Entspannung**. Die Natur bringt uns von selbst in diesen Zustand, wenn wir in der eingeschlagenen Richtung nicht weiter können. Wenn wir unsere Kräfte verausgabt haben, müssen wir wieder Kräfte anziehen, um die Kanäle des Lebens zu füllen.

Wer Ruhe und Geistesgegenwart bewahrt, was auch immer ihm zustoßen mag, atmet von Natur aus tiefer, voller, rhythmischer, regelmäßiger. Das ist eine Mitgift, die er seiner **Mutter** verdankt, die ihn unter sehr günstigem Atem empfangen hat, wenn sie sich dessen auch nicht bewusst gewesen sein mag.

Wer aber kurz, hastig und unregelmäßig atmet, verliert leicht den Kopf, fühlt sich immer unter Druck, ist nie zufrieden mit den Verhältnissen, der Umgebung und den Zeiten, hat Misserfolg in seinen Unternehmungen und leidet bald an dieser, bald an jener Krankheit. Er kann es nicht begreifen, dass jeder seines Glückes Schmied ist und sich seine Lebensbedingungen selbst zu schaffen hat.

Also muss sich jeder, dessen Atemfähigkeit gering ist, zu allererst vollere und **tiefere Atemzüge** angewöhnen und hierzu geeignete Übungen vornehmen, bevor er sich den **rhythmischen Atemübungen** zuwendet, die auf eine **höhere Entwicklung** zielen. Empfindet er bei dem Versuch, vollere und tiefere Atemzüge zu nehmen, Schmerz, so beweist dies, dass die Lungen nicht genügend entwickelt sind. Ein starker Brustumfang ist noch kein Beweis für gute Atmungsfähigkeit.

Selbstverständlich darf die **Brust** nicht äußerlich gehemmt, beengt oder eingeschnürt sein. Die Bekleidung muss locker anliegen, so dass der **Brustkorb** leicht seine größte Ausdehnung erreichen, das **Zwerchfell** sich ungehindert bewegen und der **Unterleib** leicht eingezogen werden kann. Die Bewegungen müssen spielend und ohne Anstrengung vor sich gehen und Gewalt darf nie angewendet werden. Zuerst entleert man die Lungen vollständig und dann atmet man so tief und rhythmisch wie möglich ein. Darauf achtet man gewissenhaft beim Gehen oder Sitzen, bei der Arbeit oder beim Spiel, sogar beim Essen und übt sich tagsüber jede Stunde wenigstens einige Minuten, tiefere Atemzüge zu nehmen.

Sobald man sich **tiefere Atemzüge angewöhnt** hat, verschwinden alle Gefühle des Unbehagens, weil sich der gesamte Körperzustand bessert, der Blutumlauf normal und das Blut besser mit Sauerstoff versorgt und gereinigt wird, so dass die Nerven mehr Fluidum erzeugen und die Organe anregen, ihre Aufgaben zu erfüllen.

Wie gern wandern wir in die Berge, um in tiefen Zügen die reine leichte Luft einzuatmen, die uns Mutter Natur darbietet! Wie gern wandern wir am Ufer eines Flusses, um in aller Stille den lebenspendenden Hauch der Luft in unseren schmachtenden Körper einzuziehen! Wie gern lassen wir am Meeresstrand unseren Blick über das Wasser schweifen, freuen uns über die frischen Winde, die uns umspielen, und atmen die salzige Meeresluft tief ein, als wäre sie der beste funkelnde Wein!

Aber wir brauchen nicht weit zu gehen, nicht in die Ferne zu schweifen, um diesen wundervollen Lebenswein zu trinken; er steht uns in unmittelbarer Nähe und **überall** mit der gleichen, lebenerneuernden Kraft zur Verfügung. Wir brauchen ihn nur zu nehmen und verstehen dann die Worte der Schrift besser: „Und wer da will, der nehme **das Wasser des Lebens** umsonst." Dieses Wasser des Lebens ist der Atem. Er entwickelt alle Kräfte und Fähigkeiten in uns und hilft uns, das Lebensrätsel zu lösen.

Schon jetzt ist es uns klar geworden, dass das Atmen eine ernste und lebenswichtige Angelegenheit ist, die wir nicht oberflächlich behandeln dürfen. Vielmehr müssen wir uns **jede Einzelheit** angelegen sein lassen und befolgen. Damit jedermann das kann, wird alles so einfach und klar dargelegt, dass jedes Kind es verstehen kann und sogleich Nutzen daraus zieht, weil die Entwicklung der eigenen Fähigkeiten und Kräfte alsbald einsetzt.

Unser Körper gleicht einem Musikinstrument, aus dem der musikbegabte Spieler sogleich harmonische Töne hervorholt, auch wenn er keinen Begriff von der Mannigfaltigkeit der Töne oder von den Schwingungszahlen hat, die einer harmonischen Musik zugrunde liegen. Ausschlaggebend ist, dass die Saiten **richtig gestimmt sind**. Ebenso erzeugt der Atembeflissene mittels seines Körperinstrumentes immer mehr und immer neue harmonische Schwingungen, die die verborgenen Kräfte und Fähigkeiten offenbaren, wenn alle Teile seines Körpers im Zustand harmonischer Schwingung und aufeinander abgestimmt sind.

Wie sorgsam hütet ein Künstler seine Violine oder seinen Flügel und vertraut die Pflege keinem anderen an! Dabei handelt es sich nur um handwerkliche Kunstgegenstände, die man sich für Geld erstehen kann. Aber unser Körperinstrument ist nicht mit Händen gemacht, und wenn es nicht harmonisch arbeitet, kann es nicht von einem anderen in Ordnung gebracht oder repariert werden. Unser Körper ist ein **Gottesgeschenk** und Gott allein hat die Weisheit, die Macht und auch die Mittel, die Ordnung und Harmonie in unserem Körper herzustellen, und ist auch stets bereit, uns Rat und Belehrung zu erteilen, wenn wir uns vertrauensvoll an ihn wenden. An uns liegt es, dass wir auf seinen Rat lauschen und ihn befolgen und dass wir die Mittel anwenden, die er uns an die Hand gibt.

Der menschliche **Körper** ist ein unnachahmlich feiner Mechanismus, der niemand außer seinem Besitzer anvertraut werden darf. Da er nun einmal unser Körper ist, müssen wir uns auch mit allen seinen Einrichtungen bekannt machen. Die Anatomie macht uns sozusagen mit der Körper-Geographie und den einzelnen Teilen des Körpers bestens bekannt, benennt und zählt sie, vermittelt uns aber nicht, wie wir unseren Körper in Ordnung bringen und halten können. Auch mit Hilfe irgendeines anderen wissenschaftlichen Studiums lässt sich unser Körper nicht in Ordnung bringen. Wir müssen ihn **selbst in die Hand nehmen und stimmen**, wenn wir Harmonie durch ihn zum Ausdruck bringen wollen.

Aber wie können wir das machen und was sollen wir dazu tun? Wir müssen **atmen** und müssen dabei das in unser Wesen hineinatmen, was die Quelle allen Lebens ist und seit alters **Ga-Llama** genannt wird.

Ga-Llama ist das zentralisierende Lebensprinzip, die atomistische Grundlage und der Inhalt unseres irdischen Körpers, ist das, worin wir leben, weben und sind.

Ga-Llama hat die Weisen, die Wahrheitssucher, die Denker, die Befreier und Erlöser der Menschheit inspiriert, begeistert und mit Mut und Kraft für die Erfüllung ihrer himmlischen Berufung versehen.

Ga-Llama öffnet die Pforten der Erkenntnis und strahlt das Licht der Weisheit aus, auf den Weg der ins ewige Leben führt.

Deshalb sollten wir bei unseren Atemübungen jeden Atemzug in dem vollen Bewusstsein nehmen, dass Ga-Llama **in uns** ist und wirkt und die Zellen unseres Körperwesens aufbaut, also unsere Grundlage ist und dass es uns gleichzeitig äußerlich **umgibt**, also mit dem Atem in uns aufgenommen und aufgespeichert werden kann. Wer konzentriert ist, häuft Ga-Llama in seinem Körper an; wer zerfahren ist, lässt es ungenutzt in das Weltall abfließen. Wer größeren Anteil an Ga-Llama haben will, muss es **anziehen wollen** und zwar muss der Wunsch aus der tiefsten Tiefe des Herzens kommen.

Mit unseren Sinnen lässt sich Ga-Llama nicht wahrnehmen; deshalb sind wir uns seiner gewöhnlich nicht bewusst. Sobald wir uns aber auf Ga-Llama mit dem Gedanken konzentrieren und den Herzenswunsch hegen, es an uns zu ziehen, dann vermittelt uns das **Feingefühl des Herzens** allmählich eine **Ahnung** seiner Gegenwart gleich einer zauberhaften Berührung und nach und nach, sobald das Gesinn in der Zirbel für die feineren Herzensschwingungen empfänglicher geworden ist, sogar das klare **Bewusstsein seiner Gegenwart** in uns und um uns.

Alles können wir begreifen, verstehen und uns bewusst machen, gleichviel ob es religiöser, philosophischer, wissenschaftlicher oder anderer Art ist, wenn unser Gehirn entsprechend entwickelt oder geweckt ist. Denn hiervon hängt die Leistungsfähigkeit unserer Sinne ab. Wir sind es also uns selbst schuldig, zu allererst mit Hilfe der Atemübungen unser Körperinstrument zu stimmen, wenn wir mit Sicherheit Fortschritte erzielen, uns das **Zarvan Akarana** der alten Philosophen oder die Unendlichkeit erschließen und uns des Höchstdenkbaren in Raum, Zeit und Ursächlichkeit bewusst werden wollen.

Jeder große Erfolg bedarf vieler kleiner, oft unscheinbarer **Vorbereitungen**. Deshalb bereiten wir uns auch auf die rhythmischen Atemübungen, die unsere höhere Entwicklung einleiten sollen, durch **allgemeine gesundheitsfördernde Maßnahmen** vor, um den natürlichen Atemgang und den Blutumlauf anzuregen.

> Nimm jeden Morgen ein kaltes **Schwammbad** oder wasche den ganzen Körper mit einem nassen Handtuch ab und trockne die Haut mit einem Handtuch gründlich ab, so dass keine Feuchtigkeit darauf zurückbleibt. Das Waschen und Trocknen besorge rasch und gründlich und reibe dann die Haut kräftig mit den

Händen, bis sie sich wie Samt und leicht fettig anfühlt. Dieses Schwammbad regt die Hauttätigkeit oder die Porenatmung an, verbessert den Blutumlauf, schützt vor Erkältung, Verschleimung, Lungenübeln, Schlaffheit und Nervosität, ist also förderlicher als vieles Baden.

Bist du erkältet, so verwende kein Wasser, sondern reibe und schlage den Körper mit einem trockenen Handtuch und mit den Händen, bis die Haut gut durchblutet ist. Hast du Abneigung gegen kaltes Wasser, dann nimm zunächst warmes und richte dich mit dem Wärmegrad nach der Jahreszeit, bis du empfindest, dass du mit kaltem Wasser die beste Wirkung erzielst. Das Zimmer soll frei von Zugluft, aber gut durchlüftet und im Winter geheizt sein.

Fühlst du beim Schwammbad Druck und Schmerzen in der Brust oder in den Seiten, so ist das ein Zeichen, dass du nicht genügend entspannt bist. Dann bringe die Brust sofort in die richtige Stellung, hebe sie etwas, lasse sie leicht heraustreten, stelle dich gerade hin, wirf den Kopf zurück, halte die Wirbelsäule noch aufrechter als zuvor, so dass ihr Gewicht auf ihrem unteren Ende ruht und halte die Knie ganz leicht gebeugt.

In dieser entspannten und aufrechten Stellung atme kräftig und nur durch die Nasenlöcher. Sobald die Lungen ganz mit Luft gefüllt sind, hebe die Arme so hoch wie möglich, aber ohne dich anzustrengen, bewege gleichzeitig die Zunge wie beim Kauen, schmatze mit den Lippen und verschlucke den angesammelten Speichel. Dann wirf die erhobenen Arme nach hinten, lasse sie herunterfallen und atme dabei aus, bis die Lungen gründlich entleert sind. Wiederhole diese Übung siebenmal oder öfter.

Das **Frühstück** müssen wir uns abgewöhnen. Solange du aber glaubst, es gehe nicht ohne Frühstück, dann beschränke es auf ein wenig Obst und Getreideflocken oder auf ein aus Getreide bereitetes Getränk, z.B. Gerstenkaffee. Das Ziel hierbei ist, dass wir so rasch wie möglich von der Nervenkrankheit, die man **Appetit** nennt, frei werden. Wir sollten erst etwas genießen, nachdem wir einige Stunden gearbeitet haben. Sobald wir morgens aufgestanden sind und durch unsere Übungen gegangen sind, gehen wir an die Arbeit und setzen uns nicht wieder, bevor wir wenigstens 2 Stunden auf den Füßen waren und uns hier oder dort so beschäftigt haben, dass der Körper dabei gleichzeitig geübt wurde.

Sei immer geschäftig und verrichte **nützliche Arbeit**, gleichviel ob sie bezahlt wird oder nicht oder ob du sonst unmittelbaren Nutzen davon hast. Bietet sich keine Arbeit mit den Händen, so übe dein **Denkvermögen**, halte Augen und Ohren offen und lasse dir nichts entgehen, was deine Sinne nur irgend wahrnehmen können. Betrachte alles, was du beobachtest, sorgfältig und überdenke es mit aller Sorgfalt und wäge das Für und Wider ab, ehe du dein Urteil abgibst. Urteile nie voreilig und kritisiere nie. **Kritiksucht** lässt auf eine tief eingewurzelte Krankheit schließen. Lasse dich nie in **Wortgefechte** ein, gleichviel ob man sich über Volkswirtschaft, Politik, Philosophie, Wissenschaft, Religion oder Soziologie unterhält. Wer sich zu Wortgefechten fortreißen lässt, beweist, dass er keinen inneren Halt hat. Solche Eigenschaften verursachen Unglück und Störungen auf körperlichem, seelischem und geistigem Gebiet.

Sei immer gefasst und lass dich nicht verstimmen, sondern sei **fröhlich und glücklich** und gib diesem Zustand Ausdruck, indem du ein Liedchen singst oder eine Melodie summst oder pfeifst. Lasse deine Gedanken nicht von der Arbeit, die du vor dir hast, abschweifen und lasse keine Ideen durch das Gehirn schwirren, die mit deiner Arbeit nichts zu tun haben. Lege die edelsten, reinsten und höchsten Gedanken in deine Arbeit; dann wird dir auf alle Fälle dein wohlverdienter Lohn werden. Wie beschäftigt wir auch sein mögen, so machen wir doch jede Stunde einmal für einige Augenblicke eine **Pause**, um die Lungen gründlich zu entleeren und einige tiefe Atemzüge zu nehmen. Dadurch verhelfen wir unseren Organen zu ihrer natürlichen Lage, so dass sie besser arbeiten.

Selbst wenn die Luft nicht so rein ist, wie wir sie uns wünschen, so sollten wir doch die kleinen Atempausen innehalten. Denn wir können selbst aus weniger guter Luft das herausziehen, was uns von Nutzen ist, wenn sich unsere Organe von unserem Willen lenken lassen. Unser **Willen** spielt bei der Atmung die Hauptrolle; alles übrige ergibt sich dann zwanglos. Auf diesem Weg wird uns allmählich bewusst, dass wir tiefer und rhythmischer atmen müssen, und es beginnen sich uns Gedankenreiche zu erschließen, die wir bisher mit unserem Denkenswesen nicht erreichen konnten, obwohl sie in unserem Innern, also in nächster Nähe liegen und nur auf eine Gelegenheit warten, sich erschließen zu können.

So sind wir vorbereitet auf die **erste rhythmische Atemübung**, die den individuellen Atem herstellen und den **Gesichtssinn** und das von diesem unabhängige **innere Auge** oder das **Hell- oder Klarsehen** entwikkeln soll.

Bei allen unseren Übungen halten wir uns aber gegenwärtig, dass sie nicht mit den Übungen der sogenannten **Gymnastik** verglichen werden können. Wenn diese Gymnastik auch manche Einzelheiten aus dem Mazdaznan-System entlehnt hat, so lässt sie doch die wichtigsten Punkte unberücksichtigt, nämlich die **Konzentration** und die **Lenkung der Gedankenkraft** mit Hilfe der jeweiligen **Stellung** und des **Atems**. Man muss atmen und sich auf den Atem konzentrieren, um der Gedankenkraft eine feste Richtung zu geben.

Gymnastik hat nicht den erhofften Wert, wenn wir bei den verschiedenen Bewegungen und Stellungen nicht auf die richtige Atmung achten. Sie mag, wenn auch auf Kosten der Nerven, gewisse **Muskeln** entwickeln. Aber selbst um die Muskelentwicklung zu erreichen, müssen die gymnastischen Übungen immer fortgesetzt werden, sonst fallen die Muskeln in ihren früheren Zustand zurück.

Wird aber gleichzeitig die richtige Atmung befolgt, dann kreist das **Blut** richtig und die **Nerven** versorgen die Muskeln mit Kraft und halten sie gleichzeitig in der richtigen Lage, so dass wir alle Bewegungen oder Arbeiten mit Leichtigkeit vollziehen können. Der **Athlet** leidet trotz seiner starken Muskelentwicklung immer an organischen Störungen und ist weder ein Beispiel für Ausdauer noch für Klugheit. Für schwere Lasten und Leistungen kommt es nicht allein auf die Muskelkraft, sondern auch auf die Ausdauer und die **Lebenskraft** an, die die Nerven durch den Atem auf die Muskeln übertragen.

Gymnastik hat also in gewissem Sinne ihre Berechtigung und es wäre sogar wünschenswert, dass jedermann seine ungeübten Muskeln täglich für einige Stunden mit nützlicher Arbeit übte, selbst wenn er nur Holz spaltete oder an einem Holzbock sägte. Dann würde unter den Unglücklichen, die mit Reichtum überladen sind, Krankheit unbekannt sein. Auch die üblichen **Turnübungen** sind gut für Leute, die durch ihre Beschäftigungen ans Zimmer gefesselt sind und keine Gelegenheit haben, sich Bewegung zu machen. Ebenso ist es ja gut, sich von fremden Händen **massieren** zu lassen, solange man nicht imstande oder nicht willens ist, sich selbst in die Hand zu nehmen, selbst wenn solche Massage nur vorübergehende Wirkung haben kann.

Unser Ziel muss aber höher liegen und deshalb werden uns die Mazdaznan-Übungen angeboten. Wer sie befolgt in dem Geiste, in dem sie gegeben worden sind, dem werden sich wundervolle Dinge offenbaren, die selbst die Weisen in Erstaunen versetzen werden, von denen die Schrift sagt, dass sie zu Narren werden sollen infolge ihres begrenzten Denkens, während die, die **mit dem Zeitgeist**[3] **vorwärts** schreiten, von einer Klarheit in die andere treten, weil sie mit jedem Schritt neue Fähigkeiten entwickeln und sich ihrer bewusst werden, da sie sich entschlossen haben, ihrer inneren Stimme zu folgen, durch die sich ihnen ihr innerstes Wesen offenbart.

1. Rhythmische Atem-Übung

Mazdaznan lehrt, dass der Mensch zwölf Sinne hat und dass sein Denkenswesen dem Entwicklungsgrad dieser zwölf Sinne entspricht. Der **Gesichtssinn** spielt unter ihnen eine sehr wichtige Rolle, weil er die Grundlagen für die Begriffsbildung und für die Beurteilung der Dinge in der Umgebung liefert. Je nach dem Eindruck, den der Gesichtssinn von einem Gegenstand erhält, ziehen wir unsere Schlüsse. Bei mangelhaftem Sehvermögen erfassen wir die Dinge der objektiven Welt nicht so deutlich wie mit guten Augen. Deshalb hat auch jeder ganz von selbst den Wunsch, alles so klar und scharf wie möglich zu sehen.

Diesem inneren Wunsch kommt diese Übung entgegen. Sie wird nicht nur unser **objektives Sehen** nach außen verbessern, sondern auch unser geistiges oder inneres Sehen, das Hell- oder **Klarsehen** so vervollkommnen, dass wir die Wahrheit vom Irrtum, das Licht von der Finsternis, den Reichtum von der Armut unterscheiden lernen. Mancher meint vielleicht, er könne Reich von Arm unterscheiden, wenn er auch vielleicht Wahrheit und Irrtum noch nicht recht zu trennen versteht. Aber solange er denjenigen für reich hält, der auf dem Geldsack sitzt, leidet sein Denkenswesen unter einseitiger Gehirnentwicklung, so dass er nicht scharf beobachtet, sich täuscht, sich etwas Falsches einbildet und deshalb zu einem

---

[3] Vgl.: auch „MAZDAZNAN-Selbsterziehungskunde" – 6. Lektion

falschen Schluss kommt. Der Geldsack, auf dem der vermeintlich Reiche sitzt, ist dessen Unglück; er ist zum Sklaven des Geldsackes geworden und ist im Grunde der Ärmste der Armen. Sobald wir klarer sehen, erkennen wir das auch.

> Um zu richtigem und klarem Sehen zu gelangen, bedarf es der **Konzentration des Augenlichtes.** Deshalb richten wir bei dieser Übung die Augen auf einen **festgesetzten Punkt** in Augenhöhe, den wir an der Wand anbringen. Den Punkt machen wir etwa so groß, wie ein Centstück, es kann auch ein Knopf oder ein anderer matter Gegenstand sein, der dazu verwendet wird, unseren Blick nicht abschweifen zu lassen. Er sollte nicht weiter als 2 1/3 Meter von unseren Augen entfernt sein. Diesem Punkt sitzen wir entspannt und gelassen gegenüber; das Licht haben wir dabei im Rücken.

Wenn wir diesen an die Wand gehefteten Punkt im Auge behalten, offenbart sich uns von ihm aus alles, was innerhalb unseres Gesichtskreises liegt, auch ohne dass wir den Blick darauf richten. Allmählich sehen dann nicht nur **die Augen klarer**, sondern wir werden uns auch **im Gehirn größerer Klarheit** bewusst. Hat sich die Intelligenz der Augen erst einmal daran gewöhnt, unseren Blick oder das Augenlicht zu konzentrieren, dann schafft sie immer weiter fort, bis uns schließlich **ein festgesetzter Gedanke** genügt, um uns alle von ihm ausgehenden Gedankenlinien zu offenbaren.

Durch ein festes Auge und einen ruhigen Blick stärken wir die **Augenmuskeln** und kräftigen besonders den **Stellmuskel**, der die Augenlinse je nach der Entfernung des angeschauten Gegenstandes wölbt, so dass die Linse auf der Netzhaut ein scharfes Bild zu entwerfen vermag. Verliert der Stellmuskel seine Beweglichkeit und Spannkraft, so wird das Auge kurzsichtig oder weitsichtig, weil der Stellmuskel nicht mehr imstande ist, die Linse auf die verschiedenen Entfernungen einzustellen. Je entspannter der Augapfel ist und je ruhiger und gleichmäßiger seine Schwingungen sind, umso klarer und deutlicher sehen wir und umso klarere Vorstellungen machen wir uns.

Je klarer wir einen Gegenstand erfassen wollen, umso bestimmter müssen wir ihn betrachten, dürfen also umso weniger die Augen daran hin- und herschweifen lassen. Deshalb sollten wir uns immer eines bestimmten Punktes bewusst werden, damit uns von ihm aus alles offenbar werde, was uns durch Konzentrierung der Augenvibrationen nur werden kann.

Durch das konzentrierte Sehen erfolgt dann nicht nur ein **materieller** Eindruck auf das Gehirn, der oberflächlicher Art ist und daher leicht verschwindet, sondern auch ein **geistiger** Eindruck von Intelligenz zu Intelligenz, wodurch das **Klarsehen** und die **Wiedererinnerung** geweckt und gestärkt werden. Daher sagt schon die Schrift: „Wer Augen hat zu sehen, der sehe, wer Ohren hat zu hören, der höre das, was der Geist, die ewigwirkende Intelligenz, die Gottheit, ihm offenbart." Das hat dann seine Richtigkeit und ist nach allen Seiten und auf allen Gebieten erweiterungsfähig.

Schließlich wollen wir durch die Konzentrierung des Augenlichtes nicht nur die Gegenstände in unserer Umgebung besser erkennen, sondern lernen, mit Hilfe der **Verbildlichungsgabe** den abstrakten Gedanken so anschaulich zu gestalten oder zu formen, dass wir ihn mit Hilfe des intellektuellen oder Stirnhirnes **verwirklichen** können. Je mehr wir verstehen, die Schwingungen oder Ausstrahlungen unseres innersten Wesens und des Gehirns zu lenken, umso rascher geht unsere Entwicklung vorwärts und umso weniger nutzlose Umwege machen wir. Dagegen halten wir die Entwicklung unseres Denkenswesens zurück, wenn wir Einbildungen oder Phantomen nachjagen, und es nimmt oftmals sogar viele Jahre, bis wir das, was sich durch Einbildung auf unser Gehirn eingeprägt hat, wieder loswerden.

Wir sollten aber alles daran setzen, dass unsere Entwicklung schneller vorwärts geht. Denn **die Zeit ist kostbar** und das Leben in diesem Körper kurz, selbst wenn es jemand auf 475 Jahre bringt. So alt sollen nämlich nach uralten Verheißungen die werden können, die in dem gegenwärtigen Zeitenzyklus leben, der der kürzeste von allen ist, weil sich die **Entwicklung** in ihm **mit großer Geschwindigkeit** vollzieht. Es heißt, er sei „der Tag des Gerichtes", und hätte nicht die Barmherzigkeit des Einen, der in allen Dingen verborgen ist, die Tage dieses Zyklus verkürzt, so würde die offenbarte Schöpfung zu bestehen aufhören.

Sollten an dem festgesetzten **Punkt** irgendwelche **Erscheinungen** auftreten, so schenken wir ihnen keine Beachtung, weil es sich nur um **Reflexe** gewisser Gehirnvibrationen handelt, die in der Gehirnzelle der Phantasie oder Einbildung zu einer Art Schattenbilder werden. Solange wir die Augenvibrationen noch nicht vollständig kontrollieren, können sich auf ihren Wellen gewisse Vorkommnisse oder Vorstellungen reflektiv im Gehirn bemerkbar machen. Die spirituell Angehauchten halten solche Erscheinungen oft sogar für einen Beweis ihrer geistigen Entwicklung. Achten wir nicht darauf, so erstarkt unsere Sehkraft durch die Übungen von Tag zu Tag mehr, solche Erscheinungen verschwinden und wir sehen nur noch den festgesetzten Punkt.

Zur ersten Übung sitzen wir auf einem **Stuhl und lassen die Fußsohlen** ganz, also nicht nur mit einem Teil, auf dem Boden ruhen. Der Stuhl muss so hoch sein, dass die **Oberschenkel** beim Sitzen waagerecht liegen; wenn nötig, gibt man den Füßen eine Unterlage, etwa durch eine Fußbank oder ein Buch, oder erhöht den Sitz durch ein Kissen oder einen anderen Gegenstand. Hat der Stuhl eine Lehne, so setzen wir uns soweit zurück, dass der Körper die Lehne dicht oberhalb des Gesäßes berührt. Jedoch lehnen wir uns nicht an, sondern neigen den Oberkörper eher in den Hüften ein wenig nach vorn.

Die **Brust** dehnen wir aus, heben sie ein wenig, wodurch der Unterleib von selbst zurücktritt. Die **Schultern** nehmen wir leicht zurück und lassen sie etwas herabhängen. Die **Hände** legen wir auf die Oberschenkel und legen dabei die **Arme** so an den Körper, dass die Ellenbogengelenke die Hüften berühren. Die **Finger** und die **Daumen** sind zwanglos ausgestreckt, so dass die Daumen mit den **Zeigefingern** ein lateinisches **V** bilden. Die **Füße** bilden einen ähnlichen Winkel; aber die **Fersen** berühren sich nicht, sondern sind etwa **fünf** Zentimeter und die **Zehen** etwa **zwölf** Zentimeter voneinander entfernt.

Der **Mund** ist geschlossen, die **Zähne** sind leicht getrennt, also nicht aufeinander gepresst. Die **Zunge** ruht völlig entspannt am Mundboden und ihre Spitze berührt leicht die unteren Schneidezähne. Das **Kinn** ist leicht an den Hals angezogen, so dass das **Gesicht** völlige Unabhängigkeit ausdrückt. Der **Oberkörper** ist gerade und aufgerichtet; jedoch sind alle Muskeln entspannt; nur die Wirbelsäule ist festgesetzt.

Wir achten darauf, dass nicht irgendwo **Spannung** aufkommt, sondern beseitigen die geringste Spannung sofort. Spannen sich etwa die Hände, die flach auf den Oberschenkeln liegen, dann ziehen wir sie einfach etwas an. Macht sich in den Füßen oder Beinen Spannung bemerkbar, dann stellen wir die Füße ein wenig vor oder zurück, ohne dass wir unsere Übung unterbrechen. Haben wir in dieser Weise völlig entspannt die richtige Stellung eingenommen, dann sind wir bereit, mit den rhythmischen Atemzügen zu beginnen.

Alle rhythmische Atmung muss durch **völlige Entleerung der Lungen** vorbereitet werden. Das geschieht dadurch, dass man zuerst kurz aus und ein, aus und ein, aus und ein, etwa sechsmal oder öfter, atmet und die letzte Ausatmung so lange wie irgend möglich ausdehnt, bis die Lungen völlig entleert sind. Dann erst beginnt man mit den **rhythmischen Atemzügen**, die je **sieben Sekunden** dauern sollen.

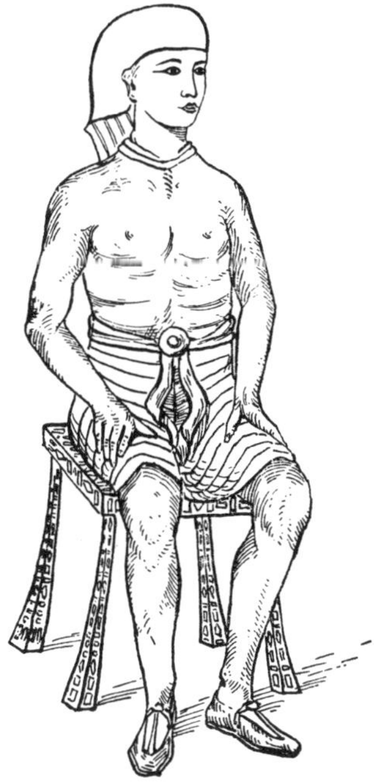

Bist du **kurzatmig**, dann gelingen dir so lange Atemzüge nicht; dann nimmst du so volle gleichmäßige Atemzüge, wie es dir möglich ist. Beginne mit **vier Sekunden** Einatmung und vier Sekunden Ausatmung und gib nach und nach eine Sekunde hinzu, jedoch ohne dich zu spannen oder zu zwingen. Alles muss leicht und anmutig ausgeführt werden und in kurzer Zeit gelingen dir die rhythmischen Atemzüge von sieben Sekunden Länge.

Während der Atem **sieben Sekunden** lang durch die **Nüstern** rhythmisch, wellenartig, sanft und tief einströmt, fülle **zuerst die oberen Lungenflügel** und dann die übrigen Teile der Lunge bis zum Äußersten, aber so, dass sich nichts spannt oder verkrampft und dass Ungleichmäßigkeit und Hasten vermieden werden. Alles vollzieht sich in vollkommenen Wellenlinien. Nach der Einatmung bis sieben kommt der **Wendepunkt** in Gestalt einer kurzen Pause von Sekundenlänge und dann folgt die **rhythmische Ausatmung** bis sieben, bei der der Atem in der entgegengesetzten Richtung ausströmt. Dann kommt wieder der **Wendepunkt** als kurze Pause von Sekundenlänge. So fahren wir fort, für drei Minuten im Sieben-Sekunden-Rhythmus zu atmen.

Anstatt bis sieben zu zählen, um die volle Länge der Atemzüge zu bekommen, atmen wir besser nach einer geeigneten **Melodie** ein und aus, weil beim Zählen das Intellektuell-Kalkulatorisch-Mathematische tätig wird, wir aber gerade wollen, dass der Intellekt oder das Stirnhirn während der Übung von Einflüssen frei bleibt, damit wir uns mehr und mehr eines **eigenen Gedankenlaufes** bewusst werden. Wir singen aber die Melodie nicht, sondern **denken sie nur** und atmen dabei in ihrem Rhythmus ein und aus, ohne Ideen zu hegen oder Spannung aufkommen zu lassen. Zuerst können wir die Melodie in Gedanken ziemlich schnell wiederholen, verlangsamen aber allmählich das Zeitmaß, so dass genau sieben Sekunden bei jeder Ein- und Ausatmung vergehen.

Haben wir gelernt, bei unserer Übung die Augen entspannt auf den festgesetzten Punkt gerichtet zu halten, ohne dass wir mit den Augen zwinkern oder die Augenlider schlaff hängen lassen und strömt der Atem sieben Sekunden rhythmisch ein und aus, dann fällt es uns auch leicht, **dem Atem in Gedanken zu folgen**, wie er durch die Windungen der Nase strömt, durch die Luftröhre in das Lungengeäst eintritt und das Lungengewebe, die Brust und das Zwerchfell ausdehnt und bei der Ausatmung die entgegengesetzte Bewegung auslöst. Denke dabei an **Ga-Llama**, die zentralisierende Grundlage unseres Körperwesens, mit der Absicht, mit Hilfe Ga-Llamas die Zellen im ganzen Körper neu aufzubauen und dadurch den Grund zur Neu- oder **Wiedergeburt** oder zum Kindesleben, d.h. dem **Zustand der Erneuerung**, zu legen. Atme in der Erkenntnis, dass der Atem die Grundlage des Lebens ist und uns zum vollen Selbstbewusstsein verhilft. Die Übung allein, ohne Konzentration auf Ga-Llama und ebenso die Konzentration allein ohne die Übung werden uns keinen befriedigenden und dauernden Erfolg vermitteln. Beides muss zusammenwirken.

Der Zweck der **Übung** ist, einen guten **Blutumlauf** zu erzielen und das **Blut zu reinigen**, was von der Lungentätigkeit abhängig ist und nicht vom Herzen. Das **Herz** hat nur die Aufgabe, das Blut zu verteilen. Deshalb hängt die Ordnung in unserem Körper in der Hauptsache von den Atmungsorganen ab, und tritt Unordnung ein, so ist der Atem das grundlegende Heilmittel.

Der Zweck der **Konzentration auf Ga-Llama** ist, mit dem Atem nicht nur Sauerstoff zu Gunsten der Blutreinigung und des Blutumlaufs einzuatmen, sondern auch die **atomistische Grundlage** aller Lebenserscheinung einzuziehen, die mit Ga-Llama bezeichnet wird. Ga-Llama ist kein neues Wort. Vielmehr bezeichnete man damit schon vor mehr als 142 000 Jahren das Lebensprinzip, das im Körperwesen nur wirksam zu werden braucht, um das Verborgene, Unsichtbare, Geheimnisvolle und wunderbar Erscheinende den menschlichen Sinnen fassbar und bewusst werden zu lassen.

In Zukunft wird das Wort Ga-Llama durch das Wort **Atom** ersetzt werden. Denn bis heute hat noch niemand den Atom entdeckt und auch noch niemand die Atom-Theorie bewiesen, die sich also überlebt hat. Ga-Llama dagegen ist keine Theorie, sondern eine Wirklichkeit und seine Wirkungen können sogar durch die entsprechend entwickelten Sinne wahrgenommen, also seine Gegenwart bewiesen werden.

Durch die Übung wollen wir uns nach und nach den Sieben-Sekunden-Atem für immer **angewöhnen**. Das ist der **individuelle Atem** gegenüber dem angeborenen oder **Mutteratem**, der selbst im günstigsten Fall nur drei Sekunden dauert. Ist er kürzer als drei Sekunden, dann haben wir schlechte Aussichten für unseren Aufenthalt auf dieser Erde. Der Mutteratem entspricht der Länge des Atems, den die Mutter zur Zeit der Empfängnis unterhielt. Er ist begrenzt und bestimmt die Länge des Erdendaseins, wenn er nicht durch den individuellen Atem ersetzt wird.

Daher kommt es, dass ein anscheinend gesunder Mensch plötzlich nach „Abrahams Schoß" abgerufen wird, ganz gleich, ob er darauf vorbereitet war, dem großen Sensenmann jenseits des Todestores zu begegnen oder nicht. Sobald der Mutteratem erschöpft ist, entflieht der letzte Seufzer. Dem können wir also nur dadurch entgehen, dass wir uns den individuellen Atem zu eigen machen. Deshalb gehen wir ja auch an unsere rhythmischen Übungen.

> Für eine Übung genügen **drei Minuten** und für einen Tag **drei Übungen**, eine am **Morgen**, eine am **Mittag** und eine vor **Sonnenuntergang**. Das sind im ganzen **neun Minuten** während des ganzen Tages. Sicherlich kann niemand neun Minuten besser anwenden, da ihm die neun Minuten Übungen das Leben verlängern und erneuern. Wir setzten die Übung mindestens so lange fort, bis wir uns den Sieben-Sekunden-Atem **angewöhnt** haben. Die erste Übung kann man vor einer Mahlzeit, soll sie aber nicht unmittelbar nach einer Mahlzeit machen und jedenfalls nicht früher als eine halbe Stunde nach einer Mahlzeit.

Vergiss nie, während der Übung alle Ideen auszuschalten, und konzentriere dich nur auf den Atem. Dann wird dich jede Übung befriedigen, ob du erregt oder müde, nervös oder gelangweilt warst. Die Übung erzeugt Elektrismus, beruhigt die Nerven und gibt das Gefühl der Erleichterung, weil die Konzentration auf den Atem ausgleichend und beruhigend wirkt. Mit jedem Übungstage betreten wir eine neue Entwicklungsstufe und erweitern unseren geistigen Horizont, was das Leben erst lebenswert macht. Jeder erzielte Fortschritt erscheint uns dann nur als Vorbereitung für den nächsten und wir erkennen, dass der menschlichen Entwicklung keine Grenzen gesetzt sind.

Atmen wir in der geschilderten Art und Weise, dann wird durch die erste rhythmische Atemübung in uns alles entwickelt, was auf Entwicklung wartet, weil die Übung die **Körperorgane** in bessere Verbindung mit dem **Gehirnwesen** bringt. Das ist aber die Voraussetzung dafür, dass das Ewigwirkende in uns, die **Individualität im Herzen**, sich mittels des **Seelenzustandes** vom Herzen zur Zirbel überbrücken kann, in der das **Gesinn** seinen Sitz hat, das auf die Gehirnintelligenzen ausstrahlt und nicht nur den **äußeren Augen**, sondern auch dem inneren Schauen oder dem **inneren Auge** neue Ziele setzt.

Nach und nach, je nachdem wie unsere Entwicklung fortschreitet, wird uns das alles klar und immer klarer, kommt uns eine Offenbarung nach der anderen. Deshalb sollten wir nicht müde werden, **täglich** durch die erste rhythmische Atemübung zu gehen, damit wir unseren Körper ganz zum Eigentum gewinnen, uns aller unserer **Talente** bewusst werden und lernen, sie im Alltagsleben nützlich anzubringen.

Begleitmelodie zu den rhythmischen Atemübungen

-

Tonleiter

Ägyptische Priesterin
in der Stellung der ersten Atemübung

2. Anrufung

Unendlicher, du bist das Innerste meines Wesens und der sichere Grund, auf dem die Vielseitigkeit meines Daseins aufgebaut ist! Preis sei dir und Anerkennung deiner göttlichen Gegenwart! Hauche den Lebensodem in meine Nüstern, auf dass ich eine lebendige Seele werde und die Kräfte gebrauchen lerne, die in meinem Busen schlummern!

Möge jeder Schritt meine Selbsterkenntnis erweitern und jede Ausatmung mich läutern, bis ich dem göttlichen Lichte gleiche und sogar der Sonne, die am Himmel der Erkenntnis scheint! Ich bin ein Kind der Natur und eins mit ihr und die Einheit aller Dinge zu erkennen, soll mein innigster Wunsch sein!

Mögen Weisheit und Frieden Licht auf meinen Pfad streuen, damit ich nicht mehr im Finstern irre, sondern für ewig im Lichte der Erkenntnis und der Wahrheit wandle!

Sei dem so im Namen des Ewigen! Und zu diesem Zwecke mögen alle Dinge gedeihen!

Im Namen Mazdas, den die ewige Sonne umkleidet und der Zarvan Akarana durchdringt, und im Namen des einen Lebensodems, der das Selbstbewusstsein weckt, sei Frieden mit euch allen!

2. Lektion
Gehörsinn

Auf allen Stufen unseres Daseins, bei jedem Beruf, dem wir uns widmen, in allen unseren Unternehmungen hängt der **Erfolg** von der Kraft ab, die uns **Selbstvertrauen** und dadurch die **Zuversicht** des Erfolgs verleiht. Diese Kraft ist in uns und wird wirksam, wenn wir im Zustand der **Gesundheit** sind. Sie wächst in dem Grade, in dem wir **Liebe zum Leben** haben und diese Liebe zum Leben von der **Weisheit** begleitet wird. Brennt das Feuer der Liebe in uns und kontrolliert die Weisheit seine Flammen, dann wird das Leben wert, gelebt zu werden, weil es sich beständig vervollkommnet.

Der Mensch hat es also in der Hand, aus seinem Leben das zu machen, was er will, und die Lebensverhältnisse sind so, wie er sie sich schafft. Er gleicht insofern dem Samenkorn. Wir können den Samen in die Erde legen, den Boden lockern und bewässern; das übrige aber muss der Samen selbst vollziehen. Wenn die Intelligenz in seinem Keim erwacht, sich ihrer selbst und ihrer Umgebung bewusst wird und darin Möglichkeiten der Entkeimung erkennt, dann entkeimt der Samen, geht auf, entfaltet und entwickelt sich.

Dasselbe Gesetz gilt auch für den Menschen, und zwar in erhöhtem Maße, da er mit Recht für sich in Anspruch nimmt, ein Wesen höherer Art zu sein. Wenn **die Intelligenz** eines winzigen Samenkornes sich alle Fragen der Entfaltung und Entwicklung beantworten und sie erfolgreich lösen kann, dann muss die Intelligenz des Menschen um soviel mehr dazu imstande sein. Der Samen braucht nur die Verbindung mit der Erde, der Fisch nur das Wasser, um alle seine Fähigkeiten anzubringen;

ebenso gibt es für den Menschen, der auf der Erde lebt, nur einen Weg zur Befriedigung, Freude und Vollkommenheit, nämlich **Gesundheit** durch **harmonische Verbindung mit der Natur**.

Gesundheit ist uns also ein **Mittel zum Zweck**, kein Selbstzweck; sie ist nicht unser Lebensziel, nicht unser höchstes Ideal, nicht der Lebensinhalt, sondern ein **Begleitumstand des Lebens**, der nötig ist, damit wir unsere **höhere Aufgabe** lösen können. Fehlt es uns an der Gesundheit, dann können wir uns die Verhältnisse in der Umgebung nicht voll zunutze machen oder das Leben nicht vollkommen gestalten; wir sind nicht Herr über die Natur und leiden deshalb unter dem Druck der blinden Naturkräfte; wir führen kein menschenwürdiges Dasein, sondern vegetieren nur. Gesundheit ist die **Voraussetzung** für die Erhaltung unseres **körperlichen Zustandes** und für die Entwicklung unserer **körperlichen und geistigen Fähigkeiten**, wovon unsere **Selbsterkenntnis** und unser **Lebensglück** abhängen.

Setzen wir uns die Gesundheit als höchstes Ziel und Ideal in diesem Leben, dann erheben wir uns noch nicht über die Stufe des Tieres. Denn das **Tier** verkörpert von Natur aus den Zustand der Gesundheit und weiß nichts von Krankheit oder Sünde, wenn es in seiner Freiheit leben kann. **Der Mensch muss sich also zunächst gesund machen, ehe er höher steigen** und die Stufe des Tieres vollständig hinter sich lassen kann.

Die Tiere dienen uns als **Beispiele** von Gesundheit, als **Spiegel**, in denen wir unsere gesundheitlichen Mängel erkennen sollen, und als **Anschauungsgegenstände**, die wir beobachten sollen, um uns von allem zu befreien, was die höhere Form unserer menschlichen Gestalt entstellen könnte. Deshalb muss sich der Mensch nicht nur vollkommener Gesundheit erfreuen, ehe er sich über das Tier erheben kann, sondern muss auch seine Neigungen, Triebe und **Leidenschaften beherrschen** und jeden Teil seines Körpers in Harmonie oder Übereinstimmung mit seinem **Denken** bringen.

Erst dann wird er sich höher und höher entwickeln und seine wahre, höhere, **menschliche Natur** offenbaren können. Erst dann wird er die Größe seiner **Aufgabe und Verantwortung** erkennen und begreifen, dass ihm sogar die Elemente untertan und sein Eigentum sind, weil er als Träger der ewigwirkenden Intelligenz sie hervorgebracht hat, und dass sie nicht nur in seiner Umgebung vorhanden sind, sondern auch einen

Teil seines Körperwesens ausmachen, so dass sie, selbst soweit sie von ihm getrennt sind, doch unter seiner Herrschaft stehen.

Wenn ein **Kranker** nur langsam genest, kommt es daher, dass zuviel Säuren in seinem Körper vorhanden sind, die ihn zurückhalten und ihm das **Selbstvertrauen** nehmen. Wo aber kein Selbstvertrauen ist, ist auch kein **Glauben** und kein **Gottvertrauen**. Wenn wir nicht glauben, dass alle Potenzen, Elementarien und Chemikalien zur Förderung unserer Gesundheit in uns sind, dann hat es keinen Zweck, dass wir irgendetwas einnehmen. Denn das Eingenommene muss in uns etwas Verwandtschaftlichem begegnen, wenn es wirken soll, da sonst keine Amalgamierung oder Verschmelzung stattfinden kann. Vereinbart sich aber das Eingenommene mit etwas Verwandtschaftlichem in uns naturgemäß, dann können die einfachsten **Hausmittel** Großes schaffen.

Der Kranke darf also nicht glauben, die ausschlaggebenden Potenzen seien ausschließlich in der Medizin vorhanden, sondern er muss den Glauben haben, dass alle diese **Potenzen in ihm selbst** enthalten sind und durch die einzunehmende Medizin nur zum Vorschein gebracht werden sollen. Dann wird sich selbst in den schwersten Fällen die Gesundheit wieder einstellen.

Sind wir schon soweit erkrankt, dass der Magen nichts mehr vertragen kann, die Leber nicht mehr wirkt, die Lungenkraft schwindet, die Tuberkulose einsetzt und das Herz uns Furcht einflößt, dann müssen wir den Körper mit **Natronspülungen** beleben, indem wir ca. 44-45 Grad Celsius (114 Grad Fahrenheit) heißes Wasser in den Darm einlaufen lassen und jedem Liter Wasser 1 Esslöffel **doppeltkohlensaures Natron** beigeben. Alle 6 Stunden und in sehr schweren Fällen alle 3 Stunden wird damit der Darm ausgewaschen und auch andere Teile, soweit das nötig ist. Gleichzeitig und immer wieder von Zeit zu Zeit, etwa alle 3 Stunden oder wenn der Kranke zu trinken verlangt, gibt man ihm heißes **Natronwasser zu trinken**; auf 1 Glas heißes Wasser gibt man 1 Teelöffel Natron. Das überbrückt den Zustand, bis der Kranke in eine Lage kommt, in der er allmählich selbstbewusst wird, also sozusagen der **Glauben** und das **Selbstvertrauen** aufwachsen können.

Der Heiland sagte: „Wenn ihr Glauben hättet wie ein Senfkörnlein ...“; wir sagen dafür heute: „Wenn ihr euch bewusst wäret eurer **Zirbeldrüse**, die selbst im niedrigsten und unentwickeltsten Menschen die Größe eines **Senfkornes** hat und im entwickelten Menschen so groß wie ein **Weizenkorn** wird, und wenn ihr euch bewusst wäret, dass das in dieser Zirbeldrüse festgesetzte **Gesinn** nach und nach die Regentschaft über das ganze Gehirnwesen erhält, dann würdet ihr auf die ständige Erweiterung dieser Regentschaft bedacht sein, wobei sich die Ausstrahlungen der Zirbeldrüse immer mehr entfalten und gleich den Ausstrahlungen der Sonne gewisse Stellen im **Gehirn** beleuchten und beleben und sich demgemäß die **Intelligenzen** in den belebten Zellen offenbar machen, so dass unser Glauben, unsere Zuversicht und unser Selbstvertrauen mit jedem Augenblicke wachsen und stärker werden.“ Mithin genesen wir dann schnell.

Oftmals geschehen fast Wunder. Kranke, die schon aufgegeben waren, weil man glaubte, es wäre ihnen nicht mehr zu helfen, da sie schon im Unbewusstsein lagen, die Atemzüge schon unsicher wurden und das Todesröcheln schon zu hören war, konnten einfach nicht sterben, nachdem sie die **Natronspülungen** bekommen hatten. Selbst wenn der Kranke schon in den Koma-Zustand gefallen ist, worin er zwei bis drei Tage verbleiben kann, er also sozusagen zwischen Leben und Tod schwebt, erhält man ihn mit diesen Natronspülungen und dadurch, dass man ihm immer wieder **Natronwasser** einflößt. Er befindet sich in einer Krisis, in der er sich zwar seines Lebens bewusst ist, aber nichts hört und nichts sieht von seiner Umgebung, als wäre das Leben im Begriff, sich von diesem Körper abzuwenden, obwohl es aber noch da ist. In der Regel und selbst in den schwersten Fällen kommt der Kranke wieder zu sich zurück, kommt wieder zum Bewusstsein. Von da an genest er dann schnell.

Die Hauptsache ist, dass man von einem Kranken alles fernhält, was Säuren erzeugt oder Säuren in ihm entwickeln könnte. Das sicherste und einfachste Mittel ist dann heiße **Milch**. Später gibt man **Weizengries** und dann **Weizengrütze** aller Art. Aber die heiße Milch bleibt immer die Hauptsache und **der Leib muss offen gehalten** werden, d.h. die Ausscheidungsfunktionen müssen gut funktionieren oder sogar unterstützt werden. Die schwerste Krankheit ist heilbar, wenn man ihr an die Wurzel greift und der Natur dazu verhilft, die Widerstandskraft zu bestärken und den Glauben und das Selbstvertrauen in uns zu erhöhen.

Meist wird der Grund zu Krankheiten durch falsche oder **zu starke Reizmittel** gelegt, die uns zur Gewohnheit werden, zunächst unsere Entwicklung zum Stillstand bringen und schließlich der Krankheit den Boden bereiten. Wir begegnen sogar immer wieder Männern und Frauen, die sich geistig nicht weiter entwickeln, obwohl sie ihre Atemübungen befolgen und es auch mit der Ernährung genau nehmen. Ihre Entwicklung hatte einen guten Anlauf genommen und ist auch bis zu einem gewissen Grade gediehen und dann kam der Stillstand, weil sie immer noch zu starke Reizmittel gebrauchen, zu starken oder aufgekochten **Kaffee** oder **Tee**, zu schweren **Kakao**, zuviel und zu schwere **Schokolade**, vielleicht noch zuviel **Sahne**, zuviel **Butter** in der Kocherei, zuviel **alkoholische Getränke**, vielleicht sogar noch **Tabak**.

Solange wir **Tabak** gebrauchen, entwickeln wir uns nur bis zu einem gewissen Punkt; das Nikotin hält uns zurück. Gewiss, solange ein Mensch ein schwerer Fleischesser ist, muss er ja auch rauchen. Denn die Säuren und die schädlichen Salze, die in dem Fleisch enthalten sind, werden durch den Tabak paralysiert oder abgestumpft, ähnlich wie beim Räuchern von Schinken und Speck. Mithin erhält der Tabak den Fleischesser bis zu einem gewissen Alter. Sammelt sich aber immer mehr Nikotin in ihm an, dann entstehen **unheilbare Krankheiten**, an denen er draufgeht.

Die Raucher, die ein **hohes Alter** erreichen, haben immer sehr **mäßig geraucht**, ihre kleine Pfeife nach dem Mittagsmahl und nach dem Abendbrot; sie rauchten langsam und gemächlich und hörten auf, wenn sie das Gefühl hatten, es sei genug. Ihre Nahrung wurde nur ein wenig angeräuchert, aber doch nicht gepökelt. Meist sind das auch Leute, die **schwere Handarbeit** verrichten und dadurch ihren Körper beständig in Bewegung halten, wodurch sie das Nikotin einigermaßen wieder hinausarbeiten.

Aber der Mensch, der weniger körperlich arbeitet und dazu noch in einem geschlossenen Raum, muss von Zeit zu Zeit leiden, wenn er sich Tabak zusetzt, und es ist nicht leicht, ihn zur Gesundheit zurückzubringen. Er wird auch in seiner Hand **auf der Lebenslinie Seitenlinien** und am Ende **Abzweigungen** finden, was besagt, dass sich sein Leben entsprechend verkürzen wird. Ohne das Nikotin hätte er vielleicht 98 Jahre alt werden können; so aber schneidet ihm die Natur 10, 20, 30 Jahre und manchmal noch mehr ab.

Das Tabakrauchen ist also eine schlimme Angewohnheit, besonders weil heutigen Tages nicht nur viele **Männer**, sondern auch viele Frauen rauchen. Das sind meist **Frauen**, die schwere Fleischesser gewesen sind. Sie mögen zwar das Fleischessen inzwischen aufgegeben haben, können aber immer noch nicht vom Rauchen lassen, weil sie sich durch den Fleischgenuss zu sehr daran gewöhnt hatten und das Rauchen sie einigermaßen befriedigt und beruhigt hatte. Aber diese Frauen müssen dafür zahlen, indem sie **schneller altern**, wie es sich in ihrem Gesicht zeigt.

Die Tabakraucher mögen wunderbare Anlagen, Gaben und Talente besitzen, können sie aber nicht gebrauchen, weil ihnen die Lebendigkeit und der rechte Mut fehlen. Sie halten sich nicht an den rechten Weg und gehen deshalb immer wieder **Umwege**. Anstatt sich ein bestimmtes Ziel zu setzen, wollen sie vielerlei auf einmal verrichten und verrichten deshalb nichts. So erschweren sie sich alles in diesem Leben.

Wer das Rauchen aufgeben will, muss vor allem einen **festen Entschluss** fassen und dann anstatt Tabak recht **viel Milch** nehmen, bis vier Liter täglich, um das Nikotin loszuwerden. Allmählich klärt sich die Haut und wird wieder rosig und gut durchblutet und nach drei Monaten ist man ein anderer Mensch geworden und fühlt, dass die Entwicklung wieder einsetzt.

Je mehr wir uns entwickeln wollen, umso mehr so genannte **Opfer** müssen wir bringen. So manches müssen wir aufgeben, sogar in der **Ernährung**. Unsere Mahlzeiten müssen wir immer kleiner, nicht größer machen, müssen bald von diesem, bald von jenem weniger nehmen, bis wir nach und nach den Ausgleich finden. Außerdem müssen unsere **Übungen** zur täglichen Gewohnheit werden. Dann geht die Entwicklung tagtäglich weiter vor sich.

Ergeben wir uns aber immer noch einem **Genuss** in dem Glauben, dadurch das Leben zu genießen, sei es nun Tabak, Schokolade, Zuckerwaren oder etwas Ähnliches, so bleiben wir in unserer Entwicklung zurück. Wir mögen wohl gewisse Ideen in uns entwickeln, aber das Wahre, Wirkliche, Unbestreitbare bleibt uns immer noch fern. Wir diskutieren und debattieren und rücken unsere kleinlichen, **begrenzten Ideen** immer wieder in den Vordergrund, anstatt dass wir das **Prinzipielle** begreifen, einsehen und erkennen.

Wir wollen dann immer noch die **Herren** spielen und als **Autorität** gelten. In Wirklichkeit beherrscht uns aber nur die Furcht, von unserer eingebildeten Größe etwas preisgeben zu müssen. Das beweist, dass wir körperlich und geistig krank sind. Wir sind **geisteskrank** in demselben Grade, in dem wir regieren wollen und die Rechte anderer nicht anerkennen. Denn je mehr wir das Prinzipielle begreifen, verstehen, wissen und erkennen, umso mehr müssen wir **anerkennend** und ein **Beispiel** sein.

Darum hat sich die **Geschichte des Heilands** bis auf den heutigen Tag erhalten, weil er seinen Schülern in jeder Beziehung ein **Beispiel** war, sogar seinem Volk und der ganzen Welt, also auch uns. In ihm sehen wir die beispielhafte Größe sowohl eines Intellektuellen als auch eines Spirituellen und eines Materiellen oder Materialisten.

Er weiß, wie er seine Schüler zu **unterrichten** hat und wie er sie **ermutigen** kann, und sagt ihnen, wie sie sich im praktischen Alltagsleben anstellen sollen, weil er auf allen Lebensgebieten bewandert ist. Er ist freundlich, liebevoll, ermutigend gegenüber jedermann, nimmt jeden an, stößt niemand zurück, tröstet, wo Trost nötig ist, bringt denen Heilung, die danach suchen, und sagt grundsätzlich: „So jemand zu mir kommt, werde ich ihn nicht von mir stoßen."

Er unterrichtet die Seinen, wie sie es anstellen sollen, um **unabhängig** zu werden und sich vom Sklaventum und von der Unterjochung loszureißen und **frei zu werden**. Er liebte die **Arbeit** und empfahl sie den Seinen, da er selbst viel gearbeitet und zustande gebracht hatte, ehe er anfing, seine Lehre öffentlich zu verbreiten. Er war gewandt und verwandt mit allem, was in den Bereich schöpferischen Schaffens gehörte.

Trotz seiner Größe war er **demütig** und der unendlichen Gottesintelligenz **ergeben** und sagte deshalb: „Abba", d.h. Unendlichkeit, während die Übersetzung „Vater" sagt, „nicht mein, sondern **dein Wille** geschehe!", nicht mein menschlicher Willen, der alles nur mit Hilfe der Materie zu erreichen sucht, sondern dein Willen, der der Unendlichkeit oder dem ewig wirkenden Gottgedanken entspringt.

Das hatte er von seiner **Mutter** übertragen bekommen, die sich auch dem Willen des Ewigen ergab. Denn sie erklärte: „Ich neige mich deinem Willen zu; mir geschehe nach deinen Worten." Darum wuchsen in ihm der mütterliche **Glauben**, die mütterliche **Demut** und die mütterliche **Einfachheit** auf und vereinbarten sich mit seiner beispielhaften Größe auf **intellektuellem**, **spirituellem** und **materiellem** Gebiet, so dass er uns ein **Beispiel der Vollkommenheit** geworden ist, das wir in jeder Beziehung verwirklichen müssen, wenn wir ihm ernstlich nachfolgen wollen.

Was muss ich nun tun, um in jeder Beziehung ein Beispiel zu werden? Diese Frage drängt sich jedem auf, sobald in ihm die Einsicht aufdämmert, dass er sich bisher von den Verhältnissen treiben und von den Umständen beherrschen lassen hat, anstatt dass er die Verhältnisse und Umstände gemeistert hätte. Zunächst müssen wir uns unserer Mängel und Schwächen **bewusst** werden. Dann wächst auch der **Wunsch** in uns auf, erlöst und gerettet zu werden, und dann fassen wir den festen **Entschluss**, uns frei zu machen von allem, was uns bindet und knechtet. Zaghaft und tastend tun wir die ersten Schritte in die **Freiheit des Willens und der Wahl** und schon beginnen wir, die Süßigkeit eines besseren Wohlbefindens zu empfinden, und wünschen, **das Leben zu verlängern**, weil wir eine Ahnung von unserer **himmlischen Berufung** bekommen.

Der Segen der ersten rhythmischen Atemübung fängt an, sich spürbar zu machen. Vor unserem geistigen Auge sehen wir die **ewige Jugend** sich entfalten. Glückseliges Lachen hallt in unsern Ohren, wir möchten jauchzen vor Freude und fröhlich sein wie die Kinder. Unser Gesicht beginnt zu strahlen, die Falten glätten sich, die Haut wird rein und weich wie Samt, das Haar bekommt seine natürliche Farbe wieder, die Stimme wird hell und wohlklingend, die Augen strahlen wie der Morgenstern, die Glieder werden gelenkig und die Bewegungen anmutig. Alles erscheint uns in anderem Licht, als ob sich Himmel und Erde verjüngt hätten.

Schauen wir genauer zu und mit nüchternen Augen, dann sehen wir, dass wir in vielen Dingen natürlicher geworden sind, weil wir die einfache und klare Sprache der **Mutter Natur** verstanden und ihre Lehren befolgt haben, so dass uns ihre Segnungen als Lohn in den Schoß fielen. Wir brauchen also nur ihrer Einladung Folge zu leisten und an ihren Busen zurückzukehren, dann sorgt sie für dich ebenso wie für mich. Denn sie ist unparteiisch und teilt mit vollen Händen aus, da ihre schöpferischen Kräfte aus der Unendlichkeit gespeist werden und unbegrenzt sind.

Jeder, der die **Gesetze der Natur** beachtet und befolgt, erfreut sich eines **vollkommenen Lebens** und wer täglich bei seinen Übungen **Ga-Llama**, das zentralisierende Lebensprinzip, bewusst einatmet, baut sich einen verjüngten Körper auf und entwickelt seine Sinne, so dass er die Sprache der Natur immer besser versteht und ihre Gesetze immer besser erkennt. Er hört dann von selbst auf, oberflächlichen Kenntnissen nachzujagen, wobei er den geraden Weg aus dem Auge verlor und immer tiefer in die Finsternis geriet, anstatt sich dem Lichte zu nähern, das ihm größere Erkenntnis ermöglichte.

Unser **Körper ist vollkommen** in seiner Anlage. Aber wir sind noch nicht fähig, all das Gute, das in ihm verborgen ist, zu erkennen. Viele haben ihren Körper, der uns doch gleich einem Heiligtum sein sollte, so vernachlässigt, dass sie sich ihm gegenüber keiner Pflichten mehr bewusst sind, ihn geradezu als ein notwendiges Übel betrachten und sich in Reiche verlieren, aus denen eine Rückkehr schwer möglich ist. Dabei überentwickeln sie ihre **Einbildungskraft** so stark, dass sie den Boden unter den Füßen verlieren und wähnen, geistige Wesen zu sein; in Wirklichkeit entwickeln sie aber keine geistigen Fähigkeiten, sondern steigern nur ihre Einbildungskraft.

Auf den unteren Entwicklungsstufen gebraucht der Mensch vorwiegend die **Einbildungskraft** und lässt sich von ihr solange leiten, bis er seine **Sinne höher entwickelt** hat, und selbst dann ist er immer noch geneigt, die Vorstellungen, die er sich einbildet, für einen Ausdruck seiner Vergeistigung zu halten, anstatt auf dem Boden der Wirklichkeit zu bleiben und sich den Fortschritt Tag für Tag zu erarbeiten. Bevor er sich der falschen Richtung gewahr wird, beschäftigt er sich mit Dingen, die mit gesundem Menschenverstand nichts mehr zu tun haben.

Daher besitzt der Durchschnittsmensch mehr Einbildungskraft, als für die Entwicklung seiner feineren Sinne förderlich ist. Alle **zwölf Sinne** müssen aber **gleichmäßig entwickelt** sein, wenn wir imstande sein wollen, die Dinge so zu begreifen, wie sie in Wirklichkeit sind, und dazu muss das Gehirn im **Zustand des Gleichgewichtes** sein. Sich einzubilden, der Mensch sei ein rein geistiges Wesen, ist ein ebenso großer Irrtum, wie anzunehmen, er sei ein rein materielles Wesen. Die geistige und die materielle Seite machen zusammen das menschliche Wesen aus und wer nur die eine Seite anerkennt, verrät eine einseitig entwickelte, **unausgeglichene Gehirnverfassung** und verläuft sich dann in Begriffe und Anschauungen, die sich mit den wirklichen Verhältnissen nicht vereinbaren lassen und daher Widerspruch, Widerstand, Gewalt, Streit und Kampf herausfordern, also **friedliche Zustände** unmöglich machen.

Als Kinder der Natur ist es daher unsere Pflicht, uns **allseitig zu entwickeln**, nicht aber einseitig. Es ist ganz gut und schön, alles Mögliche über Himmel und Hölle zu wissen; aber jetzt ist doch das wichtigste für uns, uns über das **gegenwärtige Leben** auf dieser Erde in jeder Beziehung auszukennen und seinen Anforderungen gerecht zu werden. Das spätere Leben wird seine eigenen Anforderungen haben, die wir hier gar nicht erfüllen können. Lernen wir uns selbst und die Schönheiten dieses Lebens besser kennen, dann werden wir auch ein so genanntes künftiges Leben zu würdigen verstehen.

Schon der Heiland sah sich genötigt, die Jünger, seine Schüler, hierauf hinzuweisen, die ihn bestürmten, er möchte ihnen doch etwas über das geistige oder **künftige Leben** sagen. Er sagte zu ihnen: „Wie könnt ihr das geistige oder künftige Leben begreifen, wenn ihr nicht einmal die grundlegenden Verhältnisse dieses **Erdenlebens** begreift!"

Die Schönheit dieses Lebens liegt darin, dass wir unsere **besonderen Gaben**, Fähigkeiten, Talente und Eigenschaften kennen und zu unserem Fortschritt ausnutzen. Je mehr Fortschritte wir in dieser Beziehung machen, umso klarer erkennen wir das große Naturgesetz, dass **nicht zwei Wesen einander gleich sein** können, wenn sie sich auch ähnlich sein mögen. Dann lernen wir auch die anderen besser verstehen und ihre Eigenheiten anerkennen, anstatt dass wir versuchen, ihnen unsere Eigenheiten aufzudrängen, womit wir nur unsere Unkenntnis beweisen würden.

Alle Menschen haben ihre besonderen Eigentümlichkeiten oder ihre charakteristischen Eigenheiten, durch die sie sich voneinander unterscheiden und die sie nicht etwa ablegen, sondern pflegen und vervollkommnen sollen; denn darin liegt der besondere Wert jedes Menschen. Wir sollen unsere Eigenheiten kennen und sollen lernen, von ihnen zu unserer Entwicklung Gebrauch zu machen. Dann werden wir einsehen, dass wir in Wirklichkeit nichts aufzugeben haben, sondern dass uns alles, selbst unsere Eigenheiten, zum Besten dienen.

Ein Organist braucht Jahre, bis er sich mit allen Eigenheiten seiner Orgel vertraut gemacht hat. Sobald er sie aber gründlich zu meistern versteht, wird er behaupten, seine Orgel sei die beste und wird sie nicht gegen eine andere tauschen, selbst wenn ihm verlockende Angebote gemacht werden. In Wirklichkeit ist er auch der einzige, der mit vollkommener **Meisterschaft** darauf spielen kann, während jeder andere sie für ein sonderbares Instrument hält. Dem Organisten aber ist sie **ans Herz gewachsen**, sie wird ihm immer wertvoller und er kann ihr die wunderbarsten Töne entlocken, die alle Zuhörer erheben und begeistern.

So müssen auch wir uns mit den Eigenheiten unseres Körpers **vertraut** machen und ihn mehr und mehr **kennen und lieben** lernen. Denn wir brauchen ihn auf dieser Erde und können ihn nicht durch etwas anderes ersetzen. Wir wohnen nicht über den Wolken, auch nicht unter der Erde, sondern auf der Erde und müssen uns deshalb mit allem vertraut machen, was uns **gegenwärtig auf dieser Erde angeht**.

Anstatt uns um die Geographie und die Bewohner des Mondes zu kümmern, sollten wir unsere eigene Erde, seine Bewohner und **vor allem uns selbst** so erforschen und kennen lernen, dass wir genau wüssten, wie wir leben sollen, um gesund, zufrieden und glücklich zu werden, und dass wir imstande wären, uns einander Gutes zu erweisen. Dann würden wir auch von selbst aufhören, uns bei den Fehlern und Unzulänglichkeiten anderer Leute aufzuhalten und unserm Schöpfer Ungerechtigkeit vorzuwerfen wegen dieser oder jener Erscheinung, deren Ursachen wir nicht verstehen.

Dieser **Mangel an Selbsterkenntnis** macht uns unzufrieden mit allem und mit uns selbst. Wir versuchen zwar, die Philosophie des Lebens zu ergründen, aber in unserem Zustand gelingt es uns nicht. Dann verlegen wir uns mit aller Kraft auf das **Geldmachen**, jagen nach **Reichtum** und **Ruhm** und kein Mittel ist uns zu niedrig oder zu unvernünftig, wenn es uns nur hilft, unser Ziel zu erreichen. Wir erniedrigen uns auf die Stufe des Tieres, um unsere Mitmenschen mit Gewalt ihrer Güter zu berauben und schulen uns systematisch in gewissen Kunstgriffen oder Methoden, wie wir unsere Brüder und Schwestern überlisten und übervorteilen können, und nennen das sogar eine Wissenschaft. So gehen wir den langen und schweren Weg der **Erfahrung** anstatt den Pfad der **Beobachtung**, der zwar Anforderungen an unser **selbständiges Denken** stellt, dafür aber schnell und sicher zum Ziele führt.

Um richtig zu beobachten, brauchen wir alle unsere zwölf Sinne in einem so entwickelten Zustand, dass unsere Sinneswahrnehmungen keine Missverständnisse aufkommen lassen. Das gilt auch für das **Gehör**, dessen Entwicklung die **zweite rhythmische Atemübung** dient. Wir müssen uns eines **guten Gehörs** erfreuen. Denn viele Unannehmlichkeiten im Leben beruhen auf Missverständnissen, die auf ungenaues oder unrichtiges Hören zurückgehen. Zwar liebt jeder Mensch von Natur aus das Wahre und Richtige, will nichts Unwahres und Unrichtiges sagen und bestrebt sich, alles richtig zu hören und weiterzuerzählen; aber infolge des mangelhaften Gehörs, dessen Zustandes man sich gar nicht bewusst ist, bilden wir uns oft ein, etwas gehört zu haben, was nie gesagt worden ist, also auch nicht gehört werden konnte.

In einem Dorf ereignete es sich, dass es einem Jungen unwohl wurde und er sich erbrechen musste. Eine Nachbarin hatte das gesehen, erzählte das Ereignis ihrer Tante und setzte hinzu, das, was der Knabe von sich gegeben habe, sei **schwarz wie ein Rabe** gewesen. Auf dem Heimweg besuchte die Tante eine Verwandte und erzählte ihr, sie haben soeben von einem Jungen gehört, der **einen schwarzen Raben erbrochen** habe. Die ganze Verwandtschaft geriet in Aufregung, so dass sich am Abend des Ereignisses viele um die ältliche Tante versammelten, um von ihr die wunderbare Geschichte zu hören. Bei der Erzählung geriet die Tante so in Eifer und Aufregung, dass sie behauptete, der Junge habe **drei schwarze Raben** erbrochen.

Wir dürfen uns niemals auf das **Hörensagen** verlassen, weil das Gehörte missverstanden oder verdreht worden sein kann, selbst wenn keine böse Absicht vorliegt. Sobald unser **Gehör fein genug** entwickelt ist, werden wir in allem, was uns überbracht wird, den **wahren Wert** erkennen und werden nichts weitergeben, was uns stark gefärbt oder entstellt erscheint. Das bewahrt uns davor, unsern Nächsten zu richten, ohne ihn selbst gehört zu haben, und dann werden wir die glückliche Zeit erleben, dass **sich jeder um seine eigene Sache kümmert**. Wenn das wirklich unser Wunsch ist, dann müssen wir bei uns selbst den Anfang machen; dann muss ich selbst mich vor allem um meine eigene Sache kümmern und darf nicht warten, bis mein Nachbar den Anfang macht.

Auch für die zweite rhythmische Atemübung bedarf es einer gewissen körperlichen Vorbereitung. Wie die Schärfe des **Gesichtssinnes** von der aufrechten Haltung der **Wirbelsäule** abhängt, so ist die Schärfe des **Gehörs** vom Zustand der **Füße** abhängig. Sobald in den Fußnerven nicht genügend **Elektrismus** erzeugt wird, leidet das Gehör. Jeder weiß aus Erfahrung, dass er weniger gut hört, sobald die Füße feucht oder nass werden, und dass sich dann der ganze Körper kalt fühlt. Man weiß auch, dass der ganze Körper selbst an kalten Wintertagen und bei leichter Bekleidung warm bleibt, wenn die Füße trocken und warm sind. Werden aber die Strümpfe feucht, sei es durch Ausdünstung, sei es auf andere Weise, dann fröstelt der Körper, auch wenn man in Pelze gekleidet ist.

Schon hieraus erkennen wir, dass die Füße für unser **Wohlbefinden** ebenso wichtig sind wie irgend ein anderer Körperteil. Wir sollten stolz auf unsere Füße sein; denn sie ermöglichen uns die Fortbewegung. Trotzdem **vernachlässigen** wir sie schmählich und misshandeln sie mit unpassendem **Schuhwerk**.

Allerdings machen wir es nicht so wie früher die **chinesischen Frauen**, die sich von klein auf täglich quälten und ihre Füße in so kleine Formen pressten, dass deren Wachstum vollständig gehemmt wurde. Ein kleiner Fuß galt dem Chinesen als Beweis edler Abkunft. Die Chinesenkinder mussten deshalb früher durch diese Folter hindurchgehen, um den Beweis einer höheren Kulturstufe zu liefern. Wir rühmen uns, dass wir nicht in einem Land leben, wo die Füße das Opfer einer so schrecklichen Sitte waren.

Wie steht es aber in Wirklichkeit mit uns? Die Chinesen gewöhnten sich an die Folter, weil sie schon von klein auf damit begannen. Wir aber werden von der **Eitelkeit** erst dazu getrieben, wenn wir erwachsen sind. Dann gefallen uns unsere großen Füße nicht mehr. Obwohl Nummer 42 die richtige Größe wäre, tragen wir Nummer 41 und machen dann dem Schuhmacher Vorwürfe, wenn uns die Schuhe drücken und **Blasen** und **Hühneraugen** verursachen. Wir täuschen uns gern selbst, lassen uns von der Mode hypnotisieren und möchten einen kleinen, zierlichen Fuß haben, obwohl diesem Zeitalter infolge der einseitigen Gehirnentwicklung große Füße eigen sind.

Der **Morgenländer** ist stolz auf seine Hände und Füße und pflegt sie mit großer Sorgfalt, ganz besonders die Füße. Deshalb fasst er alles schnell und richtig auf und besitzt ein **scharfes Gehör**. Die Pflege der Füße hält deren Nervenzentren rege, die eine Rückwirkung auf den ganzen Körper und besonders auf den Kopf und die Ohren ausüben. Mancher wird schon entsprechende Beobachtungen an sich gemacht haben, ohne sich aber der Zusammenhänge bewusst geworden zu sein. Wenn die große Zehe bei **Frostwetter** kalt wird und man bewegt sie nach oben, muss man sogleich niesen, weil die **Nase** in Mitleidenschaft gezogen wird.

Wenn das Gehör durch eine schwere **Erkältung** leidet und man trocknet die Zehen gründlich und reibt sie mit den Händen, bis sie sich erhitzen, arbeitet das Gehör sofort besser.

Wegen dieser wohltuenden Rückwirkung auf den Kopf haben die Morgenländer der Fußpflege seit unvordenklichen Zeiten die größte Aufmerksamkeit geschenkt und es zu einer religiösen Pflicht gemacht, die Füße täglich zu baden, zu reinigen und mit wohlriechenden Ölen abzureiben. Wenn wir uns an diese Regel halten, werden unsere Füße sehr bald beweglicher und gelenkiger werden und auch weniger leicht ermüden und schließlich werden wir sogar kleinere Schuhe tragen können.

Auch unser Gang wird leichter und anmutiger, weil sich beim Gehen der Körper im **Gleichgewicht** hält, da wir sein Gewicht auf die **Fußballen** verlegt haben und es nicht mehr auf den **Fersen** ruhen lassen. Sobald wir unser Augenmerk hierauf richten, lernen wir es rasch, auf den Fußballen zu gehen und beweisen es uns selbst, dass sich dabei der Körper im Gleichgewicht hält und wir das Gefühl bekommen, als könnten wir unendlich weit gehen, ohne zu ermüden.

Das **Wandern** wird uns dann ein Vergnügen und wenn wir auch den Eisenbahn- und anderen Transport-Gesellschaften nicht den Krieg erklären wollen, so werden wir doch bei vielen Gelegenheiten vorziehen zu gehen, um unsere Gesundheit zu fördern. Von Tag zu Tag können wir unsere Wanderungen mit Leichtigkeit weiter ausdehnen und mit Freude und Dankbarkeit im Herzen über Berg und Tal ziehen und uns dabei immer bewusster werden, dass **Atem Leben** ist.

In der warmen Jahreszeit sollten wir die Füße häufig lüften und im Sommer oft barfuss gehen. Für alle Leute elektrischen Temperaments ist es eine große Wohltat, am Morgen barfuss im taufeuchten Gras zu gehen; dabei leiten die Erdströmungen Stoffe ab, die sonst leicht Nervenreizungen und andere unangenehme Wirkungen auslösen. Jedenfalls sollten die Füße oft gebadet werden. Das Trocknen, Abreiben, Einölen und Parfümieren besorgen wir am besten mit den eigenen Händen. Ist das aber aus irgendeinem Grund nicht möglich, dann sollten wir uns jemand dazu aussuchen, der mit unserem Temperament und unseren magnetischen Kreisen harmoniert. Würde sich die alte Sitte, Sandalen zu tragen, wieder einbürgern, dann würde sich der allgemeine Gesundheitszustand heben. Pflege deine Füße sorgfältig! Sie werden es dir danken und dich auf den Pfad der Weisheit und Erkenntnis führen.

Auch den **Stoffen**, mit denen wir die Füße bekleiden, sollten wir mehr Aufmerksamkeit schenken. Am besten eignet sich **Seide**, weil sie die Füße nicht nur warm hält, sondern auch isoliert, so dass der Elektrismus nicht abgeleitet wird, der sich im Körper beständig entwickelt und aufgespeichert werden muss, um je nach Bedarf für die Gesunderhaltung benutzt zu werden. **Seidene Strümpfe** oder **seidene Tücher** unter den Strümpfen verhüten deshalb viele Erkältungen und Nervenstörungen. Im besonderen kommt Seide dem magnetischen Temperament zu.

Leinwand kommt der Seide am nächsten und ist besonders dem elektrischen Temperament zu empfehlen und auch solchen, die zu Rheumatismus und Gicht neigen. **Wolle** soll nicht unmittelbar auf der Haut liegen. Aber wollene Strümpfe können über die seidenen Tücher getragen werden. Schon Hammurabi machte die Erfahrung, dass alles Volk, das Wolle unmittelbar an seinem Körper trug, schwerfällig war und große Füße bekam. Wir aber brauchen kleine, zarte Füße mit gut arbeitenden Nervenzentren. Deshalb nehmen wir gern leichte dünne **Strümpfe** aus **Halbseide** oder leicht zu reinigender **Baumwolle** und ziehen, wenn nötig, dünne Strümpfe von Baumwolle oder **Kunstseide** darüber.

Nur wenn wir den **kleinen Dingen im Alltagsleben** Aufmerksamkeit schenken und die **kleinen Pflichten tagtäglich sorgfältig erfüllen**, wird die Natur ihr Schatzhaus vor uns öffnen und dessen Fülle vor uns ausbreiten. Meist sind wir aber zu ungeduldig, um uns mit Kleinigkeiten abzugeben, und setzen dadurch die Ursache dafür, dass wir unser vorgestecktes Ziel in diesem Leben nicht erreichen. Wir streben nach Hohem und wollen Großes leisten, vergessen aber dabei, dass auch ein **großes Bauwerk** nur dadurch zustande kommt, dass viele **kleine Steine** sorgfältig aufeinander gesetzt werden. Selbst die riesigsten Gebäude setzen sich aus lauter kleinen Teilen zusammen. Der Grund für unsere falsche Einstellung ist, dass unser Nervensystem ungleichmäßig entwickelt ist, dass daher unsere **Sinneswerkzeuge einseitig** arbeiten und unser Urteil einseitig oder voreilig ist. Das uns fehlende **innere Gleichgewicht** oder die **Ausgeglichenheit** kann uns nur dadurch werden, dass wir uns Tag für Tag bemühen, im kleinen treu, gewissenhaft und sorgfältig zu sein.

Dann lassen wir uns nicht mehr von den Wogen der Zeit fortreißen und dahintreiben, sondern besinnen uns und denken darüber nach, wie wir bewusst solche Ursachen setzen, die uns wirklich an das Ziel unserer Wünsche bringen. „Wenn ihr nicht werdet wie die **Kinder**, werdet ihr nicht in das Himmelreich eingehen", sagte der Heiland. Gerade die Kleinen, Unschuldigen, Reinen, Sanften geben uns ein Beispiel, wie wir handeln sollen. Die Größe des Menschen liegt nicht in seiner Körperlichkeit, sondern in der **Arbeit**, die er leistet. Der Mensch wird nicht dadurch groß, dass sein Namen in aller Munde ist, sondern dadurch, dass er **schöpferische Taten** vollbringt, die sich durch alle Zeitalter der Entwicklung fortpflanzen, indem sie den Fortschritt fördern. Das sollten wir uns immer wieder in die Erinnerung rufen; denn dann kommen wir von selbst darauf, dass wir alle unsere Fähigkeiten, Eigenschaften, Gaben und Talente entfalten müssen, wenn wir unserer **höheren Berufung** gerecht werden wollen.

Ist uns das einmal bewusst geworden, dann schauen wir den wirklichen **Verhältnissen** ins Auge und erkennen sogleich die **Mittel und Wege**, die uns dazu verhelfen, alle Hindernisse zu überwinden, die unserm Wachstum und unserer Entwicklung im Weg stehen. Wir fangen dann an, **praktisch zu denken,** und hören auf, unsere Entwicklung nach **Theorien** zu leiten, die uns von einer Sphäre der Ungewissheit in die andere treiben und uns von unserm Ziele immer weiter abbringen. Eine Theorie, die sich nicht im praktischen Alltagsleben verwerten lässt, ist wertlos und verdient nicht, dass wir ihr auch nur eine Minute unserer kostbaren Zeit widmen. Täglich müssen wir von neuem an die Lösung unseres Lebensrätsels herangehen und werden es auch lösen, wenn wir in der Erfüllung der kleinen Alltagspflichten getreu und beharrlich sind.

Wir müssen daher unsern **Körper so leistungsfähig** machen, dass er den Anforderungen der **gegenwärtigen Zeit** standhält, und nicht schon sich aufzulösen beginnt, bevor wir überhaupt auf den richtigen Weg zu unserm Ziele gelangt sind. Indessen dürfen wir in unserm Eifer, das Ziel zu erreichen, das **Gesetz** nicht übersehen, dass **niemals zwei Dinge zu gleicher Zeit denselben Raum einnehmen können.**

Jeder Mensch hat daher seine bestimmte Stellung einzunehmen, die kein anderer für ihn ausfüllen kann. Nur wenn wir unsere **eigene Stel-**

lung finden und behaupten und uns alles das angelegen sein lassen, was uns in unserer **individuellen Entwicklung** fördert, erreichen wir unser **individuelles Ziel** und werden dadurch ein **Beispiel**, das anderen zur Nachahmung dienen kann. Nur so lernen wir, alle Dinge zu unserm Besten auszunutzen.

Überall in der ganzen Natur wirken **zwei entgegengesetzte Kräfte** in entgegengesetzter Richtung und wir dürfen uns von keiner in ihren Bann ziehen lassen. Denn im Ergebnis schadet es uns gleicherweise, ob wir uns von der **positiven** oder von der **negativen** Kraft hinwegreißen lassen. Unsere Aufgabe ist es, die beiden entgegengesetzten Kräfte der Natur zu **polarisieren** und für einen gemeinsamen Zweck harmonisch **auszugleichen.**

Auch hier müssen wir im kleinen anfangen und zunächst **in unserm Körper Ausgleichungen** schaffen, die unserer **körperlichen Wohlfahrt** dienen, ehe wir daran denken können, größere Aufgaben zu bemeistern. Alle Bewegungen, die wir machen, das Gehen, Bücken, Beugen, ja, selbst das Stehen, Sitzen oder Liegen, wirken je verschieden auf die Vorgänge im **Körper** und durch diese auf das **geistige Gebiet** unseres Wesens. Sind diese Bewegungen harmonisch ausgeglichen oder polarisiert, dann erzeugen sie entsprechende Wirkungen auf dem geistigen Gebiet, so dass umgekehrt die **geistigen Kräfte** sich in unserm Körperwesen angeregt fühlen, sich vermittels der körperlichen Einrichtungen zu offenbaren oder wirksam zu werden.

Unser Körper ist zwar **vollkommen gebaut,** gleich einem vollkommenen Musikinstrument, muss aber doch noch gestimmt werden, bevor sich das Höhere unseres Wesens damit zum Ausdruck bringen lässt. Würden wir von einem Künstler verlangen oder nur erwarten, dass er seine Kunst auf einem ungestimmten Klavier zum Ausdruck bringt? Oder würden wir die Fähigkeit eines Künstler nach einem solchen ungestimmten Instrument beurteilen? Was würde ein Maler sagen, wenn man ihm zumutete, eine schöne Landschaft mit gewöhnlicher Anstreicherfarbe und einem groben Pinsel auf ein Stück Sackleinwand zu malen? Ein Künstler kann seine Kunst nur dann vollkommen zum Ausdruck bringen, wenn ihm das **beste Material** unter den **besten Bedingungen** zur Verfügung steht. Jedermann weiß auch, dass man mit einem stumpfen Beil kein Holz spalten kann und dass die schärfste Konzentration der geistigen Kräfte die Arbeit nicht fördern würde; zuerst muss einfach das Beil geschärft werden.

Halten wir unsere körperlichen Einrichtungen und Werkzeuge **in gutem Zustand**, dann ersparen wir uns nicht nur viele Mühen, Sorgen und Unannehmlichkeiten, sondern **heben ihn** allmählich auf die Höhe der geistigen oder abstrakten Seite unseres Wesens, so dass er von dieser durchdrungen werden kann. Das ist dann der Zustand eines Menschen, von dem es in der Schrift heißt: „Er wurde eine **bewusste Seele.**"

Wenn die zahllosen Intelligenzen und Energien unseres Körpers eine **polarisierte, harmonische, ausgeglichene Atmosphäre** um sich fühlen, erfüllen sie nicht nur ihre unmittelbaren, besonderen Aufgaben so, dass wir uns vollkommener **Gesundheit** erfreuen, sondern ordnen sich auch der geistigen oder abstrakten Seite unseres Wesens so unter, dass diese die Leitung hat und dass wir uns zugleich **aller Vorgänge** im Körper und in den einzelnen Organen **bewusst** werden und in jeder Lebenslage **ruhig, gelassen und gesammelt** und damit Herr der Lage bleiben und alles zu unserm Besten wenden.

Ein solcher, seiner selbst bewusster Mensch wird individuell und rhythmisch atmen und sich immer wieder von neuem den Beweis liefern, dass er sich alle **Wünsche**, die der **Geist** ihm eingibt, mit Hilfe des **individuellen, rhythmischen Atems** erfüllen kann, da sich alles Leben durch den **Atem**, der gleich ist der **All-Bewegung**, offenbart oder in der Welt der Erscheinungen verwirklicht, verkörpert oder materialisiert.

Mit Hilfe des rhythmischen Atems führt unser Lungen-Dynamo einen vollkommenen **Blutumlauf** und eine vollkommene **Blutreinigung** herbei und dadurch eine vollkommene **Herztätigkeit**, so dass die **im Herzen ruhenden Kräfte** der abstrakten Seite unseres Wesens immer mehr die Kontrolle über die Intelligenzen und Energien unseres Körpers erlangen oder der Mensch im Körper so **vollkommen** wird, wie er es im Geiste schon ist. Der Erfolg ist umso größer und wird uns umso schneller zuteil, wenn wir unsere Gedanken beim Atmen auf **Ga-Llama**, das zentralisierende Lebensprinzip, konzentrieren und dabei dem Atemstrom folgen.

Der individuelle rhythmische Atem wirkt unmittelbar harmonisierend oder **ausgleichend auf die Nervenzentren**, die das elektrische Nervenfluidum hervorbringen, das die **Schwingungen in den Gehirnzellen** steigert und die Intelligenzen darin anregt oder weckt, und zwar in allen drei Gehirngruppen, der **intellektuellen**, der **spirituellen** und der **materiellen**. Infolgedessen werden wir uns der Winke, der Mahnungen und auch der Warnungen bewusst, die die geistige oder abstrakte Seite unseres Wesens durch die leise sanfte Stimme des Herzens erteilt.

Wir fühlen uns dann zu einer **ausgleichenden Betätigung** unserer Kräfte in **nützlicher Arbeit** angeregt und steigern sie für immer größere Leistungen. Geraten wir aber doch einmal in einen Zustand, der auf das deutet, was man **Krankheit** nennt, so suchen und finden wir sofort das **einfache Mittel**, das uns körperlich wieder ins Gleichgewicht bringt. Ist der Zustand aber gar schon zu einer Krankheit ausgeartet, dann bestärken die rhythmischen Atemzüge unsern **Willen**, sie abzuschütteln, und die innere Stimme weist uns auf die einfachen **Abwehrmittel** hin, die wir ohne Zögern **anwenden**, bis die Heilung erzielt ist. Was, wann und wie wir **essen und trinken** sollen, wird uns von Tag zu Tag klarer und auch auf allen anderen Gebieten des Lebens erschließt sich uns eine **Gedankenwelt**, die dem Durchschnittsmenschen verschlossen bleibt.

Mazdaznan legt also das Hauptgewicht nicht auf die **äußerliche Erziehung**, wie die Welt im allgemeinen, sondern auf **die Entwicklung** und Wirksamkeit der im Menschen **innewohnenden verborgenen Kräfte**, über die er auch verfügen kann, wenn er das dazu nötige Körperinstrument in gebrauchsfähigen Zustand versetzt. Dazu muss er **Selbsterkenntnis** und **Kenntnis der Naturgesetze** erlangen, die zwar einfach sind, aber mit **religiöser Ergebenheit** befolgt werden müssen, wenn sie unsere **geistige Entwicklung** fördern sollen. Solange der Körper vom Geist der ewigwirkenden **Gottesintelligenz** durchdrungen ist, werden seine Intelligenzen und Energien aus den Quellen der **Unendlichkeit** gespeist und sind daher unbegrenzt schöpferisch und erfolgreich, weil sie sich stets gemeinsam auf ein gesetztes Ziel sammeln.

2. Rhythmische Atem-Übung

Bei der 2. rhythmischen Atem-Übung steht man **aufrecht**. Die **Arme** lässt man entspannt und zwanglos an den Seiten des Körpers herabhängen. Den **Kopf** hält man hoch und zieht das **Kinn** soweit zurück, dass das Gesicht Unabhängigkeit und Selbständigkeit ausdrückt. Der **Mund** ist geschlossen, die **Zahnreihen** sind leicht getrennt und die **Zungenspitze** berührt leicht die untere Zahnreihe. Die **Augen** werden auf einen matten dunklen Punkt in Augenhöhe gerichtet; der Punkt soll nicht weiter als sieben Fuß oder 2 1/3 Meter entfernt sein. Der **Körper** ist entspannt und gelassen, nur das **Rückgrat** ist gerade und festgesetzt, weil es die Brücke zwischen dem Seelenzustand im Herzen und dem Gesinn in der Zirbel bildet.

Das **Körpergewicht** ruht auf den Ballen der Füße. Um dies anmutig und sicher ausführen zu können, schwingt man den Körper zunächst einige Male leicht vorwärts und rückwärts. Da bei Übungen im Stehen leicht Spannung in den Beinen entsteht, achten wir besonders darauf, dies zu vermeiden. Wir brauchen dazu nur die **Lungen** vollständig zu entleeren und gleichzeitig die **Knie** ein wenig, etwa einen Zentimeter, nach vorn zu beugen. Dadurch wird das Körpergewicht von selbst auf die Ballen verlegt, die Beine bleiben locker und man fühlt sich leicht und beweglich.

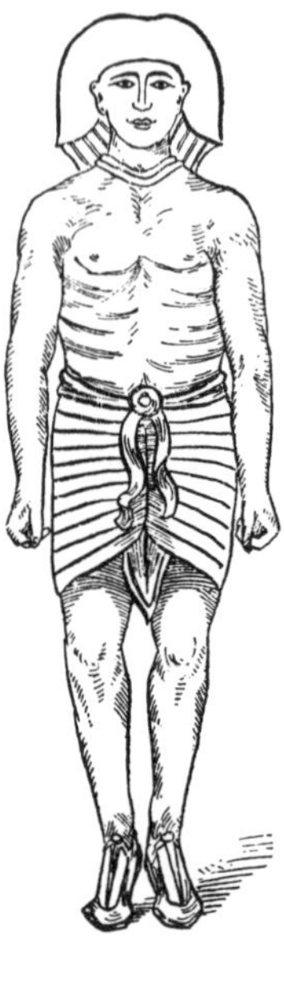

Nun bereitet man die rhythmischen Atemzüge wieder durch völlige Entleerung der Lungen vor, indem man zuerst sechsmal oder öfter **kurz aus und ein, aus und ein atmet** und die letzte Ausatmung so lange wie irgend möglich ausdehnt, bis die **Lunge völlig entleert** ist. Dann folgt die 7 Sekunden oder Pulsschläge lange **Einatmung**, während der man dem Atemstrom in Gedanken folgt und sich allmählich **auf die Zehenspitzen erhebt**, bis das ganze Körpergewicht auf ihnen ruht. Dann **staut** oder hält man den Atem für 1 bis 3 Sekunden und **atmet** 7 Sekunden oder Pulsschläge lang **aus**, während man gleichzeitig und allmählich den Körper in die **Ausgangsstellung** zurückgleiten lässt, bis das Körpergewicht wieder auf den Ballen ruht. Die Fersen dürfen den Boden zwar wieder berühren, tragen aber kein Gewicht.

Will man die Wirkungen dieser Übung erhöhen, so **ballt man die Hände**, während man sich auf die Zehenspitzen erhebt, allmählich **zu einer festen Faust**, also ohne Gewalt, und achtet darauf, dass sich außer den Muskeln der Hände keine anderen Muskeln des Körpers spannen. Unter keinen Umständen darf man die Zähne aufeinander pressen oder mit den Zähnen knirschen. Beim Einatmen werfen wir sozusagen die ganze Last des Körpers in die Faust, wobei der Druck in der Faust bei dem langsamen Emporheben des Körpers immer stärker wird. Alles andere aber muss sich ganz entspannen.

Während man die Fäuste ballt, achtet man darauf, dass die **Fingerspitzen** auf die Kopf- oder Gedankenlinie des Handtellers zu liegen kommen; dort bleiben sie liegen. Den **Daumen** legt man ganz entspannt über den Mittelfinger nach dem Ringfinger zu. Beim Ausatmen entspannen sich die Hände langsam im Rhythmus der Ausatmung. Man lässt also die Finger nicht plötzlich fallen, sondern bringt sie langsam wieder in ihre gewöhnliche Lage.

Man ist sich also während der Übung nicht nur des **Atems** bewusst, sondern achtet auch noch auf die **Hände**, während man ein- und ausatmet. Beim Einatmen drücken die Fingerspitzen immer fester auf die Kopf- oder Gedankenlinie und der Daumen immer fester auf den Mittelfinger und beim Ausatmen lässt der Druck allmählich nach gemäß der Melodie, nach der man etwa ein- und ausgeatmet hat.

Die Übung soll nicht länger als **3 Minuten** dauern; je 12 Ein- und Ausatmungen nehmen ungefähr 3 Minuten in Anspruch. Hat man sie bewusst, bedachtsam und wissenschaftlich befolgt, so spürt man schon nach diesen 3 Minuten eine gewisse Leichtigkeit im ganzen Körper, weil sein **Gleichgewicht** hergestellt worden ist. Es kann vorkommen, dass sich zunächst die Finger etwas steif fühlen, weil das Blut in die Hände strömt, so dass sie blutrot sind und erst nach und nach wieder weiß werden.

Deshalb kann man, nachdem man am Ende der Übung die Finger wieder in ihre gewöhnliche Lage gebracht hat, **die Hände in die Höhe heben**, während man sanft und leise **ein Lied singt**, z.B. „Ich will nicht rückwärts geh'n."[4] Noch ehe man mit dem Lied fertig ist, sehen die Hände bedeutend weißer aus und sind schön fleischfarben geworden.

Die 2. rhythmische Atem-Übung hat die beste Wirkung **am Morgen** nach dem Erwachen. Unmittelbar nach einer Mahlzeit soll sie nie gemacht werden. Man kann sie aber gleich nach der 1. rhythmischen Atemübung vornehmen, vorausgesetzt, dass man diese wenigstens 2 Wochen gewissenhaft geübt hat und dass man mit Leichtigkeit je 7 Sekunden ein- und ausatmen kann.

Die 2. Übung kann man leicht **während seiner täglichen Gänge** vornehmen. Nachdem man sich durch die Übung daran gewöhnt hat, den Körper auf den Fußballen vorwärts und rückwärts zu pendeln, kann man dies auch beim Gehen durchführen. Man macht einige Schritte während des Einatmens, einige Schritte während des Atemstauens, einige Schritte während des Ausatmens und einige Schritte während des Atementhaltens. Die Schritte müssen langsam sein und dem Rhythmus des Herzens entsprechen. Schon nach einigen Versuchen erkennt man den unschätzbaren Wert der Übung, weil sie Elektrismus in den Füßen erzeugt, von dem das Gehör abhängig ist. Solches Gehen erzeugt in 10 Minuten mehr Nervenkraft und fördert die Gesundheit besser als stundenlanges gedankenloses Spazierengehen ohne Konzentration auf die Atmung.

Verbindet man auch mit der 2. Übung diese oder jene **Melodie der Mazdaznan-Lieder**, indem man ihrem Rhythmus bei der Ein- und Ausatmung folgt, dann ebnet auch sie uns den Weg zur **höchst denkbaren Entwicklung**, weil wir uns dann damit nicht nur **naturgemäß** und **wissenschaftlich**, sondern auch **religiös-göttlich** erziehen und uns alles in den Bereich der sinnlichen Wahrnehmung tritt, was uns vorher in unerreichbar weiter Ferne zu liegen oder in geheimnisvolles Dunkel eingehüllt zu sein schien.

---

[4] Vgl.: „Das deutsche Manthra" Nr.: 211.

Begleitmelodie zu den rhythmischen Atemübungen
-
Lob' den Herren

Jahrtausende alte Melodie

Isis - Statue

3. Anrufung

O du Unaussprechlicher, dein ist das Reich des Gedankens, des Wortes und der Tat! Du Urgrund des Alls, der du das All mit deinem Wirken durchdringst! Du ewig strahlendes Gotteslicht, dessen Glanz der Seele den Weg zur Erfüllung ihrer innersten Wünsche erhellt! Du Unermesslicher, dessen Vollkommenheit sich bis in die höchsten Höhen und die tiefsten Tiefen erstreckt! Gib Kraft, gib Gedeihen, gib Frieden!

Du bist das ewige Leben, das nur von einer erweckten Seele erkannt wird! Die menschliche Sprache ist zu schwach und zu arm, um deine Macht und Herrlichkeit zu würdigen! Nicht durch Worte, sondern durch gute Taten legen wir Zeugnis dafür ab, dass dein göttliches Wesen in uns gegenwärtig ist! Deine göttlichen Eigenschaften sehen wir vor uns offenbart in deinen Schöpfungen!

Mögen uns unsere Tugenden als die Gewänder der Seele in dieser Welt der Erscheinungen umkleiden! Möge uns der Geist Gottes zu Taten anspornen, die uns auf den Weg der Vollkommenheit führen, die nützlich, gut und gerecht sind und uns zum Ruhme, zum Lobe und zur Ehre auf allen Lebensstufen gereichen!

Sei dem so! Und zu diesem Zwecke mögen alle Dinge gedeihen!

Frieden, Wohlfahrt, Freiheit und Freudigkeit ohne Ende sei mit denen, die Ordnung, Reinheit, Tatkraft und Selbstvertrauen lieben!

3. Lektion
Geruchssinn

Wie die 1. und die 2. rhythmische Übung gewisse Sinne in doppelter Hinsicht, sowohl in körperlicher wie auch in geistiger, fördern, dient auch die 3. rhythmische Atemübung einem doppelten Zweck, nämlich der Entwicklung des **Geruchs- oder Spürsinns** und des **Verwirklichungssinns.** Wir wollen uns von den tieferen auf höhere Entwicklungsstufen hinaufarbeiten, um hier die Kenntnisse, die wir uns auf dem Entwicklungswege angeeignet haben, anzuwenden oder zu verwirklichen.

Damit auf unserem Weg das Gefühl der **Sicherheit, Gewissheit und Überzeugung** in uns immer mehr zunehme, müssen wir **uns selbst** und zugleich unsere **Umgebung** immer besser erkennen, also vor allem auch die, die dasselbe Ziel verfolgen wie wir. Denn sie bilden einen Kreis gleich einer Schutzmauer um uns.

Ebenso sollen wir bei jeder Gelegenheit immer klarer die Gegenwart dessen erkennen, der der Ursprung oder der Urgrund für alles ist, des ewigwirkenden Gedankens oder der ewigwirkenden Intelligenz; denn sie ist der **Konzentrationspunkt**, der in uns die Individualität unseres Wesens ausmacht und die Ursache für jeden Erfolg im Leben ist.

Wir sollten nie vergessen, was der Heiland erklärte: **„Ich und Abba"**, ich und die Unendlichkeit, **„wir sind uns eins"**, dass sich also das ewigwirkende Prinzip in uns und durch uns einen neuen Weg der **Vollkommenheit** bahnen will. Des ewigwirkenden Prinzips wegen sind **Gottesfunken, Geist, Seele und Gesinn** in diesem Körper zusammengefügt. Ihm sollen alle unsere Talente, Gaben und Fähigkeiten zu Diensten sein; ihm sollen alle unsere Sinne, alle Organe und das Blutlauf-, Nerven- und Drüsensystem gehorchen. Alles in uns ist so wunderbar geschaffen, auf dass sich der Ewigwirkende einen neuen Weg zu Erweiterung seines Wesens und zur Offenbarung seiner Vollkommenheit bahne.

Gehen wir nicht vorwärts auf dem Weg zur Vollkommenheit, bleiben wir stillstehen, dann fallen wir unter das Gesetz, ohne ihm entrinnen zu können, und müssen früher oder später die Arbeit da wieder aufnehmen, wo wir aufgehört hatten. Denn alles das, was wir uns im Widerspruch mit den **Gesetzen der Natur** geschaffen haben, wird uns nicht angerechnet. Wir dürfen das auch gar nicht erwarten. Denn alles, was sich mit der Materie verwickelt, fällt unter das Gesetz der Materie und kann nur nach diesem Gesetz weitergeführt werden.

Wollen wir das nicht, dann sind wir gezwungen, weil uns keine andere Wahl bleibt, uns immer **weiter zu entwickeln** und **neue Talente** an den Tag zu bringen. Hierbei handelt es sich aber nicht darum, ob uns diese Talente Geld oder materiellen Gewinn einbringen, sondern nur darum, von den Talenten Gebrauch zu machen, weil uns dadurch Genugtuung oder Befriedigung wird, immer neue Talente an den Tag kommen und der Ewigwirkende in uns sich wiederum die Genugtuung schafft: „Ich bin der Herr, dein Gott; du sollst nicht andere als Götter vor dir haben." Kein anderer darf mir zuvorstehen; du darfst nicht anderen folgen!

Also wollen wir uns immer wieder bekennen, dass Gott, der Ewigwirkende, wenn er durch einen anderen schaffen und wirken kann, dies auch durch mich tun kann. Denn „ich und Abba, wir sind uns eins". Nur wenn wir uns dies immer wieder überschlagen, immer wieder den **Gedanken dieser Einheit** hegen, kann er sich in uns zur Genüge festsetzen und von den in uns schlummernden Talenten Gebrauch machen.

Diese Talente können sich nur durch entsprechende **Kontrolle des Körpers** offenbaren und den Weg dazu bahnen wir uns durch die **Atmung**, auf dass unser Lungendynamo alle angezogenen Elemente verarbeite und wir uns der darin enthaltenen unermesslichen Macht bewusst werden, die außer allem Verhältnis steht zu der geringfügigen elektrischen Kraft, die wir gegenwärtig aus dem **Elektron** gewinnen. 93 Prozent der im Elektron enthaltenen Kraft, also der weitaus größte Teil, gehen uns verloren, weil wir immer noch nicht von den Violettstrahlen Gebrauch machen.

Es bedarf der **Violettstrahlen**, um den Elektron zu zwingen, alles in ihm Enthaltene aufzugeben. Bisher haben wir nur die negative oder die positive Seite des Elektrons an uns gerissen, können also nicht erwarten, dass er sich uns ganz ergibt. Hierzu ist es nötig, dass wir ihn **polarisiert** erfassen und dies ist nur vermittels der Violettstrahlen möglich. Gelingt uns das, dann ergibt er sich uns **negativ und positiv** und dann werden wir uns der ganzen in ihm enthaltenen Kraft gewahr.

Also der gewöhnliche Mensch macht sich höchstens 7 Prozent der ihm zuströmenden Elektronenkraft zunutze, während ihm 93 Prozent verloren gehen. Weil ihm dauernd zu wenig Elektronenkraft zuströmt, reiben sich seine Organe allmählich auf, indem sie ihre **Kraftreserven** verbrauchen, um in Bewegung oder Tätigkeit zu bleiben, und unsere Lebensfähigkeit und Lebensdauer verringert und verkürzt sich.

Außerdem verwandeln sich die Elemente, die wir angezogen haben, aber nicht ausnutzen können, in **Säuren** aller Art, die der Körper auszuscheiden gezwungen ist, wenn er weiter bestehen will. Schließlich besteht die Hauptarbeit der Organe darin, immerfort die Säuren und ihre Produkte abzuwerfen oder zurückzuschlagen. Es geht ihnen dann wie einem friedliebenden Volk, das von barbarischen Stämmen umgeben ist; es muss die meiste Zeit dafür verwenden, seinen Besitz zu bewachen und sich gegen Überfälle zu schützen, und kommt deshalb nicht vorwärts.

Geradeso geht es mit uns und gerade deshalb bekommen wir dann alle diese **Ideen**, die **zerstörend** wirken nicht nur für uns selbst, sondern auch für unsere ganze Umgebung. So kommen wir schließlich auf alle die Rache- und Kriegsideen, auf alle die Macht- und Autoritätsideen, möchten alle, die um uns herum sind, regieren und mit der Peitsche wie Sklaven behandeln; und das alles nur, weil die großen Kräfteeinbußen in uns stattfinden und wir dem Wahn verfallen, wir könnten uns dadurch stärker machen, dass wir andere schwächen; oder wir verfallen auf die Idee, wir müssten tüchtig essen, futtern, uns vollstopfen und so wohlbeleibt sein wie eine Kuh.

Zwischen all den zerstörenden Ideen und all dem verkehrten Essen und Trinken, das wir mit dem irregeleiteten Selbsterhaltungstrieb zu rechtfertigen suchen, bleibt uns dann wenig oder gar keine Zeit übrig, darüber nachzudenken, **woher** wir kommen, zu welchem **Zweck** wir hier sind und was unser **Ziel** für die nächste und für die fernere Zukunft ist.

Wir verlieren uns, ja wir haben uns schon verloren, wie die alten Weisen sagten: „Der Mensch ist verloren gegangen oder gefallen."

Er ist **verloren** gegangen oder **gefallen** nicht wegen des Apfelessens, nicht weil er einer fremden Stimme Gehör schenkte, sondern deshalb, weil er sich nicht seines Ursprungs erinnern, sondern nur seinen unentwickelten Sinnen dienen wollte und weil er sich einbildete, dass er in seinem gegenwärtigen Zustand sein Ziel und jedenfalls soviel erreicht hätte, dass es genüge, ihm den Weg durch dieses Leben zu bahnen. Damit hatte er sich vom Ewigwirkenden in sich, von seinem Gott losgesagt, war **gottlos** geworden und damit sich selbst überlassen.

Das ist es: darum ist er gottlos geworden, weil er sich einen eigenen Willen schuf, der in **Widerspruch mit den Naturgesetzen** stand. Anstatt von den Gesetzen der Natur Gebrauch zu machen und alles das an sich zu ziehen, was ihm von der Natur vorbereitet worden war, ergab er sich dem **Zerstörungsgedanken** und machte selbst vom Erfindergedanken zu selbstsüchtigen und Zerstörungszwecken Gebrauch, um veraltete Zustände aufrecht zu erhalten, anstatt damit eine neue Zeit, eine Neuheit, einen neuen, erweiterten, höheren Lebenszustand für sich zu schaffen.

Der gewöhnliche, ordinäre Mensch fragt sich immer noch nicht: „Was muss ich tun, um dieses Leben zu erweitern, zu erhöhen, zu veredeln?", sondern nur: „Was muss ich tun, um all das Leben, das mir im Weg steht, zu vernichten, damit sich die wenigen Meinesgleichen dieses körperliche Leben erhalten können?" Deshalb muss es, wenn es anders werden soll, immer wieder heißen: „**Das Alte ist vergangen**!" und nun: was? - „**Siehe, ich mache alles neu.**"

Wer macht alles neu? Etwa der **Staat**? Der Staat handhabt immer noch die alten Gesetze, wie sie vor Jahrhunderten galten. In Amerika war es z. B. so schlimm, dass einige Staaten die alten englischen Gesetze hatten, einige die alten spanischen Gesetze und einige sogar die Gesetze der Eingeborenen und alle waren niedergelegt in den Gesetzbüchern und die Gerichte sprachen danach „Recht".

Es bestand z. B. in dem Staate Massachusetts das Gesetz, dass **die Frau des Mannes Eigentum** ist und ihm gegenüber deshalb keine Rechte besitzt. Da musste dann eine Mutter mit sechs Kindern schwer arbeiten, um sich und die Kinder zu erhalten, weil der Mann seinen Lohn vertrank. Konnte ihm die Frau kein weiteres Geld verschaffen, dann verkaufte er die Möbel, ein Stück nach dem anderen, riss ihr eines schönen Tages die Kleider vom Leib und verkaufte sogar ihre Kleider. Vor dem Gesetz konnte sie nichts dagegen tun und das Ergebnis war, dass sie Selbstmord beging, weil sie ein solches Leben nicht mehr ertragen konnte. Ähnliches kam vielfach vor.

Darum musste die Frau sich erheben und die **Frauenbewegung** musste durchgeführt werden. Die Frauen gingen mit der Axt von Schenke zu Schenke und schlugen alles zusammen, da ihnen weder der Staat noch das Gericht Hilfe gegen die der Trunksucht verfallenen Söhne und Ehemänner gaben. Man steckte die Frauen zwar ins Gefängnis; aber sobald sie frei waren, gingen sie wieder mit der Axt los. Schließlich kam es in Kansas zu dem Prohibitions-Gesetz.

Dadurch ist allmählich der Gedanke aufgekeimt, dass der **Alkoholgenuss** die Entwicklung des Menschen **hemmt**. Blicken wir um uns und schauen wir zurück, so erkennen wir das auch ganz deutlich und die wenigen in der Welt, die sich zu bezähmen wissen, sind sich darüber auch ganz klar. Aber die große Masse der Menschheit liegt noch in den Banden der Alkoholidee und wird dadurch in der Entwicklung zurückgehalten.

Jeder fortschrittliche und sich entwickelnde Mensch legt Zeugnis dafür ab, dass er, je mehr er sich entwickelt, je mehr er denkt, nachdenkt und forscht, umso weniger isst, oft sogar das Essen vergisst. Der wahre Gelehrte denkt nicht an **Essen und Trinken**, sondern ist sozusagen verliebt in seine Arbeit, seine Forschung. Welche Opfer bringt er, um neue Kenntnisse zu sammeln! Welche Entbehrungen nimmt er auf sich, um tiefer in sein Forschungsgebiet einzudringen und zu besserer Erkenntnis zu gelangen!

Schon der Heiland hat darauf hingewiesen und fasste denselben Gedanken in die Worte zusammen: „**Das Reich Gottes**“, dieser Zustand der Kenntnis, des Wissens, der Erkenntnis, der Weisheit, der Glückseligkeit, „**besteht nicht aus lauter Essen und Trinken.**“ Denn selbst seine Jünger dachten auch an weiter nichts als an Essen und Trinken und waren beinahe Magen-Philosophen.

Eines Tages sagte er ihnen nämlich durch die Blume: „**Hütet euch vor dem Sauerteig der Pharisäer!**“ Sie werden mit ihrer Rhetorik und Grammatik kommen und euch eine andere Überzeugung beibringen wollen. Sie wirken wie der Sauerteig, der den ganzen Teig ergreift. Gebt also acht! Sie suchen jeden, der einigermaßen geweckt ist und sich bemüht, sich von ihren begrenzten Ideen freizumachen, in den Bann der Sklaverei zurückzuziehen. Darum „hütet euch vor dem Sauerteig der Pharisäer!"

Und was sagten die Jünger dazu? „Jetzt haben wir es aber wieder bekommen! Er sagt uns das, weil wir heute noch kein Brot eingekauft haben." Das war ihre Auslegung, die zur Genüge erkennen lässt, wie weit die Gedanken selbst seiner Jünger reichten!

Ja: „Hütet euch vor dem Sauerteig der Pharisäer!" Hütet euch vor der Redekunst, der Zungenfertigkeit, dem Agitieren, Debattieren, Diskutieren, Disputieren, hütet euch vor allem, was euch vom **eigenen Denken** zurückhalten, vom eigenen Gedanken abspenstig machen will! „Denn der Mensch lebt nicht vom Brot allein", nicht allein von materieller Nahrung, „sondern von jedem Worte Gottes, das aus dem **Herzen** entspringt"; die Übersetzung sagt: „dem Munde entfließt". Dem Herzen muss das Wort entspringen, wenn es das Wort Gottes sein soll, braucht also nicht der Bibel, nicht diesem oder jenem Buch entnommen zu sein, sondern muss dem Herzen entspringen. Denn im Herzen wohnt die **Individualität** unseres Wesens, die eins ist mit dem ewigwirkenden Gottgedanken, dessen Offenbarungen der Ausdruck des Lebens sind.

Um unsere Erkenntnis in dieser Richtung zu erweitern, pflegen wir die **3. rhythmische Atemübung**, die **Konzentrations-Übung**. Sie zielt in erster Linie auf die Konzentration aller **Gehirn-Intelligenzen**, damit das Gehirn in eine Art **Ruhe- oder Empfänglichkeitszustand** versetzt wird und wir uns dadurch des **Gesinns in der Zirbel** bewusst werden und unser **Denkenswesen** sich aller drei Gruppen des Gehirns, der intellektuellen, der spirituellen und der materiellen, bedient.[5]

Von Natur aus arbeitet **jede** der drei Gehirngruppen **für sich** und die Tätigkeit einer Gruppe hat nicht ohne weiteres die gleich-große Mitarbeit der anderen beiden Gruppen zur Folge. Die Betätigung des **Stirnhirnes** bei intellektueller Grundlage hat z.B. nicht ohne weiteres die Betätigung des **Scheitelhirnes** oder der spirituellen Gehirngruppe zur Folge, außer diese Gruppe ist ebenso rege, erweckt oder belebt wie die intellektuelle Grundlage, und selbst dann behält der Gedankengang die Fär-

---

[5] Vgl.: „MAZDAZNAN- Selbstdiagnostik und Temperamentskunde"

bung der intellektuellen Grundlage. Ebenso wird der spirituell oder der materiell Basierte die anderen beiden Gehirngruppen erst dann zur Mitarbeit bereit finden, wenn er diese genügend geweckt oder belebt hat.

Solange also z.B. unser Denkenswesen auf die Tätigkeit der **intellektuellen** Gehirngruppe beschränkt ist, fällt es uns schwer, unseren Gedankengang in der **spirituellen** und der **materiellen** Richtung zu erweitern. Es braucht uns deshalb nicht zu wundern, wenn jemand mit intellektueller Grundlage auf dem spirituellen und dem materiellen Gebiet nicht denken kann, bis er das Spirituelle und das Materielle geweckt hat. Ebenso wird sich jemand mit spiritueller Grundlage all der Gedankengänge, die seiner spirituellen Gehirngruppe entspringen, in seinem Intellekt nicht klar, und bei jemand, der die materielle Grundlage hat, trägt alles, was er sich ausdenkt, den Anstrich, die Färbung der Materialität und er kann es nicht auf das intellektuelle und das spirituelle Gebiet verlegen.

Unser Ziel ist aber **ausgleichendes und ausgeglichenes Denken**, woran alle drei Gehirngruppen gleichmäßig beteiligt sind, und dazu müssen sie lernen, sich auf einen Punkt einzustellen oder sich zu konzentrieren. Dieser Punkt muss unabhängig von den drei Gruppen sein und deshalb außerhalb ihres Gebietes liegen, also außerhalb des Stirn-, Scheitel- und Bodenhirnes. Dieser Punkt ist die **Zirbeldrüse oder Epiphysis**, in der das **Gesinn** seinen Sitz hat, das in unmittelbarer Verbindung mit jeder der drei Gehirngruppen steht. Daher ist die Zirbel der **Konzentrationspunkt für alle Gehirnintelligenzen**.

Die Zirbel ist der dem **weißen Menschen** gesetzte besondere Konzentrationspunkt. Der weiße Mensch darf also nicht den Inder nachahmen wollen, der sich bei seinen Übungen auf den Nabel oder das Sonnengeflecht konzentriert; wieder andere machen sich einen weißen Punkt zwischen die Augenbrauen oder etwas höher und schauen beständig nach diesem Punkt in der Erwartung, dass sich dadurch ihr Gehirnwesen entwickle.

Wenn sich der **Inder** oder jemand, der ihre Lehre befolgt, monate- und jahrelang auf einen solchen weißen Punkt zwischen den Augenbrauen konzentriert hat, sieht er allerhand Formen, Figuren, Gestalten, Wesen, als wenn sie Wirklichkeit wären. Er sieht Elefanten, Tiger, Löwen, Hunde, Katzen; er sieht alle die Weisen früherer Zeiten vor sich stehen; er hört allerhand Geräusche, die keinen rechten Zusammenhang haben, und bekommt Eingebungen, die keinen Wert haben, wenn man ihnen nachgeht. Bei näherer Untersuchung taugt alles nichts, weil es sich nur um Gebilde seiner **Phantasie** handelt.

Der weiße Mensch darf aber seinen Gedankenlauf nicht mehr ausschließlich von der Phantasie oder Einbildung, nicht mehr nur von einer einzelnen Gehirnintelligenz oder einer einzelnen Gehirngruppe leiten lassen, sondern muss lernen, **alle drei Gruppen** daran zu beteiligen und die Mitarbeit immer neuer, erweckter Gehirnintelligenzen zu erzielen, was ihm mit Hilfe des Gesinns in der Zirbel auch möglich ist.

Deshalb ziehen wir bei der Konzentrations-Übung weder die materielle, noch die spirituelle, noch die intellektuelle Seite unseres Wesens in Betracht, sondern den **Zustand des Gesinns** in der Zirbel, ohne einen besonderen Gedanken zu hegen, damit das Gesinn nach und nach nicht nur die Kontrolle über das **Gehirn**, sondern über unser **ganzes Wesen** erhält.

Konzentrieren wir uns bei dieser dritten Übung, ohne irgendeinen Gedanken zu hegen, auf die **Zirbel**, dann fühlen wir schließlich während der Übung im Oberteil des Kopfes, also in der Zirbelgegend, eine Art Vibration oder Schwingung gleich einem **sanften Säuseln** und haben den Eindruck, als fände eine **Erleuchtung** statt oder als ergössen sich Sonnenstrahlen über das ganze Gehirn, das nannten die Weisen **Illumination**. Im Zustand der Illumination haben wir keine Illusionen, sehen keine Trugbilder, keine Phantasiegebilde, wohl aber werden wir weitsichtiger, vorsichtiger, umsichtiger, zuversichtlicher und glaubensvoller. Dann werden wir felsenfest in unserm **Glauben**, dass uns zur rechten Zeit alles das offenbart werden wird, was wir zur Zeit noch nicht sehen, und was uns dann offenbart oder zuteil wird, ist uns nur die Beglaubigung dessen, worauf sich unser Glauben konzentriert hatte.

Wenn ein Kranker gesund wird an einem **Wallfahrtsort**, dann hat das nicht die Örtlichkeit, nicht das heilige Bild, nicht der blutende Baum, nicht die Kaaba, sondern sein **Glauben** bewirkt, der ihn erfüllte. Wer den gleichen Glaubens- und Gesinneszustand hat, wird in Lourdes, in Benares oder an der Kaaba geheilt, also unabhängig von seinem Glaubensbekenntnis. Aber die meisten Wallfahrer gehen so krank heim, wie sie kamen, weil ihnen der Glauben, der zum Vorschein hätte kommen müssen, fehlte.

Tausende und Abertausende wallfahren nach Benares, wo die blutenden Bäume wachsen. Viele von den Pilgern lassen ihre Krücken dort zurück; aber noch mehr gehen ungeheilt heim. So ist es auch bei den Mohammedanern mit der heiligen Kaaba in Mekka, zu der jeder wenigstens einmal im Leben pilgern soll. Alle die Kranken, die Glaubenszuversicht in sich haben, werden gesund, sobald sie die Kaaba schauen.

Alle Wallfahrer, die geheilt werden, besitzen von Natur aus eine **gute Konzentration** und üben sich darin außerdem auf der Wallfahrt. Deshalb wird ihnen die Heilung. Damit sind sie aber auch zufrieden. Weiter reicht der **Naturdrang** nicht und deshalb schließt sich an die Heilung auch keine weitere Entwicklung an.

Das Gleiche gilt ganz allgemein für alle unsere Gaben, Fähigkeiten und Talente, die sich insoweit entwickeln, als der **Naturdrang** dazu in uns ist und wir uns auf sie **konzentrieren.** Weiter geht es aber nicht; dann kommt der Stillstand, weil wir uns des **Gesinns** in der Zirbel nicht bewusst sind und auch nichts tun, um uns seiner bewusst zu werden. Sind wir uns aber des Gesinneszustandes in der Zirbel bewusst geworden und sorgen wir mit der 3. rhythmischen Atemübung dafür, dass das Gesinn die drei großen Gehirngruppen immer besser kontrolliert, dann werden wir uns neuer Talente und Fähigkeiten bewusst und die schon geweckten erweitern sich.

Sobald sich die Vibrationen oder Schwingungen aller drei Gehirngruppen in der Zirbel konzentrieren, kontrolliert das Gesinn von der Zirbel aus alle drei Gruppen und lenkt den Gedankenlauf unmittelbar auf das gesteckte Ziel. Infolgedessen werden wir immer **erfolgreicher im Alltagsleben** und fühlen uns auch angespornt, einen aufkommenden Gedanken zu **verwirklichen**, was ja der Zweck unseres Daseins ist. Wenn unser Gedankenlauf nur in die Unendlichkeit schweift, schaffen wir nichts.

Das **Eintönige** der Unendlichkeit war ja gerade das, was der ewigwirkende Gottgedanke oder die Gottheit brechen musste. Es befriedigte Gott nicht, sich nur bewusst zu sein, dass er Gott ist. So ich mir eines neuen Gedankens bewusst geworden bin und mich lediglich in diesen Gedanken vertiefe, schaffe ich nichts Neues, sondern falle im Gegenteil bald wieder zurück in den früheren Zustand der Unbewusstheit.

Deshalb soll uns unsere Konzentrations-Übung nicht nur zum **Konzentrieren** bringen, sondern zugleich dazu, dass wir den Gedanken, der durch die Konzentration in uns aufkommt, auch vollziehen oder **verwirklichen**, dass also gleichzeitig der **Verwirklichungssinn** erwacht. Sobald wir eine gewisse Zusicherung oder Bestätigung aus der Unendlichkeit oder ein solches Gefühl aus dem Herzen bekommen haben, dass wir zu einer schöpferischen Tat aufgerufen werden, ist in dieser Richtung der Höhepunkt erreicht und es muss etwas anderes kommen: Jetzt geht es an die Arbeit, an das Schaffen.

Wir können doch auch nicht immerfort Gahanbar feiern. Wollten wir das drei Monate, sechs Monate, ein ganzes Jahr lang tun, dann kämen wir darin um, weil wir keine Zeit hätten, das praktisch anzubringen, was wir gelernt und im Inneren erfahren haben, was sich das Gehirn bewusst gemacht und was das Herz gefühlt hat. Wir würden nur aufhäufen, aber von dem Aufgehäuften keinen Gebrauch machen. Das ist gerade das Schlimme in der ganzen Welt: sie häuft immerfort auf, macht aber von dem Aufgehäuften keinen rechten Gebrauch.

Wir **überschlagen** uns die Ausführbarkeit des Gedankens, wägen das Für und Wider, entschließen uns zum **Handeln** und rühren die Hände, ohne zu zaudern; denn Zaudern macht unsicher. Gehen wir aber entschlossen und mutig dem gesetzten Ziel entgegen, so sind wir von vornherein des Erfolges sicher.

Denn alle zur Ausführung notwendigen **Mittel** besitzen wir, weil das Unendliche, Ewige, Göttliche in uns ist. Vielleicht können wir noch nicht von allem Gebrauch machen, was in uns ist; aber wir besitzen es. Schon der Heiland sagte: „Alles ist euer!“ Alles, nicht nur die Schätze dieser Erde, der sichtbaren Planeten und der unsichtbaren Universen, sondern der ganzen Unendlichkeit. Was wollt ihr da noch mehr! Deshalb wird uns nun die 3. rhythmische Atemübung gegeben, damit wir uns zur **Konzentration** und Realisation oder **Verwirklichung erziehen**.

Wenn wir rechten Gebrauch machten von unseren intellektuellen, spirituellen und materiellen Intelligenzen hätten wir immerfort **Abwechslung**. Abwechslung stimmt uns glücklich, Veränderungen beleben uns, während das Eintönige uns matt und schwach macht. Wie glücklich fühlt man sich, wenn man sagen kann: „Ich wurde mir klar, dass ich meinen Körper unter meine Kontrolle bringen müsse, folgte meiner Eingebung und führte alles aus, was mir in den Sinn kam, entdeckte neue Fähigkeiten in mir und stehe nun auf eigenen Füßen.“

Sagt dieser oder jener: „Mir ist eine gute Idee gekommen; aber mir fehlt das Kleingeld um sie zu verwirklichen", dann gibt er zu erkennen, dass sein Verwirklichungssinn noch nicht geweckt ist. Wenn einem das Kleingeld fehlt, muss man sich einfach großes anschaffen und es umwechseln. Kleingeld wächst doch nicht auf Bäumen und Sträuchern. Wer zu Geld kommen will, muss seine Gaben und **Talente umsetzen.** Man gibt sich dabei nicht aus, sondern setzt nur um. Man verliert nichts dabei; alles bleibt weiter bestehen. Es wird nur in Umlauf gebracht und durch den Umlauf wird der Reichtum.

Darin liegt der Reichtum, dass man alles, was der Welt gehört, in Umlauf hält. Deshalb sucht man Geschäfte nicht mit den Reichen zu machen, die ihre Taschen zuhalten und auf ihren Geldsäcken sitzen wie die Hühner auf ihren Eiern, sondern mit den weniger Begüterten, den Arbeitsleuten, die das Erarbeitete immer wieder in Umlauf bringen. Wir mögen noch so reich sein an Kenntnissen und Talenten; wenn wir aber keinen Gebrauch davon machen, bleiben wir doch arm. Also heißt es von nun an für uns: **„Alles umsetzen!"**

Dieser Gedanke wird uns immer klarer werden, wenn wir die vielen Ideen, die uns kommen, beiseite setzen und uns auf einen Gedanken konzentrieren. Ein kluger Fabrikant verlegt sich auf einen Gegenstand, den er so gut und vollkommen herstellt, dass ein anderer ihn nicht besser und billiger machen kann. Dann kann er konkurrieren.

Weil Mazdaznan dieses **Konzentrationsprinzip** nicht nur lehrt, sondern selbst in seiner Lehre verwirklicht, indem die ganze Lehre weiter nichts als **den einen einzigen Urgedanken** darstellt, ist es auch selbst konkurrenzlos und kann von keiner Seite überboten werden. Daran stößt sich natürlich die denkarme Welt und versucht Mazdaznan totzuschweigen. Aber der Denkende erkennt und anerkennt es schließlich: „Mazdaznan ist konkurrenzlos."

Mazdaznan oder der **Meistergedanke**, der Gedanke, der alles meistert, **hat alles in sich**, weil es auf dem Urgrund alles Irdischen, Universellen und Geistigen beruht und alles auf das Minimum oder Kleinstdenkbare zurückführt und hierauf alles logisch, systematisch und methodisch aufbaut, so dass es jeder einigermaßen Geweckte begreifen und praktizieren kann.

Mazdaznan braucht keine Apparate, Instrumente, Turngeräte, Barren, Recke, Hanteln und Fitnessgeräte und dergleichen, um diesen Körper auszubilden, sondern nur den **Gedanken, Entspannung, Gelassenheit, Ergebung, Konzentration und den Atem.** Dadurch wird uns Schritt auf Schritt die Belehrung, Erziehung, Entwicklung und darum die Erkenntnis, die Wiedererinnerung, die Weisheit, die Kraft und Stärke und die Herrlichkeit oder, wie es schon die Schrift sagt: „Dein ist die Kraft, die Macht und die Herrlichkeit! Amen."

3. Rhythmische Atem-Übung

Wir nehmen die **sitzende** Stellung ein wie bei der ersten Übung, sind ganz entspannt und gelassen und uns des geraden und aufrechten Rückgrates und des festgesetzten Brustpanzers bewusst. Die Zahnreihen bleiben leicht getrennt. Die Zunge liegt entspannt am Mundboden und berührt mit der Spitze die untere Zahnreihe. Das Zimmer ist gut gelüftet und der Rücken ist dem Licht zugekehrt.

Damit uns die **Augen** nichts vorspiegeln oder sich durch die Einbildung ablenken lassen, richten wir sie auf einen **matten Punkt am Boden**, indem wir zum Beispiel ein Centstück auf den Boden legen, und zwar soweit vor den Fußspitzen, dass wir es während der ganzen Übung mit den Augen sehen können. In der Regel werden 2 Fuß vor den Fußspitzen genügen. Wir lassen also den Cent während der ganzen Übung nicht aus den Augen, welche Lage der Körper auch einnimmt. Der Blick ist ruhig und gelassen, also nicht starr oder gespannt.

Um die Gehirnintelligenzen und den Gedankenlauf zu zügeln, wählen wir uns irgendeinen kurzen Spruch, etwa: **„Atem ist Leben"** und betonen in Gedanken die drei Worte nacheinander während der Übung. Dadurch beruhigt sich alles in uns. Es schwirren dann keine Ideen, Ansichten und Meinungen durch unser Gehirn; überhaupt fühlen wir dort keine Wirkungen. Die innere Ruhe kommt auf, das Äußere schweigt, alle Ideen, Ansichten und Meinungen verblassen, die heilige Stille kehrt bei uns ein.

Bevor wir mit den 7 Sekunden langen Atemzügen beginnen, **entleeren wir die Lungen vollständig**, wie vor allen Atemübungen, atmen etwa sechsmal rasch ein und aus und verlängern die letzte Ausatmung solange wie möglich. Selbst wenn wir glauben, hierbei die Lunge schon ganz entleert zu haben, stoßen wir doch nochmals aus, um auch den letzten Rest auszuhauchen.

Dann erst beginnt die Übung selbst, indem wir langsam während **7 Sekunden ein- und nach einer kurzen Pause 7 Sekunden ausatmen**. Während des Einatmens **beugen** wir den Körper nach vorn bis zu einem gewissen Punkt und nicht weiter, als dass sich immer noch alles entspannt. Sobald wir die leiseste Spannung merken, hören wir mit der Beugung auf, führen nach einer kurzen Pause den Körper wieder in seine ursprüngliche aufrechte Stellung zurück und atmen dabei 7 Sekunden lang aus. Die Bewegung ist eine bloße Hüftbewegung; das Rückgrat wird also nicht gebogen oder gekrümmt und der Kopf behält beständig die gleiche Stellung, wird also nicht vorwärts geneigt.

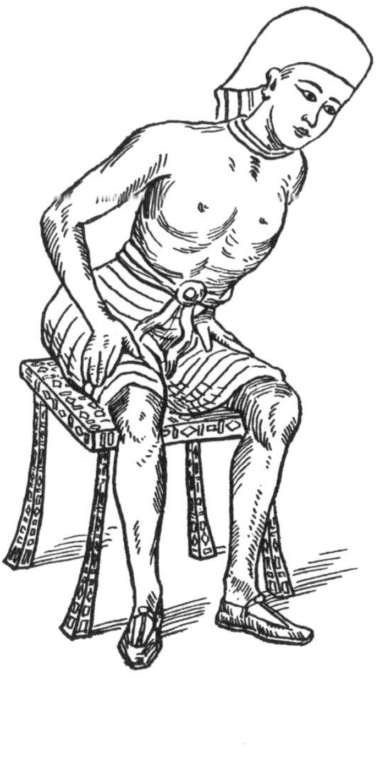

Beim Einatmen denken wir unsern Spruch: „Atem ist Leben“ und betonen dabei in Gedanken das Wort „**Atem**“. Während der kurzen Pause von etwa 3 Sekunden denken wir wieder: „Atem ist Leben“ und betonen das Wort „**ist**“. Während der Ausatmung denken wir wieder: „Atem ist Leben“ und betonen in Gedanken das Wort „**Leben**“.

Anstatt die Gedanken- und Atemkraft auf die Worte „Atem ist Leben“ zu verlegen, können wir sie auch auf die **Zirbel** lenken, indem wir sie durch den Willen während der Einatmung vom **Herzen** am Rückenmark entlang zur Zirbel führen, sie dort während der Pause festhalten und bei der Ausatmung wieder am Rückenmark entlang zum Herz zurückführen.

Dieser physiologische Vorgang kann durch den **Blick** verstärkt werden, indem man ihn zu Beginn der Übung auf die **Nasenspitze** richtet, ihn während der Einatmung nach oben bis zur **Stirnmitte** führt, während der Pause hier festhält und bei der Ausatmung wieder auf die **Nasenspitze** zurückführt. Da der Gesichtssinn der leitende Sinn ist, folgen die anderen Sinne dieser Bewegung der Augen, so dass die Konzentration erleichtert und beschleunigt wird.

Die ganze Übung dauert nicht länger als **3 Minuten** und soll am Anfang nur **einmal täglich** vorgenommen werden. Für 1 Minute bringt sie so ziemlich jeder fertig. Wenn wir sie für 2 Minuten fertig bringen, will das schon etwas heißen, und für 3 Minuten bedarf es schon guter Übung und all der Vorübungen, auf die wir schon aufmerksam gemacht worden sind. Allmählich gewinnen wir uns aber die Übungsdauer von 3 Minuten und weiter als 3 Minuten geht es von selbst nicht.

Wer die **3. Übung** vornimmt, ohne sich mit der **1. und 2. rhythmischen Übung** vorbereitet zu haben, hält es nicht länger als eine Minute aus, weil es anfängt, in seinem Kopf zu klopfen und zu schwirren, so dass er einfach aufhören muss. Wer etwa glaubt, er könnte sich die 3. rhythmische Atemübung sozusagen aus dem System herausstehlen, ohne je die 1. und 2. Übung gemacht zu haben, ohne auch nur über die Atmung nachgedacht, die Macht des Atems an sich erfahren und das Rhythmische in sich geweckt zu haben, der wird schlechte Erfahrungen sammeln. Anstatt seine Konzentration zu erweitern, erweitert er seine Zerfahrenheit. Wir müssen uns also mit der 1. und 2. Übung auf die 3. Übung vorbereiten.

Viele Anfänger haben die Neigung, die Übung wegen ihrer guten Wirkung zu **übertreiben**. Davor kann nicht genug gewarnt werden. Denn jede Übertreibung rächt sich. Auch das Ein- und das Ausatmen soll nicht länger als je 7 Sekunden dauern. Durch die Übung werden in den Nervenzentren **elektrische Kräfte** erzeugt, deren Überschuss in der **Milz** aufgespeichert wird, um bei zukünftigem Bedarf im Körperhaushalt verwendet zu werden. Wenn aber unser Körper nicht geschult ist, diesen Überschuss in der Milz aufzuspeichern, dann beeinflussen die elektrischen Kräfte unmittelbar das **Gehirn**, und zwar besonders die **Einbildungskraft**. Dadurch wird man träumerisch. Solche Träumerei ist aber nur ein scheinbarer Zustand von Glück auf Kosten des wahren Glücks und läuft auf eine Betäubung, nicht aber auf eine Erweckung des Gehirns hinaus.

> Wenn wir die 3. Übung eine gewisse Zeit lang getreulich und in dem Geist, wie sie gegeben worden ist, einmal am Tag befolgt haben, können wir sie unbedenklich mehrmals am Tag wiederholen, etwa **dreimal**, also alle 6 Stunden. Mehr ist nicht nötig, um uns zu beruhigen und in uns alles still werden zu lassen. Schon sehr bald wird uns bewusst, dass sich unser **Gedächtnis** bestärkt hat und dass die Rück- oder **Wiedererinnerung** in uns aufkommt.

Weil gleichzeitig die Konzentration auf das Gesinn in der Zirbel zunimmt und sich sozusagen alle Ideen aus dem Gehirn ausscheiden, kommt ein **eigener Gedanke** in uns auf, den wir uns nun vermittels unseres **Denkenswesens** überschlagen. Das Denkenswesen hat seinen Sitz im Gehirn hinter der Stirnmitte unmittelbar über der Nasenwurzel und wird von **drei Zellen** dargestellt, von denen die mittlere den **Verstand, die Vernunft oder das Urteilsvermögen** einschließt, während die beiden äußeren Zellen das **Abwägen mit Für und Wider** besorgen. Die Zelle in der Mitte entscheidet gleich dem Zünglein an der Waage und die beiden anderen Zellen überschlagen, vergleichen und gleichen aus. Die **Überschlagungsgabe** ist sehr wichtig und wertvoll, damit wir dem Fortschritt ergeben bleiben und uns nicht von fixen Ideen begrenzen lassen.

Die große Bedeutung der Überschlagungsgabe und des Denkenswesens hinter der Stirnmitte wird uns nach und nach immer mehr bewusst, wenn wir uns gegenwärtig halten, dass beide in der **intellektuellen** Gehirngruppe liegen, die sich als letzte nach der materiellen und spirituellen Gehirngruppe entwickelt, also die **Gipfelung der Entwicklung** darstellt. Das ergibt sich auch schon daraus, dass die materielle Gehirngruppe Kohlenstoff als Grundlage hat, die spirituelle Phosphor und die intellektuelle Stickstoff.

Ist die intellektuelle Gehirngruppe zu schwach entwickelt und hat die **spirituelle** die Führung, dann führen die **Gefühle** und die **Einbildung** die Herrschaft und das Denkenswesen, das Abwägen, der Verstand, die Vernunft kommen nicht zu Wort. Die spirituelle Gruppe sucht zwar mit Hilfe der **Moral** die materielle Gruppe zu lenken und zu leiten, es gelingt ihr aber nur teilweise, weil die äußeren Einflüsse zu stark auf die materielle Gruppe wirken. Erst wenn die intellektuelle Gruppe ihre Beschlüsse und Entschlüsse der spirituellen übermittelt, lässt sich die **materielle** Gruppe in Schach halten, so dass **Selbstbeherrschung** aufkommt und der Weg zur Vollkommenheit frei wird.

Auf den unteren Stufen der menschlichen Entwicklung bestimmt die **materielle** Gehirngruppe das Denken und Handeln des Menschen. Allmählich tritt die **spirituelle** Gruppe in Tätigkeit und das Denken und Handeln bekommt eine moralische und ethische Färbung. Das Rohe, Selbstsüchtige, Tyrannische und Verschwenderische der materiellen Stufe tritt zwar zurück; dafür tritt aber das Engherzige, Herrschsüchtige, Grausame, Einseitige hervor. Erst mit der Entwicklung der **intellektuellen** Gehirngruppe kommt das logische Denken und abwägende Urteilen, der Verstand, die Vernunft auf.

Diesen Hauptstufen der menschlichen Entwicklung und des menschlichen Gehirns müssen wir uns bewusst werden, wenn wir Selbsterkenntnis und Selbstbeherrschung erlangen wollen. Jeder Gehirngruppe muss zwar volle Aufmerksamkeit geschenkt werden, allein den Weg der Vollkommenheit betreten wir erst, wenn wir anfangen, die Entwicklung aller drei Gruppen **auszugleichen**, und damit der intellektuellen Gruppe durch das Denkenswesen die ihr zukommende Führung verschaffen. Dann erst haben die Gehirnintelligenzen eine solche Konzentration erreicht, dass sie über das Denkenswesen die Schwingungen des individuellen Gedankens aufnehmen können, die ihnen vom Gesinn in der Zirbel zugeleitet werden.

Solange wir ausschließlich den **Bauchatem** unterhalten, werden sich die Intelligenzen der materiellen Gehirngruppe die einseitige, materielle Vorherrschaft über die gesamte Gehirntätigkeit aneignen, während sich die spirituelle Gehirngruppe nur bei gewissen Anlässen fühlbar macht, etwa bei Krankheit, Sorge, Kummer, Herzeleid. In solchen Augenblikken bekommt dann der nur mit dem materiellen Gehirn denkende Mensch eine Ahnung von seiner höheren Natur, weil er unbewussterweise den **Zwerchfellatem** gebraucht, der auf die spirituelle Gehirngruppe belebend wirkt.

Wird der **Zwerchfellatem** übertrieben, dann übernimmt die spirituelle Gehirngruppe die Führung; wir vernachlässigen die materiellen Bedürfnisse und verleugnen sie leicht soweit, dass wir den Boden unter den Füßen verlieren, von einer Theorie in die andere verfallen und die Notwendigkeiten des Alltags verneinen.

Erst wenn wir dem **Hochatem** mit den oberen Lungenflügeln genügende Beachtung schenken, entwickelt sich die intellektuelle Gehirngruppe. Erst dann kommen wir zum **individuellen oder bewussten Atem**, der uns aus dem Unglauben und Aberglauben der vorhergehenden Stufen in die höheren Reiche der Selbsterkenntnis, des Friedens und der Gotterkenntnis einführt, weil die gleichmäßige Tätigkeit der drei Gehirngruppen einsetzt und das Gesinn seine Aufgabe erfüllen kann.

Das Ziel der Übung ist, dass wir uns des Gesinnes in der Zirbel bewusst werden, damit es die intellektuelle, spirituelle und materielle Gehirngruppe kontrolliere und unseren **eigenen Gedanken** durch alle drei Gruppen hindurch seinem Ziel entgegenführe. Das erfahren wir an uns, wenn wir diese Konzentrations-Übung pflegen, nachdem wir uns mit den vorhergehenden Übungen vertraut gemacht haben.

Hören wir auf zu üben, dann wird uns bald wieder vieles schwerer fallen. Üben wir gewissenhaft und religiös weiter, dann bleiben wir im Zustand der **Erkenntnis** und es stehen uns **Offenbarungen** bevor ohne Ende. Haben wir durch die Übungen die Stufe der Entwicklung erreicht, die sie bezwecken, dann erst brauchen wir sie nicht mehr, sondern werden selbst unseren Weg finden. Das gilt auf allen Gebieten des Lebens.

Ein Schüler muss aber solange den Lehren seines Meisters folgen, bis er soviel kann wie der Lehrer. Dann kann er die Gesetze scheinbar überschreiten, indem er den individuellen Gesetzen folgt, da er sich selbst Gesetz geworden ist. Bis dahin muss er sich an die Anleitungen des Meisters halten, um die höhere Stufe zu erreichen.

4. Anrufung

O Unaussprechlicher und Höchster, dir allein gebühren Ehre und Preis! Mögen wir uns deiner Gegenwart ständig bewusst sein! Du meisterst die Unendlichkeit und gibst ihr deine Ordnung, auf dass der Tag der Nacht, die Ebbe der Flut, eine Rasse der andern in alle Ewigkeit folge und ebenso der Mensch von Stufe zu Stufe größeren Fortschritt offenbare, ohne dass ihm Grenzen gesetzt sind!

Mag auch der Mensch seinen vielfältig zusammengesetzten Körper, der sich wieder in seine Urelemente auflösen muss, abstreifen und mag sich seine Individualität der sinnlichen Wahrnehmung entziehen, so wird er doch in jeder neuen Gestalt seine früheren Erfahrungen behalten.

Denn die Individualität ist ewig und die Erfahrungen der früheren Stufen begleiten sie auf allen Ebenen des höheren Bewusstseins, während die früher im Leben eingeschlagene Richtung der Seelenverwandtschaft des Individuums entspricht; denn auf einer tieferen Entwicklungsstufe werden die Seelenverwandten Raubtieren und Schlangen gleichen.

Jedes Lebewesen, das in die Erscheinung tritt, hat sein geistiges Gegenstück im Unsichtbaren. Deshalb hat nicht nur der Mensch Teil an der Ewigkeit, sondern auch die niedere Ordnung der Tiere. Daher das allgemeine Grundgesetz: „Du sollst nicht töten!“ Und alle, die dieses göttliche Gebot nicht übertreten, sind die wahren Kinder Ah-Brahm's.

Sei dem so! Und zu diesem Zwecke mögen alle Dinge gedeihen!

Frieden und gleiches Recht aus dem Reiche des höheren Bewusstseins allen Menschen! Möge die friedliche Stille, die die ganze Natur erfüllt, uns umschweben und das Licht der Erkenntnis unsern Pfad beleuchten immerdar!

4. Lektion
Geschmackssinn

Wer die ersten drei rhythmischen Atemübungen bisher gewissenhaft durchgeführt hat, ist sich schon bewusst geworden, dass er leichter atmet und sich eine bessere Haltung angewöhnt hat, ja, dass er von Tag zu Tag gesünder, kräftiger und auch **selbständiger und selbstbewusster** geworden ist. Wer keinen Fortschritt feststellen kann, hat es an etwas fehlen lassen, sei es an genügender Entspannung oder an genügender Konzentration, oder er hat am Erfolg der Übungen gezweifelt, sich also **negativ anstatt positiv** dazu eingestellt; er kann dann nicht mehr erwarten als nur einigen materiellen Nutzen.

Die **negative Einstellung** ist es, die uns all das Ungemach einbringt, unter dem wir zu leiden haben. Stellen wir uns aber positiv zum Leben ein, dann sind wir beständig bestrebt, mit allem vertraut zu werden, was im Leben verwendbar und nützlich ist, unser Dasein verschönert, uns Wohlbefinden und Annehmlichkeit sichert und die Zufriedenheit in uns aufkommen lässt. Wir werfen dann ganz von selbst unbrauchbare Theorien über Bord, widerstehen der Unwissenheit und dem Aberglauben und halten standhaft an unserer eigenen Überzeugung fest, weil wir Selbstvertrauen haben.

Das beweist zugleich, dass der **positiv Eingestellte** die Intelligenzen und Energien seines Körpers in die richtige Verfassung und Beziehung gebracht hat, so dass die inneren Heilkräfte wirken können und ihn bei guter Gesundheit erhalten. Der **negativ Eingestellte** hat kein Vertrauen zu den eigenen inneren Kräften, er kennt sie nicht und anerkennt sie nicht, und die negativen Schwingungen, die er selbst erzeugt, halten ihn geradezu fest in der Unwissenheit, Armut und Krankheit, so dass er jede **Selbstverantwortung** für seinen Zustand verneint.

Der **negativ Eingestellte** sieht dann, dass andere alles essen und trinken und alle Gesetze der Natur übertreten können, scheinbar, ohne Schaden zu nehmen. Aber er sieht nicht tiefer. Denn diese Leute haben die positive und unerschütterliche Überzeugung, dass ihnen nichts schaden könne, so dass ihnen ihre natürlichen Kräfte zu Willen sind, aber nur soweit, als die Güte der Natur reicht. Übersteigt die Ungerechtigkeit die Gnade, dann kommt auch ihnen die Abrechnung. Der negativ Eingestellte gebraucht seinen eigenen Verstand nicht; er grübelt wohl über seine Leiden und hält sie für ein böses Schicksal, erwartet dann Hilfe von anderen Quellen als den eigenen, folgt einer Theorie nach der anderen und lässt sich von einem Extrem ins andere reißen, ohne selbst zu entscheiden, was richtig oder falsch, gut oder böse ist.

Jeder Mensch hat genug Gehirn, um für sich **selbst zu denken**, so dass er sich nicht von einem andern den Weg weisen zu lassen braucht. Weckt er sein Gehirn, dann sieht er auch, dass ihm die Natur stündlich und täglich den Weg zeigt, den er gehen soll, und er vernimmt auch die leise sanfte Stimme des Gewissens, die ihm Eingebungen vermittelt, denen er nur zu folgen braucht, um sich des Erfolges sicher zu sein. Es ist also von großem Wert, das Gehirn zu wecken und das dafür Nötige zu tun; es ist wenig im Vergleich zu dem Lohn, der winkt, nämlich dass sich der Mensch auf seine **innere Führung** in jeder Beziehung verlassen kann.

Die Pflege des individuellen **Atems** und die naturgemäße **Ernährung** legen den Grund für die Weiterentwicklung des Gehirns. Denn der Mensch vereinigt in sich eine endlose Reihe von Intelligenzen ätherischer Natur und eine endlose Reihe von Elementarien atomistischer Natur. Die einzelnen Posten beider Reihen sind unaufzählbar; aber jeder einzelne Posten ist notwendig, damit der Mensch die ihm von Natur aus zukommende Aufgabe vollziehen kann. Deshalb muss er beiden Richtungen seine Aufmerksamkeit schenken, damit ihm das Dasein auf Grund der Naturgesetze möglichst lange sichergestellt und zugleich nach den Prinzipien der ewigwirkenden Intelligenz immer vollkommener gestaltet werde. Zwei einfache alltägliche Betätigungen setzen ihn also instand, beiden Richtungen gerecht zu werden: Atmung und Ernährung.

Der **Atem** zieht die Ätherwellen an sich, die alle Elemente mit sich tragen, die zur Schöpfung und Entwicklung führen, und die Lungen halten die Elemente fest, die dem Fortschritt dienen, die Gehirnintelligenzen anregen, die Lungenmuskeln bestärken, die Nervenfluida vermehren und das Blut reinigen, so dass das Blut allmählich sein richtiges spezifisches Gewicht erhält. Dadurch hat es das Herz leichter, das Blut zu verteilen, und solche negativen Zustände wie Unsicherheit, Unentschlossenheit, Ärger, Aufregung, Furcht verlieren sich.

Die **Ernährung** hält das Körperwesen aufrecht, gesund und jugendfrisch, wenn wir die Naturgesetze innehalten, die höchst einfach sind. Jede Jahreszeit bringt ihre eigenen Erzeugnisse hervor. Deshalb sollten wir uns grundsätzlich an die Erzeugnisse der Jahreszeit halten, die unsere Zone und unsere Gegend hervorbringen und uns eine natürliche Abwechslung vermitteln. Schon nach kurzer Zeit naturgemäßer Ernährung wird der **Eingebungssinn** rege und bestimmt mit Hilfe des abwägenden Denkens die Nahrung, die unserem jeweiligen Zustand und Bedürfnis entspricht. Dadurch werden wir immer sicherer in der Auswahl der Speisen, da uns der Eingebungssinn schließlich so sicher leitet, wie das Tier vom Instinkt geleitet wird. Dann wählen wir uns aus der unerschöpflichen Fülle der Schatzkammer der Natur das aus, was den Körper in allen seinen Teilen in Tätigkeit und gesund erhält.

Übergeben wir uns aber **einseitig** nur einer Richtung, dann muss unser Leben sein Ziel verfehlen. **Nur atmen** zu wollen, und wenn es gleich in Form von Gebeten, vielleicht sogar vermittels einer indischen Gebetsmühle geschähe, würde uns der körperlichen Leistungsfähigkeit berauben. Würden wir unsere ganze Aufmerksamkeit und Sorge **nur dem Essen** widmen, wie es heute durchschnittlich geschieht, so steigert sich der an sich natürliche Selbsterhaltungstrieb zur Selbstsucht, zum Neid, zum Verbrechen, zur Gewalttätigkeit, zur Unterdrückung und zum Krieg.

Es kommt sogar nicht selten vor, dass jemand, der die Atempflege mit großer Gewissenhaftigkeit aufnimmt, regelmäßig durch seine Übungen geht und von Tag zu Tag geistige Fortschritte verzeichnet, plötzlich an einen Punkt kommt, wo das Intelligenzwesen erlahmt und sogar körperliche Hemmungen auftreten. Das beweist, dass er zwar die **Lungenkraft erweitert**, aber die **Ernährungsregeln vernachlässigt** hat.

Ebenso häufig kommt es vor, dass jemand, der die Ernährungsregeln so gewissenhaft befolgt hat, dass er zunächst seine Krankheit zum Stillstand brachte und sie überwand und sogar durch die Transsubstantiation der Nahrungsstoffe eine gewisse Veredlung und Vergeistigung seines Körperwesens erreichte, also gute Fortschritte machte, unerwartet an einen Punkt kommt, wo er stillezustehen scheint und kein geistiges Wachstum mehr verspürt. Das beweist, dass er wohl **auf die Ernährung geachtet, aber die Lungentätigkeit nicht genügend gefördert hat.**

In beiden Fällen fehlte einfach der **Ausgleich** und deshalb musste der Fortschritt zum Stillstand kommen. Aber Atemkunst und bewusste Ernährung in Verbindung miteinander verhelfen uns zur Verlängerung und Vervollkommnung des Lebens. Deshalb muss der Mensch, der im Zustand des Fortschritts verbleiben will, um den Anforderungen des Zeitgeistes gewachsen zu sein, Tag für Tag für völligen Ausgleich seiner ätherischen und atomistischen Seite sorgen, also der Atmung dieselbe Aufmerksamkeit schenken wie der Ernährung.

Auf der **ätherischen** und auf der **atomistischen** Seite des menschlichen Wesens entwickeln sich von Natur aus zwei entgegengesetzte Kräfte, die sich ausgleichen müssen, damit uns die Natur diene und uns ihre Schätze ununterbrochen offenbare. Diese beiden Kräfte wirken als **Anziehung und Abstoßung**, als Zentripetal- und Zentrifugalkraft, als Kristallisation und Fokulisation, und müssen sich vereinigen oder polarisieren und ausgleichen.

Deshalb sind die bewusste **Atempflege** und die bewusste **Ernährung**[6] so wenig voneinander zu trennen wie Wissenschaft und Glauben, Natur und Intelligenz, Mensch und Gott, und vereint ebnen sie uns den Weg zum Fortschritt bis zur **Vollkommenheit.** Den ersten Schritt auf dem Weg zur Vollkommenheit haben wir gemacht, sobald wir aufhören, Fleisch und Blut unserer Mitgeschöpfe als Nahrung zu benutzen, sobald wir uns den Erzeugnissen des Pflanzenreichs als Nahrungsmitteln zugewandt und außerdem gelernt haben, den Atem zu beherrschen und durch ihn die feineren Elementarien der Luft an uns zu ziehen, die, frei von Erdenschwere, auch uns von allen körperlichen Belastungen freimachen können.

---

[6] Vgl.: „Mazdaznan – Ernährungskunde und Kochbuch“

Je mehr wir das Lungengewebe vermittels der **eingeatmeten Elementarien** ernähren, umso mehr wird die **intellektuelle** Gehirngruppe hinter der Stirn belebt, so dass sich diese Gruppe mit der **spirituellen** Gehirngruppe in der Scheitelgegend verbindet und allmählich die Moral, die Ethik und die Spiritualität erscheinen und sich schließlich auch die **materielle** Gehirngruppe im Hinterkopf und am Schädelboden dem Ganzen fügt. Umso besser wird dann auch die Nahrung umgewandelt oder transsubstantiiert und umso gesünder und langlebiger sind wir, weil alle Teile in uns reibungslos miteinander arbeiten.

Dann macht sich uns immer mehr die Erkenntnis aller Dinge offenbar und treibt uns an, Hand anzulegen, damit sich **Intelligenz und Materie** vermählen. Dann steht uns alles offen und zur Verfügung, was die Unendlichkeit innehält, und wir brauchen es nur zu materialisieren, vermittels unserer Intelligenz in den Bereich unserer Sinne zu ziehen und es in Umlauf zu bringen, wie es Johannes in der Offenbarung veranschaulicht.

Aber die allermeisten Menschen sind vom Weg der Vollkommenheit soweit abgewichen, dass sie die Atempflege überhaupt vergessen und sich gegen alle Gesetze der Natur ernährt haben. Infolgedessen sind die **Verdauungsorgane** überanstrengt und geschwächt, das Drüsensystem überreizt oder gelähmt und die Gesamtentwicklung aufgehalten, wenn nicht gar zum Stillstand gebracht worden.

Deshalb sollten wir uns zur **Vorbereitung** auf die 4. rhythmische Atemübung solchen Atemübungen zuwenden, die uns die **Kontrolle über die Organe der Bauchhöhle und die Muskeln des Unterleibes** wiederverschaffen. Das erreichen wir, wenn wir mehr mit den oberen Lungenteilen atmen und den Unterleib beim Einatmen entspannt von rechts nach links und beim Ausatmen von links nach rechts zurückbewegen.

Es ist eine kreisförmige Bewegung von rechts unter dem Nabel weg nach links und von da über dem Nabel weg zurück nach rechts. Nach jeder Einatmung halten wir den Atem eine kleine Weile und vergewissern uns, dass die Muskeln vom Schambein her so weit wie möglich hochgezogen worden sind. Jedoch üben wir dabei keinen Zwang aus, sondern vollziehen alles entspannt. Dann erst atmen wir aus und lassen dabei alle Muskeln sozusagen nach rechts hinabfallen.

Diese Übung sollten wir jeden Morgen und jeden Abend für einige Minuten machen, und zwar **1. stehend**, indem wir darauf achten, dass die unteren Gliedmaßen entspannt bleiben, besonders die Beine und die Knie, **2. sitzend, 3. im arabischen Hockesitz**, wobei die Fußsohlen vollständig auf dem Boden ruhen und die Knie dicht am Oberkörper liegen.

Schon nach kurzer Zeit werden wir uns der guten Wirkung bewusst. Der Stuhlgang regelt sich, die Nerven arbeiten besser, die Drüsen kräftigen sich und liefern ihre inneren und äußeren Sekretionen an den Körperhaushalt, der Schlaf wird ruhig und erquikkend bei kürzerer Dauer und die Unterleibsmuskeln bleiben unter unserer Kontrolle.

Ebenso wie es einen **Wechsel** der Tages- und Jahreszeiten gibt, wechseln auch unsere Bedürfnisse nicht nur hinsichtlich der Ernährung, sondern auch hinsichtlich der Atmung. Deshalb müssen wir auch unsere **Atmung** genauer überwachen. Sorgen wir für **zeitgemäßen Wechsel**, dann sind wir immer bei guter Stimmung, erfüllen unsere Alltagspflichten mit Lust und Liebe und erkennen, wie die Schrift sagt, dass „mein Joch sanft und meine Last leicht“ ist. Wir sollen uns wohl einen bestimmten **Plan** für unsere Übungen ebenso wie für unsere Ernährung machen, sollten uns aber nie auf eine bestimmte Schablone festlegen, sondern stets der inneren Stimme oder dem Gewissen folgen und dementsprechend handeln.

Der Atem ist zwar etwas Einheitliches, ebenso wie Licht, Atom, Äther, Intelligenz; aber **seine Wirkungen sind mannigfaltig** je nach den Umständen, der Zeit und der Körperstellung. Daher wirkt jede Atemweise verschieden auf den Körper und das Gehirn. Deshalb atmet der Sänger anders als der Redner, der Schauspieler anders als der Kaufmann, der Gelehrte anders als der Athlet.

Bläst man den Atem über heißes Wasser, dann kühlt sich das Wasser ab. Haucht man in die kalten Hände, dann erwärmen sie sich. Im ersten Fall wird der Atem stark und rasch ausgeblasen, im zweiten Fall sanft und langsam.

Haucht man den Atem sanft auf die Hand aus, dann erwärmt sie sich. Haucht man bei der nächsten Ausatmung die Silbe „puh“ auf die Hand aus, dann spürt man eine sanfte, kühlende Brise. Es kommt hierbei nicht darauf an, ob man stark oder schwach haucht oder etwa einen anderen Konsonanten, etwa F statt P, anwendet. Das ganze Geheimnis liegt im Wechsel der Mundstellung.

Auch wenn man ein P langsam auf die Hand ausatmet und unmittelbar darauf denselben Konsonanten staccato ausatmet, wird sich ein großer Unterschied bemerkbar machen.

Atmet man bei erhitztem Körper durch die Nase tief ein und durch den Mund rasch aus und wiederholt man das mehrmals, so kühlt sich der ganze Körper ab. Atmet man dagegen bei abgekühltem oder fröstelndem Körper kurz ein und sehr langsam und stoßweise durch die Nase aus, bis die Lunge vollständig geleert ist, und setzt das einige Minuten lang fort, so wird man in Schweiß geraten.

Wer beim Atmen träumerisch ist, bestärkt diesen Zustand und sieht schließlich Trugbilder, die er für Wirklichkeit hält, weil die Gehirntätigkeit unsicher wird. Wer sich dagegen beim Atmen auf den Gedanken konzentriert, den Körper zu entwickeln, und dabei die entsprechende Stellung einnimmt, wird den Körper meistern, gleichviel wie alt er ist und in welchem Zustand sich sein Körper gegenwärtig befindet.

Selbst der Durchschnittsmensch weiß schon mancherlei von der Wirkung des Atems; aber er zieht keine Schlüsse für sich daraus. Wie sorgsam lauscht man auf den Atem eines schlafenden Kranken und wie genau achtet man auf seine Atmung während der wachen Stunden! Schon das zwingt zu dem Schluss, dass wir an der Länge der Einatmung, am Atemhalten, an der Ausatmungslänge und der Atementhaltung, an dem Schluchzen, Seufzen und Stöhnen einer Person ihren Zustand erkennen können.

Obwohl der Durchschnittsmensch vom Atem soviel weiß, dass die Atmung für seine körperliche Gesundheit ausschlaggebend ist, und er deshalb instinktiv Körperpflege, Gymnastik und Muskelsport aller Art betreibt, denkt er dabei nicht zur Genüge an die **Lungen oder die dynamischen Organe** seines Körpers, überanstrengt sich deshalb und fördert seine Entwicklung nicht.

Sobald wir die Lungen studieren, erkennen wir, dass unser Blutlaufsystem von der **richtigen Umwandlung des Atemstroms** und der Sättigung des Blutes mit Sauerstoff abhängt, wobei der atomistische Sauerstoff zerlegt wird und Helium, Radium, Barium und die vielen anderen atomistischen Elementarien abgibt, die auf Leukokytos, das magnetische Feld oder die Ätherstoffatmosphäre der Blutkörperchen, einwirken.

Die verbesserte Atmung und der rhythmische Blutumlauf **lenken** nicht nur die Elemente des Atemstroms, sondern lassen diese auch so **belebend** auf die roten und weißen Blutkörperchen einwirken, dass diese die Belebung auf die Nervenzentren weitergeben. Dadurch vermehrt sich auf parallelen Linien das Nervenfluidum, das wiederum die Drüsensubstanzen belebt. Diese wiederum elektrifizieren die entsprechenden Gehirnteile und machen sie dadurch empfänglich für die Ausstrahlungen des Gesinns, das seinen Sitz in der Zirbeldrüse hat.

Die Höherentwicklung des Menschen liegt in der Richtung der Entwicklung nicht größerer Muskelkräfte, sondern **größerer Denkfähigkeit** und diese ist von der Atemfähigkeit abhängig. Ein gebrechlicher, empfindlicher und organisch schwacher Körper kann über eine starke Denkfähigkeit verfügen, weil eine **kräftige Atemfähigkeit** vorhanden ist. Deshalb finden wir oft, dass Menschen von kleiner Gestalt und unscheinbarem Äußeren, aber mit gut entwickeltem Gehirn erfolgreiche Geschäftsleute oder große Gelehrte sind.

Auf der anderen Seite finden wir nur zu häufig Menschen, die im Denken und deshalb auf den **Lungen unentwickelt** sind, mehr einem gesunden Tiere gleichen, das schnauft, gafft, poltert, brüllt, oberflächlich und begrenzt denkt, und die daher nur in einem beschränkten Wirkungskreis von Nutzen für die Allgemeinheit sein können. Sie mögen sogar in gewisser Weise originell sein und durch glückliche Umstände etwas Erfolg haben, sind aber kurzlebig, besitzen kein Verantwortungsgefühl, behandeln alles geringschätzig, was nicht in ihren engen Gesichtskreis des Essens, Trinkens und der Sinnlichkeit gehört, leben in den Tag hinein wie das liebe Vieh und erwarten ihren Lohn in der Zukunft.

Aber wenn wir vorwärts kommen und Schritt halten wollen mit dem Zeitgeist und dem Erfindergeist, müssen wir unsere **Denkfähigkeit höher entwickeln**. Wir müssen fähig sein zu denken und zu denken, woran wir denken. Wir mögen wohlbelesen und wohlunterrichtet sein; aber das nützt uns alles nichts, wenn wir unserem eigenen Denken nicht voranhelfen. Unsere Höherentwicklung liegt darin, dass wir die alten **kindli-**

chen Gedankengänge hinter uns lassen und auf vollkommene „**Männlichkeit und Weiblichkeit**" zustreben, wie es in der Schrift heißt, und der einzige Weg, auf dem wir zu erwachsenem, vorurteilslosem, duldsamem, freiem Denken gelangen können, ist die Erweiterung der Lungenfähigkeit, die uns **Gedanken- und Willenskraft** vermittelt.

Nur noch der Schuljunge misst seine Oberarmmuskeln mit einigem Stolz, ähnlich wie der Phrenologe der alten Schule die Auswölbungen am Schädel maß und befühlte. Heute müssen Männer und Frauen aller Berufe im täglichen Leben ihre Nerven- und **Gehirnkraft** erweisen, und alle die Erfindungen der neueren Zeit verlangen immer mehr Nerven- und Gehirnkraft und damit die **Weckung noch schlummernder Fähigkeiten und Talente**, damit wir immer mehr lernen, die Kräfte der Natur zu meistern und dadurch unseren Anteil an den Schätzen der Unendlichkeit zu erlangen, den uns der Zeitgeist zukommen lassen möchte.

Wir dürfen uns also, wenn wir das Atemstudium ernstlich aufnehmen, auch nicht mit einem Erfolg auf gesundheitlichem Gebiet begnügen, sondern müssen danach trachten, mit Hilfe der Atempflege immer **neue** Fähigkeiten und Kräfte des Gehirns und Gesinns zu entwickeln, damit wir zwar den gegenwärtigen Anforderungen vollauf gerecht werden, aber zugleich in die **Zukunft** blicken und uns rüsten für die künftigen Anforderungen.

Selbstverständlich sollen dabei unsere **Gehirnintelligenzen** das Ihrige besorgen; sie müssen aber darüber hinaus auch lernen, **zusammenzuarbeiten**, um unseren Interessen in erweitertem Maße zu dienen. Dazu müssen wir sie **anleiten und beaufsichtigen**, ähnlich wie ein Unternehmer sich um seine Angestellten kümmert, damit er nicht zu Schaden kommt, sondern im Gegenteil seinen Betrieb beständig erweitert.

Notgedrungen müssen wir also als denkende Wesen Ausschau halten nach solchen Mitteln und Wegen, die Nerven und Gehirn fördern und entwickeln. Im Lauf der Zeit sind dafür auch schon **viele Methoden** angeboten worden, die sich aber alle als unbrauchbar erwiesen, weil sie nicht vollständig durchdacht und unnatürlich aufgebaut waren. Es muss aber eine brauchbare Methode geben. Denn es hat in der Vergangenheit Zeiten eines hohen Kulturstandes gegeben, der eine entsprechende Nerven- und Gehirnkraft voraussetzt, der aber in der Gegenwart noch nicht wieder erreicht worden ist.

Trotz unseres hohen Standes der Forschung, Wissenschaft und Technik haben wir keine Leistungen aufzuweisen wie **die ägyptischen Pyramiden, die Sphinx, den babylonischen Turm, das kretische Labyrinth, das römische Kolosseum oder die Wasserleitung durch die afrikanische Wüste.** Trotz unserer Schulen, Akademien, Hochschulen, Universitäten, Bibliotheken und Museen hat die Gegenwart keinen **Conju, Sokrates, Herodot, Pythagoras, Apollonius, Jesus** oder eine ähnliche hervorragende Persönlichkeit hervorgebracht.

Infolgedessen drängt sich uns ganz von selbst die einfache Frage auf, wie in vergangenen Zeiten solche Leistungen vollbracht werden konnten und wie solche Geistesgrößen zu ihrem Wissen und ihrer Weisheit gelangt sind. Jedenfalls muss es auf einem **natürlichen Weg** geschehen sein, also auf einem Weg, der **jedem Menschen offensteht.** Dieser natürliche Weg ist die **Inspiration durch den Atem.**

Manche befinden sich von Geburt aus auf diesem Weg und manche werden durch die Gunst der Umstände und Verhältnisse darauf geführt. Aber für die meisten von uns erfordert es Mühe und Arbeit, um auf diesen Weg zu gelangen. Wer sich der **bewussten Atempflege** ergibt und sie gewissenhaft betreibt, der hat den Weg gefunden und beschritten, der zu einem gesunden Körper, einem regsamen Gehirn und einem geweckten Gesinn führt, was die Voraussetzung zu einer höheren Kultur ist, die Bestand haben soll.

Pflegen wir die rhythmischen Atemübungen in demselben Geist, wie sie uns gegeben worden sind, entspannt, gelassen und ergeben, dann werden wir uns in kurzer Zeit den Beweis erbringen, dass wir allen Verhältnissen gewachsen sind, keiner Entscheidung ausweichen und uns neue Fähigkeiten erschließen.

Fühlen wir uns dann an einem Ort oder in einem Land nicht gefördert oder gar behindert in unseren Unternehmungen, so kommt uns von innen die Inspiration und der Trieb, unseren **Aufenthaltsort** zu wechseln, bis er den Wünschen unseres Herzens entspricht, Glück und Erfolg mit uns sind und wir unsern Anteil am Leben erlangt haben, der uns seit Ewigkeit zusteht.

Halten wir bei unseren rhythmischen Übungen alle Suggestionen und **Einflüsse der Umgebung** ab, die sich unserem Gesinn aufdrängen wollen, und öffnen wir das Gesinn den **Schwingungen des Geistes** aus dem

Herzen, indem wir bei jeder Einatmung unseren Gedanken dem Universellen und Unendlichen zukehren, dann kommen uns **Inspirationen**, die uns das Gesinn zu **Offenbarungen** werden lässt. Inspirationen **von innen** kommen durch Ausstrahlungen zustande, die von der linken hinteren fünften Herzkammer ausgehen, auf den Wellen der Drüsenvibrationen dem Gesinn in der Zirbel übermittelt und von da aus den Sinnen bewusst werden.

Wenn wir **entspannt auf dem Rücken liegen, uns leicht nach links wenden und tiefe Atemzüge nehmen,** erzeugen die Lungenspitzen vermittels des Atemstromes chemische Verbindungen, die mit Hilfe des Lungen- und Rippenfelles auf das Blut übertragen werden, Leukokytos oder das magnetische Feld im Blut erweitern und dadurch dem Herzen die Verteilung des Blutes erleichtern.

Atmen wir in dieser Körperlage entspannt und gelassen und lenken wir unsere Gedanken auf die Ausstrahlungen aus der fünften Herzkammer, so werden wir uns der illuminierenden oder erleuchtenden Wellen bewusst, die ihre phosphoreszierenden Schwingungen auf die ätherischen Teile der Geistessubstanz reflektieren, so dass uns die Beziehungen zwischen Geist und Materie und zwischen den Elementen und ihrem Ursprung im atomistisch-ätherischen Zustand klarer werden.

Sind uns diese Beziehungen und alle parallellaufenden Entsprechungen klar geworden, dann bekommen wir **Verbindung** mit allen Entwicklungsstufen der Substanz und unser Gesinn tritt in den Zustand der **Illumination oder Erleuchtung**, so dass es den Gehirnintelligenzen feinere Ausstrahlungen übermitteln kann und die Sinne für feinere Wahrnehmungen empfänglich werden. Dann hören, sehen, fühlen, spüren wir Vorgänge, die bisher nicht im Bereich unseres Begriffsvermögens lagen, und die Ätherwellen machen uns vermittels ihrer szintillierenden Farbschwingungen Dinge verständlich, die wir bisher für unmöglich hielten.

Das mag uns anfangs wie eine Vision erscheinen; aber allmählich begreifen wir die Wirklichkeit. Wir sehen klarer, erkennen die **Macht des Gedankens** und lernen, unsere innersten Herzenswünsche zu verwirklichen, gleichviel ob sie sich auf die materiellen Dinge des Alltags beziehen oder uns nur eine Freude bereiten sollen.

Je weiter die Zivilisation fortschreitet, umso größere Anforderungen werden an die körperliche und geistige Leistungsfähigkeit jedes einzelnen gestellt, so dass es ein Gebot der Stunde ist, die Atempflege **alt und jung, groß und klein** so nahe zu bringen, dass sie **Allgemeingut der weißen Menschheit** wird.

Die Atempflege sollte schon von den **Müttern mit den Kindern** geübt werden, sie gehört in die **Volksschule** ebenso wie in die **Hochschule** und sollte das wichtigste Lehrfach an jedem **Seminar** und an jeder **Universität** sein. Werden dabei die rhythmischen Atemübungen gepflegt, so werden in kürzester Zeit die günstigsten Ergebnisse erzielt, weil sie allen Temperamenten der weißen Menschheit gerecht werden.

Sobald wir die guten Wirkungen der bewussten Atempflege zur Genüge an uns selbst erfahren haben, kommen wir zu demselben Schluss wie die Weisen des Altertums und sagen:

Atem ist Leben.

Alles hängt vom Atem ab. Alle Erscheinungen des Lebens sind nur Auswirkungen der Atemkraft. Wo irgend eine Erscheinung ist, da ist Leben und deshalb auch Atem. Atem ist das Grundprinzip allen Lebens und bleibt deshalb auch unabhängig von den Erscheinungen. Das Atemprinzip überträgt sich auf die mannigfaltigen Lebenskräfte und diese übertragen sich auf die zahllosen Erscheinungsformen des Lebens.

Der Atem ist eine **Einheit** und gleich dem Prinzip der **Allbewegung**. Seine Wirkungen ändern sich je nach der Richtung, die er einschlägt, und je nach dem Ort und der Zeit der Wirkung. Deshalb entspricht jede Erscheinungsform dem Schwingungsgrad des Atemprinzips. Je höher und feiner die Atemschwingungen, umso höher steht die Gattung in der Erscheinungswelt und umso größer ist die Fähigkeit, das Leben zu erweitern. Deshalb entwickeln sich mit der Ausbildung des Atems auch die Fähigkeiten des Menschen, so dass er Interesse an der Gestaltung seines Lebens findet, um es sich lebenswert zu machen.

Der Mensch ist die höchste Erscheinungsform des Atems auf diesem Planeten. Das Tierreich gehört zwar der äußeren Erscheinung nach zu derselben Klasse, besitzt aber nur eine begrenzte Entwicklungsmöglichkeit seiner Gehirnintelligenzen. Sogar die verschiedenen Tiergattungen entsprechen dem verschiedenen Wirkungsgrad der Atemkraft. Das Ent-

Atem ist Leben

Otto Brämer

sprechende gilt auch für das menschliche Geschlecht; auch die Fähigkeiten und Möglichkeiten des Menschen entsprechen dem Schwingungsgrad seiner Atemkraft. Je tiefer die Atemschwingungen, umso geringer sind seine Fähigkeiten und Möglichkeiten. Verbessern, erhöhen sich die Atemschwingungen, dann erweitern sich auch die Fähigkeiten und Möglichkeiten und dem Menschen sind, im Gegensatz zum Tier, in dieser Richtung keine Grenzen gesetzt.

Höhere Gedanken können nur in einem Gehirn entstehen, das von einem **tiefen, vollen Atem** versorgt wird. Ein **kurzer Atem** lässt nur kurze Gedanken aufkommen, mit denen Nervosität und Reizbarkeit parallel laufen. Die Lehren eines tiefatmenden Philosophen bleiben lebendig auch nach seinem Tod, während die blendenden Äußerungen eines kurzatmenden Politikers, wie großes Aufsehen sie auch zu seiner Zeit erregt haben mögen, mit seinem Dahinscheiden rasch in Vergessenheit versinken.

Die modernen Philosophen gebrauchen anstelle des Wortes „Atem“ das Wort „Geist“, kommen aber dabei zu falschen Vorstellungen und Schlüssen, weil sie den wirklichen Sinn des Wortes „Geist“ nicht erfasst haben. Jesus und die alten Griechen benutzten für das deutsche Wort „Geist“ das griechische Wort „**Pneuma**“, das soviel bedeutet wie „**Atem**“, der den **Geist des Lebens** mit der Einatmung oder Inspiration **an sich zieht** und ihm mit der Ausatmung oder Exspiration zur Offenbarung verhilft. Alle Inspiration geht vom Universum zum Menschen oder zum Individuum und alle Offenbarung geht vom Individuum zum Universum. Deshalb sind Universum und Individuum im Grund eins und die scheinbare Zweiheit gehört nur der Erscheinungswelt an.

Wenn wir von Denkenswesen, Verstand, Vernunft, Gedächtnis, Erinnerung, Gesinn, Seele, Geist sprechen, müssen wir darüber klar sein, dass sie in unserem Körperwesen **einen Sitz** haben müssen, von dem aus sie ihre Wirksamkeit entfalten, und müssen uns auch über ihren Wirkungsbereich und ihre Aufgabe klar sein. Denn sie müssen uns gegenwärtig zugänglich sein, wenn wir uns ihrer erfreuen wollen.

Der **Geist** und die **Seele** sind im Herzen ruhende Zustände. Aus dem **Geisteszustand** erhebt sich der Geistestrieb in dem Bestreben, alle Schöpfungsmöglichkeiten wahrzunehmen und dafür polarisierte Gegensätze gleich einer Vermählung harmonisch zu verbinden, wodurch eine Schöpfung oder Geburt zustande kommt. Der Geist macht Gebrauch vom Nervensystem und zwar besonders von dem Teil der Nerven, die die linke hintere fünfte Herzkammer über das Rückgrat mit der Zirbel verbinden.

Der **Seelenzustand** stellt die Verbundenheit unter allen Schöpfungsgegenständen oder Dingen der Erscheinungswelt dar und der Geistestrieb wirkt auf den Seelenzustand ein, zur Neuschöpfung geeignete Verbindungen einzuleiten und zu schaffen. Deshalb spricht man von der Weltenseele und von der Seelenverwandtschaft.

Die Seele kann sich nur da auswirken, wo sich der Geist im Körperlichen erweitern kann. Denn sie ist ein Zustand, der durch die Erweiterung des Geistes vom Herzen bis zur Zirbel hervorgerufen wird. Sie übermittelt die vom Geist empfangenen Anregungen oder Schwingungen über das Rückenmark dem Gesinn in der Zirbel, das sich der Lage bewusst wird und die Schwingungen weiterleitet in das Denkenswesen hinter der Stirnmitte, wo alles abgewogen, mit den gegenwärtigen Verhältnissen in Verbindung gebracht und mit Hilfe des Willens und der Kräfte oder Energien des Körpers verwirklicht oder realisiert wird.

Alles dessen wird sich aber der Mensch erst dann bewusst, wenn er sich den individuellen Atem angewöhnt und sein Organwesen in Ordnung gebracht hat und in Ordnung hält, wozu auch die aufrechte Haltung gehört, weil davon die **vollständige Tätigkeit des Rückenmarkes** abhängt, das die **Brücke der Seele** genannt wird. Solange diese Voraussetzungen fehlen, ist der Mensch keine bewusste Seele und kann sich auch keine klare Vorstellung von der Seele oder dem Seelenzustand machen.

Das Rückenmark ist also nicht die Seele; aber die Seele kann sich nur mit Hilfe des Rückenmarkes äußern, und zwar nur in dem Grad, als der Zustand des Rückgrates es gestattet oder der Mensch das Rückgrat aufrecht hält. Fehlt es hieran, dann fehlt es an der vollkommenen **Übermittlung der Seelenschwingungen in die Zirbel** und das Gehirn, so dass das Gehirn Suggestionen und äußeren Einflüssen zugänglich wird und nachgibt. Dann kommt das Denkenswesen, das sich zum Verstand und zur Vernunft entwickelt, zu falschen Entschlüssen und unverständigen und unvernünftigen Entscheidungen und der Willen, der die Entscheidungen des Denkenswesens zu verwirklichen hat, ist nicht mehr frei, sondern sieht sich unter dem Druck der Suggestion gezwungen, die Fehlschlüsse und Fehlentscheidungen zu verwirklichen.

In einem solchen Zustand glauben wir oft, einen starken Willen zu haben; es ist aber nicht unser **freier Willen**, sondern nur der Ausdruck gewisser Teile des Scheitelhirns oder dessen, was wir **Eigensinn** nennen. Der freie Willen strengt sich nicht an, sondern übernimmt sofort bereitwillig die Ausführung der verständigen und vernünftigen Beschlüsse, die mit Hilfe der Seelen- und Geistesschwingungen zustande gekommen sind. Der freie Willen handelt einfach in dem Sinne: „Dein Willen geschehe!"

Dieser **freie Willen** bleibt der wahre Willen. Er kann wohl zurückgedrängt werden, kommt aber immer wieder auf, sobald der eigene Gedanke leitet und führt. Der freie Willen ist es, der die Göttlichkeit kennzeichnet, der uns also als Menschen charakterisiert, absondert von allen anderen Geschöpfen und allen Entwicklungsgesetzen. Wir stehen in einer Klasse für uns, sind abgesondert von allen Gegenständen der Stofflichkeit, weil wir den freien Willen mit uns bringen, der die Unendlichkeit und die Gegenwart der Gottheit bezeugt, die Verbindung mit ihrer Umgebung sucht und sie deshalb liebt. Darum liebt die Gottheit alles Erschaffene, weil es ihr wohltut, ihre Macht um sich ausgeprägt zu sehen.

Da die Gottheit inmitten des menschlichen Wesens als Individualität wohnt, darf sich der Mensch nicht den äußeren Verhältnissen der Zeit unterwerfen. Gerade darum hat er den freien Willen, dass er auf die Materie oder die ihn umgebende Körperwelt den Willen Gottes reflektiere, auf dass sich die Umgebung ihm oder dem Göttlichen im Menschen ergebe.

Aber meist schaffen wir uns einen Willen durch den Willen derer, die um uns herum sind. Jeder versucht uns zu **beeinflussen**, von der alten Tante bis zum Arzt, der uns seine Medizin verschreibt. Unzählige Male sprechen wir die Worte: „Dein Willen geschehe!", tun dann aber das Gegenteil, nämlich was unser Eigensinn will. Wir bilden uns sogar ein, wir täten den Willen des Herrn, handeln aber in Wirklichkeit nur gemäß unserem engen Horizont.

Die **Planeten** haben wohl Einfluss untereinander, aber auf den Menschen nur insoweit, als er **sich vergisst** und seinen freien Willen von sich wirft. Dann kommt er unter all die Begrenzungen, wird von den Dingen seiner Umgebung geleitet und geführt und über ihm schwebt das Szepter der Autorität. Er wird ein Götzendiener, sei es ein religiöser, wissenschaftlicher, ökonomischer oder politischer. Er verpfändet seine Freiheit und lässt sich dafür an der Nase herumführen, wird ein Sklave derer, an deren Ideen, Ansichten, Meinungen und Weisungen er sich hält. Da aber der Mensch den freien Willen als göttliches Erbteil mitbekommen hat, muss er sich nun auch als Mensch erweisen und sich seinen Weg selbst wählen.

Deshalb dürfen wir unsern Körper nicht nur besitzen, sondern müssen ihn so kontrollieren und regieren, dass er den Zwecken unseres **höheren Wesens, unserer Individualität,** dient, nicht aber den Zwecken der Begrenztheit. Nicht was dieses körperliche Organwesen will, ist maßgebend, sondern das, was mein Ich will. Daher sagte schon der Heiland: „Nicht mein, sondern dein Willen geschehe!"

Der **persönliche Willen** ist etwas Entstandenes, Gewordenes, daher Illusionäres. Er möchte gern alle Annehmlichkeiten und Bequemlichkeiten haben, sich nicht anstrengen, sondern sich am liebsten in die Sofaekke setzen und sich von anderen bedienen lassen, möchte am liebsten König und Königin spielen, hat nur Verlangen und Wünsche. Dieser fabrizierte Willen möchte uns gerne regieren und fällt daher auch mit seinem ganzen Gewicht bald auf den einen, bald auf den anderen Teil unseres Wesens. Er sagt: „Ich habe Appetit auf dies und das", und wir, trotz unserer Intelligenz, laufen auch schon, das Verlangen zu erfüllen. So werden wir zum Sklaven der Materie und erniedrigen die Gottesintelligenz in uns unter die Materie, machen sie zu deren Diener, anstatt die Materie zur Weiterförderung unserer Intelligenz zu gebrauchen.

Da sollten wir doch gleich mit dem rechten und auch noch mit dem linken Fuß aufstampfen und sagen: „Was? Ich soll diesen Einflüssen, Suggestionen, Vermittlungen der Außenwelt oder der Materie dienen! Nein, das tue ich nicht!" Nicht mein begrenzter Willen, sondern „dein unendlicher Willen", die Intelligenz muss in den Vordergrund kommen. Selbst an den Heiland machten sich diese Einflüsse der Außenwelt heran, wie die Schrift sagt: „Siehe, ich, Satanas, bin gewillt, deine Kontrolle zu werden. Lass mich dich kontrollieren; ich werde dir zeigen, was aus dir werden kann!“ Und was sagte der Heiland? „**Weiche von mir, du Satan**!“

Der ewigwirkende Gedanke ist in uns gegenwärtig und erwartet, dass wir uns von ihm leiten lassen. Wenn wir das aber nicht wollen, kann er uns nicht leiten. Denn er darf sich nicht aufdrängen, sonst wären wir wieder ohne freien Willen. Wir müssen uns also ihm **nähern wollen und nähern.** Wir müssen allein stehen und uns um uns selbst kümmern, damit sich der Willen der Gottheit in uns durchsetze und es Wahrheit werde: „Dein Willen geschehe!“

Sobald wir uns dem Willen der Gottheit in uns ergeben, hört das Schwanken auf. Was dann in uns aufkommt, das vollziehen wir. Da steigt die Frage von Recht oder Unrecht gar nicht auf, weil wir uns des Gewissens bewusst sind. Das **Gewissen** muss aber erst auferzogen werden. Die Natur legt so etwas wie ein Gewissen nicht in unser Herz, sondern das Gewissen ist ein Ergebnis der Herzenskultur, die wir pflegen müssen. Wir haben uns eines Gewissens erst bewusst zu werden. Dazu müssen wir unsere Willenskraft einsetzen, unseren Willen durchsetzen und unsere Widerstandskraft allem entgegensetzen, was nicht zu unserem Besten dient.

Mit Hilfe „Deines Willens“, des Willens der Gottheit in uns, können wir alles **Angeborene auslöschen.** Wir brauchen nichts durchzumachen, brauchen nicht durch Gefahren, Krankheit, Siechtum, Herzeleid, Sorgen und Kummer zu gehen, wenn wir uns nur aufraffen und sagen: „Dieses in der linken, negativen Hand Eingezeichnete habe ich zwar ererbt, aber mit der rechten positiven Hand werfe ich das alles über den Haufen. Ich ziehe mir meine eigene Lebenslinie, meine eigene Gedankenlinie, meine eigene Herzenslinie, meine eigene Glückslinie, mache mir alle die Linien, die notwendig sind, mich zu meinem Glück und Ziel zu führen.“

Deshalb heißt es schon in der Schrift: „Siehe, das Alte ist vergangen! „**Ich“ mache alles neu**“. „Ich“, nicht ein anderer für mich. Deshalb haben wir den freien Willen. Ich bin krank, solange ich krankhafte Ideen in mir aufrecht erhalte. Ich bin gesund, sobald ich gesunde Ideen aufstelle. Denn durch eine gesundheitliche Gedankenrichtung erweitert sich mein Gedanke, meine Intelligenz, und offenbart mir die Mittel und die Wege der Natur, damit ich zu voller Gesundheit gelange.

Der Willen, unsere Fähigkeiten anzubringen, ist von unserm **Blutlaufwesen** abhängig, von diesem ist das Nervenwesen und von diesem das Drüsenwesen abhängig, das die ätherischen Belebungsstoffe in das Gehirn liefert. Es hängt also von unserm freien Willen ab, ob und was wir zur **Belebung unserer Gehirnintelligenzen** tun. Weder die Natur noch Gott drängt uns diese Belebung auf. Die Intelligenz einer jeden Gehirnzelle wartet, dass wir ihr eine Möglichkeit bieten, sich zu erweitern, damit sie zum Vorschein bringe, was sie innehält. Durch die täglichen rhythmischen Atemübungen bestärken wir unsere Willenskraft, die den Körper kontrolliert und die Muskeln strafft.

Der Durchschnittsmensch freilich will gar nicht heraus aus dem Alten. Er hört wohl von diesem und jenem und erkennt auch den Vorteil, der damit verbunden ist. Er bringt aber nicht die **Willenskraft** auf, dem Altgewohnten zu entsagen. Deshalb bleibt er trotz seiner besseren Erkenntnis bei seinem Schoppen, seiner Bretzel, seiner Bratwurst, seinem kalten Aufschnitt, seinem Lädchen, seinem ererbten Häuschen. Solange kann man ihm nicht helfen, bis sein eigener Willen erwacht. Dann erst kann man ihm eine hilfreiche Hand reichen.

Aber alle, die wirklich vorwärts wollen, raffen sich auf und widmen sich der **bewussten Atempflege** mit voller Hingebung. Die 3. rhythmische Atemübung bezweckt hauptsächlich, das Denkenswesen mit dem **Verstand** und der **Vernunft** hinter der Stirnmitte zu wecken und die Gehirnintelligenzen zur **Konzentration** zu erziehen. Die 4. rhythmische Übung bezweckt, dem **Willen** Einfluss auf die **Muskeln** und **Körperorgane** zu verschaffen. Dazu müssen wir solche Bewegungen ausführen und solche Stellungen einnehmen, die die Muskeln völlig entspannen und dem Nervensystem größere Freiheit gewähren, elektrische Kräfte zu erzeugen und dadurch den Muskeln neue Kraft zuzuführen.

Um uns darauf **vorzubereiten**, sollten wir bei allen unseren Bewegungen darauf achten, dass wir sie völlig zwanglos und entspannt ausführen und dass dabei alle nicht in Tätigkeit gesetzten Muskeln locker sind, damit der Willen volle Freiheit hat, je nach Bedarf gewisse Muskeln zu straffen oder zu betätigen.

Wenn du deinen Arm in die Höhe hebst, tue es ganz entspannt und gelassen, so dass kein Teil des Körpers angestrengt oder gespannt wird.

Wenn du einen Stuhl an einen anderen Ort stellen willst, dann erfasse ihn mit entspanntem Arm im Schwerpunkt, atme gleichzeitig ein, halte den Atem und deine Willenskraft wird den Stuhl mit Leichtigkeit an den gewünschten Ort versetzen, ohne dass sich die Muskeln angestrengt haben.

Auf diese Weise sparst du Körperkräfte und konzentrierst sie im Körper, so dass du jederzeit darüber verfügen kannst, also leistungsfähig bleibst, während gespannte Bewegungen die Muskeln überanstrengen und Kräfteverlust nach sich ziehen.

Wenn wir eine **Warnung** bekommen, dass wir über unsere Kräfte hinausgegangen sind, sei es in Gestalt von Krankheit oder Unwohlsein, sei es in Gestalt von Sorgen oder Schmerzen, Not oder Gefahr, Fehlschlag oder übergroßem Erfolg, Armut oder Überfluss oder ähnlichen extremen Zuständen, dann ist etwas in Unordnung bei uns, das der Beseitigung bedarf wie der Schaden an einem Haus.

Wenn unsere Organe ihre Aufgabe nicht mehr erfüllen, dann dürfen wir ihre Kräfte nicht länger ausnutzen, sondern müssen ihnen Ruhe geben, sie pflegen und durch entsprechende Atemübungen ihre verbrauchten Kräfte ergänzen. Diesem Zweck dient auch die 4. rhythmische Atemübung, die durch ihre Bewegungen und Stellungen das **Gleichgewicht in den Organen** herstellt, so dass sie wieder zu Kräften kommen oder den Kräftevorrat vermehren und unter die Kontrolle unseres Denkenswesens und unseres Willens kommen.

4. Rhythmische Atem-Übung

Diese Übung soll täglich viermal vorgenommen werden, morgens gegen Osten, mittags gegen Süden, abends gegen Westen und vor dem Schlafengehen gegen Norden.

Wir stehen dabei aufrecht wie bei der zweiten Übung, atmen in bekannter Weise mehrmals hintereinander rasch ein und aus und verlängern die letzte Ausatmung, bis die Lungen vollständig entleert sind.

Dann atmen wir langsam ein und heben gleichzeitig die rechte Hand hoch, so dass der Handteller dem Körper zugekehrt ist, und schwingen den Arm nach links im Kreis. Nachdem wir etwa 12 Kreisungen gemacht haben, halten wir den Arm über dem Kopf an, richten ihn senkrecht nach oben, ballen die Hand zu einer Faust und beugen den Rumpf soweit vorwärts, dass die Knöchel der Faust den Boden berühren. Dann atmen wir aus, gehen gleichzeitig in die aufrechte Ausgangsstellung zurück und lassen den Arm in seine natürliche Stellung zurückfallen und auspendeln.

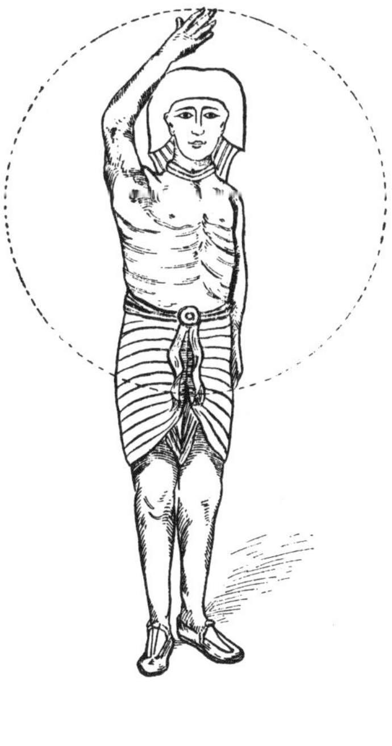

Darauf machen wir dieselbe Übung mit dem linken Arm.

Für die je 7 Sekunden langen Ein- und Ausatmungen während des Armschwingens ist keine bestimmte Zahl vorgeschrieben. Man kann während drei Kreisungen einatmen und während drei Kreisungen ausatmen, kann sich aber auch nach eigenem Empfinden ein anderes Verhältnis wählen. Jedenfalls aber muss der Atem so eingerichtet werden, dass die Lungen vor dem Rumpfbeugen gefüllt sind und der Atem gehalten wird, während der Rumpf vorwärts gebeugt wird und bis die Faust den Boden berührt hat. Dann erst folgt die Ausatmung und Aufrichtung des Körpers.

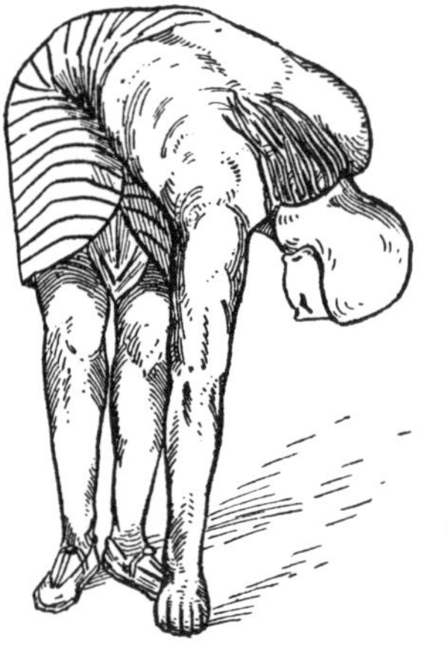

Man kommt mit der Atemführung leicht und sicher zurecht, wenn man beim anfänglichen Erheben der Hand langsam einatmet, bei den nachfolgenden sechs oder sieben Kreisungen aus- und bei den nächsten sechs oder sieben Kreisungen einatmet, dann den Atem staut, den erhobenen Arm anhält, die Faust macht, den Rumpf beugt, den Boden mit der Faust berührt und dann ausatmet. Jedenfalls ist es höchst wichtig, dass der Atem während der Rumpfbeugung gehalten wird, bis die Faust den Boden berührt hat.[7]

Die **Armschwingungen** müssen vollständig entspannt erfolgen, damit sich die Entspannung der Arme auf den ganzen Körper überträgt. Man wirft den Arm sozusagen seitwärts von sich, als sollte er sich loslösen, damit sich alle Muskeln und Sehnen darin ganz entspannen. Man bekommt dabei das Gefühl, als wäre der Arm ganz unabhängig vom Körper, man ermüdet auch nicht dabei und die Lungen werden durch das Schwingen nicht beeinträchtigt.

Weil wir mit dieser Übung in erster Linie die Kontrolle über die **Verdauungsorgane in der Bauchhöhle** erstreben, werfen wir, nachdem wir eingeatmet, also die Lunge gefüllt haben, mit der geballten Faust unsere ganze Kraft sozusagen auf den Boden und atmen danach sofort aus; auch das geschieht alles ganz entspannt. Durch den kräftigen Ruck entsteht eine innerliche **Nachschwingung** oder Revibration, die Organe der Bauchhöhle werden in ihre richtige Lage gesetzt und wir werden gesetzter. Wir lassen also den Zustand des Armes nicht auf uns reflektieren. Haben wir noch Säuren in uns, dann verschwinden sie mit der Zeit und ein angenehmes Gefühl stellt sich im Arm ein.

Anfänglich kann es vorkommen, dass die Finger nach der Übung für einige Augenblicke taub sind oder das Leben aus dem ganzen Arm verschwunden und das Blut darin nicht mehr umzulaufen scheint. Jedoch achten wir nicht weiter darauf, sondern sorgen nur dafür, dass der Arm

[7] Hinweis: siehe in Worterklärungen im Anhang.

den freien **Eigenschwung** von der Armhöhle aus hat; wir drehen ihn also nicht, setzen ihn nicht in Schwung, sondern er schwingt von sich selbst aus, damit die Energien im Arm geweckt werden. Es dauert nicht lange, so wird nicht nur der Arm gelenkiger, sondern auch die Finger scheinen auf Sprungfedern gesetzt zu sein.

Die **Rumpfbeugung** ist eine reine Hüftbewegung und die Knie dürfen dabei nicht gebeugt werden. Wer den Boden anfänglich nicht berühren kann, ohne die Knie zu beugen, neige den Körper soweit nach vorn, wie es geht. Bald wird die Zeit kommen, dass man den Boden berühren kann. Denn es gibt nichts, was den Körper beweglicher und gelenkiger macht als der Atem.

Wir kommen durch die Übung auch sehr bald zu der Einsicht, dass ein **Korsett**, das die freie Atmung beeinträchtigt, entspannte und anmutige Bewegungen verhindert und dass diese Übung **unnatürliche Körperformen** in ihren natürlichen Zustand zurückbringt. Wir verlieren nicht nur den vorstehenden Unterleib und die aufgedunsenen Wangen, sondern auch der Hals, die Brust, die Arme nehmen wieder schöne und vollkommene Formen an, wodurch sich vollkommene Gesundheit zu erkennen gibt. Der Erfolg ist schließlich der, dass **Versäuerungszustände** wie Neuritis, Neuralgie, Rheumatismus und dergleichen infolge des besseren Blutumlaufs verschwinden.

> Sollten trotz der Übung wieder **Schmerzen** auftreten, weil es sich um einen chronischen Zustand handelt, dann muss man die schmerzende Stelle alle 6 Stunden mit dem Handrücken oder mit der Faust klopfen. Man klopft nicht mit aller Wucht, sondern leicht und federnd, klopft sozusagen an und verstärkt die Schläge erst allmählich bis zum Crescendo. Zunächst aber muss man die leichte, angenehme, magnetische Wärme spüren und erst nach und nach elektrisiert man sich mit kräftigeren Schlägen, bis es heiß und heißer wird, was wir gerade erzielen wollen, um besseren Blutumlauf zu bekommen.

Man elektrisiert sich doch nicht mit so genannten „Elektrisiermaschinen" und setzt sich auch nicht in ein Lichtstrahlkabinett (Solarium) zum Bestrahlen hinein in der Erwartung, dadurch die Gesundheit zu fördern. Wenn wir Lichtstrahlen haben wollen, lassen wir uns von der

Sonne bestrahlen. Die Natur ist in uns und um uns so beschaffen, dass wir uns auf natürlichem Weg helfen können.

> Wenn man einen Kranken dazu bringen kann, die 4. Übung zu machen, dann wird er sich sehr bald bewusst, dass er einen **Willen** und **Widerstandskraft** besitzt und dass diese sich von Tag zu Tag bestärken. Damit ist ihm schon viel geholfen. Zunächst lässt man ihn singen alle die Lieder, die er kennt; sind es Kirchenlieder, dann diese, sonst andere, deren er sich erinnert. Die Hauptsache ist, dass er singt und durch das Singen seinen Zustand vergisst. Dann lässt man ihn die 4. Übung machen.

Die **Widerstandskraft**, die durch die Übung bestärkt wird, haben wir alle nötig. Je weiter wir gehen, je mehr wir uns entwickeln, je größere Geschäfte wir befolgen, umso mehr Widerstandskraft müssen wir besitzen. Wir werden uns der zunehmenden Widerstandskraft durch die Übung auch allmählich bewusst und spüren förmlich einen Druck der Festigkeit.

Die 4. Übung kann auch nach einer Mahlzeit vorgenommen werden, falls man überhaupt eine gehalten hat; wenn man vorher nicht gegessen hat, ist es umso besser. Hat man zuviel gegessen, dann begünstigt die Übung die **Verdauung.**

Die Hauptwirkung besteht aber in der Verfeinerung des **Geschmackssinnes** in leiblicher und geistiger Hinsicht, in der Bestärkung des **Willens** und der **Widerstandskraft**, in der leichten **Überwindung schädlicher Gewohnheiten,** wie Fleisch-, Alkohol- und Tabakgenuss, und in der Entwicklung des Sinnes der **Fernwirkung oder Telepathie.** Durch die Körperstellung, die Armkreisungen und den Atem kommt eine Verbindung mit den elektro-magnetischen Schwingungen der Atmosphäre zustande, wodurch sich die Empfänglichkeit für Ätherschwingungen bestärkt oder entwickelt, ähnlich wie es beim Radioapparat der Fall ist.

Gleichzeitig festigt die Übung den **Charakter**; wir sehen ein, dass wir vom natürlichen Weg abgewichen waren und kommen zu dem festen Entschluss, die erlangte Freiheit zu behaupten und nie wieder in die Erniedrigung zurückzukehren. Der Geruch der Liköre, des bratenden Fleisches und Schweinefettes stößt uns ab.

Wir werden sorgfältig in der Auswahl der Speisen und Getränke und werden die Nervenkrankheit los, die man beschönigend **Appetit** nennt. Wir fangen an, auf die leise sanfte **Stimme des Herzens** zu lauschen und den **Eingebungen** des Inneren zu folgen. Kritik- und Klatschsucht und Heuchelei liegen weit hinter uns und wir fühlen, dass wir auf eine **höhere Stufe** der Entwicklung getreten sind.

5. Anrufung

Gott allein ist mein Lehrer; niemandem sonst gebührt die Ehre, ein Lehrer zu sein. Er ist mein Hirte und der Vater aller Dinge. Ehre sei dir, unerschöpfliche Majestät! Im Bewusstsein, dass du in mir wohnest, wird mir nichts mangeln. Du führst mich auf die grünende Aue der Fülle, leitest mich im Geiste der Wahrheit zum Quell der Verjüngung, erquickst meine Seele, heilst sie von den Wunden des Aberglaubens und machst sie wieder glückselig.

Du hast verheißen, dass du mich auf den Pfad der Gerechtigkeit weisen willst. Selbst wenn ich mich losreiße von deiner göttlichen Gegenwart und im dunklen Tal des Todes wandle, fürchte ich kein Unglück; denn du folgst mir, bist überall bei mir und der Stecken deines Gesetzes und Rechtes und der Stab deiner Barmherzigkeit geben mir Zuversicht.

Trotz meiner Fehltritte und meiner Unwissenheit bist du gnädig und bereitest mir einen Tisch, bringst eine Fülle köstlicher Früchte hervor, salbst mein Haupt mit dem Öle der Weisheit, damit ich das Unendliche und Ewige begreife, schenkst mir voll ein und erfüllst mich mit deiner Kraft. Deine Güte und Barmherzigkeit begleiten mich auf meinem Lebenswege. Ich bin nicht heimatlos; denn im Hause meines Herrn werde ich bleiben immerdar und seine Herrschaft nimmt kein Ende.

Sei dem so! Und zu diesem Zwecke mögen alle Dinge gedeihen!

Unsern Gruß den Herzen, die das Licht der Liebe erleuchtet und die weder die Hoffnung auf einen Himmel, noch die Furcht vor einer Hölle irreleitet!

5. Lektion
Tastsinn

Der Atem eröffnet uns, wenn wir ihn gewissenhaft studieren und pflegen, die Wege, die zu **Gesundheit und Gedankenkraft** führen, und Gesundheit und Gedankenkraft verbürgen den Bestand der menschlichen Gesellschaft, während Krankheit und Schwachsinn einer Verschuldung gleichen und beim Überwiegen zum Bankrott der Gesellschaft führen.

Manche sind von Natur aus so beschaffen, dass sich ihre dynamische oder Lungentätigkeit von selbst entsprechend anpasst, wenn immer sie sich auf einen bestimmten Gedankengang verlegen und den Gedankenwellen folgen. Solche Personen sind sich nicht bewusst der Parallellinien der Natur, der Beziehungen und Entsprechungen, sondern erfreuen sich einfach des Erfolges. Manche singen nur ein Lied und das genügt, damit sich ihr Körperwesen mit **Magnetismus und Elektrismus** auflädt und sich der Gesundheit erfreut. Manche strecken sich nur auf dem Bett aus, setzen sich nur auf einen Stuhl nieder oder lehnen sich nur gegen einen Pfosten, entspannen sich, nehmen tiefe Atemzüge und leeren die Lungen gründlich oder halten den Atem an und fühlen sich schon nach einigen Minuten solch unbewusster Übung verjüngt, wiederhergestellt, belebt, leicht, unternehmend und zu etwas Neuem aufgelegt.

Wir alle können aber dasselbe bewusst erreichen und uns dauernd erhalten und brauchen dazu nur zu wissen, welche andere **Stellung** oder Lage wir unserem Körper geben und welchen anderen **Atemrhythmus** wir wählen sollen, um die elektrischen und magnetischen Strömungen in uns auszugleichen.

Die **Einatmung** löst ein kühlendes Gefühl aus und diese Kühlung verbreitet sich über den ganzen Körper, wenn wir dem Einatmungsstrom in Gedanken folgen. Durch die vermehrte Sauerstoffzufuhr vermindert sich die Blutwärme, erweitert sich Leukokytos oder das magnetische Feld im Blut und beruhigen sich die weißen Blutkörperchen. Fahren wir fort, tief, leicht und harmonisch einzuatmen und jeden Atemzug mit dem Gedanken zu begleiten, so verringern wir die Blutwärme auf ein angenehmes Maß und ein Lüftchen scheint unsere fiebrige Stirn zu fächeln.

Verlegen wir umgekehrt den Gedankenlauf auf die **Ausatmung** und atmen wir staccato in kleinen Absätzen, langsam, beständig, tief und bis zum Äußersten aus, so wird das magnetische Feld im Blut elektrifiziert, die roten Blutkörperchen bewegen sich rascher, die Kohlensäure, die nur ungern dem Ausatmungsstrom folgt, wird in Bewegung gesetzt und ausgestoßen, Verbrennungen gehen vor sich und verwandeln den Elementargehalt in einen gasförmigen Stoff, der zur Erzeugung eines radioaktiven Zustandes verhilft, zum Erwachen und zur Illumination oder Durchlichtung der Zellen führt, die Organe erquickt, das Drüsensystem verjüngt und das Gehirn unter unsere Kontrolle bringt.

Hat das Blut nicht die richtige Wärme, dann überwiegen die magnetischen Strömungen. Überwiegen die elektrischen Strömungen, dann ist das Blut erhitzt oder fiebrig. Den **Ausgleich** besorgt Leukokytos, indem er zwischen Kälte und Wärme vermittelt. Falls das Äußere unseres Körpers zu wenig elektrisch, also zu kühl ist, legen wir aber keine elektrischen Batterien auf unseren Körper, um die elektrischen Ströme zu vermehren. Denn alle mit elektrischen Apparaten Behandelten werden schließlich matt und unfähig, richtig zu denken, weil diese Art Behandlung den elektrischen Strom nicht nur auf die Oberfläche des Körpers, sondern bis auf die Knochen leitet.

Um die elektrischen Strömungen zu vermehren, greifen wir einfach zur **Tuch-Massage**. Das Tuch braucht nicht rauh zu sein; ein glattes Leinentuch verrichtet den Dienst. Würde man mit dem Tuch die Haut reiben, so würde man der Haut schaden. Bewegen wir aber das aufgelegte Tuch mitsamt der Haut, so fühlen wir bald die Wärme und Elektrizität durch die bewegte Stelle ziehen. So kann man sich mit der Tuchmassage den ganzen Rücken und alle anderen Körperteile elektrisieren.

Die Natur hat es so eingerichtet, dass wir keine Apparate für die Körperbehandlung benötigen. Sie hat uns die **Hände** gegeben.

Falls sie rauh sind, ölen wir sie ein und reiben uns schnell mit den geölten Händen ab. Dann bleibt der elektrische Strom im Körper und wenn wir uns dazu noch mit der Tuch-Massage beleben, müssen wir in kurzer Zeit ausgeglichen und gesund werden. Wenn sich das Gehirn erweitern soll, dann muss sich der Körper eines besseren Umlaufs der Elektrizität äußerlich und des Magnetismus innerlich erfreuen. Je stärker sich Elektrismus und Magnetismus ausgleichen, umso mehr strahlen wir aus und umso mehr wirken wir belebend auf unsere Umgebung.

Wo diese Ausgleichung nicht stattfindet, die **magnetischen** Strömungen also gezwungen werden, zur Oberfläche zu kommen, ist man phlegmatisch, langsam, unentschlossen, gleichgültig und etwas nachlässig und fühlt sich krank und schwächlich, ohne dass irgend ein Organ krank ist; aber man hat nicht die Kraft, sich aufzuraffen, sondern geht einher wie ein Schatten.

Wenn andererseits die **elektrischen** Strömungen, die uns umgeben, Eingang in das Innere finden, wohin sie nicht gehören, wenn die Elektrizität sozusagen in uns einschlägt, dann können wir uns nicht halten, ärgern uns, brausen beim geringsten Anlass auf, werden zornig und geraten in Wut. Wir wissen also nun, was wir in einem solchen Fall zu tun haben, damit uns unsere Phantasie oder Einbildung keinen Streich spielt: wir gehen sofort ins Nebenzimmer und kühlen uns ab mit einer entsprechenden Übung.

Der **Elektrismus** ist die Kraft, die sich vermittels der Materie auszudrücken sucht und die in den **Nervenzentren** ihre Batterien hat. Der **Magnetismus** ist die Kraft, die das Leben schützt und aufrechtzuerhalten sucht, eine Art Schutz-Atmosphäre um den Körper verbreitet, in der wir leben, weben und sind und die vom **Herzen** ausgeht. Wenn die elektrischen Strömungen nachlassen, werden die Muskeln schwach und kraftlos. Dann sucht der Körper Ersatzkräfte aus den magnetischen Strömungen zu gewinnen. Diese werden aber dadurch mit der Zeit so geschwächt, dass man krank wird, sich und anderen zur Last fällt und schließlich den Verstand, die Vernunft oder das geistige Gleichgewicht verliert.

Die **Milz** ist der Speicher für den Elektrismus des Körpers, soweit er nicht für die laufenden Aufgaben im Körper gebraucht wird. Ist aber die Milz nicht in Ordnung, so geht der Überschuss an Elektrismus unmittelbar in das Gehirn und reizt hier besonders die Einbildungskraft zu fiebriger Tätigkeit. Dann läuft man Trugbildern und Theorien nach, da gewisse Teile des Gehirns betäubt sind. Um dauernden Erfolg zu haben, muss aber die Milz einen genügenden Vorrat an Elektrismus aufspeichern, damit ein Mangel rasch ausgeglichen werden kann.

Personen mit starken elektrischen und schwachen magnetischen Strömungen haben ein schwach entwickeltes Gehirn, sind schnell begeistert für etwas und vorschnell im Urteilen, handeln leicht unbedacht und die Reue kommt zu spät. Sie werden nicht eher fähig, die Dinge abzuwägen und richtig zu beurteilen, bis sie mehr Magnetismus entwickeln. Es ist daher ausschlaggebend für Erfolge im Leben, dass jeder in sich den **Magnetismus** und den **Elektrismus ins Gleichgewicht** bringt. Das Denkenswesen im Gehirn lenkt nur die elektrischen Strömungen mit Hilfe der Nervenzentren. Aber die magnetischen Strömungen werden vom Geistestrieb im Herzen gelenkt.

Des Ausgleichs beider Strömungen wegen begeben wir uns zur **Nachtruhe**. Während der Nachtruhe soll mit Hilfe der Nerven alles **Materiell-Körperliche** ausgeglichen werden, wo wir uns während des Tages zuviel Magnetismus oder Elektrismus abgezogen haben und darum in einem gewissen Grade das Gleichgewicht verloren hatten. Wird das Gleichgewicht während der Nachtstunden wieder hergestellt, dann erwachen wir des Morgens frei, leicht, sorglos und freudig gestimmt.

Der sichtbare Körper macht aber nicht unser ganzes Wesen aus; es wirkt vielmehr in einem größeren Raum, als das leibliche Auge wahrnehmen kann. Die Erde und ebenso jeder andere Planet, der sich in seiner festgesetzten Bahn bewegt, hat seine eigene Atmosphäre und genauso jedes andere Körperwesen, das an einer bestimmten Stelle seine Eigenschaften ausdrückt. Die **magnetische Atmosphäre** eines Körpers kann von jedermann gefühlt werden, dessen Sinne fein genug entwickelt sind. Jeder von uns besitzt sogar gewisse Erfahrungen in dieser Richtung.

Bevor wir einen Freund erblicken, fühlen wir seine Nähe, sobald sich seine und unsere magnetische Atmosphäre berühren. Von gewissen Personen fühlen wir uns abgestoßen, sobald wir in ihre Nähe treten, noch bevor wir ihnen die Hand geben oder nur ein Wort mit ihnen gewechselt haben. Ihrer äußeren Erscheinung nach scheint das Gefühl nicht berechtigt zu sein und doch überkommt uns in ihrer Gegenwart ein Gefühl der

Unruhe. Unsere magnetische Atmosphäre **harmoniert nicht** mit der ihrigen und das Gefühl der Unruhe verschwindet erst, wenn wir unsere magnetische Atmosphäre aus der ihrigen zurückgezogen haben.

Andere Personen wiederum üben sofort einen beruhigenden Einfluss auf uns aus, selbst wenn wir zum ersten Mal mit ihnen zusammen kommen. Wir verkehren mit ihnen sogleich natürlich und ungezwungen wie mit alten Bekannten. Ihre magnetische Atmosphäre verbindet sich **harmonisch** mit der unsrigen und das verursacht das Gefühl der Befriedigung und verwandtschaftlicher Beziehung.

Oft machen wir die persönliche Bekanntschaft von Leuten, die wir bisher nur von Hörensagen kannten und über die wir uns deshalb eine abfällige Meinung gebildet hatten. Sobald wir aber in ihre magnetische Atmosphäre treten, schlägt unsere Meinung ins Gegenteil und zum Guten um. Andererseits werden wir oft sehr enttäuscht von Leuten, von denen wir bisher eine sehr hohe Meinung hatten, wenn wir ihre persönliche Bekanntschaft machen oder ihre magnetische Atmosphäre die unsrige berührt.

Auch das haben wir schon erlebt, dass wir uns in einer Gesellschaft fast die Sitzknöchelchen wundsitzen und kaum das Ende abwarten können, während wir in einer Versammlung der Heiligen Stunde um Stunde sitzen und nicht merken, dass die Zeit verfliegt, weil sich die **magnetischen Atmosphären aller ausgleichen.** Wenn immer wir zusammenkommen, tauschen sich schon durch unsere bloße Gegenwart unsere magnetischen Atmosphären aus, ob wir es wissen oder nicht. Auf den magnetischen Wellen schweben unsere Gedanken, die dann durch die Vermittlung der Ätherwellen von einem zum anderen durch Herz und Gesinn getragen werden.

Denn fortwährend tauschen sich die **Ätherwellen** aus, die endlos dahinziehen und die Möglichkeiten des Lebens mit sich tragen, die im Atom enthalten sind. Sobald wir nur einander gedenken, ist schon ein Austausch da. Schon durch den Gedanken fühlen wir die Nähe voneinander und dieses Fühlen ist schon die Folge der **Übertragung einer Macht,** die uns den Zustand der Glückseligkeit vermitteln will.

Die weltlichen Liebhaber sind schon glückselig, wenn sie gegenseitig an sich denken, und erst recht, wenn sie sich sehen, und ihre Liebe bezieht sich doch nur auf das materielle Gebiet. Wie viel größer und erhabener muss die Wirkung sein, wenn wir uns bewusst werden der Ewigkeit und Unendlichkeit und der Macht und der Größe der Gottheit, die sich in einem jeden von uns vergegenwärtigt! Wir sollten also immer bereit sein, allem entgegenzugehen und alles uns Entgegenkommende zu empfangen, in dem Bewusstsein, dass uns die **Schöpfermacht** eine Gelegenheit zu einer Erweiterung anbietet.

Elektrismus und Magnetismus werden oft verwechselt, weil sie mit den gröberen Sinnen nicht wahrnehmbar sind. Aber wir müssen uns über ihre entgegengesetzten Eigenschaften klar werden, wenn es uns wirklich um unseren Fortschritt zu tun ist. **Elektrismus ist die anziehende und Magnetismus ist die abstoßende Kraft.** Gewöhnlich halten wir aber Leute, die uns anziehen, für magnetisch; wir erkennen nun, dass das ein Irrtum ist.

Die **Anziehungskraft** der Erde, die sich als Schwerkraft auswirkt, ist eine Wirkung des Elektrismus von außen. Die **Abstoßung**, Verdunstung, Verflüchtigung oder Ätherialisation feinerer Stoffe ist die Folge des von innen nach außen wirkenden Magnetismus. Dasselbe gilt auch für den menschlichen Körper. Also sind Personen, die uns anziehen, nicht magnetischer, sondern elektrischer Natur und Personen, die kühl und zurückhaltend sind, sind magnetischer Natur.

Der **Hypnotiseur** und der **Magnetiseur**[8] arbeiten mit dem Prinzip des Elektrismus, nicht mit Magnetismus, und fügen dem Behandelten Schaden zu, dessen Nervensystem überreizt wird. Die Heilungen sind nur scheinbar und bei fortgesetzten Behandlungen stellen sich Gehirnstörungen ein. Der Willen des Behandelten wird so geschwächt, dass er seine Individualität vollständig vergisst, die die Quelle aller Gesundheit und Entwicklung ist.

Ein individualisierter, **willensstarker** Mensch kann nie hypnotisiert werden. Nur negative Naturen lassen sich durch Hypnotismus beeinflussen. Sie können nur dadurch gesunden, dass sie ihren Willen stärken und das Gleichgewicht im Gehirn herstellen und hierfür gibt es nur ein Mittel, den **Atem**, der den Geist des Lebens mit sich trägt. Vom Atem muss aber jeder selbst Gebrauch machen; niemand kann für einen anderen atmen.

---

8 Heute ist die Behandlungsweise des „Magnetiseurs“ unter dem Namen REIKI oder Andern verbreitet.

Weil der Atem die Grundlage aller Heilung ist, wird auch die **Heilkunst** solange keine sicheren Erfolge haben, als sie nicht den Atem aller Heilbehandlung zu Grunde legt. Denn trotz aller angeblicher Fortschritte in der Heilkunst und Medizin steht die zivilisierte Menschheit mehr Krankheiten und mehr Elend gegenüber als je zuvor und entwickelt immer neue Krankheiten hinzu. Trotz aller sanitärer Einrichtungen und Nahrungsmittelkontrollen wird das Volk immer kränker. Die Indianer und die Eingeborenen wussten früher wenig von Krankheit, da sie sich immer selbst aus der Krankheit heraus halfen, weil sie ihre Natur kannten und ihr einfach behilflich waren, das verlorene Gleichgewicht wiederherzustellen.

Es ist ein Zeichen dafür, dass sich die **Gehirntätigkeit nicht im Gleichgewicht** befindet, wenn man ein ganzes Menschenleben damit vergeudet, alle Krankheiten vom medizinischen Standpunkt aus zu bestimmen; oder wenn ein sogenannter Christ einen Mitmenschen als Phantasten verachtet, der behauptet, an einem Wallfahrtsort geheilt worden zu sein, am Altar Brahmas oder Buddhas Gnade gefunden oder in Mekka seine Krücken zurückgelassen zu haben; oder wenn wir Behauptungen aufstellen, die wir nicht beweisen können, und statt des Beweises einen Wust nichtssagender Worte auftischen, mit denen wir uns gegenseitig bekämpfen. Wir sollten endlich Vernunft annehmen und zielbewusst für die Ausgleichung und Entwicklung unseres Gehirns sorgen.

Wir brauchen nur das offene Buch der Natur zu lesen, um zu erkennen, wie wir unser Gehirn und unsere Sinne weiterentwickeln können. Wenn es eine **schöpferische elektrische** Kraft gibt, muss es auch eine die Schöpfung und Entwicklung **erhaltende magnetische Kraft** geben, die dem Geschöpf zur Verfügung steht und die von der Individualität gelenkt wird. Der Mensch muss sich also zu allererst seiner Individualität bewusst werden, um einen **festen Ausgangspunkt** für seine Lebensgestaltung zu gewinnen. Von da aus kann er dann vermittels seines freien Willens die magnetischen Kräfte zu seiner Erhaltung und Entwicklung lenken.

Die **ausgleichende Entwicklung** besteht in der Entwicklung der Sinne, und zwar aller zwölf Sinne. Nur dann vollzieht sich die Gesamtentwicklung harmonisch in der Richtung der Vollkommenheit. Die ganze

Schöpfung, von der der Mensch ein Teil ist, beruht auf **Harmonie**[9]. Deshalb gibt es ohne Harmonie keinen Fortschritt und keine Vollkommenheit.

In der **Musik** bestätigt sich dieses Gesetz. Der Grundton c (do) enthält alle Töne der Tonleiter, die aus ihm hervorgehen und wieder in ihn zurückkehren. Die Tonleiter besteht aus sieben Voll- und fünf Halbtönen. Die Dur-Tonleitern bestehen aus 2 ganzen Tönen, 1 halben Ton, 3 ganzen Tönen und 1 halben Ton, zusammen aus 5 ganzen und 2 halben Tönen, die die Zahl 7 ergeben. Zwischen diesen 7 Tönen liegen 5 halbe Töne, so dass die Vollzahl 12 erreicht ist. Die gebräuchlichsten Molltonleitern bestehen aus 1-½-1-1-1-1-½ aufsteigenden 1-1-½-1-1-½-1 fallenden Tönen oder aus 1-½-1-1-½-1½-½ aufsteigenden und ½-½-½-1-1-1½-1 fallenden Tönen. Alle Töne liegen natürlich im Bereich der 12 Töne der Tonleiter.

Den **12 Tönen** in der Musik entsprechen die **12 Sinne** des Menschen. Das Musikstudium bewegt sich anfänglich nur in den tieferen Tönen und erst nach und nach nimmt der Schüler die höheren Töne in den verschiedenen Tonarten und zuletzt die Harmonie hinzu. Erst muss man das Einfache und Leichtfassliche üben, bevor man sich an das Höhere wagt. Jeder Ton ist an sich unabhängig von den anderen Tönen; wenn sie sich aber in Harmonie miteinander verbinden, kommt eine höhere Wirkung zustande.

Das alles gilt auch für unsere 12 Sinne. Wir üben zuerst die **einfachen**, allgemein bekannten Sinne, dann die **höheren** und dann müssen wir solche Übungen oder unsere Übung so pflegen, dass sich alle 12 Sinne **in Harmonie vereinigen,** um ein höheres Ziel zu erreichen, erweitertes Denkenswesen, gesunden Verstand, größere Vernunft. Das erreichen wir aber nur, wenn wir uns mit allen 12 Sinnen völlig vertraut machen und ihrem Zusammenwirken unseren Gedanken schenken.

In allen Menschen sind zwar alle 12 Sinne als Anlage vorhanden; aber nur sehr wenige machen von allen 12 Sinnen Gebrauch. Der Durchschnittsmensch weiß kaum von mehr als 7 Sinnen. Viele gebrauchen nur 5 Sinne, andere nur 3 und die meisten überhaupt keinen, d. h. sie verstehen es nicht, Gebrauch von ihren Sinnen zu machen, weil in ihnen noch

---

[9] Vgl.: „Mazdaznan - Harmoniekunde".

nicht das Bewusstsein erwacht ist, dass der Mensch **die Anlagen der Vollkommenheit** besitzt und deshalb auch mit allen Einrichtungen ausgestattet sein muss, um dieser Vollkommenheit Ausdruck zu verleihen.

Weil den meisten Menschen das Bewusstsein ihrer Vollkommenheit mangelt, geraten sie in den Irrtum, dass ihr Erfolg im Leben von einer **äußerlichen Erziehung abhängig** sei. Dieser Irrtum schadet aber nicht nur denen, die keine Gelegenheit zu einer solchen Erziehung hatten, sondern auch denen, denen reichlich Gelegenheit dazu geboten war. Denn diese sind von ihrem Irrtum so hypnotisiert, dass sie von ihren angeborenen Fähigkeiten, Gaben und Talenten keinen Gebrauch machen, sondern in der Begrenztheit ihres Erziehungswissens wie in einem Labyrinth herumtappen, aus dem sie keinen Ausweg finden, weil sie ihre innere Führung verloren haben.

Das sind die vielen, die sich in ihrer unausgeglichenen Gehirnverfassung weiser als alle anderen dünken, aber den Beweis für Weisheit schuldig bleiben. Das sind die **Weisen**, die, wie die Schrift sagt, **zu Narren** werden. Sie sind sich nicht nur selbst eine Last, sondern behindern auch andere auf dem Pfad des Fortschritts, weil sie beständig in Furcht sind, dass andere den richtigen Weg zur Wahrheit finden könnten.

In dieselbe Klasse der vielen mit **unausgeglichenen Gehirnen** gehört nicht nur der Räuber, der offen vor dich hintritt und sagt: „Dein Geld oder dein Leben!", sondern ebenso der Mann, der dir für ein Stück wertloses Land einen hohen Preis abnimmt; gehört nicht nur ein Richter, der dir für ungeschicktes Benehmen eine Strafe von 50 Euro auferlegt, sondern ebenso der Geistliche, der dir dieselbe Summe abverlangt, damit er für einen Verstorbenen eine Messe liest, die diesem das Fegefeuer ersparen soll; gehört nicht nur eine Horde Kurden, die ein wehrloses mohammedanisches Dorf überfällt und ausraubt, sondern ebenso ein großes Volk mit einem wohl ausgerüsteten Heer, das ein kleines Land mit Krieg überzieht und seiner Freiheit beraubt; gehört nicht nur ein Kindesräuber, der von den Eltern ein hohes Lösegeld erpresst, sondern ebenso ein Tunichtgut mit einem schönen Titel, der eine Heirat eingeht, nur um das Millionenvermögen der Frau an sich zu bringen; gehört nicht nur eine Frau, die ihre Tugend an jedermann und zu jedem Preis verkauft, sondern ebenso gut die Frau, die einen Mann nur wegen seiner Stellung oder seines Reichtums heiratet.

Alle diese Zustände sind ausnahmslos das Ergebnis ungenügend entwickelter Sinne und unausgeglichener Gehirntätigkeit. Es handelt sich um **vererbte Schwächen** aus den früheren Entwicklungsstufen der Menschheit bis zurück zur Barbarei. In diesem Zustand dürfen wir nun nicht länger verharren. Denn die Entwicklung geht immer weiter. Wir müssen vorwärts streben, wenn wir frei werden wollen von Sorge und Furcht, von Krankheit und Unwissenheit, von Sünde und Armut.

Sobald wir Ordnung in unserem Körper schaffen, so dass der **Geistestrieb** aus dem Herzen die **magnetischen** Strömungen ungehindert lenken kann, erwacht in unserem Gesinn das **Selbstbewusstsein** und wir erkennen die Wahrheit in der Einfachheit inmitten der verwirrenden Zustände, die wir uns in unserem Hasten und Streben nach Wahrheit selbst geschaffen haben. Wie ein Volk nur im Frieden gedeihen und eine Frucht nur im Sonnenschein ausreifen kann, so kann auch der Mensch nur Weisheit und Erkenntnis offenbaren, wenn er sich in friedlicher, ausgeglichener Verfassung befindet.

Wenn wir die ersten vier rhythmischen Übungen getreulich befolgt haben, sind wir schon selbständiger geworden und haben die inneren Kräfte soweit belebt, dass wir **Vertrauen zu uns selbst** gewonnen haben und uns nicht mehr auf andere verlassen. Aber wehe dem, der sich auf andere verlässt! Er gleicht dem, der wähnt, er könne im Sturm einer rasenden See sein Leben retten, indem er sich an einen Strohhalm klammert. Wir sind uns auch bewusst geworden, dass uns nur **Selbstheilung** von innen dauernde Gesundheit sichert, und überlassen den anderen seiner Selbsttäuschung, der sich einbildet, ein anderer könne ihn heilen, indem er Reizmittel verschreibt, die die Krankheit nur in eine andere Richtung lenken und daher die Auflösung beschleunigen. Wir verstehen nun auch die Schrift besser, wonach der Heiland sagte: „Nicht mein, sondern dein Glauben hat dich gesund gemacht."

Der **Glauben** hat nichts zu tun mit Ideen, Ansichten und Meinungen, die auf äußeren Einflüssen beruhen. Sondern Glauben ist, wie die Schrift sagt, die Zuversicht dessen, was wir zwar noch nicht sehen, was sich aber offenbaren wird zu seiner eigenen Zeit. Glauben ist also der Ausdruck innerer Sicherheit, eines inneren Erkennens der Wahrheit, das durch Zusammenwirken aller zwölf Sinne zustande kommt, also von unserer Gehirnverfassung abhängig ist. Glauben beruht auf dem inneren

Sehen vermittels des inneren Auges, das auf die abstrakte Seite unseres Wesens im Herzen eingestellt ist.

Sollten wir diesen Glauben wieder verlieren, weil uns das **Gleichgewicht im Gehirn** abhanden gekommen ist, dann fangen wir wieder an, eine Idee, Ansicht oder Meinung nach der anderen zu ergreifen und damit Versuche anzustellen, bis wir an uns selbst verzweifeln. Haben wir einmal von der allgemeinen Amnestie, die der ganzen Schöpfung zugebilligt ist, Gebrauch gemacht, indem wir von Sünde und Unwissenheit abließen, und kehren wir dann wieder in den unnatürlichen, sündhaften Zustand zurück, dann müssen wir jede Handlung mit Leiden büßen und solange in der Finsternis verharren, bis der letzte Heller bezahlt oder alles Unrecht ausgeglichen ist und wir endlich begreifen, dass sich jeder Mensch seine eigene Errettung, sein eigenes Heil, seine eigene Entwicklung zu erarbeiten hat.

Alle Zustände unausgeglichener Gehirntätigkeit spiegeln sich im Körper ab und rufen schließlich **Krankheitserscheinungen** hervor, die uns aufmerksam machen sollen, dass unser Körper gereinigt und in Ordnung gebracht werden muss, wenn er zu einer höheren Entwicklung befähigt sein soll. Verstehen wir diesen Vorgang, legen wir Hand an und setzen wir den Glauben hinzu, der mit Hilfe des Geistestriebes die inneren magnetischen Kräfte in Bewegung setzt, dann heilen wir nicht nur die Krankheit, sondern haben sogar Nutzen daraus zu unserer Entwicklung gezogen.

Nicht alle Krankheiten beruhen auf materiellen Ursachen, die wir aus Gedankenlosigkeit gesetzt haben, sondern viele Krankheiten sind auf die **einseitige Gedankenrichtung** zurückzuführen, die sich in unserem unausgeglichenen Gehirn entwickelt und die Form von Geiz, Habsucht, Stolz, Aufgeblasenheit, Selbstsucht, Furcht und dergleichen annimmt. Die daraus sich entwickelnden Krankheiten machen ja auch der Heilkunst viel mehr zu schaffen als solche, die auf gestörter Organtätigkeit beruhen. Solche Fälle können nicht mit Medizin, selbst wenn sie ein Universalmittel wäre, und auch nicht durch so genannte Glaubenskuren geheilt werden. Überhaupt kann keine äußerliche Hilfe Linderung oder Heilung bringen; man muss seine **Gedankenrichtung ändern** durch Ausgleichung der Gehirntätigkeit, damit sich ein natürlicher Gedankenablauf einstellt, der für die magnetischen Schwingungen aus dem Herzen empfänglich ist, so dass sich bessere Einsicht und Erkenntnis offenbaren.

Unter all den einseitigen Gedankenrichtungen ist die **Furcht** die meistverbreitete, die einer bodenlosen Grube gleicht, in die viele wegen ihrer Charakterschwäche und aus Mangel an Mut, Gerechtigkeitsgefühl und Wahrheitssinn fallen. Wenn du aber den Feind fürchtest und vor ihm fliehst, wird er dich verfolgen, einholen und vernichten. Wenn du Schmerz und Krankheit fürchtest, dann unterhältst du Gedanken tödlicher Natur, die dich mit der Zeit überwältigen werden. Furcht vor Armut ist es, die dich antreibt, über alle möglichen Mittel und Wege nach zu sinnen, um zu Reichtum zu gelangen. Die Furcht aufzufallen macht dich negativ gegenüber den Einflüssen deiner Umgebung, so dass du dich ihrem Joch beugst und deinen freien Willen preisgibst. Aus Furcht vor Kritik folgst du der Mode der Zeit und wählst dir dieselbe unpraktische Kleidung wie die anderen oder trägst einen Hut, der einem Garten oder einer Straußenzüchterei gleicht. Überall herrscht Furcht sowohl nach außen wie nach innen. Furcht ist nur eine Folge der fieberhaften **Einbildung**, die auf einen Überschuss an Elektrismus zurückzuführen ist. Von aller Furcht müssen wir uns freimachen. Dann schauen wir dem Feinde ins Angesicht und er wird vor uns fliehen; im Notfall aber kämpfen wir mit ihm.

Fängt unsere **Einbildung oder Phantasie** einmal an, fiebrig zu werden, dann reißt sie die Zügel an sich und geht mit uns durch. Wir befassen uns dann mit Dingen, die wir nicht verstehen, und leiden Schaden. Wir nehmen glühende Kohle in die Hand, kennen aber das Gesetz nicht, das uns vor Verbrennung schützt, und verbrennen uns. Wir wollen auf dem Wasser gehen, ohne zu sinken, kennen aber das Prinzip nicht und versinken. Wir wollen in der Luft schweben oder die Herztätigkeit nach Belieben anhalten, sind aber nicht Meister solcher Kunst. Wir wollen den Winden befehlen und sie uns untertan machen, kennen aber das magische Wort nicht, das gesprochen werden muss. Wir möchten die unergründlichen Tiefen des Raumes und der Zeit betreten, kennen aber den Pfad dorthin nicht. Wir wollen die Unendlichkeit ergründen, ohne uns der Verbindung mit ihr bewusst zu sein.

Davon können wir uns nur frei machen, wenn wir Elektrismus und Magnetismus in uns ausgleichen, damit das Gehirn ins **Gleichgewicht** kommt, das Denkenswesen, der Verstand, die Vernunft die Zügel des

Gedankenlaufs an sich nehmen und ihn nach dem **Willen, der im Herzen aufkommt,** lenken. Nur auf diese Weise werden wir den rechten Pfad sicher und selbständig finden, der zum Bewusstsein, zur Erkenntnis, zur Gesundheit, zum Glück, zur Fülle und zum ewigen Leben führt. Dann haben wir **in uns den Führer** gefunden, der uns unfehlbar zum Ziel führt, ungeachtet, wie schmal der Pfad zum Bergesgipfel und wie eng die Brükke ist, an der der große Sensenmann bereit steht. Denn dann wissen wir, wie die Schrift sagt: „Gott allein ist dein Führer und Lehrer."

Das ausgeglichene Gehirn und die Zügelung und richtige Lenkung des Gedankenlaufs geben also den Ausschlag für unsere gesamte Lebensgestaltung. Ein solcher Zustand ist nur der Ausdruck eines gereinigten und geläuterten Körpers, in dem sich nur **reine Gedanken** entwickeln. Schmutzige Gedanken entstehen nur in einem schmutzigen Körper. Einen reinen geläuterten Körper können auch unrechte, schlechte oder böse Gedanken nicht beflecken, weil er eine solche Vorstellung nicht gestattet, sondern sich bewusst ist, dass von Natur aus alles gut und vollkommen ist und höchstens beschmutzt werden kann, wenn es durch einen schmutzigen Kanal oder Körper fließt. Deshalb sagt man: „Dem Reinen ist alles rein."

Jeder Gedanke, der auf den Wellen des Äthers in das Reich der Räumlichkeit tritt, ist vollkommen, rein und edel. Aber wie der Regen, der auf eine staubige Straße fällt, schmutzig wird, so kann der edelste Gedanke, der in einem schmutzigen Körper anlandet, sich in einen **schmutzigen Gedanken** verwandeln und alles beschmutzen, womit er in Berührung kommt. Ein solcher Zustand lässt sich nicht dadurch beseitigen, dass man sich vornimmt, keine unreinen Gedanken zu denken, sondern nur dadurch, dass man die Ursache der Verunreinigung behebt, dass man den Kehricht angehäuften **Aberglaubens** und nutzloser **Theorien** beseitigt, seinen Tempel vollständig auskehrt, säubert und erneuert und den lebenserhaltenden Strömen aus dem Herzen freien Einlass gewährt und sich dadurch einen **reinen Körper** aufbaut.

Lasse diesen **Lebensstrom** einfließen in dein ganzes Körperwesen, **hindurch- und wieder abfließen,** suche ihn also nicht aus Selbstsucht aufzuhalten! Denn dann wühlt er nur auf, gleicht aber nicht aus. Ein Wasser, das keinen Abfluss hat, wird mit der Zeit salzig und bitter. Ebenso wird dein Körperwesen Krankheiten erzeugen, wenn die Lebensströme aus dem Herzen keinen Abfluss bekommen. Deshalb gib das, was du auf diesem Pfad umsonst empfängst, auch wieder umsonst weiter. Denn wenn du das Empfangene für dich behalten willst und es nicht weitergibst, wird es eine Last für dich werden, die so schwer werden wird, dass sie dich zu Fall bringt und erdrückt.

Es liegt also in unserer Hand, ob wir, einer und alle gemeinsam auf den Pfaden des Glücks und der Freude wandeln wollen, die zu dem Paradies führen, das noch kein Auge gesehen und dessen Schönheit und Pracht noch keine Zunge beschrieben hat und das nur denen bekannt wird, die darin wohnen. Jetzt ist diese Welt unsere Heimat und sie soll uns gleich einem Heim sein, dessen Schönheiten wir kennen und schätzen. Unsere Erkenntnis ist aber von unserem **Urteilsvermögen** abhängig, das auf einer ausgeglichenen Gehirntätigkeit beruht.

Wir wenden uns nun der **5. rhythmischen Atemübung** zu. Wer die vorhergehenden vier Übungen gewissenhaft durchgeführt hat, muss zugeben, dass er daraus größeren Nutzen gezogen hat als aus irgend welchen anderen Übungen oder Studien, und zwar einfach deshalb, weil das ganze Lehrsystem ihn angezogen und befriedigt und er es natürlich, vernünftig und selbstverständlich gefunden hat; es bringt jedem gerade das, was er schon längst im Innern gefühlt hat, aber nicht zum Ausdruck bringen konnte.

Mit der 5. Übung wollen wir nun einen Schritt weiter gehen und mehr **Selbstbeherrschung** und mehr **Kontrolle** über das erlangen, was in unserer **Umgebung** vor sich geht, damit es uns keine Schwierigkeiten macht, irgend eine Lage zu meistern. Es lässt sich nicht voraussagen, in welcher Zeit der einzelne dieses Ziel erreicht, weil der Entwicklungsgrad, die Entschlusskraft, die Verwirklichung und das Temperament verschieden sind. Aber im Vergleich mit anderen Systemen wird die Übung geradezu Wunder wirken.

Die Übung ist einfach, so dass wir sofort Nutzen daraus ziehen, wenn wir uns auf die angegebenen **Stellungen** konzentrieren. Ebenso wie ein mit Wasser gefülltes Glas überläuft, sobald seine Stellung geändert wird, ebenso wie sich die Tür öffnet, sobald man die Klinke niedergedrückt hat, ebenso wie sich der Eimer im Brunnen von selbst mit Wasser füllt, sobald man ihn hineinfallen lässt, ebenso dringt die Luft in den Körper, sobald wir ihm die entsprechende Stellung geben. Jede Stellung hat eine andere Wirkung, die weitere andere Wirkungen auslöst.

Vor allem zielt die Übung auf die **Entspannung der Muskeln.** Denn im Alltagsleben und bei unserer täglichen Arbeit gibt es so vieles, was unsere Muskeln unnötig anspannt, dass sogar unsere Gesundheit darunter leidet. Wir müssen deshalb erst wieder lernen, unsere Muskeln zu entspannen, damit sie wieder unserem Willen gehorchen. Denn der Willen, der durch Spannung durchgesetzt wird, ist kein Willen, sondern Trotz und damit verfehlen wir das Ziel.

Wenn wir sagen: „Wir trotzen unserem Feinde!", so haben wir keinen Erfolg. Man darf niemals dem Feinde trotzen, sondern begegnet ihm mit gleichen Waffen auf gleichem Felde oder mit demselben Gedanken. Ist man dabei **entspannt**, so weiß und sieht man auch stets sogleich den richtigen Weg. Wir müssen uns geradezu von Zeit zu Zeit selbst zurufen „Entspannen, entspannen!"

> So mancher denkt, er sei entspannt, weil er hin und wieder eine Entspannungsübung gemacht hat. Aber **alle 3 ½ Stunden** spannt sich der Körper trotz besten Willens und größter Bedachtsamkeit und dann ist es höchste Zeit, dass man sich wieder entspannt, 3 oder mehr Minuten Entspannungsübungen durchführt und sich immer wieder von Zeit zu Zeit prüft: „Ist der Hals entspannt? Sind die Muskeln des Gesichtes entspannt? Lasse ich den Unterkiefer fallen? Sind die Arme entspannt, die Finger, die Füße, die Beine? Entspanne ich auch den Sitz und lasse ich nicht die Schwere des Körpers darauf fallen? Entlaste ich das Gehirn aller Ideen, die hindurchschwirren?"

Allein durch die Entspannung fallen 50% der körperlichen Schwächen von uns ab; wir fühlen uns stärker und **denken klarer.** Das klare Denken ist aber für uns wichtiger als alles andere in der Welt, weil wir uns dann erst unserer Menschennatur bewusst werden und alle Intelligenzen des Körpers ihr Amt aufnehmen und richtig versehen.

Wir möchten doch nicht beständig sagen müssen: „Lieber Magen, jetzt muss dies oder das eingenommen werden, weil du mir die Speisen immer noch nicht richtig verarbeitest! Liebe Leber, jetzt muss dies oder das eingenommen werden, sonst arbeitest du doch nicht! Liebe Nieren, ich muss euch etwas eingeben, um euch daran zu erinnern, was euer Amt ist! Lieber Darm, du brauchst jetzt eine gründliche Spülung, sonst arbeitest du nicht!“

Sobald sich die Intelligenzen in uns der **Entspannung des Zellgewebes** bewusst werden, walten sie sofort ihres Amtes, und je mehr wir uns naturgemäß entspannen, umso leichter, sicherer und selbstverständlicher erfüllen sie ihre Pflichten. Die Entspannung muss so natürlich sein, dass wir uns, wenn wir einen Sitz einnehmen, der Schwere des Körpers nicht gewahr sind. Also dürfen wir das Gewicht des Körpers nicht auf den Sitz werfen, sondern müssen den Körper auf den zwei Sitzknöchelchen balancieren, so dass diese sich der Entspannung des ganzen Körpers bewusst werden.

Spannung ist Anstrengung und zehrt an der Lebenskraft so sehr, dass wir unser Ziel nicht im Auge behalten können und daher keinen Erfolg haben, und jeder Misserfolg macht uns schwächer und mutloser. Auch **Aufregung** ist Spannung. Also sei immer entspannt und gelassen bei der Arbeit und in allen anderen Lebenslagen! Rege dich nicht auf; denn du hast genug Zeit zwischen jetzt und der Ewigkeit! Beherrsche deinen Körper und deine Sinne, überschlage dir deine Pläne, halte die Augen für alles offen, was in deinen Gesichtskreis tritt! Dann wird alles so geschehen, wie du es wünschst. Erfreue dich dessen, was du besitzt, dann wirst du größere Güter schätzen und verwerten lernen, die dir die Zukunft bringt! Du kannst mit einem kleinen Einkommen dein Leben besser genießen als der Reiche, der mit seinem Reichtum nichts Rechtes anzufangen versteht.

Wenn wir einmal gelernt haben, die **magnetischen** Strömungen von unserem Herzen aus durch den völlig entspannten Körper zu lenken, werden wir mit unseren Sinnen die **Größe der Schöpfung** begreifen und das, was uns bisher unbegreiflich, okkult oder mystisch erschien, wird sich uns als ganz natürlich offenbaren. Unser Körper ist so wunderbar eingerichtet, dass er mit allen Kräften der Natur in unmittelbarer Verbindung steht und **beständiger Austausch** mit ihnen stattfindet. Denn der Mensch ist die Zusammenfassung der **vier Dimensionen des Raumes,** des Elementar-, Mineral-, Pflanzen- und Tierreichs, und stellt deshalb die Vollkommenheit dar. Aber er wird sich dessen erst bewusst, wenn er sich seiner selbst bewusst geworden ist und in Erkenntnis seiner Verantwortung seine Stellung in der Welt einnimmt.

Um uns **selbst bewusst** zu werden, müssen wir unserem Körper, der ausschlaggebend ist für die Lösung unseres Lebensrätsels, die ihm gebührende Aufmerksamkeit schenken und seine **Organe** und sein **Gehirn** in unmittelbarer Beziehung mit den inneren, vom **Herzen** ausgehenden und vom Geistestrieb gelenkten magnetischen Kräften bringen, damit der **Willen unserer Individualität** geschehe. Dann werden wir frei von aller Negativität und Unwissenheit, erkennen unsere wahre Natur und Aufgabe und meistern jede Lage.

Die 5. rhythmische Übung hilft uns, die **Muskeln** in der Entspannung zu üben und sie in entspanntem Zustand zu erhalten. Die Organe arbeiten dann ebenfalls entspannt und gelassen, der Elektrismus verteilt sich gleichmäßig über den ganzen Körper bis in die äußersten Gebiete und gleicht sich harmonisch mit dem Magnetismus aus, so dass unsere Entwicklung im Gang bleibt.

5. Rhythmische Atem-Übung

Stehe aufrecht wie bei der 4. Übung und verlege das Körpergewicht auf die Fußballen. Mache die **Vorübung**, indem du kurz hintereinander etwa sechsmal rasch ein- und ausatmest und die letzte Ausatmung verlängerst, soweit es dir irgend möglich ist.

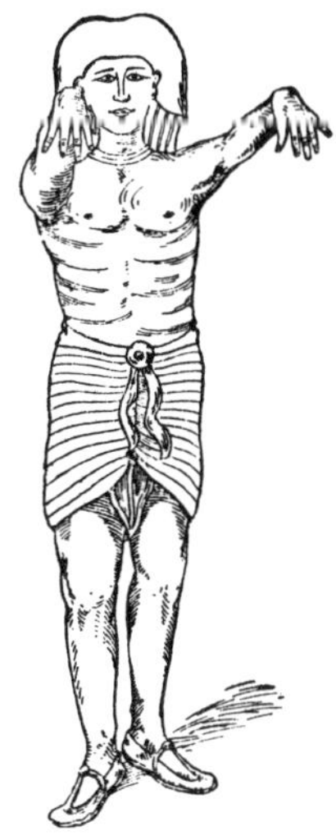

Dann wirf beide Arme vermöge des Willens waagerecht nach vorn und denke dabei: „So sei es!“ oder „Es werde!“ Nun atme 7 Sekunden ein und spanne dabei die Muskeln der Arme von der Schulter bis zum Handgelenk, während die Hände und die Finger völlig entspannt herunterhängen. Das Straffen der Arme darf sich also nicht auf die Hände und Finger übertragen. Dann atme aus, ebenfalls 7 Sekunden, und entspanne dabei alle Muskeln. Das Gleiche wiederhole noch zweimal, so dass in dieser Stellung 3 Einatmungen und 3 Ausatmungen zu je 7 Sekunden stattfinden.

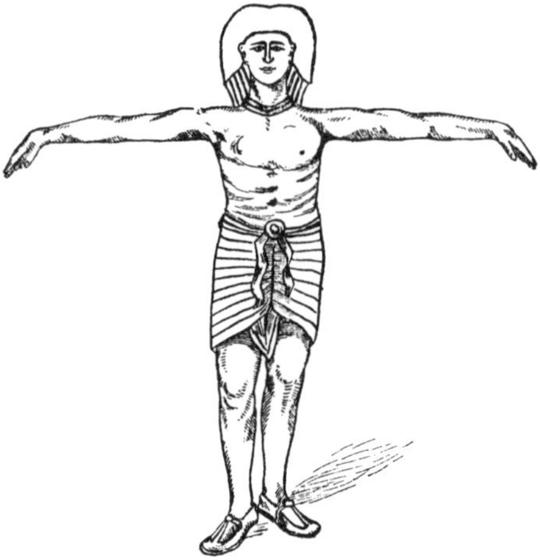

Bei der 4. Einatmung breite die ausgestreckten Arme waagerecht nach beiden Seiten des Körpers und soweit wie möglich nach rückwärts aus. Darauf atme aus und noch zweimal ein und aus in derselben Stellung, so dass wiederum 3 Einatmungen und 3 Ausatmungen stattfinden.

Bei der 7. Einatmung bringe die Arme wieder in die erste Stellung zurück, jedoch so, dass nun die Fingerspitzen einander zugekehrt sind, ohne dass sie sich aber berühren. Dann atme 7 Sekunden aus und lasse die Arme entspannt zur Seite fallen und auspendeln.

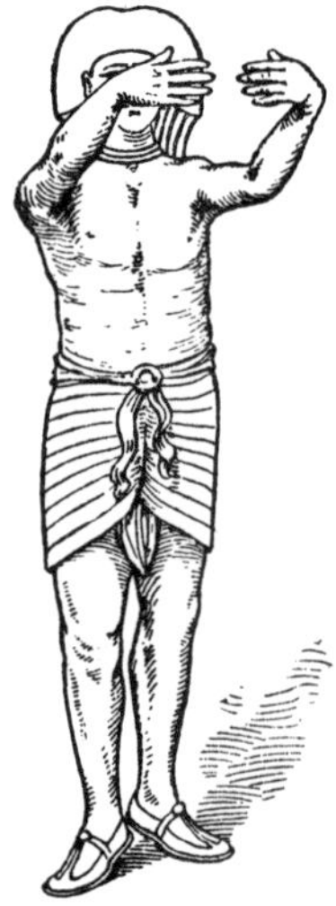

Die Übung kann **täglich dreimal** vorgenommen werden, aber nicht öfter. Denn sie wirkt sehr stark und wenn man sie übertreibt, werden die Finger brennen.

Nach einiger Zeit wird sich, wenn man einen dunklen Raum betritt, an den Fingerspitzen ein phosphoreszierendes Leuchten bemerkbar machen. Daher ist es ratsam, die Hände nach der Übung zu schließen, damit abergläubische Menschen nicht erschrecken und wähnen, es sei Spuk im Spiel.

Schon wenn wir bei Beginn der Übung die Arme ganz entspannt vorwerfen, gleichen sich die elektrischen und magnetischen Strömungen aus. Beim Einatmen werfen wir dann den Atemzug förmlich den Armen entlang und wenn wir dabei in Gedanken mit unserem Willen den Befehl geben: „Es werde!“ und die Muskeln des ganzen Körpers, die Arme ausgenommen, völlig entspannt sind, dann ergeben sich alle Organe, Intelligenzen und Energien diesem Willen und fangen an, sich ihrer Aufgaben zu erinnern.

Wenn die Fingerspitzen bei der 7. Ein- und Ausatmung einander zugekehrt sind, achten wir darauf, dass sie sich nicht berühren. Die Berührung würde zwar nichts schaden, könnte aber elektrische Schläge auslösen, die vermieden werden müssen, da die Übung den Zweck hat, den phosphatischen Strom in erster Linie zu den Fingerspitzen und in zweiter Linie in alle Gliedmaßen des Körpers zu verteilen, damit sich der Elektrismus über den ganzen Körper gleichmäßig ausbreitet. Auf diese Weise werden die untätigen Nervenzentren belebt.

Bei den meisten Menschen der zivilisierten Welt sind die wichtigsten Nervenzentren schon bei der Geburt gelähmt worden, weil die **Nabelschnur** in unnatürlicher Weise getrennt wurde, meist viel zu kurz, anstatt an der Einschnürungsstelle, die sich von selbst etwa eine Handbreit vom Nabel des Kindes entfernt kennzeichnet. Nun, wir sehen, der Herr ist gnädig und gibt uns jetzt eine Gelegenheit, den Schaden wieder gutzumachen.

Nach der Übung fühlt man in den Fingern eine gewisse Schwere. Aber sobald man etwas betastet, sind sie ganz leicht, weil sich der Sinn des Antastens, Kontaktnehmens, der **Tastsinn** durch die Übung entwikkelt. Deshalb ist die Übung von großem Wert für alle Musiker und Künstler, die mit Saiten oder Tasten in Berührung kommen oder mit den Fingern arbeiten, aber auch sonst für alle.

Denn hätten wir keinen Tastsinn, könnten wir uns **Wärme- und Härtegrade** nicht bewusst machen. Richten wir alle unsere Sinne auf das Tasten, so werden wir uns des feineren Tastgefühls bewusst. Schließlich müssen wir mit irgendeinem Organ unseres Körpers tasten können, mit dem Ohr, mit der Nasenspitze oder mit den Zehen. Überall im ganzen Körper muss das **Betastungsvermögen** geweckt werden, damit uns die verschiedenen Schichten der Materie bewusst werden und sogar die **Ausstrahlungen des Gesinns,** die ununterbrochen gewisse Punkte in unserem Gehirn betasten.

Das Kontaktnehmen oder Antasten bezieht sich aber nicht nur auf feste Gegenstände, sondern auch auf **die Strömungen und Wellen der Atmosphäre und auf die Gedankenwellen,** deren sich das Herz vermittels des feineren Gefühls gewahr wird. Sollte uns auf Ätherwellen irgend eine Botschaft zukommen, so offenbart sie sich in uns. Auf diese Weise ziehen wir uns alles das an, was verwandtschaftliche Beziehungen zu uns hat, und bleiben gleichzeitig in Verbindung mit allen Gegenständen der Erde und der Natur bis in die Unendlichkeit hinaus. Dieses Bewusstsein der Verbundenheit macht sich in uns durch die 5. Übung immer mehr rege und erhöht unsere Freudigkeit und wir bekommen immer mehr die Kontrolle über den Sinn der **Gedankenübertragung.**

Der Mensch ist vermöge seines Zellenaufbaus für Ätherwellen empfänglich und alle die Ätherwellen, die die Erde umringen, durchdringen ihn. Auf kleinem Maßstab haben wir das auch schon alle an uns erfahren, haben uns nur in dieser Richtung nicht weiter entwickelt, sondern uns mit einem Vorgeschmack der Unendlichkeit zufriedengegeben. Aber schon das Radio beweist, dass wir weiterkommen können. Selbst ein mechanisch zusammengesetztes Instrument, das auf die Ätherwellen eingestellt ist, bringt uns aus der Atmosphäre alles hervor, was auf den Übertragungswellen enthalten ist. Um wie viel mehr sollte der Mensch empfangsfähig sein, da er unmittelbar mit allen Wellen und Ätherströmungen in Verbindung steht!

Wir haben alle schon die Erfahrung gemacht: „Jetzt kommt mir ein Gedanke! Schon lange dachte ich darüber nach; aber jetzt ist es mir auf einmal klar geworden." Könnten uns dann nicht noch mehr Dinge offenbar werden? Solange wir uns aber nicht empfangsfähig machen, uns in dieser Richtung nicht **ausbilden**, nicht **verfeinern**, könnte uns ja das Wunderbarste angeboten werden, was nur denkbar ist, es würde aber keinen Eindruck auf uns machen, uns nicht bewusst werden, weil wir nicht empfänglich dafür sind; selbst die Ätherwellen prallen dann von uns ab. Aber wo hier oder da in unserem Wesen etwas Verfeinertes oder Empfängliches vorhanden ist, weil sich die elektrischen und magnetischen Strömungen ausgleichen, da werden die Ätherwellen wirksam und lagern ihre Botschaften ab und was sie sonst mit sich tragen.

Schon wenn wir uns alle Dinge, von denen gesprochen wird, sogleich in Gedanken **körperlich vergegenwärtigen,** so wecken und fördern wir den Sinn der **Gedankenübertragung**, der den Menschen des Abendlandes so gut wie verloren gegangen ist, von dem es aber abhängt, ob wir uns rasch in irgend einer Lage zurechtfinden. Schon das Kind hat die **Gedankenübertragungssprache**, indem es durch die Vermittlung seiner Finger und Fäuste zur Mutter spricht; aber die Mutter versteht meist die Sprache nicht, da ihr Sinn der Gedankenübertragung nicht genügend entwickelt ist.

Haben wir durch die 5. Übung allmählich die elektro-magnetische Ausgleichung zustande gebracht, dann steigt ein **Wunsch** in uns auf, den wir aber nicht aussprechen sollen, um uns nicht zu begrenzen. Sondern wir sagen nur mit Jakob, der an der Himmelsleiter mit seinem Herrn Gott rang: „Herr, ich lasse dich nicht, du segnest mich denn!" Würden wir den Wunsch in Worte fassen, uns sozusagen nur einen vorübergehenden materiellen Erfolg anatmen wollen, dann würden wir uns des geistigen oder dauernden Erfolges entblößen. Wir ergeben uns also vielmehr dem, der in uns schafft und wirkt. Denn dann bekommen wir das Materielle, das gegenwärtig zu uns Passende, sowieso in jedem Fall.

Lasse dich von den guten Wirkungen der Übung nicht so sehr begeistern, dass du allen Nachbarn davon erzählst! Es geht niemanden etwas an, was du tust. Deine Freunde werden von selbst aufmerksam werden auf deine **jugendliche Erscheinung** und deine **vorzügliche Gesundheit**, werden sich nach der Ursache erkundigen kommen und zu deinen Füßen sitzen, um von dir zu lernen, wie Maria zu den Füßen ihres Meisters saß. Sie werden dich bitten, sie zur Quelle des Lebens zu führen, damit auch sie von dem Wasser des Lebens trinken mögen. Dann ist es deine Pflicht, ihnen den Weg zu weisen. Was man jedoch nicht wünscht und verlangt, schätzt man auch nicht, selbst wenn es einem umsonst angeboten wird.

Von Tag zu Tag erkennen wir die Gesetze klarer, die für die feineren Kräfte in unserem Körper gelten. Das Walten des Geistes und das Wirken der Zwillingskräfte Elektrismus und Magnetismus begreifen wir als natürliche und unser ganzes Dasein beherrschende Vorgänge und wachsen allmählich in die Erkenntnis der Ewigkeit und Unendlichkeit hinein.

6. Anrufung

Unendlicher, der du im Innersten unseres Busens wohnst, lasse dein Licht vor unsern Augen auf allen Stufen des Bewusstseins leuchten! Denn Finsternis und Unwissenheit, Sorge und Kummer, Zweifel und Unsicherheit umgeben uns, solange wir nicht erkennen, dass wir Anteil an deiner göttlichen Weisheit haben.

Du scheinst am Himmel der Erkenntnis gleich einer herrlichen, ewigstrahlenden Sonne, du zerstreust die Nebel, die vor unserm Auge wallen, und lässt uns Blicke tun in das verschleierte Paradies, das Ziel unsres Sehnens. Denn trotz unseres beschränkten, sinnlichen Denkens, unserer Selbstsucht und unseres Eigensinnes fühlen wir in unserem Innersten gleich einem Funken die Wahrheit, die uns ins ewige Leben führt, wenn wir dem göttlichen Gesetz gehorchen: „Der Mensch ist sich selbst Gesetz."

Wir bekennen, dass unsere Füße nur zu oft auf blutigen Wegen wandelten, dass wir die Wahrheit verleugnet und die Ordnung der Natur und des Gottes der Natur übertreten haben. Doch es geschah aus Unkenntnis, aus ängstlichem Streben nach Erfolg, zur Befriedigung der Sinne und aus Unfähigkeit, die Schönheiten des Lebens zu begreifen. Das gehört nun der Vergangenheit an. Nach deiner Verheißung soll unserer Sünden nicht mehr gedacht werden, sondern wir sollen uns des Gottesbewusstseins erfreuen und für immer auf dem Pfade der Gerechtigkeit wandeln.

Erhabener Gottgedanke, hauche in mein Herz den Odem des Lebens, der mit sich führt den süßen Duft erlösender Freiheit, die die Fesseln der Knechtschaft bricht, die Bande des Gehirnes löst, mir meine höhere Natur bewusst macht und meine Seele erweckt!

Ihr lieblichen Engelsstimmen, spendet Kraft vom Throne des Höchsten, damit wir uns losreißen von wertlosen Dogmen und kalten Bekenntnissen, die Welt erleuchten mit der frohen Botschaft der Freiheit, der individualisierten Religion der Menschheit, der Verschmelzung von Religion, Philosophie, Wissenschaft und Soziologie und alles erfüllen mit Liebe, nicht Hass, mit Frieden, nicht Streit, mit Glück, nicht Besitztum!

Sei dem so! Und zu diesem Zwecke mögen alle Dinge gedeihen!

Gruß und Heil im Namen des ewigen Friedens und Wohlfahrt allen Menschen!

6. Lektion
Gefühlssinn

Die **gleichmäßige** Entwicklung und Entfaltung aller Intelligenzen und Energien unseres Körpers muss unser unverrückbares Ziel bleiben, damit wir von der **einseitigen** Tätigkeit unseres Gehirns befreit werden, die die Ursache allen Leides und Kummers und auch aller Krankheit ist.

Also kann uns nur **Selbstheilung von innen** heraus zu dauernder Gesundheit[10] verhelfen, weil dadurch die Ursache der Krankheit beseitigt wird, während eine Heilbehandlung durch andere niemals die Ursache der Krankheit behebt und auch gar nicht beheben kann. Äußerliche Heilversuche mögen die Lebenskraft des Kranken vielleicht eine Zeitlang anregen und ihn über die Krankheit hinwegtäuschen, aber früher oder später wird die Krankheit, wenn auch vielleicht in anderer Gestalt, wiedererscheinen, und zwar in stärkerem Maße.

Der Arzt, der mit unverständlichen Krankheitsnamen oder ähnlichen Mitteln das Gehirn des Kranken beeinflusst, regt damit zwar dessen Gehirntätigkeit an, so dass der Kranke in anderer Richtung denkt, seine Stimmung ändert, sich vielleicht sogar erhebt und geheilt erscheint. Aber es handelt sich hierbei nur um eine **äußerliche Beeinflussung,** die sich rächt, weil sie so stark auf das unbewusste Generv des Kranken wirkt, dass dessen magnetische Atmosphäre geschwächt wird, von der die Erhaltung der Gesundheit abhängt.

Die Krankheit an sich ist schon der Beweis dafür, dass der **Elektrismus** im Kranken erschöpft ist. Durch die äußere Beeinflussung wird dem Elektrismus die **magnetische** Atmosphäre des Kranken zugänglich gemacht und er benutzt sie, um seine erschöpften Kräfte zu ergänzen und die letzten im Körper verborgenen Reserven an Elektrismus hervorzulok-

---

[10] Vgl.: auch „Mazdaznan - Gesundheitswinke"

ken und einzusetzen. Tatsächlich tritt auch meist eine bessere Gehirntätigkeit ein und die Lebendigkeit des Kranken nimmt zu, so dass er sich für gesund hält. In Wirklichkeit wird aber der Magnetismus immer mehr geschwächt und allmählich aufgebraucht und sobald seine letzte Reserve verbraucht ist, fällt der Kranke wieder in seinen früheren stumpfen Zustand zurück.

Dann wird ein neuer und stärkerer **Anreiz** oder äußerer Einfluss notwendig der immer häufiger und immer stärker wiederholt werden muss, bis schließlich die magnetische Atmosphäre des Kranken vollständig erschöpft ist und einschrumpft und selbst die stärksten Reizmittel wirkungslos bleiben. Die Reizmittel stürzen sich förmlich auf den Körper und spielen mit ihm wie die Katze mit der Maus. Solange noch Leben im Körper ist, peitschen sie dessen Kräfte zu neuen Zuckungen und Versuchen an, dem Unheil zu entrinnen; sobald aber die letzte Kraft gebrochen ist, verlieren sie die Lust am Spiel und lassen ihr Opfer für tot liegen.

Auch der so genannte **Magnetiseur** (oder REIKI-Behandler) teilt dem Kranken nicht etwa magnetische Kraft mit. Wenn er einige Striche über dem Kranken macht, mögen einige untätige Nervengruppen von außen angespornt werden, elektrische Kraft zu erzeugen; aber auch das geht auf Kosten der magnetischen Kräfte des Kranken und nicht zuletzt auch auf Kosten seines Geldbeutels.

Aber wir müssen nicht leiden oder krank sein. Denn der Entwicklungsplan der Menschheit zielt auf stete Entwicklung und legt dem Menschen auf dieser Bahn keine Hindernisse in den Weg. Der Mensch muss sich aber selbst in die Hand nehmen und die **Ursachen** zur Krankheit, die er selbst gesetzt hat, auch selbst wieder **beseitigen** und kann das auch, sobald er erkennt, dass alle Heilkraft in ihm selbst vorhanden ist und nur eingesetzt zu werden braucht.

Wenn wir an **Gott** glauben und seiner Allmacht alle Kraft, alle Kenntnis und alle Weisheit zuschreiben, dann sollten wir ihn bitten, dass er uns aus Leid und Krankheit helfe. Es macht nichts aus, unter welchem Namen wir Gott anrufen, Allerhöchster, Unendlicher, Ewiger, Allgütiger Vater, Jehova, Brahma, Buddha oder wie sonst; wir müssen ihn nur anerkennen und uns seiner Hilfe bedienen wollen.

Aber wir können **nicht zwei Herren** dienen wollen. Wir können nicht von Gott Hilfe erwarten und zugleich von den Arzneien des Arztes. Wenn Baal unser Gott ist, dann müssen wir ihm folgen; ist es aber der Herr, dann müssen wir auf ihn hören. Bist du ein Jude, dann sei Jehova dein Arzt und deine Rettung! Bist du ein Ritualist, so jage nicht Irrlichtern nach; deine Kirche hat Heilige genug gehabt und hat sie heute noch, denen du nacheifern kannst. Bist du „Freidenker" und glaubst du an keinen Gott, dann lasse dir von deinem Arzt Arzneien verschreiben, befolge, was er verordnet, und bescheide dich bei dem Erfolg oder Misserfolg! Bist du ein „Wissenschaftlicher Christ", so halte an deinem Glauben fest! Ergreife das eine oder das andere; aber setze deine Zwiespältigkeit bei Seite! Wenn dir aber nichts von dem hilft, was du bisher unternommen hast, dann gib alles Alte auf und suche dein neues Ziel, das dir Heilung bringt! Gott war überall derselbe in der Vergangenheit, ist es noch in der Gegenwart und bleibt es in alle Zukunft.

Es gibt **keine erblichen Krankheiten;** nur die Anlage dazu kann vererbt werden. Gesellt sich zur Anlage dieselbe Lebensweise, so muss die gesundheitliche Verfassung der Kinder der der Eltern gleichen. Wenn deine und deiner Eltern Leibspeise in Schweinefett gebratene Kartoffeln sind, gefolgt von Schinken mit Eiern und Bohnen mit Speck, so wirst du an Gliederreißen leiden wie deine Mutter oder an Gicht wie dein Vater, der täglich noch eine besondere Zulage an Speck bekommt.

Es gibt auch nicht viele Krankheiten, sondern nur eine, die sich in verschiedenen Formen äußert. **Krankheit ist eine Einheit** und muss daher, unabhängig von ihrer Form, einer Heilkraft zugänglich sein. Dieses grundlegende Mittel ist der **Atem**. Man muss also den Kranken zum richtig atmen bringen, wenn er es nicht von sich aus tut. Der Atem schafft allen Unrat aus dem Körper hinaus, bringt das Denkenswesen in Einklang mit der Natur und ihren Gesetzen, fordert keine Opfer und kostet uns nichts. Wir brauchen ihn nur anzuwenden und er hilft uns von innen heraus, alle Krankheitsursachen zu beseitigen.

> Ist der Kranke einigermaßen bei Bewusstsein, so hält man ihn an, seinen **Atem zu erweitern,** und übt es mit ihm gemeinsam von Zeit zu Zeit. Zuerst nimmt er den Vier-Sekunden-Atem, atmet also ein 1, 2, 3, 4 und aus 1, 2, 3, 4. Nachdem er das dreimal gemacht hat, erweitert er das Zählen auf 5 und springt dann auf 7.

Damit ist der Zeitpunkt gekommen, dass er mehr aus- als einatmet. Dann atmet er für 1 Sekunde ein und für 7 Sekunden aus, dann wieder 1 Sekunde ein und für 9, 10, 12, 15, 21 Sekunden aus. Jetzt sagt er, weiter könne er nicht. Dann muss man seine **Brust erhöhen,** aber nicht etwa dadurch, dass man ihm noch ein Kissen unter den Kopf legt, sondern indem man das Kopfkissen wegnimmt. Dadurch kommt der Brustkorb höher und das Ausatmen fällt ihm leichter.

Dann fängt man wieder von vorn an mit den **verlängerten Ausatmungen** und steigt von 1 ein und 7 aus allmählich auf 1 ein und 7 mal 7 oder 49 aus. Je höher er das Ausatmen bringt, umso mehr Elementarien setzen sich an und helfen die Genesung herbeizuführen. Wenn er bei 49 meint, es ginge wirklich nicht weiter, muss er es doch versuchen und kann schließlich auch den **Unterleib** immer noch mehr **einziehen** beim Ausatmen, und zwar umso leichter je entspannter und gelassener er ist.

Je mehr sich der Unterleib einzieht, umso mehr können sich die **Rippen spreizen,** bis sie sich auf eine gewisse Weise erzittern. Dieses **Erzittern** bewirkt, dass sich **Ätherströme** aus den Drüsen in das Gehirn ergießen, den Sinnen freien Lauf geben und im Kranken ein Gefühl des inneren Glücks und der inneren Freudigkeit hervorrufen. Sein Zustand bessert sich dann in wenigen Tagen zusehends und schließlich steht er auf, nicht nur gesund, sondern stärker, kräftiger, beweglicher und klarer denkend als je zuvor.

Eine **höhere Erkenntnis** ist ihm geworden, nicht nur bezüglich seines Körpers und der Vorgänge darin, sondern auch bezüglich seiner ganzen Umgebung. Umso froher wird er nun ein neues Leben anfangen und was er bisher als eine Krankheit bezeichnete, war ihm nur ein weiterer **Wendepunkt** in seinem Leben. Nachdem er seine Talente viele Jahre lang in einer Richtung einseitig ausgenutzt hatte, wird er sie nun in einer anderen Weise anbringen und sich dadurch erweitern. Sollte er aber nach Jahren wieder vor einem ähnlichen Wendepunkt stehen, so weiß er, was er zu tun hat.

Nun gibt es aber sehr viele Kranke, die nicht bettlägerig sind, und noch mehr, die sich gar nicht bewusst sind, dass sie krank sind. Auch alle diese können sich mittels des **Atems** heilen und in der gleichen Weise verfahren.

Viele erklären, dass sie sich schon seit Jahren mit „Höherentwicklung", „höheren Gedanken" oder **„Neugedanken"** befassen und sich nur davon leiten lassen, so dass sie gesund wären und nicht an Arzneien glaubten. Sie versichern, dass sie alles essen und trinken könnten, ohne dass es ihnen schade; nur manchmal fühlten sie sich „etwas verstimmt". Diese Verstimmung komme aber nur daher, dass sich die „höheren Gedanken" noch nicht ganz verwirklichten oder dass der „sterbliche Geist" sie beeinflusse. Es könnte aber auch „tierischer Magnetismus" sein, den sie so sehr fürchten. Im übrigen wissen sie aber nichts von Furcht. Ihren hilflosen Zustand im linken Bein hätten sie zwar noch nicht ganz überwunden und der Arzt meine, es sei Gliederreißen. Aber kraft ihrer „Neugedanken" glaubten sie nicht mehr an Krankheiten und Krankheitsnamen. Sie versichern wieder, sie seien völlig gesund, nur nach einer „kräftigen" Mahlzeit stelle sich ein „unangenehmes Gefühl" in der Stirn oder im Hinterkopf ein. Solche Kranke **wissen gar nicht, dass sie krank sind.**

Eine andere Art Leute zeigen sich **begeistert** für Mazdaznan, möchten aber in Wirklichkeit nur ihre bisherigen Ansichten bestätigt haben. Sie meinen es zwar gut und möchten gern mehr lernen, sind aber schon durch so viele Lehren hindurchgegangen, dass sie vollständig in Verwirrung geraten sind, sich also in einem sehr traurigen Krankheitszustand befinden. Solche Leute müssen sehr vorsichtig behandelt werden; sie kennen ihren Zustand nicht und wissen nicht, dass ihr **Gehirn nicht in der richtigen Verfassung** ist. Ihre Zahl ist ungeheuer groß und viel größer, als wir gewöhnlich annehmen. In der Regel sind es gute Leute, die in allen möglichen Richtungen nach der Wahrheit forschen, bis schließlich einer, der sich wie sie in ähnlicher Verfassung befindet, sich anmaßt, sie leiten zu wollen, und sich als ihr Lehrer aufspielt. Aber es gibt keinen Lehrer, der uns Erkenntnis und Wahrheit lehren könnte, außer Gott, den wir in unserem Herzen tragen.

Viele **Wissenschaftler** rühmen sich, sie hätten alles Wissen des Altertums in sich aufgenommen, alle Gedankenrichtungen der Gegenwart durchgeprüft und erfreuten sich seit Jahren eines „höheren Lebens". Viele behaupten, sie könnten jedermann heilen, verneinen, selbst krank zu sein, und lehnen alle Arzneien für sich selbst ab, erklären aber im gleichen Atemzug, dass ihnen ein befreundeter Arzt, der sich ebenfalls in „höheren“ Gedankenkreisen bewege, geraten habe, täglich Karlsbader Wasser zu trinken, drei Leberpillen und noch einige stärkere Mittel zu nehmen, um den „tierischen Magnetismus“ zu bekämpfen. Ja, es gibt sogar Leute, die nicht an Arzneien glauben, aber als Schlafmittel Morphium oder Opium nehmen und ihr Verfahren jedem empfehlen.

Ungleichmäßige Gehirnentwicklung versetzt uns in **Selbsttäuschung**. Dann geben wir uns dem Glauben hin, wir könnten unsere krankhaften Zustände dadurch heilen, dass wir uns über die Krankheit hinwegtäuschen oder sie hinwegleugnen. Wir tun aber besser daran, ehrlich zu uns selbst zu sein und die Krankheit als eine Tatsache anzuerkennen, deren Ursache wir einfach wegräumen müssen, indem wir der Natur zu Hilfe kommen. Wenn wir unsere Irrtümer anerkennen, beweisen wir Ehrlichkeit zu uns selbst, die uns den Weg zur Erkenntnis ebnet.

> Bist du wegen geschäftlicher Sorgen aufgeregt oder niedergeschlagen, schlägt dein Herz zu schnell oder zu träge, so stelle das Gleichgewicht her, gib deinem Gedankenlauf die entgegengesetzte Richtung und nimm **tiefe Atemzüge.** Alsbald wird dein Herz gleichmäßig schlagen, das Blut ruhig durch die Adern strömen, dein Gedankenlauf klar werden und dir einen Ausweg weisen.
>
> Wirst du von einer **Krankheit** überrascht, mache dir keine Sorgen. Denn Sorgen vergrößern das Übel und halten den Geist zurück, der immer bereit ist, dir einen Wink zuzuflüstern, durch dessen Befolgung du dir helfen könntest. Aber höre nicht auf andere, die durch ihre Suggestionen nur die Gefahr verschlimmern. **Sprich nicht über deine Krankheit,** weil dich das schwächt. Du brauchst keine Sympathie und kein Mitleid. Folge deiner **Eingebung** und handle nach bestem Wissen und Gewissen.
>
> Hast du dich **erkältet,** dann atme aus und immer mehr aus und wiederhole das für einige Minuten; für gewöhnlich bist du dann schon den ganzen Trubel los. Hat sich deine Erkältung schon bis in die **Lunge** ausgebreitet, dann nimm zwischen den einzelnen langen Ausatmungen schluckweise sehr **heiße Milch,** also nicht warme, sondern sehr heiße, weil warme Milch den Hustenreiz

vermehren würde. Sobald du einen Reiz fühlst oder aufhusten möchtest, atme sogleich wieder lang und länger aus für einige Minuten und nimm dazwischen wieder kleine Schlucke heiße Milch. Innerhalb einer halben Stunde ist die Gefahr vorüber.

Bist du erkältet und hast du keine Milch zur Hand, so nimm 1 Minute lang kurze Atemzüge, dann 2 Minuten lange tiefe Atemzüge und spanne beim Einatmen **die Hände zur Faust** und beim Ausatmen entspanne die Hände. Dann nimm wieder kurze Atemzüge, ohne eine Faust zu machen. Stellt sich Hustenreiz ein, so nimm die 2. Rhythmische Atemübung vor, während du im Zimmer auf und ab gehst. Fühlst du schon Schmerzen in der Brust, so trinke vor der Übung reichlich Wasser. Schon nach 5 Minuten hat sich der Blutumlauf gebessert, die elektrischen Strömungen nehmen eine andere Richtung, die Poren der Haut öffnen sich und du fühlst dich erleichtert.

Fühlst du **Verschleimung** in der Kehle oder im Magen, dann reibe die Brust zunächst mit dem Saft einer rohen Zwiebel und dann mit etwas Öl ein, halte die Brust mit einem Tuch warm und nimm lange tiefe Atemzüge für mehrere Minuten. Das wird das Übel beseitigen.

Halte deinen Körper, deine Kleidung und **deine Umgebung rein** und in harmonischer Verfassung, sei fröhlich und heiter gestimmt und schenke deinen Atemzügen immer wieder Aufmerksamkeit. Das ist der beste Schutz gegen unliebsame Einflüsse von außen.

Bist du gezwungen, in **unreiner Luft** zu leben, die mit Staub, Rauch oder üblen Gerüchen erfüllt ist, dann reinige deine Wohnung von Ansteckungskeimen, indem du 5 Tropfen handelsübliche Karbolsäure in ein Glas Wasser gibst und das Wasser in der Wohnung und besonders im Schlafzimmer verstäubst.

Hast du **Krankenbesuche** zu machen, so reibe deine Hände vorher und nachher mit einigen Tropfen Eukalyptusöl ein oder wasche sie mit abgekochtem, unverfälschtem Essig.

Sobald du am Abend nichts Nützliches mehr zu tun hast, **gehe zu Bett.** Vorher reibe den ganzen Körper kräftig mit den Händen ab, besonders auch die Füße, und salbe sie gelegentlich mit etwas

Öl. Während des **Schlafes** sollten der Kopf nach Norden und die Füße nach Süden gerichtet sein. Lege dich auf die rechte oder linke Seite, denke an nichts, weder an den vergangenen, noch an den kommenden Tag, aber schenke dem Atem Aufmerksamkeit und verfolge konzentriert die Ein- und die Ausströmungen. So wirst du dich eines ruhigen und erquickenden Schlafs erfreuen. Deine Nachtbekleidung sollte aus Leinen oder Seide bestehen.

Nimm die **Abendmahlzeit** nicht später als 3 Stunden vor dem Schlafengehen ein. **Mache abends nicht zuviel Übungen.** Am besten geeignet sind die 2., 4. und 6. rhythmische Atemübung. Die **Unterkleider** sollen über Nacht in der Luft hängen.

Es ist eine Wohltat für das Gehirn, wenn man abends und morgens die **Haare** gut durchkämmt.

Am Morgen, wenn du erwachst, **strecke deinen Körper** einige Minuten lang in verschiedene Richtungen, wie dich die Natur leitet und wie es alle gesunden Geschöpfe tun; es ist ein Mittel der Natur, Giftstoffe, die sich über Nacht angesammelt haben, auszuscheiden. Dann nimm dein **Schwammbad** oder reibe bei feuchtem Wetter den ganzen Körper mit den trockenen Händen tüchtig ab. Daraufhin führe deine Atemübungen durch. Sie werden dir bald zur angenehmen Gewohnheit werden; denn du fühlst ihre guten Wirkungen. Das **Üben am Morgen** bleibt die Hauptsache, es sind nicht viele Übungen nötig. Aber wir müssen regelmäßig üben und jeden Morgen wenigstens 10 Minuten dafür verwenden. Später am Tag ist man vielseitig beschäftigt und auch leicht ermüdet, so dass es an der nötigen Konzentration fehlt.

Schenke deinem **Gang** ganz besondere Aufmerksamkeit. Er soll elastisch oder federnd sein und den Körper im Gleichgewicht halten. Die Hauptsache ist, dass du Nerven und Muskeln entspannst und das Körpergewicht auf die Ballen verlegst. Bei solchem Gang wird der Atem tiefer und regelmäßiger und das Gehirn wird belebt.

Achte auf deine **Haltung**. Halte das Rückgrat aufrecht und trage den Brustkorb frei und hoch, aber ohne zu übertreiben oder dich zu spannen. Ziehe den Unterleib ein und verschaffe dadurch dem **Zwerchfellmuskel** Bewegungsfreiheit. Dadurch bestärkt sich der **Herzmuskel** und die Brustbeindrüse, die Schilddrüse, die Nebennieren und die Keimdrüsen werden angeregt. Dann atme gemütlich bis zum Äußersten aus, also ohne zu blasen, zu pusten oder zu schnauben, so dass auch die obersten **Lungenspitzen** teilnehmen und die von ihnen vorbereiteten chemischen Verbindungen in den Blutkreislauf gelangen. Die **Schulterblätter** sind dabei locker, sollen sich in alle Richtungen frei bewegen lassen und werden etwas zurückgezogen, um den oberen Brustraum möglichst auszudehnen.

Bei solcher Haltung fallen uns die vollen, rhythmischen Atemzüge leicht und wirken belebend auf die intellektuelle Gehirngruppe hinter der Stirn, wodurch Munterkeit, bestimmtes Auftreten und Konzentration erzielt werden und das Gesinn in der Zirbel bessere Verbindungen mit den Gehirnintelligenzen herstellen kann. Dadurch kommen wir auf neue, höhere, erhabenere Gedanken, die uns **neue Mittel und Wege** für unsere Entwicklung und für höhere Leistungen offenbaren.

Bei aufrechter Haltung und gehobener Brust kommen wir leicht über alle negativen Zustände hinweg und fühlen uns über allem stehend, was uns niederdrücken könnte, weil wir uns unserer **königlichen Stellung** bewusst werden, die uns als Menschen in diesem Leben zuerkannt ist. Unsere Individualität im Herzen bekommt Gelegenheit, sich dem Gesinn in der Zirbel bewusst zu machen, weil sich das Herz frei bewegen kann und das **Gesinn** für die Herzensschwingungen empfänglicher wird.

Wenn sich uns Ansichten, Meinungen, Ideen, Theorien, Lehren und Methoden aller Art aufdrängen wollen, die einen unklaren und undurchsichtigen Gedankengang verraten und sich nicht erproben lassen oder bei der Erprobung sich als nicht stichhaltig erweisen, **lassen wir sie besser sofort fallen,** sonst werden sie uns verbrennen. Die Wahrheit ist immer einfach und jedermann hat freien Zutritt zu ihr, sobald er den einzigen richtigen Lehrer, seinen Gott in sich selbst, findet.

Die Zeit ist für die Welt gekommen, die Wahrheit zu erfahren und **Mazdaznan** zeigt ihr in aller Schlichtheit und Reinheit, frei von aller Mystik, **den geraden Weg,** den jeder Mensch sogleich beschreiten kann.

Mazdaznan kümmert sich dabei nicht darum, ob seine Lehren anerkannt werden oder nicht. Es genügt, wenn wieder ein armes irrendes Menschenkind durch Mazdaznan **Frieden** gefunden hat und aus den Banden des Aberglaubens befreit worden ist. Mazdaznan kommt es auch nicht darauf an, welchem Ritual oder Stand seine Schüler angehören; keiner braucht darum etwas aufzugeben, jeder kann in der Stellung, in der er sich befindet, das Ziel erreichen: Eins zu werden mit seinem Gott in seinem Herzen.

Um uns zu helfen, dieses Ziel zu erreichen, macht uns Mazdaznan zu allererst auf die Grundwahrheiten aufmerksam und erklärt, dass es keinen Zweck hat, die Natur, das Weltall und gar die Unendlichkeit erforschen zu wollen, solange man nicht einen festen Punkt hat, von dem aus man alles zu erforschen sucht. Es kann aber keinen anderen **Ausgangspunkt** für den forschenden Menschen geben als ihn selbst.

Deshalb müssen wir zunächst wissen, **wer wir eigentlich sind,** auf dass wir von unserem eigenen Standpunkt aus unsere **Verwandtschaftsbeziehungen** zu dem uns Umgebenden finden und erkennen. Ja, wer sind wir, was sind wir, wozu sind wir hier? Sind wir nur eine vorübergehende Erscheinung, dann hat all unser Streben nach etwas Besserem und Höherem keinen Zweck, weil alle unsere Bemühungen mit dem Ende unseres Daseins scheitern. Alles in der Natur hat aber einen **Zweck** und so muss auch unser Leben auf dieser Erde einen Zweck haben.

Wenn wir überhaupt Betrachtungen über uns anstellen wollen, müssen wir von der Tatsache ausgehen, dass wir sind, dass der Mensch ist, also eine **Wirklichkeit** und nicht nur eine Erscheinung ist, gleich dem Punkt, der da sein muss, wenn man eine Linie, einen Kreis und weitere Linien und Kreise ziehen will. Ich kann keine Linie ziehen, es sei denn, ich habe zunächst einen **Punkt gemacht.** Erweitere ich diesen Punkt in einer Richtung nur auf eine kurze Strecke, dann entsteht ein kleiner Strich, ein **Gedankenstrich**, und erst bei größerer Erweiterung eine **Linie.**

Haben wir schließlich unseren **Ausgangspunkt in uns selbst** gefunden, gelingt es uns aber nur, einen kleinen Strich, einen Gedankenstrich, zu ziehen, so bleiben wir **in den Grenzen dieses Gedankenstrichs** und werden uns nur beschränkt unserer Beziehungen zur Umwelt bewusst. In diesem Zustand befinden sich die meisten Menschen; sie können nicht auf weiten Linien denken und auch keine Zirkel oder Kreise ziehen.

So wir also einen gefassten Gedanken erweitern wollen, dann muss er sich von uns selbst aus erweitern, bleibt aber immer die **Erweiterung des zuerst gesetzten Punktes.** Machen wir Halt, dann ist der Haltepunkt nur das Ende des Ausgangspunktes, der aber jederzeit wieder weitergeführt werden kann, sogar bis in die Unendlichkeit hinaus. Was auch alles im Bereich solcher bis in die Unendlichkeit gezogenen Linien oder Kreise liegen mag, liegt im Blickfeld des erstgesetzten Punktes, der in uns selbst ist. Ziehen wir aber unsere Gedankenlinien und Gedankenkreise von einem außerhalb uns liegenden Punkt aus, dann liegt alles dazu Gehörige außerhalb unseres eigenen Gesichtskreises, kommt uns also nicht zugute.

Deshalb muss der Mensch, um Mensch zu sein, **von sich selbst aus denken,** von sich selbst aus seine Gedankenlinien und Gedankenkreise ziehen. Durch deren Vermittlung kann er sich dann auf parallelen Linien oder in konzentrisch erweiterten Kreisen **bis in die Unendlichkeit hinaus** alles dessen gewahr werden, was er sucht oder erforschen will.

Denkt der Mensch aber von sich, er sei **nur ein erschaffener Gegenstand** wie die Tiere, Pflanzen, Mineralien und Elemente, so kann er von vorn herein **die Unendlichkeit und Ewigkeit nicht begreifen** und nicht erfassen, dass er aus sich selbst und durch sich selbst ist. Dann erniedrigt er sich zu einer vorübergehenden Erscheinung und was nützen ihm dann alle seine Sorgen und Kümmernisse, all sein Sinnen und Trachten, all sein Herzeleid, das er durchmachte? Denn was hat er zuguterletzt mehr als ein paar abgetragene Kleider, die er auch noch anderen überlassen muss! Wenn wir nur eine vorübergehende Erscheinung, ein Ergebnis von Zeit und Räumlichkeit sind, warum sind wir dann so ängstlich bemüht, uns Kenntnisse aller Art anzueignen? Weshalb denken wir dann überhaupt?

Aber wir fühlen uns geradezu **von innen angespornt,** unsere Talente, Fähigkeiten, Eigenschaften und Kräfte anzubringen und zu erweitern. Schließlich, nach langem Suchen und Forschen wird es uns klar: es kann nicht anders sein, es muss so sein und es ist so, dass **im Menschen der ewigwirkende Gottgedanke** ist und schafft, dass sich also nichts Höheres, nichts Erhabeneres auf der Erde denken lässt als den Menschen selbst.

Alles andere außerhalb des Menschen steht auf der tieferen Stufe objektiver Begrenztheit; nur der Mensch darf in das **Abstrakte** schauen, das unbegrenzt ist, so dass seinem **Gedankenlauf** keine Grenzen gesetzt sind, soweit er sich nicht selbst begrenzt. Aber nach den Naturgesetzen können dem menschlichen Gedankenlauf keine Grenzen gesetzt werden. Der Mensch ist die Offenbarung der göttlichen Vollkommenheit auf dieser Erde, um den Faden der Schöpfung da aufzunehmen, wo die Natur von sich aus die Materie nicht weiter fördern kann.

Die **Natur** hat sich in der Menschengestalt erschöpft und kann von sich aus nichts Höheres hervorbringen. Die **Erde** oder das Planetenwesen hat sich in den Entwicklungsvorgängen erschöpft und alle niedrigeren Entwicklungsstufen zum Aufbau der höchsten Stufe, also des Menschen benutzt. **Deshalb kann sich der Mensch der Materie nach nicht weiter entwickeln.** Denn in seinem Zellenwesen sind alle Intelligenzen und Energien niedergelegt, auf denen die Natur und das Weltall beruhen.

Infolgedessen muss im Menschen **eine dritte Phase** beginnen, nachdem Schöpfung und Entwicklung in ihm abgeschlossen sind, und das ist **die Phase der Vervollkommnung** mit dem Ziel, die Vollkommenheit auf Erden darzustellen. Der Mensch hat nun alles, was in den Bereich der Materie gehört, zu vervollkommnen, aber nicht sich selbst, weil er in sich selbst vollkommen ist oder die göttliche Vollkommenheit verkörpert.

Zunächst hat er also alles, was an und in ihm materieller Natur ist, zu vervollkommnen, um davon für höhere Zwecke Gebrauch zu machen und sich vermittels dieser Vervollkommnung seiner Umgebung bewusst zu werden, dass dem Schöpfer-, Entwicklungs- und Vervollkommnungstrieb in ihm **keine Grenzen** gesetzt werden können, weil dieser Trieb dem ewigwirkenden Gottgedanken entspringt, der in seinem Herzen wohnt.

Das ist der **Standpunkt,** auf dem wir als Menschen **seit Ewigkeit** beruhen, den wir nie verlassen haben und nie verlassen können und der sich nur verschleiert und unserem Blick entzieht, wenn wir unseren Gedankenlauf durch äußere Einflüsse auf Abwege geraten lassen. Wäre das nicht unser Standpunkt seit Ewigkeit, dann wären wir auch heute noch nicht hier. Es mag eine Zeit dauern, bis wir uns zu dieser Klarheit durchgerungen haben. Aber wenn wir daran festhalten, dass wir **von uns selbst aus denken** müssen, erreichen wir schließlich das Ziel, wie es andere vor uns auch erreicht haben.

Schon der alte Bund (Alte Testament) stellt das im **Gleichnis von Hiob** dar. Hiob sammelte alle nur möglichen Kenntnisse und Erfahrungen in seiner Umgebung. Aber es befriedigte ihn nicht; im Gegenteil, er geriet in einen Zweifelssturm, der alle seine Ideen, Ansichten und Meinungen zunichte machte und den Stolz auf sein Wissen und seine Kenntnisse zerbrach. All seine akademische Bildung hatte nicht ausgereicht, ihm das ewige Leben begreiflich zu machen. Schließlich hörte er seine innere Stimme fragen: „Hiob, wo warst du, als die Sterne ihren Lauf durch das Weltall begannen? Wo warst du, als der Grundstein zu dieser Erde gelegt wurde und das Trockene sich aus den Gewässern hob? Wenn du damals nicht schon warst, bist du jetzt erst geworden und woher bist du dann gekommen? Wenn es außerhalb der Unendlichkeit nichts gibt, wo willst du dann gesteckt haben? Hiob, warst du nicht seit Ewigkeit in der Unendlichkeit, dann bist du auch jetzt nicht! Du musst immer dagewesen sein, sonst bist du einfach nicht! Denn es gibt nichts, was nicht war seit Anbeginn der Zeit."

„Ja, Hiob, wo warst du?" Diese Frage gilt uns allen. So wir hier sind, ist das Beweis, dass wir schon immer waren und in alle Zukunft sein werden und dass diese **Körperhülle** nur einen vorübergehenden Zweck zu erfüllen hat, während unsere **Individualität**, das Ego, das Göttliche in uns in sich, von sich und durch sich ewig ist.

Damit wir das aber wirklich denken können, muss sich zunächst in unserem Körperwesen alles klären bis in das Zellengewebe des Gehirns. Nur durch die **materielle Klärung** kommt uns die Aufklärung oder die **geistige Klarheit.** Deshalb macht uns Mazdaznan darauf aufmerksam, dass wir uns dem Odem oder Atem ergeben müssen, um alle die Energien und Intelligenzen in uns zu wecken, damit uns Klarheit über unseren Weg durch das Erdenleben werde.

Zunächst müssen wir unseren Körper von den **vorgeburtlichen Einflüssen**[11] loslösen und von den nachgeburtlichen Einflüssen befreien. Dann müssen wir unsere **12 Sinne** entwickeln, damit das **Gesinn** in der Zirbel imstande ist, uns mit allen Dingen der Natur und des Weltalls zu verbinden. Sobald **Gehirn und Gesinn** aufeinander eingestimmt sind, erschließt sich uns der **Seelenzustand** im Herzen, das **Geistesleben** wird rege und der Lebens- oder **Gottesfunken** wirft sein Licht auf den Weg,

---

[11] Vgl.: „Mazdaznan – Wiedergeburts- und Familienkunde"

der uns das Innerste unseres Wesens, die Individualität, das Ego, offenbart, das unser eigentliches, ewiges Wesen darstellt.

Nur die Pflege des Atems verschafft uns diese Klärung und Neubelebung. Zwar sollten wir alle die empfohlenen Stellungen und Übungen durchführen und darin mit größter Leichtigkeit atmen lernen; aber um uns die Sache zu erleichtern und um sogleich in die richtige Richtung zu kommen, sollten wir die **Schlafenszeit** wegen ihrer ausgleichenden Wirkung zu Hilfe nehmen, eingedenk der Schrift, die sagt: „Dem Reichen kommt sein Reichtum im Schlaf. Wer da hat, dem wird gegeben werden."

Während der Nachtstunden des Schlafens erreichen wir das, was wir suchen, aber bisher noch nicht fanden, das Geheime, Okkulte, Mysteriöse. Denn während des Schlafs wirkt die in uns verborgene **abstrakte Seite** unseres Wesens oder **der abstrakte Gedanke im Herzen** erweitert sich, soweit das Drüsensystem frei schaffen kann.

> Nachdem wir uns niedergelegt und eine entspannte Rückenlage eingenommen haben, konzentrieren wir uns auf den Atemgang und verlängern die Ein- und Ausatmungszüge. Je länger wir dabei ausatmen, umso mehr entspannen wir uns. Wir atmen deshalb auch nicht weiter aus, als wir es entspannt fertig bringen, atmen also sofort wieder ein, wenn die geringste Spannung aufkommt. Schließlich denken wir nur an den Atemgang und versuchen, wenigstens fünfmal länger aus- als einzuatmen, bis wir zählend auf 9, 18, 27, 36 und **schließlich auf 108 kommen.** Nach und nach schaffen wir es bis 108, versuchen es jedenfalls immer dreimal.
>
> Danach legen wir uns auf die Seite, sei es auf die rechte, sei es auf die linke, aber nicht auf den Rücken, damit der Blutumlauf ungehemmt ist und nicht allerhand Träume aufkommen, die es den Schwingungen des Herzgedankens unmöglich machen, das Gesinn zu erreichen. In der Seitenlage setzen wir dann die Brust so, dass wir mit der größten Leichtigkeit ein- und ausatmen können, rekapitulieren in dieser Lage rasch die gesamten Tagesereignisse, lassen sie wie in einem Panorama an uns vorbeiziehen, achten auf gleichmäßige Atemzüge und lassen uns von Morpheus' Armen umfangen.

Während eines solchen Schlafes belebt sich das gesamte Drüsensystem und die Drüsen geben die Ätherstoffe oder äußeren Sekretionen über die graue Materie an das Gehirn ab, so dass die Gehirnintelligenzen instand gesetzt werden, einen Gedankengang zu Ende zu führen, den wir im wachen Zustand noch nicht auszudenken vermochten. Dem einen kommt die Klarheit durch einen **Traum**, dem anderen durch ein Gesicht oder eine **Vision**, einem anderen durch Vermittlung der **Eingebung** und einem anderen am Morgen beim Erwachen, indem er sich eines **neuen Gedankens** oder einer Wendung seines Gedankenlaufes gewahr wird. Während solchen Schlafs gleicht die Natur im Körper alles aus und die Intelligenzen spinnen ihre Fäden immer weiter und werden dabei vom Gesinn in der Zirbel unterstützt.

Das ist die beste **Vorbereitung auf die 6. rhythmische Atemübung.** Führen wir das Abend für Abend regelmäßig durch, dann bemerken wir schon nach wenigen Tagen, dass sich unser Wesen umwandelt. Der Kopf wird klarer und wir fühlen uns erhoben. Anwandlungen von Erschöpfung verschwinden und mit jedem Morgen fühlen wir uns kräftiger, stärker und beweglicher. Unsere tägliche Arbeit wird uns zum Spiel. Tagsüber fühlen wir uns ganz von selbst zur 3. rhythmischen **Konzentrationsübung** und zur 4. rhythmischen **Ausgleichsübung** hingezogen und nehmen dann gern die 6. rhythmische Atemübung auf **zwecks Erlösung** von allem, was uns noch bindet, damit das **Gefühl** für das Richtige, Wahre, Echte, Grundsätzliche oder Prinzipielle in uns aufkommen kann.

6. Rhythmische Atemübung

Bei dieser Übung müssen wir die Knie beugen. Schon die Schrift sagt: „Bis dass sich alle Knie beugen, eher wird der Frieden nicht kommen." Und in jedes Menschen Leben, ob Jude, Heide, Christ oder Mohammedaner, kommt eine Zeit, da er sich in Andacht auf die Knie wirft.

Der Hauptzweck der Übung ist, die **magnetischen** Strömungen so zu verteilen, dass das Rückenmark unbehindert tätig sein und der Herzgedanke sich erweitern kann, das Herzensgefühl rege wird, mit dessen Hilfe wir die inneren Vorgänge im Körper erkennen, und in der Zirbel das Selbstbewusstsein erwacht und die Verbindung zwischen dem Gottgedanken im Herzen und den Intelligenzen im Gehirn hergestellt wird.

Voraussetzung für den Erfolg der Übung ist, dass wir dabei entspannt, gelassen und ergeben sind und schon in solcher Verfassung auf die Knie gehen. Wir lassen uns also nicht auf die Knie fallen, sondern gehen leicht und anmutig nieder.

Wir haben einen Stuhl vor uns gestellt, dessen Lehne runde Stäbe hat und uns zugekehrt ist, etwa 2 Fuß oder eine Armlänge von uns entfernt, legen die Hände an die runden, senkrechten Stäbe der Lehne und machen die gewohnte Vorübung, indem wir mehrmals rasch hintereinander aus- und einatmen und die letzte Ausatmung soweit wie möglich verlängern.

Nun atmen wir tief und voll für 7 Sekunden ein, legen Druck und immer mehr Druck in die Hände, so dass sie die runden Stäbe förmlich umklammern und die ganze Körperkraft sich in die Hände legt. Alle übrigen Teile des Körpers bleiben völlig entspannt. Um das zu erreichen, nähern wir gleichzeitig den Oberkörper der Stuhllehne. Während wir den Atem einige Sekunden anhalten und auch die Hände die Stäbe noch umklammern, denken wir etwas, was den Willen bestärkt, etwa: **„Ich lasse dich nicht, du segnest mich denn!"**, bis wir ein **Erzittern** durch den ganzen Körper fühlen.

Erst dann lassen wir nach, atmen für mindestens 7 Sekunden aus und immer weiter aus, bis wir eine wohltuende **Wärme fühlen,** die sich von der Nabelgegend aus bis in den Kopf und die Füße ausbreitet und eine Erleichterung im ganzen Körper herbeiführt, weil sich **Elektrismus** in den Nervenzentren entwickelt. Gleichzeitig haben wir um den Körper herum ein **kühles, fächelndes Gefühl,** das durch die Erweiterung der **magnetischen** Strömungen entsteht.

Danach atmen wir in der gleichen Weise wieder ein und aus. Haben wir sechsmal ein- und ausgeatmet, dann bekommen wir das Gefühl, als würde der ganze Körper vom Scheitel bis zur Sohle **glühen.** Dann hören wir auf, weil der Zweck der Übung, der **Zustand der Ergebung,** erreicht ist, sich auch ein gewisses Schwächegefühl einstellt und sogar die Stimme schwach wird.

Die Übung soll nicht länger als 3 Minuten dauern und täglich nicht mehr als dreimal vorgenommen werden, aber wenigstens

3 Monate **abends** regelmäßig. Abends vor dem Schlafengehen wirkt sie besonders gut und beruhigend auf Gehirn und Nerven.

Die **Augen** sind während der Übung auf einen matten Punkt in Augenhöhe gerichtet.

Haben wir keinen Stuhl mit runden Stäben in der Lehne zur Verfügung, so können wir auch zwei runde Stäbe oder Besenstiele nehmen. Sind auch diese nicht zur Hand, so machen wir die Fäuste wie bei der 2. rhythmischen Atemübung.

Die guten Wirkungen der Übung dürfen uns nicht dazu verleiten, sie zu oft vorzunehmen. Empfindliche Personen sollen sie nur ein- oder zweimal täglich vornehmen und sie für diesen Tag sofort abbrechen, wenn sie während des Kniens das Gefühl bekommen, als bewege sich der Stuhl oder als erhöben sich die Knie über den Boden, oder wenn sich elektrische Schläge am Rückgrat entlang einstellen. Übertreibung verhindert die gleichmäßige Entwicklung der Gehirnzellen.

Den **Wunsch**: „Ich lasse dich nicht, du segnest mich denn!" denken wir nur, sprechen ihn also nicht aus. Sprächen wir ihn laut aus, so würde die Stimme immer leiser und leiser werden, schließlich doch in das Innere unseres Wesens sinken und nur als ein **inneres Erzittern** wahrnehmbar sein, das uns schon durch den Gedanken wird. Sind wir dabei ganz gelassen, dann fühlen wir dieses Erzittern auch durch den Körper gehen. Es erzeugt weiße Blutkörperchen und damit **Erleuchtung.**

Unser Wunsch ist also **nicht auf materielle Dinge** gerichtet, weil das ein Zeichen der Begrenztheit wäre. Es ist zwar durchaus richtig, dass sich auch ein nur auf materielle Dinge gerichteter Gedanke verwirklicht, wenn wir uns entspannt und gelassen darauf konzentrieren; aber wir sollen das nicht laut werden lassen, uns damit nicht brüsten, weil wir uns dadurch eine Blöße geben und beweisen, dass wir nur materiell denken und nur auf materielle Ausbeute anderer bedacht sind. Dadurch hemmen wir aber unsere geistige Entwicklung und berauben uns der Möglichkeit eines größeren Gewinnes. Jeder Erfolg oder Gewinn läuft sowieso auf die materielle Ebene aus. Aber die Einzelheiten überlassen wir besser dem, der in uns ist und zu unserem Besten denkt, plant und wirkt. Also bleiben wir dabei: „Herr, ich lasse dich nicht, du segnest mich denn!" Was immer dann der Segen in sich bergen mag, das nehmen wir mit Dank an und es wird unser Vorteil sein.

Machen wir die Übung jeden Abend für einige Minuten, so bildet sich die **intellektuelle Gehirngruppe** besser aus und die materielle Gruppe kommt bald nach, so dass wir auch auf materiellem Gebiete erfolgreich werden. Wir werden nicht materiell, werden uns aber bewusst, welchen Weg wir betreten müssen, um auf materiellen Gebieten erfolgreich zu sein. Wir werden gewandter und beweglicher im Denken. Das Denken erweitert sich und wir wundern uns, wie es überhaupt möglich gewesen ist, dass wir dies und jenes solange nicht begriffen haben. Mit unseren veralteten Ideen, Ansichten und Meinungen und all den landläufigen Theorien brechen wir vollständig; denn sie bieten uns kein Ziel mehr.

Mehr und mehr kommt der **eigene klare Gedanke** in uns auf, macht uns selbstbewusst und bestärkt uns darin, dass wir auf dem richtigen Weg sind. Alles das, was wir früher vergeblich in Büchern suchten und was uns trotz unseres Studiums nicht klar wurde, offenbart sich uns nun. Das **Gefühl für das Wesentliche**, Prinzipielle, Ursächliche, Ewigwirkende entwickelt sich. Das Gefühl ist der Sinn, der gleichzeitig das Sichtbare und das Hörbare erfasst, und je mehr es sich verfeinert, umso mehr sehen, hören und begreifen wir, dass alles Leben, ohne Unterschied der äußeren Gestalt, das eine ewige göttliche Leben ist und dass sich in jeder Schöpfung der Schöpfer zu erkennen gibt. Dann ist diese Übung wahrer Gottesdienst, weil das Schöpferische in uns geweckt wird und wir fortschreiten in der Selbst- und in der Gotteserkenntnis.

Unsere Leistungsfähigkeit wird erhöht und wir werden mit mehr Nutzen für uns und andere schaffen. Der Körper wird kräftiger und, wenn auch leichter, so doch fester und widerstandsfähiger. Sogar das äußere **Auge** verbessert sich. Die **Nervenzentren,** die von Geburt aus oder aus späteren Ursachen gelähmt waren, beleben sich wieder. Das **Interesse** für alle Gebiete des Lebens beginnt zu erwachen, die **Beobachtungsgabe** und das **Begriffsvermögen** nehmen zu und wir befassen uns mit Dingen, die uns bisher völlig fremd waren. Die **Liebe,** diese Triebkraft des Geistes, bricht sich mehr und mehr Bahn und wir suchen unsere **Talente und Fähigkeiten** nützlich anzubringen. Sogar die **Sonne** erscheint uns heller und wir erkennen, dass sie kein Feuerball ist und nur soviel Licht erzeugt, als für die Aufrechterhaltung des Planetenwesens notwendig ist, und dass **jeder Planet sein eigenes Licht** erzeugt. Schließlich erkennen wir das eigene innere Licht oder **den Gottesfunken in uns,** der wundervolle Strahlen durch unser ganzes Wesen sendet und uns in den Zustand der **Erleuchtung** versetzt.

Das ist dann der **Zustand der Erneuerung und Vervollkommnung,** der jedem Menschen zukommt, den wir uns aber selbst erarbeiten müssen, indem wir durch die Vermittlung des Atems die in uns niedergelegten Gesetze der Natur erkennen und erfüllen. Dann sind wir uns eine eigene Natur und ein **Gesetz zur Genüge** geworden; das wahre Prinzip des Lebens kommt zum Vorschein und, siehe da, von Monat zu Monat, von Jahr zu Jahr leben wir mehr auf und werden **lebensfreudiger,** während die Weltkinder von Jahr zu Jahr nachlassen und nachlässiger werden. Alles in der Welt wird uns dann ein Mittel zur **Freudigkeit.**

Durch den Atem ist alles zu erzielen. Wenn wir die ersten sechs rhythmischen Atemübungen so befolgen, wie sie dargelegt worden sind, und uns immer mehr der **Geistesmacht in uns** ergeben, dann bahnen uns sogar die **Eingebungen** unseres Geistes den Weg durch das **Alltagsleben,** so dass wir stets sicheren Fußes vorwärts schreiten und wissen, wohin wir unsere Schritte zu lenken haben, damit uns **Erfolg und Glück** zuteil werden. Wir sind dann auf dem Weg der **Gerechtigkeit.**

Möge es einem jeglichen von uns werden, sich weiterzuentwickeln und zu erweitern! Mögen wir die Macht des Atems beherzigen und von Ideen und hohlen Theorien ablassen, ehe es zu spät für uns ist, auf dass wir gleich unserem Gott im Zustand des Schöpfens und Schaffens, des Entwickelns, Entfaltens und Vervollkommnens verbleiben, unsere Erkenntnis beständig wachse und **Freudigkeit** für immer unser Teil sei!

Das ist das Ziel Mazdaznans. Denn dadurch würde Wirklichkeit, was die Schrift sagt: „Um der Heiligen Gottes willen will ich **die Zeit der Prüfungen verkürzen.**" Diese Prüfungen fördern uns nicht an das Ziel. Wenn aber die Prüfungen vorüber sind und ein jeder von uns eingesetzt ist in sein Erbteil, das einem jeden zusteht, dann erfreuen wir uns dieses Lebens und der Herrlichkeit und Wunder der Natur.

Dieser Gedanke hat sich auch schon zu einem großen Teil verwirklicht und verwirklicht sich immer weiter durch die **Macht des Atems,** die sich in allen Himmelsrichtungen gewahr macht. Überall können wir schon das Erwachen und Herannahen der völligen **Erlösung des Menschen** sehen.

Zweiter Teil
Ausgleichung der Körper- und Geisteskräfte

7. Anrufung

O Gottgedanke, ich schaue dich in allen Wesen und in der Mannigfaltigkeit der Dinge, überall sehe ich dich offenbart in der unendlichen Fülle der Erscheinungswelt und deshalb auch in mir! Ich schaue dich gekrönt mit einem Diadem strahlender Pracht, die das Auge kaum erträgt, da sie nach allen Richtungen unermessliches Licht verbreitet gleich einer feurig glühenden Sonne; würdest du dich nicht in unendlicher Mannigfaltigkeit offenbaren, könnte nichts in deiner Gegenwart bestehen.

Erhabener, unergründlicher Gottgedanke, du bist das Ziel allen Suchens und Strebens, bist unbegreifbar, unveränderlich und unzerstörbar, du bist der Lenker des Weltenalles und der beständige Begleiter des Menschen, der dadurch sich selbst Gesetz ist. Ich bewundere deine Größe!

Die Weltkinder sind erfüllt von Furcht, wenn sie deiner Größe ansichtig werden, und zerstören sich selbst durch die Angst vor deiner Gegenwart. Die Großen der Erde suchen Zuflucht bei dir und loben und preisen dich aus Angst. Die Weisen, Propheten und Erlöser bitten dich um Erbarmen für ihre Mitmenschen und verherrlichen dich aus Ehrfurcht in ihren Lobgesängen. Die Befreier der Völker stehen voll Bewunderung vor deiner Erhabenheit. Doch mir enthüllst du in aller Schlichtheit deine göttliche Gegenwart und offenbarst mir das größte aller Geheimnisse, dass ich eins bin mit dir.

O Gottgedanke, unaussprechlicher, unfassbarer Gedanke, in dir lebe, atme und bin ich, ja, bis zum Throne deiner Göttlichkeit schwinge ich mich empor; denn was bin ich, da du in mir gegenwärtig bist, anderes als du selbst!

Sei dem so! Und zu diesem Zwecke mögen alle Dinge gedeihen!

Gruß, Heil und Frieden, der höher ist als alles menschliche Wissen und alle menschliche Vernunft!

7. Lektion
Individual- und Kollektiv-Erlösung

Mit dieser Lektion beginnt der **2. Teil** dieses Werkes, der sich mit der **Ausgleichung der Körper- und Geisteskräfte** befasst, die davon abhängt, dass sich der individuelle Gedanke im Herzen oder die Individualität sowohl mit den Energien der Organe als auch mit den Intelligenzen des Gehirns so verbinden kann, dass sie den Willen der Individualität vollziehen.

Bei 98 Prozent der Menschen fehlt es an dieser Ausgleichung, weil ihnen von kleinauf ein gewisser körperlicher Fehler anhaftet, der sich immer mehr vergrößert und festgesetzt, anstatt im Lauf der Zeit behoben hat. Hätten die Mütter die kleinen Kinder gezogen, gestreckt, gerollt, auf den Kopf gestellt, sie leicht in die Luft geworfen, damit die Kinder den Atem für einen Augenblick anhalten, dann hätte sich das **Drüsenwesen** erschlossen und das **Gehirn** entwickelt. So aber bleiben 98 Prozent geistige oder körperliche Krüppel, die auf den Krücken der Wissenschaft durch das Leben humpeln, in den Krankenstühlen der Hilflosigkeit sitzen und die Asyle der Verlorenen bevölkern.

Aber auch wenn uns die richtige Behandlung von kleinauf nicht zuteil wurde, so können wir das doch nachholen, indem wir uns daheim selbst oder gegenseitig äußerlich nach den Regeln der **Panopraktik** massieren und behandeln und später auch selbst für die genügende innere Massage durch **Drüsenübungen** sorgen. Nach und nach werden wir dann in die Reihe der 2 Prozent Fortgeschrittenen eintreten und schließlich die 2 Prozent vermehren.

Panopraktik

Panopraktik[12] ist der wissenschaftliche Sammelnamen für die **äußere Behandlungsweise,** die einen Teil des Drüsenstudiums[13] bildet. Wenn wir später das Drüsen-Studium mit Erfolg betreiben wollen, müssen wir uns vorher eingehend mit der Panopraktik beschäftigt haben, weil sie die mitotische Zellteilung nach außen zu in die Wege leitet, und wenn wir uns im **Gehirn** erweitern wollen, müssen wir zunächst unser **Organwesen** ordnen und unter die Kontrolle unseres individuellen Gedankens bringen. Dann erst kann sich das Gehirn erweitern und dann erst können wir das Abstrakte in der gleichen Weise begreifen wie das Objektive.

Schon weil unser Körper von kleinauf vernachlässigt worden ist, außerdem sich aber auch der Druck der Jahre auf uns legt und von Natur aus je nach unserem Temperament alle 5, 7, 9 oder 27 Jahre eine Umwälzung in unserem Körper vor sich geht, müssen wir unseren Körper im Sinne des mechanischen Teils der Panopraktik behandeln und ihn besonders durch **Klopfen, Hämmern, Schlagen, Ziehen, Strecken, Winden und Drehen** wieder in einen normalen Zustand versetzen. Außerdem lernt der Körper dabei, sich so zu entspannen, dass wir schließlich jeden einzelnen Körperteil in einem Augenblick mit dem Willen entspannen können.

> Wenn wir **müde** sind oder das Bedürfnis haben, uns anzulehnen, legen wir uns auf ein Bett oder auf den Boden und **strecken** den Körper nach allen Richtungen. Dabei kommen überanstrengte oder untätige Muskeln in Bewegung und die Müdigkeit ist behoben, weil das Gleichgewicht im Körper hergestellt ist. Schon das ist eine einfache panopraktische Übung.

Das **Anlehnen** schwächt die Tätigkeit des Rückenmarks und macht das Denkenswesen im Gehirn zerfahren, mindert also die Konzentration und die Entschlusskraft. Deshalb sollten wir auch beim Sitzen das Rückgrat immer aufrecht halten und uns nie anlehnen. Es gelingt uns umso leichter, je mehr wir uns daran gewöhnen, den **Brustkorb hoch zu tragen.** Bei solcher Haltung bewahren wir leicht unser körperliches und geistiges Gleichgewicht, verlieren Einseitigkeit, Gleichgültigkeit, Mutlo-

---

[12] Vgl.: „Mazdaznan – Ruf an die Welt" – Ergänzungslehre - Panopraktik
[13] Vgl.: „Mazdaznan – Drüsenkunde"

sigkeit und Bedrücktheit, gewinnen an Entschlossenheit und Charakterstärke und halten die Festung, mag kommen, was da will.

Für die panopraktische **Selbstbehandlung,** die für den einzelnen zunächst das Wichtigste ist, dienen die folgenden 3 Übungen.

1. Panopraktik-Übung

> Übe dich täglich alle 3 ½ Stunden für 3 Minuten die **Fingerspitzen einzuwinkeln,** so dass sie auf die Berge im Handteller zu liegen kommen. Beim Einatmen übe einen kräftigen Druck auf die Berge aus und beim Ausatmen strecke und entspanne die Finger. Wenn du es dir vornimmst, findest du auch die Zeit dazu, unterwegs beim Gehen oder Fahren, beim Warten oder irgendwo sonst.

Schon nach 3 Minuten fühlst du solche Kraft in den Knöcheln und in der Faust, als könntest du jemandem damit die Knochen zerbrechen. Hand und Faust bekommen eine ganz andere Festigkeit und werden mit der Zeit wie Stahl, wenn wir regelmäßig üben. Wie uns jemand die Hand gibt, offenbart uns sogleich sein Inneres. Schon am Händedruck fühlen wir, ob wir uns einig geworden sind oder ob wir gesund sind und in dieser gesunden Gesinnung den Händedruck überreichen. Wenn der Daumen auf die Hand drückt, wissen wir sogleich, dass die Person beherzt und herzhaft ist. Streicht die Hand aber nur so durch, dann hat die Person Herz und Gesinn nicht beisammen und ist lebensmüde, so dass sie tüchtig geschüttelt und gerüttelt werden muss.

2. Panopraktik-Übung

> Wenn sich an irgend einer Stelle des Körpers etwas angesetzt hat, sich eine schmerzhafte Spannung zeigt, etwas zu dick oder geschwollen ist, dann **klopfe die Stelle mit der Faust oder mit dem Handrücken ab,** bis die Spannung gebrochen oder der Schmerz verschwunden ist, mindestens für 5 bis 6 Minuten, und wiederhole es alle 6 Stunden, wenn nötig bis sich jeder Teil des Körpers frei und ohne Schmerzen und Zwang bewegen lässt.
>
> Man schlägt, hämmert und klopft mit völlig entspannter Faust oder Hand, also nie muskulös. Dann erhöht sich der Blutumlauf an der geklopften Stelle und es entsteht eine angenehme Wärme infolge der Vermehrung des Elektrismus.

Nur wenn die Muskeln infolge von Säureanhäufung **schmerzen,** dann schlagen wir kräftig, fester und immer fester und solange, bis der Schmerz verschwunden ist. Denn in solchen Fällen genügt leichtes Schlagen nicht. Auf diese Weise kann man Neuritis oder Nervenentzündung im Oberarm wegklopfen, wenn es auch anfangs schmerzt. Aber schon nach einer halben Stunde Hämmerns hat der vermehrte Blutumlauf die Säuren nach den Ausscheidungskanälen geführt.

Stellen sich beim Klopfen und Hämmern Schmerzen im **Bein** ein, so steckt man es vorher in heißes Wasser, in das man reichlich Soda gegeben hat. Dann klopft man, reibt alles gut mit süßem Mandelöl ein, klopft nochmals und geht zu Bett. Meist genügt eine Behandlung. Findet sich jedoch beim Wiederholen doch noch eine schmerzhafte Stelle, dann bedient man sich wieder des heißen Wassers vor der Behandlung. Bald wird man die Schmerzen und sogar die Gicht für immer los sein.

Zeigt sich im **Knie oder Knöchel** eine schmerzhafte Spannung, dann legt man den Unterschenkel möglichst waagerecht über das andere Knie und klopft die Stelle ganz leicht ab, als wollte man das Übel hinaustreiben. Je waagerechter wir den Unterschenkel auf das andere Knie legen können, umso längeres Leben ist uns beschieden. Während des Klopfens zieht man das Gefühl zur Zirbel zurück. Nach und nach müssen alle Gefühle zur Zirbel zurückgeführt werden, damit das Gesinn von diesem Zentralpunkt ausgehend, sich mit allen Gehirnintelligenzen und Organ-Energien in Verbindung setzen kann.

Aber nicht nur das Bein, das Knie, die Knöchel können wir in dieser Weise leicht abklopfen, sondern auch die Sohlen, die Fersen, die Gelenke, den Nacken, den Hals, den Unterleib und **alle anderen Teile** des Körpers, bis man sich warm fühlt. Ist man mit dem Gedanken ganz dabei, dann erzielt man umso mehr. Schwillt der Unterleib an, dann klopft man ihn ab und frottiert ihn noch mit den Fingerspitzen von den Hüften her nach dem Becken. Wiederholt man das alle 6 Stunden, dann verliert sich die Schwellung nach kurzer Zeit. Ebenso klopft und frottiert man den Hals, wenn er zu dick ist.

Die beste Zeit für das Klopfen ist der Morgen; ist man aber zu spät aufgestanden, besorgt man es abends.

Der Erfolg liegt im **entspannten** Schlagen und in der **Konzentration** des Gedankens. Schlägt man gespannt, wie es die Masseure oft tun, dann wirkt alles nur für den Augenblick der Behandlung. Man muss sich ähnlich locker und leicht machen wie Teig, der gerade zu gehen anfängt und die Hausfrau geradezu einlädt, die Hände zum Kneten hineinzustecken. Von der völligen Entspannung hängt die Gelenkigkeit des Körpers ab; denn nur bei völliger Entspannung kommen die Gelenke unter unsere Kontrolle.

3. Panopraktik-Übung

Schlage die Brust mit entspannten Fäusten auf beiden Seiten für 3 ½ Minuten alle 6 Stunden. Du kannst kräftig darauf losschlagen und wirst kein unangenehmes Gefühl dabei haben, auch keine Atembeschwerden; im Gegenteil, die Lungen werden freier, die Brustwand entwickelt sich, die Muskeln kräftigen sich und man bleibt bewahrt vor Lungenentzündung und Schwindsucht.

Es ist deshalb schon etwas an dem **Brustschlagen,** das man im Kirchenwesen teilweise noch übt. Aber der Gedanke ist verloren gegangen, so dass der eigentliche Zweck nicht mehr bekannt ist. Das ist aber ausschlaggebend bei allem, was wir tun, dass wir den Gedanken dabei behalten, warum wir es tun, und dass wir diesen Gedanken auf unser Tun verlegen.

Neben solchen Panopraktik-Übungen, die jeder für sich allein und an sich selbst ausführen kann, stehen die **panopraktischen Stellungen und Behandlungen,** zu denen man eine oder auch zwei **andere Personen** braucht, die einem **helfen oder einen behandeln,** um die Beine zu ziehen, die Schulterblätter und andere Körperteile zu karussellieren, den Kopf zu drehen, den Hals zu strecken, den Körper zu recken, die Knie zu stemmen und anzuziehen, die Leisten zu strecken und zu krachen, die Rippen zu ziehen, das Hüftgelenk zu kugeln, das Rückgrat zu vibrieren, die Wirbel zu drücken und dergleichen mehr, damit die Organtätigkeit sich heben, das Gehirn sich erweitern und größere Leistungsfähigkeit sich offenbaren kann, die im Leben zur Förderung der Glückseligkeit notwendig ist.

Bei diesen Behandlungen kommt es darauf an, dass nicht nur der **Behandelte** völlig entspannt ist, sondern dass auch der **Behandelnde** mit entspannten, lockeren, gelenkigen, geschmeidigen Händen zu Werke geht und seinen gelockerten Zustand geradezu auf den anderen überträgt, so dass sich auch bei diesem allmählich alle Gelenke und Körperteile entspannen und lockern und das Aufleben seines Organwesens so sicher eintritt, wie der Teig mit aller Sicherheit aufgeht, nachdem ihn die Hausfrau geknetet hat und ihn im Ofen sich selbst überlässt. Durch Entspannung erleichtert sich alles in diesem Leben, was es auch sei.

Eine solche panopraktische **Behandlung mit Hilfe anderer** ist die folgende.

Eine panopraktische Behandlung

Lege dich mit abwärts gekehrtem Gesicht auf ein Bett oder auf den Boden. Eine zweite Person hebt deine beiden **Beine** an und eine dritte Person drückt gleichzeitig die **Wirbel** deines Rückgrates vom Nacken bis zum untersten Wirbel. Vor jedem Druck atmen alle 3 ein, halten den Atem während des Drückens und atmen aus, sobald der Druck erfolgt ist. Deshalb müssen die Pausen zwischen den einzelnen Drücken lang genug sein, um die Lungen zu entleeren und wieder zu füllen, ehe ein neuer Druck ausgeübt wird.

Sind alle Wirbel von oben bis unten gedrückt worden, dann lege dich auf den Rücken und die eine Person zieht am Kopf und die andere gleichzeitig an den Füßen, so dass das **Rückgrat gezogen und gestreckt** wird und sich völlig entspannt. Bevor das Ziehen beginnt, atmen alle 3 ein und halten den Atem während des Ziehens. Mit dem gemeinsamen Ausatmen hört das Ziehen auf. Das Gleiche kann mehrmals wiederholt werden. Nach der Behandlung stellt sich ein Gefühl der Erleichterung ein, das man bisher noch nicht kannte, und alle Müdigkeit ist verschwunden.

Das nächstliegende Ziel solcher panopraktischen Behandlungen ist, auf die Nerven einzuwirken, den Druck auf die Nervenzentren zu beheben, Anwachsungen oder Adhäsionen zu lösen, Verkalkungen zu zersplittern, den Blutumlauf zu heben, die Organe zu festigen und an ihren

Platz zu bringen, Verdauungs- und Herzstörungen zu beseitigen, die Drüsentätigkeit zu beleben und die natürlichen Beziehungen zwischen Rückgrat, Gelenken und Organen herzustellen. Bei gewissenhafter Befolgung wird das Ziel auch erreicht.

Solche panopraktischen Behandlungen sollten schon beim kleinen **Kind** anfangen und zeitlebens nicht aufhören, einen Teil unserer Studien und Übungen auszumachen. Würden die **Familienmitglieder** daheim diese Art praktische Gegenseitigkeit üben, würde es keinen Unfrieden, Streit, Zwist oder gar Tätlichkeiten in der Familie geben, weil sich die Kräfte ausglichen und der Entwicklung dienten.

Wenn sich besonders die **Ehegatten** regelmäßig gegenseitig panopraktisch behandelten, würden die Harmonie zwischen ihnen, das gegenseitige Interesse und der gemeinsame Fortschritt in körperlicher und geistiger Beziehung beständig zunehmen. Es würde ihnen auch gegenseitig offenbar werden, wo dem einen oder anderen noch eine Schwäche anhaftet, auf die gegenseitig Rücksicht zu nehmen wäre. Wo aber Verständnis und Rücksicht walten, sind Rücksichtslosigkeit, Unterdrükkung, Nichtachtung, Verachtung, Vergewaltigung unmöglich. Solche panopraktische Gegenseitigkeitspflege ist also das beste Mittel, den häuslichen und ehelichen Frieden aufrecht zu erhalten.

Ist einmal im Familienkreis der Beweis hierfür erbracht worden, dann ist es nur eine Frage der Zeit, dass überall **„Lockerungs-Vereine“** entstehen, die die guten Wirkungen der panopraktischen Gegenseitigkeitspflege in die große Familie des Volkes hineintragen. Welch’ körperlicher und geistiger Fortschritt würde ein solches Volk begleiten!

Es gibt kaum einen Zweig des Mazdaznan-Lehrsystems, der nicht von geschäftstüchtigen Leuten **für eigennützige Zwecke** ausgebeutet worden wäre, so auch die Behandlungs-Panopraktik. Aber es kamen dabei immer nur entstellte, verunstaltete, verkrüppelte oder gar totgeborene Kinder zur Welt. Diese Leute bieten dann ihre Machwerke der Wahrheit suchenden Menschheit zu hohem Preis als großartige eigene Entdeckungen an und versprechen mehr, als sie halten können.

Auch die Panopraktik ist nur ein Teil des ganzen Lehrsystems und in engerem Sinne **die äußerliche Seite des Drüsenstudiums.** Nimmt sich aber jemand zu eigennützigen Zwecken nur die äußerliche Seite aus dem System heraus, so wird er nur vorübergehende Erfolge und oft sogar

Misserfolge ernten, weil er den **Grundgedanken der Panopraktik** als Teil eines vollkommenen Studiums aus dem Auge verliert.

Zu **entdecken** gibt es überhaupt nichts mehr auf körperlichem und geistigem Gebiet, nachdem das Lebensrätsel in wissenschaftlicher und philosophischer Hinsicht vom Heiland im Morgenland bereits gelöst worden ist; das war seine Mission und sein Werk. Für alle Zeiten hat er **das Geheimnis des ewigen Lebens und des ewigwirkenden Gottgedankens aufgeklärt.** Sein Werk ist vollendet und seine Entdeckungen haben sich zu Samen verdichtet, die nun bestimmt sind, im Abendland aufzugehen.

Es ist nun die Mission und das Werk des **abendländischen** Menschen, der sich **individualisiert** hat, sich für die Entwicklung und endliche **Erlösung der weißen Menschheit einzusetzen.** Die **individuelle Erlösung** ist schon von vielen einzelnen erreicht worden; aber die **kollektive oder Gesamt-Erlösung** steht uns noch bevor. Alle Erfindungen und Entdekkungen, die im Abendland gemacht worden sind und in immer zunehmendem Maße gemacht werden, haben die eine großartige Aufgabe, die Menschheit zur **Erkenntnis der Einheit aller Dinge** zu bringen und sie dadurch zu befähigen, die **Herrschaft über diese Erde** zu erlangen.

Deshalb hat es keinen Zweck, Missionare zu den Völkern des Morgenlandes zu schicken, um ihnen Theorien und Dogmen aufzudrängen, denen sie längst entwachsen sind, da unter ihnen die größten Philosophen und edelsten Erlöser gelebt und gewirkt haben. Der abendländische Mensch muss endlich das Theoretisieren und Dogmatisieren aufgeben und lernen, sich zu **individualisieren**, um zur Erkenntnis der Einheit aller Dinge zu kommen.

Daher bietet Mazdaznan sein Weistum der ganzen Menschheit heute frei und offen an und ebnet mit seinem allumfassenden Lehrsystem jedem den Weg, **sich selbst zu erlösen** oder zu individualisieren und dann sein Licht leuchten zu lassen, damit ihm der eine und der andere und dann viele nachfolgen und nacheifern, bis sich die ganze Menschheit im Zustand der Individualisation befindet.

Wer sich die bisher gegebenen Übungen und Winke angelegen sein lassen hat, begreift das alles und sieht auch ein, dass er außer der äußerlichen Panopraktik-Pflege noch mehr tun muss, um sein **Organwesen** so in Ordnung zu bringen und zu halten, dass es eine feste Grundlage für seine **geistige Entwicklung** sein kann. Deshalb wenden wir nun unsere Aufmerksamkeit einer anderen, aber ebenso wichtigen Seite unseres Körperwesens zu und das ist die **Ernährung**[14]. Wir werden uns also jetzt nicht mit Dingen befassen, die den geistigen Hunger stillen, sondern mit dem täglichen Brot. Denn auch mit einer natürlichen und vernünftigen Ernährung nehmen wir die Vervollkommnungsarbeit auf.

Ernährung

Aus Gedankenlosigkeit essen und trinken wir zuviel und außerdem Dinge, die uns schaden. Hast du je darüber nachgedacht, was du eigentlich isst, wenn du dich an deinen reichgedeckten Tisch setzt und ein oder mehrere **Fleischgerichte** zu dir nimmst? Wissenschaftler, Chemiker und Ärzte behaupten zwar, dass Fleisch die beste Nahrung sei, und bekräftigen es noch mit der Ansicht, dass der Mensch zu den Fleischfressern gehöre, weil er Eckzähne habe, und der Durchschnittsmensch beruft sich auf solche Autoritäten, um sein Gewissen einzuschläfern; denn sogar er verliert für lange Zeit den Geschmack für Fleisch, wenn er auch nur einmal ein Schlachthaus besucht hat.

Wäre der Mensch aber wirklich als Fleischfresser geschaffen, so würde das nicht bedeuten, dass er für ewig auf dieser Stufe verbleiben müsse, da er offensichtlich ein sich entwickelndes Wesen ist und deshalb die Überbleibsel niederer Entwicklungsstufen abstreifen muss, wenn er auf eine höhere Stufe gelangen will. Die Fleischeszelle ist sowohl dem Menschen wie dem Tierkörper eigentümlich und hat sich aus dem **Pflanzenreich** heraus entwickelt, das Pflanzenreich aus dem **Mineralreich** und dieses aus dem **Elementarreich** und jede Stufe baut sich aus der vorhergehenden Stufe auf. Schon das beweist, dass der Mensch sich keine Fleischnahrung wählen darf, sondern sich aus dem Pflanzenreich ernähren muss und dass der Mensch auch kein Recht hat, Tiere zu töten, ebenso wenig wie er das Recht hat, Menschen zu töten.

Dass es fleischfressende Tiere gibt, die von ihrer Beute leben, ist kein Beweis dafür, dass auch der Mensch Tiere verzehren dürfe. Dadurch verewigt er nur die Verletzung der Naturgesetze und darf sich nicht wun-

[14] Vgl.: „Mazdaznan – Ernährungskunde und Kochbuch“

dern, wenn er zur Rechenschaft gezogen wird. Solange es Tiere auf der Erde gibt, haben sie ihre Aufgabe im Schöpfungsplan zu erfüllen, uns als **Zeugnisse** unseres eigenen Entwicklungsgangs zu dienen und sich uns nützlich zu machen, damit wir diesen niederen Entwicklungsstufen entwachsen. Allmählich werden die Tiere von der Erdoberfläche verschwinden, wenn der Mensch als die höhere Gattung seine eigene Aufgabe voll erfüllt.

Freilich gibt es immer noch Leute, die meinen, sie höben die Tiere auf eine höhere Stufe, wenn sie sie verspeisen; dann täten sie aber auch besser, sie gingen nach Borneo und äßen die Eingeborenen auf, anstatt ihnen Missionare zu senden, um ihre Seelen für Gott zu gewinnen.

Ziemlich allgemein ist die Ansicht verbreitet, die Tiere würden sich rasch vermehren und die ganze Erde unsicher machen, wenn der Mensch sie nicht tötete und verzehrte. Wo aber die Tiere sich selbst überlassen sind, sorgt schon die Natur dafür, dass die **Vermehrung** in Grenzen bleibt und dass gewisse Gattungen nach und nach aussterben. Nur wenn der Mensch die Züchtung fördert, nimmt die Vermehrung dementsprechend zu.

Ganz allgemein wird gelehrt, das Fleisch baue den Körper auf und verleihe ihm **Kraft**, so dass der Mensch ohne Fleischgenuss seiner Aufgabe nicht gewachsen sei; Fischfleisch schaffe sogar Gehirnzellen. Welch' intelligente Menschen müssten dann die vom Fischfang lebenden Völker sein! Ob wohl eine Kuh reichlichere Milch gäbe, wenn man sie mit Schweinefleisch fütterte, oder ein Pferd mehr leistete, wenn man ihm Speck und Schinken als Futter gäbe? Der kluge Bauer füttert seine Kuh mit gutem Heu und etwas Kleie und sein Pferd mit Heu und Hafer oder Mais; mit Hafer, der es schnell und lebhaft macht, und mit Mais, der ihm Kraft gibt für schwere Arbeit. Der Elefant ist so stark, dass er einen schwer beladenen Wagen aus dem Morast zieht, wo zwanzig Pferde versagen, und ernährt sich in der Hauptsache von Gras und Gemüse. Wenn die Kuh, das Pferd, der Elefant ihre Kräfte aus dem Pflanzenreich aufbauen können, sollte es dann dem Menschen nicht erst recht möglich sein?

Der Hauptgrund, weshalb der Nahrungsmittel-Chemiker das Fleisch als Nahrungsmittel hoch einschätzt, ist der hohe **Stickstoffgehalt** des Fleisches. Es gibt aber verschiedene Arten von Stickstoff, die verschieden auf die menschlichen Organe wirken. Der Stickstoff des Weizens, der Hülsenfrüchte, der Pilze wirkt ganz anders als der Stickstoff des Fleisches.

Die schädliche und **lebensgefährliche** Wirkung des **Fleisch-Stickstoffes** ist seit alters bekannt und hat bei manchen Völkern des Morgenlandes dazu geführt, dass man Schwerverbrechern ausschließlich Fleischkost vorsetzte und sich auf diese Weise ihrer entledigte, da man an die Todesstrafe nicht glaubte. Sie wurden eingesperrt, brauchten nicht zu arbeiten und bekamen nur reichlich **Kalbfleisch** und etwas Wein als Kost. Die ersten Tage ging es ihnen ausgezeichnet; aber nach dem 4., 5., 6. Tag wurden sie schwächer und schwächer und längstens nach 30 Tagen befanden sie sich in Abrahams Schoß. Der Genuss von Kalbfleisch ist so schädlich, dass er bei Kindern Krämpfe und Veitstanz herbeiführt.

In anderen Ländern bekam der Verbrecher **Lammfleisch** mit Wein und nur, wenn er sehr kräftig war, hielt er diese Kost 28 Tage lang aus; meist aber wurde er schon vorher von dieser Erde abberufen nach Gegenden, wo ihm weder Wein noch Lammfleisch vorgesetzt wird.

Dieses Experiment sollten alle Wissenschaftler, Chemiker und Ärzte, die den Fleischgenuss verteidigen, für 30 Tage an sich selbst vornehmen, statt mit Mäusen, Ratten, Katzen, Hunden und Patienten zu experimentieren. Dann könnten sie aus **eigener Erfahrung** sprechen, würden sich niemals mehr für den Fleischgenuss einsetzen, sondern das Volk und die ganze Menschheit aufklären.

Niemand kann ausschließlich von Fleisch leben. In den Steppen Westamerikas wusste das früher jeder **Hirte**. Er fürchtete sich nicht vor Indianern oder wilden Tieren; aber er fürchtete die Gefahr ausschließlicher Fleischkost, wenn er im Herbst und Winter auf der Reise nach Süden durch Schneestürme von der Welt abgeschnitten wurde, sein Nahrungsvorrat ihm ausging und er gezwungen war, nur von Fleisch zu leben. Nach einiger Zeit ekelte er sich vor dem Fleisch und der Magen verweigerte es. Rauchte oder trank er noch dazu, dann wurde er rasch so kraftlos, dass er seine Herde nicht mehr versorgen konnte und mit ihr zu Grunde ging, wenn ihm nicht rechtzeitig Hilfe entgegenkam, so dass er Brot und andere nahrhafte Speisen erhielt. Dann erholte er sich rasch und war nach wenigen Tagen wieder bei Kräften.

Die Wissenschaft klammert sich trotz alledem an ihre Theorie von der Nützlichkeit und Notwendigkeit des Fleischgenusses und führt dazu auf, dass er die Herztätigkeit erhöhen, das Blut erwärmen und sogar **Fettsucht heilen** würde, wenn man ausgiebigen Gebrauch von Fleisch macht. Der Patient bekommt dann nur kleine Portionen Fleisch und verliert in wenigen Wochen mehr an Gewicht, als wenn er gänzlich gefastet hätte. Die Kur hat aber die schädliche Wirkung, dass sich Zersetzungsprodukte im Körper ablagern, die Haargefäße verstopfen und den Grund zu Nieren- und Blasenleiden legen. Eine Fastenkur dagegen beseitigt Abfallstoffe, reinigt den Körper und macht den Weg frei für die Entfaltung der Lebenskraft.

Nachdem die Materie in der Fleischeszelle den Höhepunkt ihrer Entwicklung erreicht hat, muss das Fleisch nach dem Gesetz der Entwicklung in den atomistischen Zustand zurückkehren, um dort den Entwicklungsgang wieder aufzunehmen, und muss dabei die **Zersetzung** durchmachen. Was aber der Zersetzung unterliegt, kann nicht zur Entwicklung höherer Geschöpfe dienen oder in ihnen das Leben erweitern.

Dieser Zersetzungsvorgang beginnt, sobald das eintritt, was wir Tod nennen, und bedeutet, dass sich das Leben zurückgezogen hat. Wir sprechen dann auch nicht mehr von einem Körper, sondern von einem **Leichnam,** sowohl von einem menschlichen als auch von einem tierischen. Den menschlichen Leichnam legt man in den Totenacker; aber den tierischen Leichnam legt der Fleischesser in seinen Magen. Wie begrenzt muss doch sein Denken sein!

Dabei entsetzt sich der Fleischesser über die Eingeborenen, die Menschenleichen verzehren. Ihn widert auch der Geruch der Zersetzung an, wenn er in die Nähe einer Fleischhalle kommt; aber wenn er eine Delikatesse mit „Wildgeschmack" bekommen kann, dann zahlt er einen hohen Preis dafür. Um dem Fleisch solchen **Wildgeschmack** zu geben, wird es mehrere Tage in die Erde begraben und dann mit kräftigen Gewürzen zubereitet. In früheren Zeiten warf man solches Fleisch in den Abfallkübel, weil es nicht einmal die Hunde anrührten. Ganz treffend nannte deshalb der Heiland solche Menschen: „Übertünchte Gräber, die auswendig schön erscheinen, inwendig aber voller Leichnam und Unflat sind."

Trotzdem wundern sich die Fleischesser noch, wenn sie unangenehme Ausdünstungen und Gerüche um sich verbreiten und krank werden. Es ist eine bekannte Tatsache, dass die **wilden Tiere** Menschen, die nie

Fleisch gegessen haben, nicht angreifen und nicht verfolgen; ihr Geruchssinn sagt ihnen, dass das keine Feinde sind. Wenn sie aber den Geruch von Tierfleisch wittern, den der Fleischesser ausdünstet, dann kommt ihnen dessen Blutgier zum Bewusstsein und sie greifen ihn an, weil sie in ihm einen Feind erkennen.

Nichts kann das Fleischessen rechtfertigen und alle Rechtfertigungsversuche sollen nur das Gewissen beschwichtigen, das immer wieder warnt und mahnt, sich an die **Gesetze der Natur** zu halten, die weder vom Menschen noch von Gott geändert werden können, der sie selbst festgesetzt hat, um alle Dinge und das Ganze zum Nutzen aller aufrecht zu erhalten. Jede Verletzung der Naturgesetze muss früher oder später ausgeglichen werden, weil in der Natur überall vollkommene Ordnung und Gerechtigkeit herrschen.

Die Verletzung der Naturgesetze auf allen Gebieten der Ernährung ist heute größer denn je, weil sich der Durchschnittsmensch darüber keinen eigenen Gedanken macht und deshalb den **Einflüssen** seiner Umgebung erliegt, so dass das Essen die wichtigste Angelegenheit in seinem Alltagsleben ist. An jeder Straßenecke starrt ihm eine Reklame entgegen, die ihn zum Essen auffordert oder etwas Einladendes empfiehlt. Er macht sich auch keinen eigenen Gedanken über die gesundheitsschädlichen Folgen. Das Essen ist der schwache Punkt in seinem Gehirn, das sich vom Magen und Appetit befehlen lässt.

Wenn das aber auch der Zustand des Durchschnittsmenschen ist, so ist das doch kein Grund, darin zu verharren und unvernünftigen Begierden nachzugeben, sondern jeder von uns sollte alles daran setzen, diesen **Zustand zu ändern,** der so nachteilig für seinen Fortschritt und seine individuelle Freiheit ist. Der Arme wird ärmer, wenn er sich dem Zauber des gedankenlosen Essens ergibt, verliert seinen freien Willen und seine freie Wahl und kommt immer mehr in Abhängigkeit von anderen, und auch der vernünftige Wissenschaftler kann es nicht leugnen, dass das gedankenlose Essen das größte Übel in der Welt ist, weil es körperliche, geistige, individuelle, soziale, nationale und rassische Einseitigkeit verursacht.

Wenn denn das Essen schon ein notwendiges Übel ist, dann sollten wir ein Studium daraus machen, wie wir dem Übel so abhelfen können, dass uns kein Schaden daraus erwächst. Wir haben ja so viele gedankenlose Oberflächlichkeiten übernommen, die sich durch alle Zeitalter von einem Geschlecht auf das andere übertragen haben, und haben gelernt, sie einzudämmen, abzuändern und in nützliche Bahnen zu lenken; dann kann uns auch unsere **Erfindungsgabe** helfen, uns auf dem Gebiet der Ernährung mit der atomistischen Welt, die den Grund zu unserem Ernährungswesen gelegt hat, völlig vertraut zu machen und uns solche Mittel und Wege finden zu lassen, die unserem **Geist** die Herrschaft über die **Materie** sichern.

Der erste Schritt in dieser Richtung ist, dass wir uns von der Verunreinigung befreien, die die naturwidrige Ernährungsweise in uns verursacht hat, dass wir uns also einer **Körperreinigung** unterziehen. Denn das ist die Voraussetzung dafür, dass ein besserer, reiner, vollkommener Gedanke in uns aufkommen kann, eingedenk des Wortes der Schrift: „Gott wohnt nicht in unreinen Tempeln." Rein zu werden und rein zu bleiben, muss unser beständiger Wunsch sein. Wir suchen und wählen dazu einfache und natürliche Mittel, die immer am besten wirken. Das einfachste ist das **Fasten** oder die Nahrungsenthaltung.

Fasten

Um vollen Nutzen aus dem Fasten[15] zu ziehen und unangenehme Folgen zu vermeiden, müssen wir dabei verständig und vernünftig ans Werk gehen und werden das auch ohne weiteres tun, wenn wir die gegebenen **rhythmischen Atemübungen** durchgeführt und ihren Wert an uns erfahren haben. Wir sind dann bereit und willig zu fasten, weil wir einen neuen Fortschritt für uns daraus erwarten. Wer noch nicht gelernt hat, richtig zu atmen, hat es nicht ganz so leicht, wird aber am Ende mit den guten Wirkungen auch zufrieden sein.

Wie jede Maschine von Zeit zu Zeit gereinigt, reguliert und, wenn nötig, ausgebessert werden muss, und zwar umso gründlicher und gewissenhafter, je feiner sie ist, so muss auch unser Körper, der den denkbar **feinsten Mechanismus** darstellt, von Zeit zu Zeit gründlich gereinigt werden. Jeder weiß auch aus Erfahrung, dass eine Maschine, die regelmäßig sorgfältig gereinigt wird, viel länger ihre Dienste leistet als eine verschmutz-

[15] Vgl.: auch „Mazdaznan – Wiedergeburts- und Familienkunde"

te und vernachlässigte Maschine. Das gilt auch für unseren Körper; seine Organe brauchen von Zeit zu Zeit Ruhe, um sich zu entlasten, in Ordnung zu bringen und sich mit neuer Kraft für neue Leistungen aufzuladen.

Es liegt in der Natur des Menschen, dass er seinem Körper an **jedem 7. Tag** Ruhe gibt und dass er außerdem von Zeit zu Zeit **fastet,** um natürliche Zustände im Körper herbeizuführen. Denn es leuchtet einem jeden ein, dass ein Gefäß zunächst vollständig geleert werden muss, wenn es gereinigt werden soll. Ebenso muss dem Körper, wenn er voller Unreinigkeiten ist, zunächst Gelegenheit gegeben werden, sich von allen Fremdstoffen zu befreien; sie werden beim Fasten gelöst und durch die Ausscheidungsorgane ausgeschieden. Das Fasten ist also ein Mittel zu einem bestimmten Zweck. Haben wir das Ziel erreicht, unseren Körper völlig gereinigt und gelernt, ihn rein zu halten durch eine natürliche Ernährungsweise, dann brauchen wir solche Reinigungsprozesse nicht mehr durchzuführen, brauchen also nicht immer zu fasten.

Aber in dem Zustand, in dem sich die meisten von uns befinden, brauchen wir das Fasten. Das Fasten ist eine Kunst, die gelernt sein will. Am Anfang fasten wir höchstens **3 Tage** lang. Fasten heißt nicht, sich nur gewisser Speisen zu enthalten oder sich so genannter Fastenspeisen zu bedienen, auch nicht, von allem Eingekauften nur eine Kostprobe zu nehmen oder den Nachbar zu besuchen und ihm zu sagen, dass man faste und nur seine Gerichte probieren wolle. Sondern 3 Tage fasten heißt, sich aller Speisen für 3 Tage und 3 Nächte oder 72 Stunden zu enthalten.

Wir essen also nichts, atmen aber umso mehr und verschlucken den Speichel. Wenn wir durstig werden, dürfen wir **Wasser** nehmen, aber nur in kleinen Mengen und nicht mehr als 1 Liter je Tag; wenn wir es nicht nötig haben, ist es umso besser. Wir schlürfen das Wasser langsam durch die Zähne, behalten es kurze Zeit im Mund, vermischen es mit Speichel und schlucken es dann erst hinunter.

Denke nicht an das Fasten! Du hast dich entschlossen zu fasten und dir diesen Gedanken festgesetzt und dem hat sich nun alles andere unterzuordnen. Kümmere dich nicht um deinen Magen, wenn er unzufrieden ist, achte nicht auf die Mittagsglocke, wenn sie zum Essen ruft, kümmere dich nicht um die anderen, ob und was sie essen, sondern halte dich mit etwas Nützlichem beschäftigt und führe das Fasten entschlossen durch!

Mache dir auch keine schrecklichen Vorstellungen! Denn Abertausende von willensstarken Menschen haben kurze und lange Fasten vor dir durchgemacht und machen es noch heute durch. Warum solltest du es nicht auch können? Denke einfach an den Zweck, den du verfolgst, deiner Natur bei der Beseitigung von Fremdstoffen behilflich zu sein, damit du dich vollkommener Gesundheit erfreuen kannst! Wer bisher noch Fleisch und Reizmittel wie Kaffee, Tee und dergleichen genossen hat, sollte sich schon einige Tage vor dem Fastenbeginn davon freihalten und jedem wird es das Fasten erleichtern, wenn er einige Tage vorher für regelmäßige Darmentleerungen sorgt.

Wenn du dich am Abend des **1. Fastentags** unbehaglich fühlst, dann mache einige **Atemübungen** mit vollen, tiefen Atemzügen. Fühlst du dich schwach oder haben sich gar **Kopfschmerzen** eingestellt, dann nimm einen tiefen Atemzug, atme aus und wieder ein und trinke einen Schluck Wasser; darauf atme aus und trinke wieder einen Schluck Wasser. Wiederhole dasselbe drei- oder viermal und der Kopfschmerz wird beseitigt sein, weil das Fieber gebrochen ist. Sollte sich Ähnliches wieder einstellen, dann weißt du, was du zu tun hast. Die leidenschaftlichen Kaffee- und Teetrinker bekommen meist zu Anfang des Fastens Kopfschmerzen.

Am **3. Fasttag** fällt dir das Fasten leicht und du hast das Gefühl, dass du leicht noch einen Tag fasten könntest; aber das ist nicht nötig. Am 4. Tag brich das Fasten mit frisch **gepufftem** Mais und nimm davon je 1 Handvoll als Frühstück, als Mittagessen und als Abendessen. Iss ihn langsam und kaue ihn gründlich. Diese Mahlzeiten bestehen also nur aus reinem Puffmais, der jedes Mal frisch gepufft wird; er wird nicht gebuttert, nicht gezuckert und auch nicht gesalzen. Trinke auch nicht dazu; du kannst aber eine halbe Stunde vorher und eine halbe Stunde nachher je einen Schluck Wasser nehmen. An diese Kost von frischgepufftem Mais hältst du dich in der gleichen Weise vier Tage lang. Am **5. Tag** nimm zu jeder Mahlzeit je 2 Hände voll Puffmais, am **6. Tag** je 3 und am **7. Tag** je 4. Vom 8. Tag an iss mäßig andere Körnergerichte mit Obst oder mit Gemüse. Jedenfalls sei außerordentlich **mäßig**, damit du den Magen nicht überlädst, sondern er Gelegenheit bekommt, sich allmählich wieder auf seine Arbeit einzustellen.

Der Mais wird in einem mit Deckel versehenen Drahtkörbchen über dem Feuer solange hin und her bewegt, bis die Körner platzen, oder man gibt ihn in eine Rösttrommel, stellt diese auf das Feuer und bewegt den Mais darin mittels einer Drehvorrichtung (Man findet in gut sortierten Haushaltsgeschäften auch spezielle, einfach zu bedienende „Popkorn-Maschinen" die mittels erhitzter Luft den Mais zum Puffen bringen). Am besten eignet sich zum Puffen der kleine ovale Mais mit zwei spitzigen Enden.

Kann man Puffmais nicht bekommen, dann kann man auch **Weizenkörner** verwenden, die auf folgende Weise zubereitet werden. Die Körner werden über Nacht in kaltem Wasser eingeweicht, am nächsten Tag 3-4 Stunden langsam gekocht und durch ein Sieb geschlagen. Dabei ergibt sich **Weizenschleim,** der den Mais ersetzt. Iss den Schleim heiß mit oder ohne Milch. Ein gehäufter Esslöffel entspricht 1 Handvoll Mais. Anstelle von Weizenkörnern kann man auch andere unverfälschte Weizenerzeugnisse verwenden, nachdem man sie gebräunt, also gründlich dextriniert hat.

Nach 2 bis 3 Wochen kannst du **wieder 3 Tage** fasten, wenn du dich dazu getrieben fühlst, und später kannst du allmählich dazu übergehen, **7 und 9 Tage** zu fasten. Nachdem du dich auf diese Weise mit dem Fasten vertraut gemacht hast, kannst du auch längere Fasten von **9 bis 28 Tagen** auf dich nehmen. Jedenfalls sollst du immer den gesunden Menschenverstand anwenden und wenn du dich dabei von deinem eigenen Gedanken aus dem Herzen leiten lässt, wirst du immer das Richtige tun.

Fettleibige Personen beginnen am besten mit einem Fasten von 3 Tagen. **Magere und Nervöse** fasten am besten zum ersten Mal nur 1 Tag, also 1 Tag und 2 Nächte oder 36 Stunden, wiederholen diesen einen Fasttag alle 10 Tage, später alle 8, 6 und 4 Tage, bis sie sich daran gewöhnt haben. **Schwache und Kränkliche** leben besser zunächst 8 bis 10 Tage lang ausschließlich von ein und derselben Speise, wie Puffmais, Weizenschleim, Obst oder Gemüse, je in kleinen Mengen; eine solche Kost kommt dem Fasten sehr nahe.

Wenn nach langem Fasten Puffmais nicht zur Hand oder nicht nach deinem Geschmack ist, dann weiche **Weizenkörner** über Nacht in Wasser ein und röste sie am nächsten Tag goldbraun, 1 Esslöffel voll davon, gut und langsam gekaut, ist eine Mahlzeit. Nach einigen Tagen kannst du etwas mehr davon nehmen und dazu einige geschälte Mandeln und

Rosinen. 8 bis 16 Mandeln und 100 Gramm Rosinen genügen für die Mahlzeiten eines Tages. Bald wirst du diese Kost jeder anderen vorziehen.

Wer am Magen, an der Leber und an Verstopfung leidet, sollte auf das Fasten eine **Eierschalenkur** folgen lassen. Dazu röstet man Eierschalen, nachdem man das innere Häutchen entfernt hat, hellbraun, stößt oder zerrollt sie in kleine Stücke von der Größe eines Stecknadelkopfes und nimmt davon 10 Tage lang morgens nüchtern 1 Messerspitze voll ohne dazu zu trinken. Die nächsten 10 Tage nimmt man grobes **Hummerschalenpulver,** das man auf dieselbe Weise zubereitet hat.

Um unseren Körper dauernd gesund und rein zu erhalten, sollten wir **alle 7 Tage einen Fasttag** innehalten. Der Freitag eignet sich gut dazu als Vorbereitung auf den Sonntag; wir essen dann nichts von Donnerstagabend bis Samstagmorgen und brechen das Fasten mit einer leichten Mahlzeit, bestehend aus einem kleinen Körnergericht und etwas Obst.

Wenn wir in dieser Weise das Fasten ernstlich durchführen und mit Selbstvertrauen und Zuversicht zu Werk gehen, erleben wir sehr bald, dass sich unser **Geschmack** verändert und verfeinert, dass wir das Ungeheuer **Appetit** losgeworden sind und dass sich das Verlangen nach Fleisch, Tabak, Likör und anderen alkoholischen Getränken von selbst verloren hat. Allmählich gelangen wir zu vollem Selbstbewusstsein und zur Erkenntnis der Wahrheit, weil der Körper rein geworden ist.

Für die Zukunft achten wir dann von selbst mehr darauf, dass wir uns so ernähren, dass keine Verunreinigung entsteht. Vermeide vor allem **Brot** und **Backwaren** aller Art, die mit **Hefe, Sauerteig** oder **Backpulver** getrieben sind, und genieße nur noch **ungesäuertes, hefefreies, ungegorenes Brot.** Solches Brot kannst du dir ohne Schwierigkeiten selbst herstellen.

Wir brauchen wenig

Marsch Tempo

O. Z. A. Hanish

Ungegorenes Brot

Verrühre Vollweizenmehl, Wasser und Salz zu einem dicken Teig, knete ihn 1 Stunde, bis er elastisch wird, und backe ihn in einem mäßig warmen Ofen 3 bis 4 Stunden lang. Das ergibt ein außerordentlich nahrhaftes und leicht verdauliches Brot. Allmählich wirst du geübt werden, ein leichtes Brot herzustellen, das besser schmeckt als hefegetriebenes.

Seit Anbeginn der menschlichen Gesellschaft ist das Fasten von allen **philosophischen Schulen** und **Religionssystemen** als der einfachste und vernünftigste Weg anerkannt worden, um Leiden aller Art los zu werden. Heute sollten die Wissenschaft und die Heilkunst diesen Weg umso rascher und ernsthafter einschlagen, weil wir trotz aller unserer Errungenschaften und Erfindungen, all unserer Gelehrtheit und Erziehung körperlich auf mehr Schwierigkeiten und Rätsel stoßen, als die drei vorhergehenden Generationen zusammengenommen. Die Mittel, die heute zur Erleichterung und Heilung angewendet werden, haben nur sehr dürftige und vorübergehende Erfolge, so dass sogar die Berufsmedizin ihre Zuflucht zum Opium nimmt, ohne sich bewusst zu sein, dass Opiumpräparate das Nervensystem schädigen und für alle Zeit die Aussicht zerstören, dass es sich zu normaler Tätigkeit erholen könnte. Die gegenwärtige Menschheit hat also allen Grund, dem Fasten volle Aufmerksamkeit zu schenken.

Wir haben aus früheren Zeiten so viele Gewohnheiten übernommen, die dem Menschen nicht zuträglich sind, warum sollten wir uns dann nicht auch einer Gewohnheit, die auf Jahrtausende zurückgeht und sich als gut und nützlich für den Menschen erwiesen hat, erinnern und sie wieder in unsere Lebensweise eingliedern? Seit Jahrtausenden und noch heute bei vielen Völkern des Morgenlandes war und ist es eine anerkannte Tatsache, dass die Natur mit **Frühlingsbeginn** eine **Reinigungszeit** für die Erde einleitet, die auch für den Menschen, der körperlich ein Erzeugnis der Erde ist, gilt und von ihm beachtet werden muss, wenn er an der Auferstehung und Neubelebung der Erde im Frühling teilhaben will. Sich in dieser Reinigungszeit naturgemäß zu verhalten, galt als eine religiöse Pflicht, der sich niemand entzog. Das Abendland hat das vollständig vergessen und schreibt „**Fastnacht**" und „**Aschermittwoch**" nur noch in den Kalender, ohne sich der Bedeutung bewusst zu sein und ohne eine entsprechende Änderung in der Lebensweise eintreten zu lassen.

Allenfalls der wissenschaftlich denkende **Landwirt** fühlt noch infolge seiner Naturverbundenheit seines Berufs, was die Natur fordert. Er nutzt die Reinigungszeit und ist eifrig dabei, den Boden von fauligen und gärigen Stellen zu befreien; er nimmt deshalb Kalk, Salze, Gips, Permanganat, Phosphate, Sulphate und andere Stoffe, um den Boden fruchtbar zu machen. Dann kommt er zum Baumschnitt, zum Kalken, Spritzen und Putzen der Rinde, zum Ausschneiden und anderen feuchten und trockenen Maßnahmen, um den Pflanzenwuchs auf den Frühling einzustellen und für die Segnungen bereit zu machen, die der Frühling mit sich bringt.

In diesem Sinne kommt auch uns die mit **Aschermittwoch** beginnende **Fastenzeit,** damit wir dem Körper gerecht werden und ihm die entsprechende Behandlung zuteil werden lassen.

Wir eröffnen die Fastenzeit damit, dass wir den ganzen Körper von Kopf bis zu den Füßen mit **Holzasche** einreiben oder auch mit einer Mischung von 2 Teilen **Holzasche** und 1 Teil feinpulvrigem **Kochsalz.** Das machen wir 3 Abende hintereinander und lassen am nächsten Morgen selbstverständlich die Fastentaufe oder das **Fastenbad** folgen, dem wir Apfelessig zusetzen und zwar 1 Teelöffel auf je 5 Liter Wasser. Das fördert nicht nur den Haarwuchs, sondern hilft auch körperliche Störungen überwinden, besonders wenn wir uns hin und wieder der Nahrung ganz enthalten oder vollständig fasten.

Abends und morgens **reiben wir den Körper kräftig ab,** besser sogar alle 6 Stunden, führen **Atem- und Bewegungsübungen** aller Art durch, gönnen unserem Körper wöchentlich, wenn nicht täglich, ein **heißes Bad** und setzen dem Wasser abwechselnd 2 bis 3 Tassen Waschsoda und 3 bis 6 Tassen Epsomsalz zu.

Die Ernährung ist nicht mehr auf Reichhaltigkeit und Nahrhaftigkeit eingestellt, sondern auf **Einfachheit und Ausscheidung.** Deshalb benutzen wir zunächst den ausscheidenden **Saft von tropischen Früchten,** wie Zitronen, Pampelmusen, Limonen, Orangen und Ananas, und nehmen den Saft morgens nüchtern, damit die Säuren im Blut abklingen und der Schleim im Verdauungskanal beseitigt wird. Der Pampelmusensaft wird durch ein feines Tuch geseiht, weil das Gewebe verstopfend wirkt. Die Ananas wird geraspelt und ebenfalls durch ein Tuch geseiht; davon nimmt man 1 Esslöffel voll vor und nach jeder Mahlzeit 10 Tage lang.

Nachdem wir das Blut mit den tropischen Früchten gereinigt haben, halten wir uns an alle Arten **Kräuter,** die wir trocken oder als Tee oder auch zu den Speisen verwenden. Die Kräuter sorgen für guten Blutumlauf. Wir können abwechselnd Salbei, Majoran, Sellerie, Pfefferminze, Thymian und andere Kräuter nehmen. Entweder kauen wir die trockenen Kräuter, bis sie geschmacklos sind, und trinken dann eine halbe Tasse heißes Wasser oder machen einen Tee davon und trinken 1 Tasse, am besten morgens nüchtern.

Zu **Mittag** bescheiden wir uns mit einem kleinen Salat mit einigen Tropfen Öl oder etwas Nussbutter oder etwas Milcherzeugnisse; das genügt, um ätherisches Öl im Körper zu erzeugen. **Abends** dürfen wir ein kleines Gericht aus Körnerfrüchten mit etwas Gemüse zu uns nehmen wegen der Salze und Mineralien. Das deckt unseren ganzen Tagesbedarf, wenn wir überhaupt essen.

Sobald die Sonne den Schnee schmilzt, bemerken wir, dass das **Veilchen** neben dem **Löwenzahn** hervorkommt. Dann essen wir zunächst das Veilchen, und zwar die Blätter und die Blüten; 2 oder 3 zu jeder Mahlzeit genügen. Die Natur gibt uns zuerst die süße Blüte des Veilchens und dann lässt sie den bitteren Löwenzahn folgen. Nach dem Löwenzahn stehen uns die grünen **Senfblätter** bereit, um uns mit den notwendigen Ausscheidungsstoffen zu versorgen und uns das zu liefern, was sich unser Körper von sich aus nicht schaffen kann. Dann kommen **Sauerampfer, Schafgarbe, Wasserkresse, Spinat, Fenchel** und anderes. Vom Löwenzahn essen wir sowohl die Blätter als auch die Wurzel. Die Blätter enthalten Eisen, die Wurzel enthält Chinin. Iss soviel Löwenzahn, dass du das Bittere vom Gaumen bis zum Magen spürst.

Nach diesen Kräutern kommen wir zum **Rettich** und dem verschiedenen Gartengrünzeug. Iss zum Rettich immer ein wenig **Pfefferminze,** weil diese Zusammenstellung allem vorbeugt, was in den Bereich von Krebs, Fibroiden und Wucherungen aller Art gehört.

Verwende von nun an **bei der Zubereitung von Gemüse kein Wasser** mehr, weil sich bei der Verwendung von Wasser Mineralien im Körper ablagern. Setze vielmehr alle Gemüse, einschließlich Rhabarber, mit etwas Öl an und dünste sie langsam; dann ziehen sie zum Dünsten den **eigenen Saft** heran. Alles Grüngemüse enthält neben Eisen gewisse Heilstoffe, z.B. Chinin, die in ihren natürlichen Zustand den körperlichen Leiden Halt gebieten und diese nach und nach ausscheiden. Dadurch verlieren wir die Anfälligkeit für Krankheiten und gewöhnen uns leicht eine natürliche Lebensweise an.

Während der ganzen Fastenzeit widme dich mit voller Konzentration deiner **Arbeit,** gleichviel ob du ganz oder nur teilweise fastest. Auch bei der Arbeit sorge immer für die gründliche **Entleerung** der **Lungen**, die dadurch empfänglich werden, Ga-Llama, das konzentrierende Lebensprinzip in der atmosphärischen Räumlichkeit, aufzunehmen. Dann wekken die Intelligenzen des Elementarreichs die entsprechenden Intelligenzen des Gehirns und leiten dich auch **nach der Fastenzeit** vermittels der leisen, sanften Stimme des Herzens zur **richtigen Auswahl** der Nahrung, deren dein jeweiliger Körperzustand bedarf.

8. Anrufung

Dir allein gehört die Ewigkeit, aus der alle Zeiten heranreifen, dir allein gehört die Unendlichkeit, in der sich alle Welten offenbaren, die sich unsern Sinnen darbieten. Ich stehe voll Bewunderung vor deinen gewaltigen Werken. Die Unermesslichkeit deiner Schöpfungen zu begreifen, hindert mich die Begrenztheit meiner Sinne. Aber obwohl ich die Fähigkeiten, die mein Inneres birgt, nur beschränkt gebrauche und mich ohnmächtig und verlassen fühle im Meer der blinden Kräfte, sehnt sich meine Seele nach dir, dem Urgrund aller Dinge. Wie könnte ich auch verlassen sein, wenn du die Quelle bist, der alles entströmt!

Dir streben alle Kräfte zu, die umherschweifen und nach ihrem Mittelpunkt suchen, ohne ihn zu finden. Du ziehst sie an dich, verzehrst sie mit flammenden Lippen, verwandelst sie und lässt neue Welten voller Pracht daraus hervorgehen. Wie Bäche und Ströme ewig im Meer verfließen, wie Insekten scharenweise und unaufhaltsam in der Glut des Feuers ihr Dasein preisgeben, so treibt es alle Geschöpfe mit Naturgewalt dahin, wo du gegenwärtig bist, scheinbar ihr Leben vernichtend und unbewusst dessen, dass du ewiges Leben bist.

Enthülle Tag für Tag meinen Sinnen, dass du gegenwärtig bist, damit ich schon in dieser Körperhülle erkenne, welchen Wert das Opfern hat, und ich von der Lilie auf dem Felde lerne, dass sie Duft und Schönheit opfert, nicht klagt, wenn Gewächse höherer Ordnung sie erstikken, und so durch ihre Aufopferung das Pflanzentum fördert. Denn das ist die Ordnung des Lebens, dass sich das Gute dem Besseren, das Nutzlose dem Nützlichen, das Sinnliche dem Geistigen ergebe, dass das Scheinbare dem Wirklichen weiche und die niedere von der höheren Natur geleitet werde, damit sich alle Gegensätze harmonisch ausgleichen und die Einheit aller Dinge zum Ausdruck kommt. So allein wird Frieden allen Seelen.

Von den Meereswogen, die sich machtvoll türmen und schließlich doch an den Ufern der Zeit zerschellen, lerne ich, wie auch die Fluten der Habsucht und des Geizes meine Standhaftigkeit bedrohen, aber an meinem klaren Denken und festen Willen scheitern müssen. Wie sich das Meer nach dem Sturme glättet, so zieht in jeder Seele Frieden ein, wenn sie den Sturm der Zweifel überstanden hat und mit der Zeit durch Wasser, Feuer und Blut geläutert worden ist. Keine menschliche Zunge kann diesen Frieden beschreiben, der stärker als der Sturmwind, mächtiger als das Schwert und zugleich der Ausdruck deiner höchsten Liebe und des Odems aller Dinge ist.

So möge dein Reich des Friedens kommen! Denn nur darin herrscht vollkommenes Glück.

Gruß im Namen der Wahrheit,
der Freiheit und des Friedens!

8. Lektion
Gesetze der Lebensökonomie

Wer die vorhergehenden Lektionen beherzigt und befolgt und die „Fleischtöpfe Ägyptens“ endgültig hinter sich gelassen hat, wählt nun seine Speisen nach den Gesetzen der **Ökonomie,** indem er nicht mehr isst, als nötig ist, um genügend Körperwärme zu erzeugen, den Blutumlauf aufrecht zu erhalten und die Nerventätigkeit zu regulieren, wobei die schweren, Kohlenstoff enthaltenden Speisen immer mehr zurücktreten, um die Verfeinerung des Körpers zu begünstigen und das Bewusstsein für die Vorgänge im Körper immer mehr zu wecken.

Aber viele, die bis zur 7. Lektion bereitwillig und begeistert gefolgt sind, geben nach der 7. Lektion das Studium auf, weil sie fürchten, ihr **Gewissen** möchte erwachen und ihnen Vorwürfe machen, dass sie nicht schon ernstlich daran gegangen sind, die seitherige gedankenlose, aber bequeme Lebensweise aufzugeben und sich einer reinen Ernährung zuzuwenden. Viele schwanken auch noch, weil sie immer wieder den **Einflüssen ihrer Umgebung** erliegen, obwohl sie guten Willens sind und ihnen eine bessere Einsicht geworden ist.

Es wird deshalb allen, die das Studium weiter aufnehmen wollen, und auch denen, die früher oder später reumütig dazu zurückkehren, von großem Nutzen sein, wenn sie über die **Ernährungsfrage** weitere Aufklärungen erhalten.

Das **Zellengewebe** des Körpers wird uns von der Mutter vererbt und das, was wir essen und trinken, ändert im Grunde an diesem Zellengewebe nichts, sondern fördert es oder schadet ihm nur. Heute sagt ja die Wissenschaft immer noch, dass das Schweinefleisch, das Ochsenfleisch, das Gemüse, das Obst, das Brot, das der Mensch isst, in ihn übergeht und neue Zellen macht. Wenn das richtig wäre und ein Mensch äße jeden Tag ein Pfund Ochsenfleisch, also im Jahre 365 Pfund bei seinem Eigengewicht von 165 Pfund, so würde er nach einem Jahr nicht mehr er selbst sein. Ist er vielleicht ein Ochse geworden? Das ist aber auch nicht möglich; denn ein Ochse wiegt gut 10 Zentner. Schon das beweist, dass nicht Essen und Trinken das Zellengewebe am Leben erhält, sondern das, was sich daraus entwickelt.

Die Nahrungsstoffe werden in **Säuren und Salze** zerlegt, aus deren Verbindung entwickelt sich **Vitamin** und das Vitamin führt die Umwandlung weiter, so dass **Saline** entstehen, die das Leben in den Zellen anregen und aufrecht erhalten und die Erziehung des Zellengewebes für eine höhere Entwicklungsstufe einleiten. Verlieren wir das aus dem Auge, so verlaufen wir uns in Essgewohnheiten, die tieferen Entwicklungsstufen angehören und unsere Entwicklung nicht fördern können.

In der Urzeit war es einfach so, dass keiner arbeitete; die Früchte wuchsen wild und davon nahm man sich das Nötige. Im Lauf der Zeit änderte sich das. Die Menschen fingen an zu arbeiten, erzeugten mehr, als sie unmittelbar brauchten, und aßen mehr, als sie nötig hatten. Wenn wir aber **zuviel essen,** so beschwert das den **Magen** und die **Leber** muss sich überanstrengen und mehr Drüsensekrete herstellen und abgeben, als sie normalerweise herstellen und abgeben kann. So erweitert sie sich, um den Anforderungen gerecht zu werden, schwächt sich aber dabei, es kann sich kein Vitamin entwickeln und es können keine Saline entstehen; vielmehr entstehen aus der Nahrung nur Säuren und Salze, die sich nicht weiter entwickeln und Blut, Nerven und Drüsen scheinbar zwar anregen, in Wirklichkeit aber nur reizen und das Verlangen nach weiteren Reizmitteln, wie Alkohol, Tabak, Kaffee, scharfe Gewürze, wecken, die sich steigern müssen, um die scheinbare Anregung aufrecht zu erhalten.

Auf der Suche nach solchen **Reizmitteln** kam man auf das **Tierfleisch,** das tatsächlich reizende Salze und Salzverbindungen enthält. Denn der Fleischesser ist offensichtlich nach dem Fleischgenuss angeregt. Diese scheinbare Anregung reizt aber die Drüsen, so dass die Anregung leicht in Erregung und Aufgeregtheit übergeht und der Fleischesser beim geringsten Anlass aufbrausend, böse, zornig und wütend wird. Blut und Nerven halten zwar diesen dauernden Reizungen stand, aber die feineren Drüsen erlahmen allmählich und stellen ihre Tätigkeit ein, so dass sich die mit ihnen in Verbindung stehenden Gehirnteile nicht mehr entwickeln oder erweitern können und man über gewisse Ideen nicht hinauskommt, sondern nur noch das denken kann, was zur Zeit der Aufnahmefähigkeit in die Gedächtniszelle eingeschrieben worden ist.

In Wirklichkeit ist das Tierfleisch, das die Menschen verzehren weiter nichts als das **Blut** und der **Urin** des Tieres; sie genießen also im Grunde weiter nichts als Urin, der sich nur noch nicht weit genug entwickelt hatte, um durch die Blase ausgeschieden zu werden. Das Tierfleisch überträgt nur 1 Teil Blut und dazu 9 Teile Urin- oder Salzstoffe in die Verdauungsorgane. Je weicher das Fleisch ist, umso mehr und, je zäher es ist, umso weniger Urinstoffe enthält es.

Je nach der Beschaffenheit des Blutes nimmt man sogar **Krankheitsstoffe** auf, weil fast alle Haustiere Krankheitsstoffe im Körper haben, ob es nun ein Huhn, eine Ente, eine Gans, ein Kalb, eine Kuh, ein Schaf oder ein Schwein ist. Deshalb haben auch die Fleischesser soviel Krankheiten durchzumachen. Wenn die Krankheitskeime auch nicht so stark sind, dass die Fleischesser daran erliegen, so halten sie doch die **geistige Entwicklung** zurück, weil die Drüsen die für das Gehirn bestimmten Ätherstoffe nicht aufgeben, sondern sich darauf beschränken, nur Elementarstoffe in das Blut abzugeben, damit trotz der Krankheitskeime wenigstens der Körper für so lange aufrechterhalten wird, als ihm das Leben eingezeichnet ist.

Die Wissenschaftler, die das **Fleischessen** verteidigen, empfehlen es wegen der scheinbar anregenden Wirkung, da die Anregung größer sei und schneller vor sich geht als bei **pflanzlicher Nahrung.** In Wirklichkeit ist das aber keine Empfehlung für das Fleischessen; denn die Fleischeszelle hat sich aus dem Pflanzenreich herausentwickelt und dabei alle die Umwandlungen schon durchgemacht, die der Pflanzenzelle während der Verdauung im menschlichen Magen erst noch bevorstehen. Deshalb wird das Fleisch viel rascher verdaut als die Zelle eines Weizenkorns, einer Nuss, des Gemüses und sogar des Obstes.

Der **Stickstoff** und die **Säfte** des Fleischs gehen nach dem Genuss außerordentlich rasch in das Blut über und wirken, ähnlich wie Salz und alkoholische Getränke, reizend auf alle Organe; ist aber der Reiz abgeklungen, entspricht die Erschlaffung der Organe dem Reiz. Dagegen ist das Gewebe des Fleischs unverdaulich und bleibt im Magen liegen, bis es in **Fäulnis** übergeht, weil es den höchsten Entwicklungsgrad bereits erreicht hat und sich nach dem Gesetz der Natur zersetzen muss, sobald sich das Leben daraus zurückgezogen hat.

Da es aber nicht im Plan der Schöpfung lag, dass die Verdauung der Speisen im menschlichen Magen unter **fauliger Zersetzung** vor sich gehen sollte, hat sie keine Vorkehrungen im menschlichen Körper getroffen, um einen solchen Vorgang zu unterstützen. Deshalb ruft die Natur **Keime, Mikroben, Bazillen, Maden, Würmer** und dergleichen zu Hilfe, die die Zersetzung beschleunigen, um zu retten, was noch zu retten ist. Aber zu gleicher Zeit wird dabei der Grund zu neunzig Prozent aller menschlichen Krankheiten gelegt.

Sobald die Zersetzung des Fleischs im Magen beendet ist, ist der **Magen leer** und der Körper doch nicht ernährt oder doch nicht mit dem versorgt worden, was er wirklich braucht. Deshalb beschäftigt sich der Fleischesser, wenn er kaum mit einer Mahlzeit fertig ist, schon wieder mit der nächsten. Genießt er schon zum Frühstück Fleisch, dann kann er kaum das Mittagessen erwarten; nachmittags denkt er schon wieder an das Abendessen und kaum ist er mit dem Abendessen fertig, trifft er schon wieder Vorbereitungen für das Frühstück. Dabei **steigert** er den Fleischverbrauch, weil er sich einbildet, das Fleischessen halte ihn gesund und am Leben. Natürlich kommt er dabei auf keinen grünen Zweig, sondern wird im Gegenteil krank und weniger leistungsfähig, so dass sich sein Einkommen verringert. Dann entstehen in ihm Ideen über die **ungleiche Verteilung der Güter,** über ungerechte Vorrechte anderer und dergleichen Dinge mehr.

Die Folgen des Fleischgenusses sind schon für den menschlichen **Körper** traurig genug, aber noch verheerender sind sie für die **Gehirn-Intelligenzen** und damit für das menschliche **Denkenswesen.** Die Intelligenzen, die das Leben der tierischen Fleischeszellen ausmachen, werden während der Zersetzung des Fleisches im Magen frei, betätigen sich im Körper wie fremde Eindringlinge und beeinflussen die Gehirnintelligenzen so stark, dass das Denkenswesen sein menschliches Ziel der Vervollkommnung ganz aus dem Auge verliert, sich in **Einbildungen** verläuft und mehr und mehr **tierische Züge** annimmt, die sich sogar nach außen ausprägen.

Du hast sicher schon beobachtet, dass manche Leute, wenn sie erregt sind, den Kopf vorwärts beugen und vorwärts, rückwärts und seitwärts setzen, wie es Kühe tun, wenn sie sich in die Hörner geraten. Solche Leute essen viel **Rindfleisch** und reflektieren nun die Eigenschaften des Rindes. Manche gehen auf dich zu wie Stiere und geben zu erkennen, dass sie Vorliebe für **Ochsenfleisch** haben. Sie offenbaren ihren wahren Zustand und wer Augen hat zu sehen und Ohren hat zu hören, erkennt sie und sieht in ihnen ein abschreckendes Beispiel. Sicher hast du auch schon Leute getroffen, die sich wie Schafe verhalten, weil sie gern Hammelfleisch essen. Wenn du in einem Gasthaus die eintretenden Gäste beobachtest, kannst du schon erkennen, ob sie geschmortes Hammelfleisch, Kalbskotelett, Rinder- oder Schweinebraten bestellen werden.

Du wirst dich auch nicht mehr wundern, wenn jemand, der **Schweinefleisch** zu seiner Lieblingsspeise macht, nicht nur die Schweine gern hat, sondern auch so lebt und handelt wie die Schweine, ja, sie noch überbietet.

Manchmal begegnen dir auch solche, die diese niedrigen Fleischarten ablehnen, weil sie sich mit „höheren Gedanken" beschäftigen und deshalb nur **Entenfleisch** verzehren. Wenn sie zusammenkommen, schnattern sie über göttliche Dinge, dass sie eine Ente beschämen. Manche essen nur noch **Hühnerfleisch,** drehen sich und gackern wie die Hühner, wenn sie ein Ei des Stolzes und des Selbstlobes gelegt haben; sie stecken ihre Nase gern in alle Töpfe und mischen sich in fremde Angelegenheiten, wo sie können. Manchmal erhebt einer unter ihnen den Kopf wie ein Hahn, der den Hühnern ruft, wenn er einen kleinen Wurm gefunden hat. Wenn die Hühner herbei rennen, verschlingt er den Wurm vor ihren Augen, als wollte er sagen: „Wie mächtig bin ich doch, dass ich einen kleinen Wurm überwältigt habe! In eurer Gegenwart verschlucke ich ihn, um euch zu zeigen, wie viel mehr ich bin als dieser armselige Wurm!" Dann scharren alle Hühner nach Würmern und sagen zueinander: „Wie groß ist unser Hahn und wie edel, dass er uns seine Entdeckung zeigt und sie selbst verzehrt!"

Der leidenschaftliche Fleischesser liegt so in den Fesseln der Idee, dass er das Fleisch zum Leben brauche, dass er sich nicht einmal davon befreien kann, wenn ihn das Fleisch auf das Sterbebett wirft. Selbst wenn ihm noch geholfen werden könnte, lehnt er es ab, davon zu lassen, weil die Intelligenzen der tierischen Fleischeszellen sein **Denkenswesen** vollständig überschatten und den **Verstand** und die **Vernunft** ausschalten.

Mazdaznan kümmert sich aber nicht darum, ob jemand Fleisch isst oder nicht. Jeder kann handeln, wie es ihm beliebt; aber die Folgen seiner Wahl muss er tragen. Wenn sich jemand vergiften will, steht es ihm frei, er darf aber nicht erwarten, dass Mazdaznan ihn dabei unterstützt. Wer ein **Naturgesetz** übertritt, sollte auch nicht **Gott** um Hilfe anrufen und nicht murren, wenn seine Gebete nicht erhört werden. Wie kann jemand Hilfe von Gott erwarten, wenn er Gottes Gebote übertritt! Darf jemand Unterstützung von einem anderen erwarten, dem er beständig Schaden zufügt und der ihm trotzdem schon einmal aus der Not geholfen hat! Es gibt noch genug suchende Seelen, die gern die Hand annehmen, die ihnen Mazdaznan anbietet, und sie werden Hilfe bei Mazdaznan finden, das gekommen ist, um zu retten und aufzubauen.

Die größte Sorge derer, die das Fleisch lassen wollen, ist immer: „Was sollen wir dann essen?" Das ganze **Pflanzenreich** bietet aber eine solche Fülle an, dass wir sie nicht ausschöpfen können; im Gegenteil, wir müssen sogar sehr bedachtsam sein, dürfen nicht alles nehmen, was uns die Natur anbietet, sondern haben uns das auszuwählen, was uns zukommt und fördert, woraus also unser Körper Vitamin, Saline und schließlich Ätherstoffe herstellen kann, so dass der Körper mit jedem Bissen neubelebt wird.

Wenn eine **Kuh** auf einer Weide alle für sie geeigneten Kräuter aufgezehrt hat und ihr kein neuer Weideplatz angewiesen wird, wird sie in kurzer Zeit hungrig, weil das Übriggebliebene ihrer Natur nicht entspricht. Bringt man aber ein **Pferd** auf dieselbe Weide, so frisst es sich an dem, was die Kuh übrig gelassen hat, satt. Jedes Tier kennt das Futter, das seiner Gattung frommt. Aber der Mensch, der doch das höchste auf der Fleischeszelle aufgebaute Wesen ist, isst wahllos alles durcheinander oder nebeneinander und wird nicht einmal durch Schaden klug, der ihm daraus als Krankheit und Leid aller Art erwächst.

Wenn ein **Fuchs** einmal der Falle entronnen ist, wird er nie wieder hineingehen. Wenn ein **Pferd** über eine ihm unbekannte Brücke geht, tritt es sehr vorsichtig auf. Wenn sich eine **Ratte** mit geröstetem Speck fangen ließ und entkommt, warnt sie die anderen Ratten, dass ja keine in die Falle gehe. Wenn einem **Hund** ein vorgesetztes Futter übel bekommt, wird er dergleichen nie wieder anrühren. Aber der Durchschnittsmensch will nicht lernen und es ist geradezu ein Wunder, dass er bei der üblichen naturwidrigen Ernährungsweise nicht in ganz kurzer Zeit eingeht.

Fütterte man einen **Löwen,** der gewiss einen guten Magen hat, mit Weißbrot, Zichorienwasser, genannt Kaffee, Butterbrot mit Wurst und Kuchen, dazu noch mit einigen Konserven, „leichtverdaulichen" Biskuits und Pudding, würde er nach vier Wochen alle Viere von sich strecken und für immer ausatmen. Der Mensch lebt dabei noch! Irgendeine seiner üblichen Mahlzeiten genügte, um einem Tier für eine ganze Woche den Magen zu verderben. Hätten die **Weisen, Heiligen, Heilande und Erlöser** vergangener Zeiten das gegessen, was heute der Durchschnittsmensch vertilgt, besäßen wir keine Zeugnisse ihrer Wahrheiten.

Es ist nur der beständig vorwärts schreitenden und auf Entwicklung zielenden **Natur** zu danken, dass sie die Fehler immer wieder auszugleichen sucht, wenn sich auch der Mensch ihrer stillen Arbeit nicht bewusst ist. Wir sollten uns also beglückwünschen, dass wir trotz unserer beständigen Ernährungsfehler noch am Leben sind, und sollten nun Mut fassen, dass wir auch noch lange genug leben werden, um ihnen gänzlich zu entwachsen. Die Stunde der Errettung ist ja nun für jeden gekommen; er braucht sich nur an die **Naturgesetze** zu halten, bis er erkennt, dass **„der Mensch sich selbst ein Gesetz zur Genüge"** ist, sobald ihn seine **Individualität** im Herzen leitet.

Die Grundlage der Ernährung des weißen Menschen bildet der **Weizen.** Er enthält alle die Stoffe, die der menschliche Körper braucht: Stickstoff, Phosphate (Calcium, Eisen, Magnesium, Natrium usw.) und Kohlenhydrate (Stärke, Zucker usw.), und zwar genau in dem Verhältnis, dass sich das Zellengewebe daran aufbauen kann. Danach haben sich unsere Speisen und Zusammenstellungen zu richten. Deshalb ist der Weizen **das wahre, das beste und das billigste Volksnahrungsmittel.**

Der **Roggen** kommt dem Weizen an Nährwert am nächsten, enthält aber weniger Phosphate und bedarf deshalb der Ergänzung durch gewisse Gemüse. Dann folgt die **Gerste,** die nicht genug Stärkemehl enthält und deshalb durch Reis und gewisse Gemüse ergänzt werden muss. Der **Hafer** kommt mehr den Muskeln zugute und leistet im Winter und in kalten Gegenden gute Dienste, wenn er in kleinen Mengen verwendet wird. Ähnliches gilt für den **Mais.**

Alle **Körnerfrüchte** können in sehr verschiedener Weise zubereitet und mit Gemüsen oder Obst zusammen genossen werden, so dass unbegrenzte Abwechslung möglich ist, was zur richtigen Ernährung gehört. Jede **Zubereitungsweise** ändert das Verhältnis und damit die Wirkung der Bestandteile des Weizens und der anderen Körnerfrüchte, ja, sogar die **Jahreszeiten** haben Einfluss darauf. Es ist ein Unterschied, ob der Weizen gekocht oder verbacken wird, der sich bei der Verdauung bemerkbar macht und auch bei jedem Temperament zu beachten ist. Weil man das noch nicht zur Genüge bedenkt, wird der Voll-Weizen noch zu wenig geschätzt und wirkt sich auch bei solchen, die ihn regelmäßig verwenden, selten so günstig aus, wie es sein sollte.

Im allgemeinen genügen für den **geistig Tätigen** je Tag 60 Gramm Weizen, daneben braucht er reichlich Obst, etwa 500 Gramm täglich, und hin und wieder etwas Öl oder Nüsse. Je weniger feuerzubereitete Nahrung er nimmt, umso mehr kommt die belebende Wirkung der **Rohkost** seiner geistigen Leistungsfähigkeit zugute, umso besser arbeiten seine Organe und umso gesünder ist er.

Der **körperlich Tätige** braucht je Tag 200 Gramm Weizen, häufig feuerzubereitet, daneben wenig Obst, etwa 250 Gramm, etwas mehr Gemüse und etwa 60 Gramm Öl oder Nüsse. Die feuerzubereiteten und daher etwas schwerer verdaulichen Gerichte werden von ihm wegen seiner körperlichen Tätigkeit ohne Beschwerden verdaut.

In der Mitte zwischen beiden steht der, der **teils geistig, teils körperlich tätig** ist. Für ihn genügen täglich 125 Gramm Weizen und etwa 30 Gramm Öl oder Nüsse. Daneben wählt er sich bald Obst, etwa 300 Gramm täglich, bald Gemüse in ähnlicher Menge. Je mehr er sich an Rohkost hält, umso sicherer findet er das richtige Maß und das für ihn richtige Verhältnis zwischen Weizen, Obst, Gemüse, Öl oder Nüssen.

Also der geistig Tätige oder **Kopfarbeiter** kann viel weniger Körnerspeisen vertragen als der körperlich Tätige oder Muskelarbeiter, besonders während der Arbeitszeit, und ist umso mehr auf flüssige oder saftige Nahrung angewiesen, wie Obst- oder Fruchtsäfte, Salate und Milch. Wenn die Milch verstopft, gibt er ihr etwas Mineralwasser hinzu; wenn Obstsäfte zu stark abführen, dann erhitzt er den Saft, bevor er ihn trinkt.

Der körperlich Tätige oder **Muskelarbeiter** ist auf seine Muskeln und Sehnen angewiesen, braucht daher mehr Körnerspeisen, roh oder gedämpft, zum Frühstück reichlich Mehlspeisen und Körnerbreie, zu Mittag gedämpfte oder gebackene Speisen, wie überbackene Bohnen oder Kartoffeln, und zum Abendmahl etwas mehr Brei, gebackene Kartoffeln, geschnittene Zwiebeln und eine gebackene Gemüsezusammenstellung.

Der Weizen bleibt der **„Stab des Lebens“** für die Kopf- und Muskelarbeiter und auch für die zwischen beiden Gruppen Stehenden; aber er muss in der richtigen Weise zubereitet werden. **Gemüse** und **Obst** sind nicht eigentliche Nahrungsmittel, sondern mehr **Ausscheidungs- und Anregungsmittel. Nüsse** sind sehr nahrhaft und deshalb immer nur sparsam zu verwenden.

Weizenkörner, 24 Stunden in kaltem Wasser eingeweicht und dann eine Minute gekocht, geben eine vorzügliche Speise, müssen aber gründlich gekaut werden. Werden die eingeweichten Körner drei oder mehr Stunden über Feuer langsam gekocht und dann durch ein Sieb geschlagen, geben sie **Weizenschleim,** der so nahrhaft und stärkend ist, dass einige Esslöffel voll davon genügen, um den Körper lange leistungsfähig zu erhalten. Gleichviel, wie man die Weizenkörner verwendet, roh geschrotet, gedämpft, gekocht, geröstet oder gebacken, so wird die Beigabe von etwas **Öl** und **Gewürz** das Kauen, das Verdauen und besonders die Umwandlung unterstützen.

Weizen-Schrotbrot ist das nahrhafteste Brot; doch sollte man mit Roggen- und Weißbrot abwechseln. **Weißbrot** sollte vor dem Genießen stets geröstet werden, und zwar nicht über offenem Feuer, sondern im Ofen oder auf der elektrischen Kochplatte. Dadurch werden die Hefepilze wenigstens teilweise unschädlich gemacht. Frisch gebackenes **Hefe-Weißbrot** enthält Arsenik und verursacht Kopfschmerzen und Eingenommenheit. Sogar altes Hefebrot enthält immer noch Hefepilze, säuert deshalb nach, sobald es in den Magen kommt, verursacht Gärung und Magenfieber. Es ist deshalb kein Wunder, wenn schon Kinder Verlangen nach alkoholischen Getränken haben und ihnen zur Beute fallen, sobald sie in die Welt hinausgehen.

Die „vorverdauten" oder **präparierten Nahrungsmittel aus Weizenmehl** verderben leicht und verlieren den Weizenduft, so dass man sie nur mit Vorsicht gebrauchen kann. Man kann sie verbessern, wenn man sie vor dem Gebrauch im Ofen nochmals aufbackt oder röstet und dadurch dextriniert. Da sie aber bei fabrikmäßiger Herstellung meist minderwertige Zusätze, die den Magen versäuern, erhalten, ist es besser, billiger und bekömmlicher, dass du sie dir selbst zubereitest.

Willst du dir nahrhafte **Granose** herstellen, so röste Weizenschrot und etwas Roggen- und Weißbrot leicht, mahle es und röste es nochmals ein wenig. Wünschst du Abwechslung, so ändere das Verhältnis der drei Bestandteile. Weiche 6 Teile Weizenkörner, 3 Teile Gerste und 1 Teil Hafer mehrere Stunden ein und koche sie zu einer breiigen Masse. Lasse den Brei erkalten, schneide ihn in Scheiben, röste diese im Ofen, bis sie ganz trocken sind und mahle sie. Dann hast du etwas sehr Feines, das für Geld und gute Worte nicht zu kaufen ist.

Du kannst dir ein besseres und nahrhafteres Getränk als **Kaffee** selbst herstellen. Mische 500 Gramm Gerstenkörner mit den Strohhülsen, 250 Gramm Roggenkörner und 50 Gramm geschnittene Löwenzahnwurzel, röste das Ganze im Ofen, bis es braun wird, und rühre hin und wieder um. Daraus erhältst du ein feines Getränk, dessen Aroma allein schon nährt. Mahle nicht im Vorrat, sondern nur soviel, wie du gerade brauchst. Ein halbes Pfund solchen „**Gesundheits-Kaffees**" kostet dich nur etliche Cent und du brauchst dein Geld nicht für teuren Kaffee auszugeben, sondern kannst es für etwas Besseres aufsparen.

Knollengewächse und grüne **Gemüse**, die nicht zart genug sind, um sie als Salat zu verwenden, sollten gebacken oder mit etwas Öl im eigenen Saft gedämpft werden. Die faserigen Teile, Schalen, Häute, Strünke,

Wurzeln werden sorgfältig zerkleinert, reichlich mit Wasser übergossen und mit Lorbeer, Paprikaschote, Selleriesamen oder einem anderen passenden Gewürz abgekocht und abgeseiht; das ergibt eine feine Brühe.

Von allen **Obstfrüchten** können Schalen, Stiele, Blütennarbe und Kernhaus zerkleinert, mit etwas Zimt, Nelke und Zitronenschale abgekocht und abgeseiht werden. Das ergibt ein ausgezeichnetes Bindemittel für Nussmehl, das zu Nusscreme verarbeitet werden soll. Nusscreme ist eine köstliche Speise in Verbindung mit Körnergerichten oder Brot und vermittelt Gewichtszunahme, wo das gewünscht wird.

Was **über dem Erdboden** und im Sonnenschein reift, zieht mehr Kräfte aus der Atmosphäre an als das, was **in der Erde** reift, und belebt deshalb mehr. Das Vieh, das an einem sonnigen Abhang weidet, wird fett und kräftig, während es auf einer beschatteten Weide nicht gedeiht. Ebenso wird der Mensch durch sonnengekochte Nahrungsmittel schön, kräftig und geistig geweckt, während ihn die im Schatten oder in der Erde gewachsenen, wenn er sie einseitig oder im Übermaß genießt, auf den unteren Stufen des Lebens zurückhalten.

Kochöle oder öligwässrige Verbindungen können durch Beigabe von Aromastoffen, Gewürzen, Kräutern oder pflanzlichen Auszügen verbessert und durch Beifügung von kochendem Wasser gestreckt werden. Das gilt besonders für **Nussbutter**, die immer in dieser Weise gestreckt werden sollte, aber immer nur soviel, wie man jeweils zu einer Mahlzeit braucht; sie ist so leichter verdaulich und kommt dem natürlichen Zustand näher. **Erdnüsse** geben eine preiswerte Nussbutter, die das allgemeine Bedürfnis befriedigt. Für Schwache ist Nussbutter aus **Mandeln** oder **Pinienkernen** besser geeignet.

Um die Gerichte schmackhaft, leicht verdaulich und umwandlungsfähig zu machen, bedient man sich der Gewürze, Kräuter und ähnlicher Zutaten.

Körnergerichte oder Speisen aus Getreidekörnern verlangen Kümmel, Anis, Mohn, Cayenne oder Curry.

Gemüse verlangen Thymian, Majoran, Salbei, Cayennepfeffer, Sellerie-, Fenchel-, Dill- oder Senfsamen, Sauerampfer, Schnittlauch und Knoblauch.

Obstfrüchte brauchen Zimt, Nelken, Muskatnuss, Muskatblüte, Safran oder Gewürzmischungen wie Curry.

Nüsse verlangen Salz, Cayennepfeffer und Jamaikapfeffer.

Öle brauchen Senf, Salz, Cayennepfeffer und Pflaumenkerne.

Milch- und Eierspeisen sind eine teure Nahrung und außerdem, weil sie gewöhnlich unwissenschaftlich zubereitet werden, von den meisten besser zu vermeiden. Denn sie haben die Eigenschaft, die Krankheitskeime im Körper zu fördern oder die geistige Entwicklung zurückzuhalten. Sie sind gut für einfache Naturen, die sich um ihre künftige Gesundheit oder geistige Entwicklung nicht kümmern. Bereiten wir sie wissenschaftlich zu, dann können sie wertvoll sein und uns zeitweise gute Dienste leisten. Aber wie viele von uns sind geneigt, Zeit zu opfern und Versuche mit Speisen anzustellen, von denen ihr Fortschritt abhängt! Deshalb bleibt es immer noch das Beste, Milch und Eier in ihrem natürlichen Zustand zu genießen.

Alle **Regeln** für die richtige und naturgemäße Ernährung dienen uns aber erst dann ganz zum Besten, wenn wir sie nicht nur äußerlich handhaben, sondern uns von Fall zu Fall selbst fragen, was die richtige Speise für uns ist. Das erfahren wir stets mit Sicherheit, wenn wir lernen, **hungrig** zu werden. Wir üben uns einfach, hungrig zu werden, indem wir das Morgenfrühstück weglassen und solange, bis uns morgens die natürliche **Darmentleerung** geworden ist, nur 2 Glas heißes Wasser trinken. Stellt sich darauf gleichwohl keine Darmentleerung ein, dann essen wir solange nichts, bis sie erfolgt ist. Sollten wir uns dabei schwach fühlen, so atmen wir etwas mehr und verlängern dabei die Ausatmung. Hat sich bis abends noch keine Entleerung eingestellt, so trinken wir noch mehr heißes Wasser und setzen jedem Glas 6 bis 12 Tropfen Zitronensaft oder 1 Teelöffel frischen Traubensaft zu. Dann können wir uns darauf verlassen, dass sich der Darm bis zum nächsten Morgen entleert. Sobald alle alten Ansammlungen abgeführt sind, werden sich die Zellintelligenzen bewusst, welche Speise der Körper und wie viel er davon braucht. Dementsprechend wählen wir dann die Speise und können sicher sein, dass sie uns befriedigt und nützt.

Dann begreifen wir auch allmählich, dass die Ernährungsfrage für uns nicht mehr lautet: „Wie viel und was darf ich essen?", sondern: **„Was und wie wenig ist nötig, um mich aufrecht zu erhalten?"** und kommen ganz von selbst dazu, unsere **Ernährung zu vereinfachen.** Stillen wir unseren Hunger mit einem **einzigen Gericht,** beschließen also unsere Mahlzeit, wenn wir von diesem einen Gericht nichts mehr essen mögen, dann sichern wir uns vollständige Verdauung, Umwandlung und Verarbeitung der Speise. Strecken wir aber die Hand nach weiteren Gerichten aus, dann lässt der Gaumenreiz den Geschmackssinn die Kontrolle über das richtige Maß verlieren und der Körper kommt in Unordnung oder wird verunreinigt und krank.

Das heißt: hast du Verlangen nach **Brot,** dann mache eine Mahlzeit aus Brot und lasse dir damit genügen. Fällt deine Wahl auf **Suppe,** so sei Suppe die Mahlzeit. Hast du dich für Haferschleim oder Haferbrei entschieden, dann hast du dies nötig für deine Mahlzeit. Sind es **Äpfel, Johannisbeeren, ist es Salat,** dann halte dich daran und du wirst dich dabei wohlfühlen, weil es deinem Verlangen und Bedürfnis entspricht. Ohne den Grundsatz zu verletzen, kannst du **Zitrone, Öl, Gewürze** oder dergleichen dabei verwenden, weil dadurch der Verdauungsvorgang unterstützt wird, da im Magen hohe Potenzen erzielt werden. Du kannst auch 2 Esslöffel voll **Haferflocken** hinzu nehmen, durch die sich alles zu einem Zeugungsakt vereinigt, umgewandelt und den Drüsen zugeleitet wird und schließlich in Saline übergeht, die den Körper beleben und erquicken.

Der Durchschnittsmensch nimmt jedenfalls **zuviele Gerichte** zu einer Mahlzeit; drei, höchstens vier sollten genügen, wobei ein Gericht die Hauptspeise bildet und die anderen nur als Ausscheidungsmittel dienen.

Es gibt Zeiten und Jahreszeiten, in denen der Körper vom Alltäglichen und vom Gewohnten etwas abweichen möchte, sei es der Abwechslung wegen, sei es, um mehr Wärme zu erzeugen. Das bedeutet dann einen **Festtag** für den Körper. Dabei dürfen wir von Zeit zu Zeit und in größeren Zwischenräumen eine besondere Sorte Obst, ein besonderes Gemüse in Verbindung mit Nüssen oder Öl hinzunehmen und werden damit gut fahren, wenn wir Maß halten.

Das **öftere Essen am Tag** ist nur für Kinder angebracht, nicht für Erwachsene. Die **Säuglinge** essen 9 bis 12 mal, die kleinen **Kinder** 7 mal, die reiferen 5 mal, später 3 mal und dann 2 mal, solange sie noch Handarbeit verrichten. Der erwachsene **Kopfarbeiter,** der keine Handarbeit leistet, sollte nur einmal am Tag eine richtige Mahlzeit halten; er kann aber außerdem etwas Obst nehmen. Der erwachsene, der teilweise Kopfarbeit und teilweise Handarbeit leistet, darf eine zweite kleine Mahlzeit einschieben. Nur der **Muskelarbeiter,** der körperlich schwer arbeitet, darf drei volle Mahlzeiten am Tag haben wie ein Pferd; will er aber vorwärts schreiten und lernen, seine Intelligenz zu gebrauchen, dann muss er mindestens die schwerverdaulichen Speisen durch leichtverdauliche ersetzen.

Jedem von uns wird es gut tun, sich das Frühstück ganz abzugewöhnen, sich also zunächst auf zwei Mahlzeiten zu beschränken. Mit der Zeit lernen wir dann, unseren Körper mit einer Mahlzeit zu befriedigen.

Je **intelligenter** und bedachtsamer der Mensch wird, umso mehr schränkt er ganz von selbst das Essen ein. Ein **Mensch mit flacher Stirn,** in dem sich nie ein erhebender, edler Gedanke regt, denkt vom Morgen bis zum Abend nur an das Essen und Trinken und vertilgt große Mengen. Er muss essen, um im Körper die zum Leben notwendigen Schwingungen zu erzeugen, weil sein kleines Gehirn nicht genügend Schwingungen nach den Verdauungsorganen zu senden vermag, um diesen für ihre Tätigkeit Anweisungen zu geben. Ein **intelligenter Mensch** mit hoher Stirn, der individuell, selbständig, konzentriert, zielbewusst und schöpferisch bei seiner Arbeit denkt, verlangt nicht nach vielen Gerichten, vielen Mahlzeiten und großen Mengen. Seine Gehirn- oder geistigen Kräfte halten sich rege durch die elektrischen Ströme, die seine bessere Atmung in den Nervenzentren erzeugt. Je höher die geistige Entwicklung ist, umso weniger braucht man vom Materiellen.

Schauen wir **rückwärts** auf die Ernährungsweise des Menschen vom hohen Alter bis zu seiner Geburt, so sehen wir, dass er mit **Milch** anfängt, zu **Körnerfrüchten, Obst** und **Gemüse** übergeht und dass tierische Erzeugnisse, wie **Milch, Eier, Butter, Käse,** und schließlich sogar die **Körnerfrüchte** immer mehr in den Hintergrund treten und durch **neuartige, leichter verdauliche Nahrungsmittel, wie Tapioka, Taroina, Agar-Agar,** ersetzt werden, weil sie dem geistigen Fortschritt mit zunehmenden Jahren kein Hindernis in den Weg legen. Wir sind also ganz offensichtlich schon von Natur aus mit unserer Ernährung auf dem richtigen, unserer gegenwärtigen Entwicklung entsprechenden Weg. Aber es handelt sich immer noch darum, dass die der weißen Menschheit zukommende reine, veredelte, **vervollkommnete Ernährungsweise** endlich **Allgemeingut** wird.

Deshalb hat Mazdaznan auch den ersten Anstoß zum **Vegetarismus** gegeben, hat aber dabei nicht beabsichtigt, daraus ein begrenztes Spezialgebiet der Lebenserneuerung zu machen, wie es die so genannten „Vegetarier“ tun, die sich deshalb wohl der Fleischnahrung enthalten, weil sie denken, sie verunreinigen sich damit, sich aber auf der anderen Seite mit allen möglichen unverdaulichen Gerichten voll stopfen, die die Verdauungsorgane schwer oder gar nicht auflösen können, so dass eine **alkoholische Vergärung,** ähnlich wie bei tierischen Fetten, vor sich geht und ihre körperlichen Leiden, die daraus hervorgehen, die gleichen sind.

Deshalb wird die „**vegetarische Bewegung**“ solange nicht den Erfolg haben, den sie haben könnte, bis ihre Anhänger lernen, die richtige Auswahl und Zusammenstellung der Speisen zu treffen, für die der Jahreszeit entsprechende Abwechslung zu sorgen und den jeweiligen Zustand des einzelnen zu berücksichtigen. Wenn sie sich, ganz vegetarisch, an Kartoffeln mit Mehltunke halten und dazu noch Weißbrot mit Kaffee genießen, werden sie ebenso an Rheumatismus leiden wie die Fleischesser, die ihren Magen mit Schweinefleisch und saurem Brot füllen.

Bereite deine Speisen selbst zu und denke dabei nur an diese Arbeit! Wenn du kochst, lege deine edelsten Gedanken hinein und den Wunsch, dass die Gerichte so gelingen, dass sie dich oder die, für die du kochst, fördern. Deshalb sollte sich jede Hausfrau vornehmen, die Speisen für die Familie selbst und eigenhändig in ihrem Küchen-Laboratorium zuzubereiten, damit jedem Familienmitglied das ihm Notwendige werde. Denn die Schwingungen von bezahlten Hilfskräften oder von schlecht bezahlten, kränklichen und übelgelaunten Fabrikhänden der Konservenindustrie beeinträchtigen die Verdaulichkeit der Speisen. Bereite dir sogar Nussbutter und Nusscreme selbst.

Ist die Hausfrau durch besondere Umstände verhindert worden, rechtzeitig heimzukehren, so dass sie das übliche oder geplante Mahl nicht mehr zubereiten kann, dann sollte sie sich **nicht aufregen,** nicht die Türen zuschlagen und die Zubereitung erzwingen wollen. Denn das Mahl würde weder dem Mann noch den Kindern bekommen; der eine wird verdrießlich, der andere verkriecht sich ins Bett, der Mann verlässt das Haus und versucht das unangenehme Gefühl im Magen mit Tabak und Alkohol zu betäuben. Hätte ihnen aber die Hausfrau die Ursache der Verzögerung erklärt und allen einfach **Brot, Obst und eine Tasse Kakao** liebevoll bereitet und vorgesetzt, hätten alle das Mahl mit Dankbarkeit und in friedlicher Stimmung eingenommen und die Harmonie wäre gewahrt geblieben.

Du hast schon oft beobachtet, dass dich nach einer Mahlzeit im Gasthaus ein eigentümliches Gefühl überkommt, selbst wenn du wenig und mit Vorsicht gegessen hast. Du fühlst dich verstimmt, als wolltest du alles in Stücke reißen. Hättest du dich erkundigt, dann hättest du erfahren, dass der **Koch** ein reizbarer und widerwärtiger Mensch ist. Dies hat sich auf die Speisen übertragen, die durch seine Hände gingen. Ja, wer feinfühlig genug ist, merkt es, wenn das Brot von einem **Schwindsüchtigen** gebacken worden ist, wenn den Kuchen ein **Rheumatiker** gebacken hat oder die Pastete von einer **zänkischen Person** zubereitet worden ist. Deshalb sollten wir auch, wenn wir durch besondere Verhältnisse gezwungen sind, unsere Speisen im **Gasthaus** oder in der **Cafeteria** einzunehmen, häufig einen örtlichen Wechsel eintreten lassen, damit wir zu einem Wechsel in der Zubereitungsweise und in den magnetischen Schwingungen kommen, die von den zubereiteten Händen auf die Speisen übertragen worden sind.

In jedem Fall sind wir besser daran, wenn wir jemand haben, der die Speisen **liebevoll** für uns zubereitet, weil dann die Liebesschwingungen entbunden und die Speisen mit den feineren Kräften der Natur geladen werden, die die schlummernden Elemente in den Nahrungsstoffen wekken, die die geistigen Kräfte beleben, so dass sich die Elektronen in unserer Natur auswirken und die Speisen uns befriedigen und auch sättigen. Daher kommt es auch, dass wir nach einer Mahlzeit im Gasthaus uns oft hungrig fühlen, weil die Speisen im wesentlichen mechanisch zubereitet werden, also nur mit den Schwingungen der Maschinen geladen sind, in denen sie erhitzt, gedämpft oder gebacken worden sind.

Seit urdenklicher Zeit ist es in der weißen Menschheit Sitte, dass man sich **vor einer Mahlzeit** auf den Genuss der Speisen **konzentriert oder sammelt** und zu diesem Zweck einen erhebenden Spruch, der der Gelegenheit angepasst ist, spricht, damit die Konzentration oder Sammlung der Gedanken während des Mahles weiterwirke. Wenn mehrere bei Tisch saßen, sprach jeder einzelne einige Worte und dann nahmen alle die Mahlzeit schweigend und harmonisch gestimmt ein. Diese **Sammlung der Gedanken** überträgt sich auf die Intelligenzen der Speisen und der Verdauungsorgane, so dass die Verdauung und Umwandlung der Speisen ohne Störung vor sich geht und nur kleine Mengen zur Befriedigung des Körpers nötig sind. Später kamen dann **Gebete** in Gebrauch, die demselben Zweck dienten und ihn auch erfüllten, solange sie mit Konzentration oder Sammlung gesprochen wurden. Allmählich artete aber das gemeinsame Beten in mechanisches Aufsagen ohne Konzentration aus und brachte weder den Speisen noch dem Verdauungsgang den erflehten Segen.

Wir wissen auch aus Erfahrung, dass wir bei einem Gastmahl, wenn wir in **eifrige Unterhaltung** verwickelt werden, beständig essen können und doch nicht genug bekommen. Wenn wir vom Tisch aufstehen, könnten wir noch mehr essen, selbst wenn wir uns schwer wie Blei fühlen und der Leib angeschwollen ist. Die Speisen sind nicht umgewandelt worden, sondern wie Fremdkörper liegen geblieben, und werden sie nicht rasch wieder ausgeschieden, so verursachen sie Beschwerden und Krankheiten.

Sind wir aber bei einem Freund zum Essen eingeladen, der **einfach, friedlich und harmonisch** lebt und mit uns ein Stück Brot und Apfelmus teilt, so stehen wir vollständig gesättigt und befriedigt vom Tisch auf. Es kommt also sehr viel auf das **Verhalten beim Essen** an. Sind wir in Harmonie mit uns selbst und unserer Umgebung, so werden die Speisen leicht und vollständig verdaut und erzeugen das Gefühl angenehmer Sättigung.

Wenn wir alle und die ganze weiße Menschheit diese Erkenntnisse verwirklichten, würde die Menschheit nicht mehr zu **leiden** haben und sogar die **soziale Frage** wäre gelöst. Denn sie wird nicht durch diese oder jene Form des Gemeinwesens gelöst, sondern durch die Vervollkommnung des einzelnen Menschen. Sie ist keine **kollektive,** sondern eine **individuelle** Angelegenheit, weil es in der ganzen Natur nicht zwei Wesen, nicht einmal zwei Blätter gibt, die sich vollständig gleich wären. Also ist **Verschiedenheit** und nicht **Gleichheit** das Grundgesetz in der Welt der Erscheinungen, und jeder einzelne muss sein Lebensrätsel für sich oder **individuell** lösen. Alle Versuche einer gemeinsamen oder kollektiven Lösung der Lebensfragen laufen darauf hinaus, dass einer oder mehrere ihre Auffassung anderen aufzwingen wollen, und sind daher von vorn herein zum Scheitern verurteilt.

Nur insofern besteht **Gleichheit** und Einheit unter allen Menschen, dass einer und alle **Individualitäten** sind, als solche alle den **freien Willen** und die **freie Wahl** haben und sich infolgedessen, soweit sie auf derselben

Entwicklungsstufe stehen, freiwillig zu einheitlichem Handeln zusammenschließen werden, um als eine **Gesamtheit** Größeres und mehr zu leisten als jeder einzelne für sich allein.

Jeder einzelne muss deshalb die **Gesetze der Lebensökonomie** studieren und befolgen, um die **soziale Frage** zu lösen. Solange aber der einzelne diese Gesetze verletzt, die Schätze der Natur vergeudet, missbraucht oder aus Selbstsucht und Geiz anderen vorenthält, solange ist die **Natur** gezwungen, das **Gleichgewicht** herzustellen und dem einzelnen und allen **Leiden** aufzuerlegen und sie vor **wirtschaftliche Schwierigkeiten** zu stellen, die sich weder mit dem Rechenstift, noch mit Wohltätigkeitsveranstaltungen, noch mit Notlösungen von vorübergehender Wirkung beseitigen lassen.

Wenn wir kein Geld haben, reden wir vom **Sparen** und wenn wir reichlich davon haben, verschwenden wir es. Das **Murmeltier** sammelt sein Korn, wenn es im Überfluss auf dem Feld liegt, füllt seine Löcher bis an den Rand und sorgt dafür, dass es bis zur nächsten Ernte reichlich vorhanden ist. Aber der Durchschnittsmensch denkt nicht an Sparen, bis ihm Armut, Elend und Hunger ins Antlitz starren. Dann erhebt er sich und heult wie ein hungriger Wolf in einer eingeschneiten Gegend, aus der es kein Entrinnen gibt, und wird gezwungen, alle falschen Ideen aufzugeben, sich ins Unvermeidliche zu ergeben und in Verzweiflung zu sterben.

In dieser Richtung des Verderbens bewegt sich heute die große Masse der Menschen, und zwar mit einer Schnelligkeit, wie sie in der Weltgeschichte noch nie dagewesen ist, wenn sie es auch nicht merken, weil sie nicht mehr ihren eignen Gedanken denken. Die große Masse gleicht einem Menschen, der in einem heißen Bad **verblutet,** weil ihm eine kleine Ader platzte. Er wird schwächer und schwächer und stirbt, ohne die geringsten Schmerzen zu spüren und ohne sich bewusst zu werden, was mit ihm vorgeht.

So tauchen die meisten in den Strom der ererbten **Gewohnheiten** und des **Aberglaubens** ein, fühlen sich wohl in der Behaglichkeit der Selbsttäuschungen und des trügerischen Scheins und merken nicht, dass sie beständig Lebenskraft abgeben, um diesen Zustand der Betäubung aufrechtzuerhalten. Sie sind so geschwächt, dass sie gar nicht daran denken, gegen diesen Zustand anzukämpfen, und schlafen ein, ohne zum **Selbstbewusstsein** gekommen zu sein.

Aber Mazdaznan hat nun dem einzelnen und allen den Ausweg gezeigt und es heißt jetzt: „Warum willst du vor der Zeit sterben! Wache auf! Fliehe zu den Bergen des gesunden Menschenverstandes und der Vernunft und rette deine Seele! Noch ist es Zeit für dich! **Ändere deine Denk- und Lebensweise!** Lerne und ziehe Nutzen aus dem Dargebotenen!"

Mazdaznan hat aber nicht die Absicht, **die Autoritäten, Seelenverkäufer und Sklavenhalter** zu belehren, dass es einen Weg gibt, das von ihnen selbst geschaffene Chaos zu entwirren. Denn sie würden sich nicht etwa zum **Nutzen der Gesamtheit** für die Entwirrung des Chaos einsetzen, sondern sofort Versuche anstellen, wie sie die Lehre zu Experimenten ausnützen könnten, um ihren **Einfluss auf die Massen** zu erweitern.

Wir denken dabei an den Professor der Nationalökonomie, der den Gedanken vom unterschiedlichen Nährwert der Nahrungsmittel aufgegriffen und eine **Brotpille** erfunden hatte, die er zunächst an einem Meerschweinchen ausprobierte, das die Probe während der Versuchszeit überstand. Das machte ihn sicher und er probierte es nun mit einem **Maulesel**, dem Disteln gut bekommen, wie er wusste, und der daher keine großen Anforderungen stellen würde. Am ersten Tag gab er dem Maulesel **drei Brotpillen** und als er am nächsten Tag in den Stall kam, schlug der Maulesel heftig aus, wie es seine Art ist, wenn er sehr hungrig ist und Futter erwartet. „Aha" sagte der Professor, „die Brotpillen tun ihm gut; er wird lebhaft dabei!" Darauf gab er ihm nur **zwei Brotpillen** und am nächsten Tag scharrte der Maulesel mit den Hinterbeinen und zerrte heftig an dem Strick, mit dem er angebunden war. „Ausgezeichnet", sagte der Professor, „er scharrt vor Freude!" und gab ihm nur **eine Pille.** Am nächsten Tag fand er ihn verendet und der große Mann sagte: „Gerade als er sich daran gewöhnte, musste er sterben! Aber mit meiner Erfindung habe ich doch das Richtige getroffen!"

So experimentieren die **Autoritäten** und ihresgleichen weiter an den Mauleseln, sehen nicht nur zu, dass es nicht zum Äußersten kommt, sondern machen sogar Wiederbelebungsversuche, aber nur zu dem Zweck, ein neues Experiment zu unternehmen.

Deshalb: „Befreie dich von alledem! Denke deinen eigenen Gedanken! Steh' auf eigenen Füßen und kümmere dich um deine eigenen Angelegenheiten! Iss dich nicht arm und krank!"

Dann brauchst du dich nicht tagaus, tagein, jahraus, jahrein von früh bis spät abzuplagen, sondern kannst dir soviel sparen, dass du jedes Jahr eine andere Gegend besuchen, dich mit der **Natur** verbinden und die **Werke Gottes** bewundern kannst. Lerne Länder und Völker kennen, beobachte ihre Sitten und Gebräuche, verkehre mit den Menschen, tausche deine Erfahrungen mit ihnen aus und lerne von ihnen! Dann wirst du alle lieben lernen und die Schwingungen der Natur und der Menschen stärken dich, machen dich glücklich für Monate und ermutigen dich, **weiter zu sparen** und die **Gesetze der Lebensökonomie** noch besser zu studieren und zu befolgen, damit du im nächsten Jahr ein anderes Land besuchen, seine Schönheiten bewundern und seine Bewohner kennen lernen kannst. **Eisenbahnen** können dann nicht schnell genug gebaut und **Flugverbindungen** durch die Luft nicht genug geschaffen werden und **Arbeit** wird es in Hülle und Fülle geben.

Die Krankheit **Geiz** wird der Vergangenheit angehören, der **einzelne** wird zwanglos und harmonisch im **Ganzen** aufgehen, die **Gemeinschaft** wird größere Kräfte entfalten und Größeres zum Nutzen aller vollbringen, wird ein Licht für andere Völker sein und Erlöser hervorbringen, die der ganzen Menschheit den Weg zur Erlösung ebnen. Für das Alter wird gesorgt werden und man braucht nicht mehr in die Fabriken zu gehen, um gerade die Beerdigung noch eine Zeitlang hinauszuschieben. Die jungen Leute brauchen nicht zu warten, bis die Alten ihnen Platz machen. Für alles wird gesorgt sein und **Frieden** wird unter allen Völkern herrschen.

Standhaft gleich einst Daniel

O. Z. A. Hanish | *Gospel Hymne*

9. Anrufung

O Gottgedanke, du Retter der Freiheit, atme aus die Botschaft der Freiheit über alle Reiche des Geistes, damit wir aus dieser ewigen Quelle Erkenntnis und Weisheit einatmen!

Oft scheint mir noch die Zwiespältigkeit der Erscheinungswelt Wirklichkeit zu sein. Aber sobald die Sonne in meiner Seele aufgeht, entschleiert der Glanz ihrer Strahlen meine Irrtümer und offenbart mir, dass ihr gleich Sonnenstrahlen sich ergießendes Licht ewig ist und dass ich untrennbar eins bin mit dir und du mit mir.

Erhebe dich, o Sonne der Seele, zum Zenit der Erkenntnis und Weisheit, damit die Menschheit erwache, die göttliche Freiheit begreife und aus ihrem Innersten, gleich der unbefleckten Jungfrau, die aus dem Reiche des Geistes empfangen hatte, den Retter der Freiheit gebäre, der die Botschaft der Freiheit verkündet! Möge das Zauberwort „Freiheit" die ganze Welt erfüllen und uns wieder in unser Geburts- und Erbrecht einsetzen!

Möge ich, wenn die Mitternacht und das Ende der Knechtschaft herannahen, alles Nutzlose der Vergangenheit restlos in den Schmelztiegel der besseren Erkenntnis opfern, damit es vom Feuer der Gottesliebe verzehrt werde! Sobald ich auf eignen Füßen stehe, werde ich mir bewusst, dass ich das Vergangene als den wertlosen Überrest von Erfahrungen vergessen muss.

Voll Dank gegen den Allgütigen begrüße ich den Tag der Freiheit, damit ich nun meine Lebensaufgabe erfüllen kann. Ich anerkenne die Rechte meines Bruders, dessen Licht derselben ewigen Sonne entstammt, und werde mein eignes Licht nicht hinter den Scheffel stellen, sondern es leuchten lassen vor der Welt, ihr furchtlos das Gesetz der Gerechtigkeit verkünden, anderen den Weg weisen und ihnen die gleichen Rechte einräumen, damit ihre Lampen hell brennen und sie Gott, dem Weltenlichte, die Ehre geben.

Schon erschallt die Botschaft der Freiheit, schwebt über den Tiefen der Unwissenheit, gießt den Gottesodem in alle Wesen und erfüllt sie mit Hoffnung und Freude, bis die Gottesliebe allein herrscht. Freiheit allein weckt die Kräfte der wahren Liebe, die einzige Retterin der Menschheit. Beschleunige den Tag, offenbare die Stunde, o göttliche Freiheit, da ich dir begegne!

Sei dem so! Und zu diesem Zwecke mögen alle Dinge gedeihen!

Gruß und Heil von den Toren des Ostens bis zu den Toren des Westens!

9. Lektion
Größere Möglichkeiten

In dieser Lektion wenden wir unsere Aufmerksamkeit dem **Nervensystem** zu, das deshalb von großer Bedeutung ist, weil es die elektrischen Ströme im Körper zu befördern und zu verteilen hat. Auf dem **Elektrismus** beruht unsere körperliche Erscheinung, während der **Magnetismus** die Atmosphäre schafft, die den Körper umgibt und schützt und in der wir leben, weben und sind. Der Elektrismus vermittelt den Aufbau und die Erweiterung des Körpers und aller seiner Einrichtungen gemäß dem Plan der ewigwirkenden Intelligenz im Herzen, die ihre schöpferischen Schwingungen vermittels des Elektrismus, des Nervensystems und des Rückenmarks in das Gehirn sendet. Deshalb sind der **Elektrismus,** das von ihm benutzte **Nervensystem** und das **Rückenmark** für die Entwicklung unserer Gehirnfähigkeiten außerordentlich wichtig.

Nur bei den wenigsten Menschen ist das Nervensystem vollständig tätig, bei den allermeisten aber nur zu einem ganz geringen Teil. Schon im grauen Altertum hatten die Weisen erkannt, dass wir in unserem Nervensystem **72 000 Nervenzentren** besitzen, die im Körper den Elektrismus zu verarbeiten und zu verteilen haben. Die Anatomie wird sie zwar am Toten nicht finden, das will aber nichts besagen; denn die Wissenschaft hat bei weitem noch nicht alles gefunden, was in unserem Körper enthalten ist. Sie hat bisher (ca. 1900) etwa 250 Nervenzentren gezählt und wir müssen anerkennen, dass wir damit bis auf den heutigen Tag schon wunderbare Erfolge erzielt und großartige Gedanken entwickelt haben. Wie unendlich viel mehr könnten wir aber erreichen, wenn alle 72 000 Nervenzentren tätig wären! Ein Glück, dass sie nicht alle auf einmal in Tätigkeit treten! Denn das würde unseren Kopf sprengen, der ohnehin schon bei vielen infolge unnatürlichen Blutandranges, dem Zerspringen nahe ist.

Das **Gehirn** ist die Krönung und Zusammenfassung des Nervensystems, das seine Höchstleistung durch das Gehirn vollbringt. Es stellt in unserem Körper die feinste Feinheit der Materie dar, ist von grauweißer Färbung, enthält aber die Grundelemente aller Farben und kann unendlich viele Schattierungen haben. Es ist die Vorratskammer aller Eindrükke, Schwingungen, Bewegungen und Wirkungen im Gebiet der Schöpfung und Entwicklung des Weltalls. Wären aber unsere Gehirnzellen entwickelt, dann sähen wir dieses Leben wie ein offenes Buch vor uns. Wir haben also erst eine gewisse Stufe erreicht; **es stehen uns aber noch höhere Stufen bevor** und deshalb sollten wir uns klar darüber werden, dass und in welcher Richtung wir uns als weiße Menschen zu entwickeln haben, um die Menschheit zu heben.

Im Entwicklungsgang ist der Mensch aus dem Tierreich hervorgegangen, erschien auf den Inseln der tropischen Gegenden der Erde infolge der Hitze als **schwarzer Mensch.** Von da verbreitete sich dann die Menschheit über die Erdteile. Durch die klimatischen Veränderungen und den inneren Drang nach einer Veränderung kam eine gewisse Erkenntnis hervor, so entstand der **braune Mensch,** nach ihm der **olivengrüne,** der **graue,** der **gelbe** und schließlich der **weiße** Mensch.

Mit der aufhellenden Hautfarbe macht gleichzeitig das **materielle Gehirn,** das vom Hinterkopf oberhalb der Schläfen bis über die Augen reicht, eine Entwicklung durch, die sich oberhalb der Nasenwurzel bis zwischen die Augenbrauen und nach dem unteren Teil des Hinterkopfes zieht, so dass das **Begriffsvermögen** unterhalb der Stirnmitte und der **Selbsterhaltungstrieb im Hinterkopf** mehr rege werden. Vom Hinterkopf aus entwickeln sich nach und nach die seitlichen Teile des Gehirns nach dem **spirituellen** oder Scheitelhirn im oberen Teil des Kopfes zu, so dass allmählich die **Moral**, die **Einbildungskraft**, die **Ethik** und die **Spiritualität** hervortreten. Von dem Begriffsvermögen aus geht die Entwicklung weiter in das **intellektuelle** oder Stirnhirn, so dass die Berechnung, die **Mathematik** und der **Erwerbssinn** rege werden. So ist die Entwicklung von Stufe zu Stufe weitergegangen und jede Menschen-Gruppe hatte einen gewissen Teil des Gehirns weiter zu entwickeln als die Vorhergehende.

So hat sich im Lauf der Entwicklung des weißen Menschen das **spirituelle** oder Scheitelhirn bis in das **intellektuelle** oder Stirnhirn **vorgedrängt**, so dass sich in ihm die **Idealität**, die **Sublimität** und die **Veneration** weiter entwickelt haben als bei den vorangegangenen Stufen und er **philosophisch denken, höhere göttliche Gedanken** aufnehmen und sich bis zu den höchsten Höhen der **Vergeistigung** erheben kann.

So wir dann das Gehirn der verschiedenen Gruppen anatomisch genau untersuchen, finden wir im Gehirn der weißen Menschen zum ersten Mal **eine kleine Faser**, die die intellektuelle Gehirngruppe oder das Stirnhirn zusammenfasst und sich nach dem vorderen Teil des Gehirns bis zum Begriffsvermögen zieht; alles läuft an ihr wie an einem goldenen Faden zusammen, der das Ganze verbindet. Nur weil sich im weißen Menschen diese kleine Faser entwickelt hat, ist sein **Begriffsvermögen** soweit geweckt worden, dass er die **Allgegenwart der Gottheit** begreifen oder sich Gott „mit den Augen des Fleisches" vergegenwärtigen kann, was allen vorangegangenen Gruppen nicht möglich ist, die den Gedanken der Allgegenwart Gottes und des ewigen Lebens nicht denken können und deshalb in ihrem Gedankenleben auf diesen Erdenball beschränkt bleiben.

Alle Menschen, gleich welcher Gruppe oder Rasse sie angehören, sind Offenbarungen Gottes, nur mit dem Unterschied, dass die vorangegangen Stufen den Anfang der Offenbarungen darstellen. Das ist aber kein Grund für uns, die vorangegangen Stufen zu verachten oder sie als unwürdig anzusehen. Im Gegenteil, wir sehen in all den Rassen die eine Stufenleiter, die wir als Menschen notwendigerweise zu gehen hatten.

Solange freilich der weiße Mensch sein Gehirn nicht weckt, sondern im Schlummerzustand lässt, kann er die Glückseligkeit des ewigen Lebens nicht fühlen, sondern sieht im Leben noch nichts Besonderes, beschränkt seinen Gedankenlauf auf das irdische Dasein und existiert nur.

Deshalb kommt ein weiterer Schritt in der Gehirnentwicklung des weißen Menschen hinzu, denn er hat die **Zirbeldrüse**[16] weiter entwikkelt. Sie stellt ein Zellengebilde dar, sitzt auf dem in das Gehirn einmündenden Rückenmark, etwa unterhalb der Scheitelfontanelle und hat die Form eines Trichters, dessen Öffnung nach dem Scheitel weist und dessen Wände wiederum aus zahllosen kleinen Trichtern bestehen, also porös wie ein Schwamm sind.

Auf dem Grund der Zirbeldrüse befindet sich **ein kleines Gebilde,** so groß wie ein Senfkorn, eine Linse oder ein Weizenkorn, das sich beständig in Bewegung befindet und in dem das **Gesinn** seinen Sitz hat, das die Vorgänge in der Zirbeldrüse leitet, die durch die aus dem Weltall und aus dem Herzen kommenden **Ätherwellen** eingeleitet werden. Das Gesinn ergießt diese Ätherwellen durch die zahllosen Poren der Wände der Zirbeldrüse als Ausstrahlungen in das **Gehirn,** gleichwie die Sonne ihre Strahlen auf die Erde ergießt, die sie aufsaugt, soweit sie dafür empfänglich ist.

Insofern sich die Gehirnzellen dieser Ausstrahlung öffnen, wird uns eine Einleuchtung, geht uns ein Licht auf, wird uns **Erleuchtung.** Alle Strahlen, die keine Aufnahme finden, kehren wieder zur Zirbel zurück und machen beständig neue Versuche, weil die noch nicht aufnahmefähigen Zellen allmählich aufnahmefähig werden können. Je mehr sich also die Tätigkeit der Zirbel erweitert, umso mehr erweitert sich die Tätigkeit des Gehirns und wir sind in der Lage „Gott mit diesen Augen des Fleisches“ zu schauen.

Die Zirbeldrüse ist demnach die drahtlose Empfangsstation auf der einen Seite für die auf den Ätherwellen getragenen **geistigen Kräfte des Weltalls und der Unendlichkeit** und auf der anderen Seite für die **Ätherwellen,** die von der ewigwirkenden Gottesintelligenz oder dem Gottgedanken **in unserm Herzen** ausgehen, vermittelt uns also die Verbindung mit allen in der Unendlichkeit vorhandenen Geisteskräften und ermöglicht uns zugleich die Erkenntnis, dass die Gottesintelligenz, die Gottheit oder Gott in unserem Herzen gegenwärtig ist und das wir sind „die Tempel des heiligen Geistes Gottes“, wie es der Heiland ausdrückte.

---

[16] Vgl.: „Mazdaznan – Drüsenkunde“

Sobald wir uns der verwandtschaftlichen Verbundenheit mit allem, was die Unendlichkeit füllt, bewusst werden, erweckt in uns der **Seelenzustand oder die Seele,** die die Brücke zwischen Zeit und Ewigkeit schlägt, ihren Sitz in der ersten rechten Kammer des Herzens hat und sich des Rückenmarks und des Nervensystems bedient, um die vom Gottgedanken im Herzen ausgehenden und auf Schöpfung und Entwicklung zielenden Ätherschwingungen dem Gesinn in der Zirbel und über diese dem Gehirn zuzuleiten. Die Seele kann also nichts aus sich selbst; sie kann nur die Verbindung zwischen dem ewigwirkenden Gottgedanken im Herzen und dem Gesinn in der Zirbel oder dem Sinnenreich herstellen.

Gleichzeitig hat die Seele von der ersten rechten Kammer des Herzens aus Verbindung mit der zweiten rechten Kammer des Herzens, in der der **Geist oder der Geisteszustand** seinen Sitz hat. Diese zweite Herzkammer ist mit einer höchst verfeinerten, ätherialisierten, vergeistigten Substanz erfüllt, die sich in beständiger Bewegung befindet, gleich einer wallenden Wolke, die in allen Regenbogenfarben schillert und sich beständig mit lebhaftem Farbenspiel verändert.

Von hier aus wirkt der **Geistestrieb,** der gleich ist der **Gottesliebe.** Er gibt den Anstoß zu allen Offenbarungen, Schöpfungen und Entwicklungen und bedient sich dabei der Seele, die die schöpferischen Geistesschwingungen über das Rückenmark dem Gesinn in der Zirbel und dem Sinnesbereich des Gehirns übermittelt. Deshalb ist die Seele eine Erweiterung des Geisteszustands. Wir verstehen nun besser, warum der Heiland sagte: „Ihr seid die Tempel des heiligen Geistes Gottes."

Wir können uns zwar keine genaue Vorstellung davon machen, wohl aber kommt uns **eine Ahnung,** welch unerschöpfliche Möglichkeiten uns als weißen Menschen offen stehen, weil sich unsere Zirbeldrüse weiter entwickelt hat. Erschließt sich ihren Ausstrahlungen die **Gedächtniszelle im Gehirn,** so können wir uns alles vergegenwärtigen, was in die objektive Welt der Erscheinungen gehört. Erschließt sich die **Erinnerungszelle,** so offenbaren sich uns die abstrakte Welt des Gottgedankens und die Macht und das Wirken der geistigen Kräfte.

Je größer unser **Gedächtnis** ist, umso größer ist unser **objektives Begriffsvermögen,** das Abwägen der Dinge und das Entschließen und Entscheiden. Je größer das **Erinnerungsvermögen** ist, umso größer ist das Gefühl der **Sicherheit,** der **Unabhängigkeit,** des **Selbstbewusstseins** und der **Geborgenheit.** Wir sind uns stets unserer Sache sicher, sind also über den Zustand des Hoffens hinausgetreten, das ja immer noch einen gewissen Grad der Unsicherheit darstellt. Unser Handeln wird bedachtsamer, gedankenvoller und zielsicherer. Wir werden uns bewusst, dass wir schöpferisch wirken müssen, weil die Schöpfermacht der Gottheit in uns ist und dass **in der schöpferischen Tätigkeit das Glück** des Menschen liegt.

Fehlt es an der richtigen Verbindung zwischen Herz und Zirbel, dann erreichen die Herzensschwingungen die Zirbel und das Gehirn nicht, sondern werden in das Herz zurückgedrängt. Dann versagen die **feineren Sinne,** wenn nicht immer, so doch meistens und bei ausschlaggebenden Gelegenheiten. Dann behauptet sich die **Eingebung** nur manchmal und nur manchmal wird uns ein Erfolg. Meist aber erfasst uns der Zweifel und drängt uns in Lagen, aus denen wir uns, wenn überhaupt, nur mit großer Mühe herausretten können oder in denen wir großen Schaden erleiden.

Kann das Gesinn in der Zirbel seine Aufgabe zwischen Herz und Gehirn voll erfüllen und sind die Gehirnzellen für die Ausstrahlungen der Zirbel empfänglich, dann vermählen sich die Gedankenschwingungen des **Herzens** mit den Sinnesschwingungen des **Gehirns,** die ganze Welt liegt offen vor uns, der Wechsel des Lebens bringt uns Frachten von Segnungen in den sicheren Hafen und der Zustand der Glückseligkeit ist unser, weil wir dann jede Gelegenheit benutzen, schöpferisch tätig zu sein.

Ist aber die Zirbel unnatürlich **schwach entwickelt,** dann zeigen sich Zerstreutheit, Fanatismus, Verblödung und geistige Minderwertigkeit in allen möglichen Stufen und Farben. Solche Menschen sind empfänglich für hypnotische Einflüsse, Zwangsvorstellungen, Suggestionen, sind unselbständig und unfrei, werden zu Sklaven ihrer Umgebung und es kommt ihnen nicht einmal der Gedanke, einen Versuch zu machen, diesen Zustand abzuschütteln. Hemmungen in der Zirbeldrüse wirken sogar auf die Geschlechtsdrüsen zurück; es tritt körperliche Frühreife in die Erscheinung und materieller Geschlechtstrieb setzt ein, mit dem **geistige Unfruchtbarkeit** parallel läuft.

Wenn es sich bei der schwach entwickelten Zirbel nur um wenige Einzelfälle handeln würde, könnte man darüber hinwegsehen und der

Natur die Ausmerzung überlassen. Dem ist aber nicht so; sondern fast die ganze weiße Meschheit befindet sich in diesem Zustand wegen ihrer unnatürlichen und gedankenlosen Lebensweise, durch die sich **Säuren im Körper** in einem Maße ansammeln, dass es keine Stelle im ganzen Körper gibt, die frei bleibt von Säuren; nicht einmal das Gehirn bleibt verschont.

Dann erweitern sich die Gehirnzellen nicht mehr und werden mehr und mehr unempfänglich für die Ausstrahlungen der Zirbel. Auch das **Gedächtnis** leidet und sträubt sich, etwas Neues aufzunehmen, so dass einem sogar das Auswendiglernen und Studieren schwer fällt. Nur für Augenblicke denkt man noch klar, wenn sich aus einem besonderen Anlass die Säuren aus einem Teil des Gehirns zurückziehen und man sich bewusst wird, dass einem eine Mahlzeit Hemmungen verursacht hat. Bald bilden sich aber von neuem Säuren, man verfällt wieder in die alten Essgewohnheiten und, selbst wenn einen für einen Augenblick ein klarer Gedanke durchzuckt, wirft der **Zweifel** sofort seinen Schatten darüber und lässt einen fragen: „Ist es auch wirklich wahr, was da aufkommt in mir?" Die geistige Entwicklung stockt also vollständig.

An dieser Säurevergiftung leiden heute **92% der weißen Menschheit,** sind demnach in ihrer geistigen Entwicklung am toten Punkt angelangt. Sie begreifen nur, was ihre Augen sehen und ihre Ohren hören. Man kann sich aber mit ihnen über geistige oder abstrakte Dinge nicht unterhalten. Sie sind zufrieden mit ihrem Speck und Schwarzbrot, ihrem Kraut mit Schweinsfüßen, ihrem Schoppen und Tabak. Sie bescheiden sich bei ihrer Krankheit, die sie für erblich in der Familie halten und trösten sich damit: „Wir müssen leiden, damit Gott sieht, dass wir ihm treu sind!" Im übrigen werde ihnen Gott gemäß dem Katechismus gnädig sein, wenn sie in das andere Reich übergehen.

Hierher gehören auch alle die, die einen anderen, der mit **mystischen Ausdrücken** um sich wirft, mit offenem Mund anstaunen und in diese mystischen Worte das hineinlegen, was sie sich einbilden. Gebraucht der andere die orientalischen Worte „Shusumna" und „Kundalini", dann schreiben sie diesen Worten geheime Wirkungen zu, wiederholen sich die Worte täglich tausendmal und öfter und, wenn sie abends zu Bett gehen, dann schauen sie sich um, ob sich „Shusumna" noch nicht geöffnet und „Kundalini" noch nicht entfaltet hat. Unter „Shusumna" versteht aber der Orientale das Rückenmark, das dem Gehirn belebende Schwingungen übermittelt, und unter „Kundalini“ versteht er die innere Tätigkeit des sympathischen Nervensystems, das bisher schlummernde Nervenzentren in Schwingung versetzt und dadurch mehr Elektrismus erzeugt.

Bei der heute üblichen Ernährungsweise der weißen Menschheit setzt die **Säurevergiftung** schon mit dem 8. Lebensjahr ein, bei besser Begabten mit dem 10. und wenn sie erst im 12. Lebensjahr einsetzt, so will das schon etwas heißen. Alle diese wachsen zwar körperlich weiter; aber selbst wenn sie 50, 60, 70 und mehr Jahre alt werden, fehlt ihnen die **geistige Mündigkeit** und Reife. Sie werden **körperlich Riesen** und bleiben **geistig Zwerge,** die sich nur in ihrem engen beschränkten Gedankenkreis bewegen können. Nur **eine kleine Zahl** wächst geistig über das 12. Lebensjahr hinaus, noch weniger werden selbständige Denker und noch weniger wachsen beständig weiter im Denken.

Kommen die geistig Acht-, Zehn- oder Zwölfjährigen an die Regierung, so sind sie eine Fessel für die friedliche Entwicklung des Volkes, das geistig wachsen will und soll, und es ist kein Wunder, wenn solche, die über die Zwölfjährigen hinausgewachsen sind, sich vor diesen nicht beugen wollen, und Revolution und dergleichen entstehen. **Der geistig achtjährige Erwachsene** denkt nur an sich und seinen Bauch, stopft sich die Taschen voll ohne Gegenleistung, scheut die Arbeit und ist deshalb darauf aus, von der Arbeit der anderen zu leben. **Der geistig zehnjährige Erwachsene** ist zwar etwas gereifter im Denken, kann aber nur das denken, was andere schon vorher gedacht haben, ist also das geeignete Werkzeug für die Durchführung der begrenzten Ideen anderer, die sie in ein Programm, eine Theorie, ein Dogma und dergleichen einkleiden. **Der geistig zwölfjährige Erwachsene** hat ab und zu einen eigenen Gedanken, aber nicht die Fähigkeit zu beurteilen, ob er verwirklicht werden kann, und noch viel weniger die Kraft, ihn selbst zu verwirklichen. Deshalb erscheinen die unzähligen Gesetze und Verordnungen, die schon veraltet sind, ehe sie recht durchgeführt worden sind.

Wenn sich aber unter solchen Verhältnissen irgendwo einmal einer hervorwagt, der sich geistig weiter als ein geistig Zwölfjähriger entwickelt hat, dann geht es ihm genau so wie einem **Sokrates, Jesus, Johannes,**

dem Offenbarer: er kommt vor das Scherbengericht, wird beseitigt, gekreuzigt, verbannt oder in anderer Weise mundtot gemacht.

In gar nicht seltenen Fällen setzt die Versäuerung des Gehirns schon **bald nach der Geburt** des Kindes ein und legt den Grund zu einseitiger Gehirnentwicklung, zur Verblödung und zum **Irrsinn.** Von diesem Los werden mindestens **12% der weißen Menschheit** getroffen, die die Irrenhäuser füllen oder der beständigen Überwachung bedürfen. Meist ist bei ihnen die **Nabelschnur** nicht an der natürlichen Einschnürungsstelle getrennt worden, so dass der intellektuellen Gehirngruppe hinter der Stirn ein schwerer Schlag versetzt worden ist. So kann ein Kind, selbst wenn es mit einem vollkommen ausgebildeten Körper geboren worden ist, zum Idioten gemacht werden.

Vergleicht man die Köpfe der **Irrsinnigen** in den Irrenanstalten mit den Köpfen der **Über-Intellektuellen** aller Gesellschaftsschichten, so ergibt sich die überraschende Tatsache, dass sich in beiden Fällen das Gehirn auf der rechten Seite augenfällig vordrückt. Es braucht demnach dem Über-Intellektuellen nur etwas zustoßen, so wird er irrsinnig bis zur Irrenhausreife. Alle Über-Intellektuellen, und sie machen **85% der akademisch Gebildeten** aus, leben im Bannkreis ihrer Ideen, von denen sie nicht abzubringen sind und über die sie nicht mit sich reden lassen. Wenn solche Über-Intellektuelle an der Spitze eines Volkes stehen, führen sie das Volk nicht aufwärts, sondern verführen es und bringen Verwirrung in seine friedliche Entwicklung, sind also eine Gefahr für das Volk.

Wir brauchen uns nach alledem nicht zu wundern, dass die weiße Menschheit nicht das leistet, was sie leisten könnte und sollte, und wir erkennen sogar, dass sie in großer Gefahr ist, ihr Ziel zu verfehlen, wenn nicht immer mehr **einzelne** und schließlich **viele erwachen** und **Beispiele** aus sich machen, denen die anderen folgen können. Denn schließlich muss immer wieder der einzelne, das Individuum, anfangen, sich aufzuraffen und emporzuarbeiten, und sein Lebensrätsel lösen, weil das niemand für einen anderen tun kann. Jeder muss seine eigene Stellung im Leben finden, sich seiner Verantwortung bewusst werden und seine Stellung zum Ganzen oder gegenüber der Gesamtheit behaupten, damit diese und schließlich die ganze Menschheit gehoben wird.

Jeder einzelne von uns muss sich also interessiert zeigen, den Versäuerungszustand in seinem Körper zu beseitigen, sein Nervensystem mitsamt dem Rückenmark zu beleben und das Gesinn in der Zirbel zu wecken, damit er aus dem geistigen Stillstand zur **geistigen Entwicklung** übergehen kann. Mazdaznan bietet ihm dazu Mittel und Wege an, die ihm das Ziel in greifbare Nähe rücken und den Erfolg verbürgen.

Mazdaznan hat nicht nur in einzelnen, sondern in vielen Fällen bewiesen, dass seine Prinzipien sogar **geistigbehinderte Kinder** bis zum 17. Lebensjahr wieder zu normalen Menschen machen können, die selbständig denken und ihre Sinne zu gebrauchen vermögen. Um wie viel mehr müssen dann noch halbwegs normale Menschen auf demselben Weg gefördert und um wie viel mehr wird bei ihnen erreicht werden können!

Ein **wahnsinniger Knabe** von 14 Jahren, den die Ärzte für unheilbar erklärt hatten, war so hilflos und steif, dass er nur von Zeit zu Zeit auf einige Minuten aus seinem Zustand erwachte, dann aber von zwei Wärtern gehalten werden musste, damit er kein Unheil stiftete. Seine Atmungsorgane waren offensichtlich so verkümmert, so dass zunächst sein **Atem** auf künstliche Art und Weise verlängert werden musste. Er wurde festgeschnallt, dann wickelte man ein langes Handtuch um den unteren Teil seiner Lunge, zog das Tuch an beiden Enden zusammen und ließ es plötzlich los. Nachdem diese **künstliche Atmung** eine Stunde lang durchgeführt worden war, sah man schon einen kleinen Fortschritt. Alle 6 Stunden wurde diese Behandlung für eine ganze Stunde wiederholt. Gleichzeitig erhielt er eine **entsäuernde Diät** und wurde täglich am ganzen **Körper mit Öl massiert**. Nach 3 Monaten konnte er sich selbst an- und ausziehen, nach 5 Monaten fing er an zu buchstabieren und zu lesen, nach 7 Monaten, zu schreiben, wenn er sich auch anfänglich dagegen gesträubt hatte. Dann wurde er in den Stall gestellt und wie ein Esel mit Wasser und Heu versehen und nach 12 Stunden war sein Trotz gebrochen. Nach zweieinhalb Jahren war er normal im Denken und im Gebrauch seiner Sinne.

Wir begreifen nun immer besser, warum Mazdaznan uns zu Atemübungen, die uns von Säuren entlasten, und zu einer Ernährungsweise, die uns nicht mit Säuren belastet, anhält und uns an panopraktische Behandlung, aufrechte Haltung des Rückgrates, an die gehobene Brust und an manches andere erinnert. So wird uns auch die **7. rhythmische Atemübung,** wenn wir uns genügend mit ihr vertraut gemacht haben, klar machen, dass sie uns hilft, das vorgesteckte Ziel zu erreichen, die **Tätig-**

keit der Zirbel zu erweitern, damit das Gesinn nach und nach die Nervenschwingungen des ganzen Körpers auf sich konzentrieren, sich dadurch weiterentwickeln und immer mehr schöpferische Lichtstrahlen in das Gehirn senden kann, um die Gehirn-Intelligenzen zu wecken, die mit Hilfe der organischen Energien des Körpers die neuen schöpferischen Gedanken in diesem Dasein zu verwirklichen haben.

Eine gute, ja, eine für jeden von uns notwendige allgemeine Vorbereitung auf die 7. rhythmische Atemübung ist eine gründliche **Entsäuerung des Körpers,** weil dann der Erfolg der Übung umso größer ist. Diesen Zweck erfüllt die Natron-Kur.

Natron-Kur

Man trinkt morgens nüchtern 1 Glas heißes Natron-Wasser so **heiß** und so schnell, wie nur möglich. Dazu löst man 1 Teelöffel **doppeltkohlensaures Natron** in 2 Esslöffel kaltem Wasser auf und füllt das Glas dann mit kochend heißem Wasser auf, und zwar am besten mit destilliertem Wasser. Sollte man sich beim Trinken verschlucken, nimmt man rasch einen kleinen Schluck kaltes Wasser und dann sofort wieder das heiße Natronwasser.

5 bis 10 Minuten später trinkt man 1 Glas kaltes oder heißes, möglichst destilliertes Wasser, dem man 6 bis 12 Tropfen **Zitronensaft** oder 1 Teelöffel frischen **Traubensaft** beigefügt hat. Es wirkt wie eine starke Potenz und begünstigt die Ausscheidung der Säuren.

Das führt man **1 Monat** lang Tag für Tag durch. Schon nach 1 Woche fühlt man sich leichter und heiterer und bescheidet sich mit weniger Nahrung, weil die Neutralisierung und Ausscheidung der Säuren in vollem Gang ist.

Stellt sich, nachdem man das heiße Natronwasser getrunken hat, Hunger ein, was gewöhnlich erst nach 1 bis 2 Stunden geschieht, so nimmt man etwas ungesüßten **Fruchtsaft** oder etwas getrocknete Äpfel, Pflaumen oder Birnen, die man für 6 Stunden in Most oder Apfelwein eingeweicht hatte, oder auch etwas Obst, das man 15 bis 20 Minuten gedünstet hatte, möglichst heiß, also etwa 2 bis 3 Pflaumen oder 6 bis 8 Apfelstückchen. Damit vermischt oder unmittelbar danach nimmt man 1 Teelöffel oder etwas mehr trockene rohe **Haferflocken** oder 1 Handvoll frischgepufften **Mais,** um die Neutralisierung zu unterstützen.

Während des folgenden **2. Monats** nimmt man morgens nüchtern kein Natronwasser mehr, sondern nur **2 Glas heißes,** möglichst destilliertes **Wasser** je mit 6 bis 12 Tropfen Zitronensaft oder 1 Teelöffel Traubensaft.

Im **3. Monat** der Kur nimmt man nur noch **1 Glas** solches heißes Potenzwasser morgens nüchtern.

Wer sehr stark versäuert ist, nimmt wenigstens im 1. Monat der Kur außer dem heißen Natronwasser am Morgen unmittelbar **vor dem Mittag- und Abendessen 1 Glas kaltes,** möglichst destilliertes Wasser mit ¼ Teelöffel doppeltkohlensaurem Natron, damit das Gegessene nicht in Säuren übergeht.

Der Wohlbeleibte nimmt zu Mittag und zu Abend **Obst,** der Magere **Gemüse.** Wer aber von Obst doch noch versäuert wird, muss einige Körnchen Kochsalz dazu nehmen oder sich für längere Zeit alle Obstmahlzeiten versagen. Zu jeder Mahlzeit nimmt man aber mindestens 1 Teelöffel rohe **Haferflocken,** besonders am Morgen, außerdem am Abend etwas kalte oder heiße **gekochte Haferflocken.** Dazu weicht man die trockenen Haferflocken 6 Stunden ein und kocht sie in 15 Minuten weich.

Der Ernährung schenkt man während der 3 Monate der Kur besondere Aufmerksamkeit. Roher Spargel und rohe Haferflokken erzeugen sofort Vitamin und Saline; ebenso Salate mit Puffmais; zum Salat kann man eine Tunke mit Olivenöl und etwas Weißwein machen und sie mit etwas Cayennepfeffer würzen. Geriebene Äpfel, zerdrückte Bananen und etwas Apfelsinensaft, miteinander schaumig geschlagen und mit rohen Haferflocken gegessen, erzeugen ebenfalls Vitamin und Saline. Alles nicht roh essbare Gemüse bäckt man trocken im Ofen oder dünstet es mit etwas Öl im eigenen Saft in einem gutschließenden Topf, damit sich die Salze aufschließen und zu Salinen entwickeln.

1 weiches Ei, nicht mehr, ist an einem Tag gestattet, jeden 3. Tag auch 1 Esslöffel weicher Käse, der sich wie Sahne gießt und dem man 12 Kümmel- und 3 Senfkörner beifügt.

Nach jeder Mahlzeit nimmt man den unverdünnten Saft einer halben **Zitrone,** möglichst durch einen Strohhalm, um die Zähne zu schonen.

Das Natron und die Haferflocken lassen bald die Säureauswirkungen verschwinden. Die rauhe Haut glättet sich, feuchte Hände werden trokken, Halsverschleimung verschwindet, die Haut hellt sich auf und man fühlt sich stärker und gesünder, weil die Organe ungehemmt arbeiten können.

Unser Ziel ist, das ganze **Zellenwesen** des Körpers auf das Gesinn in der **Zirbel** zu konzentrieren, um dadurch der schöpferischen **Intelligenz** im Herzen erweitertes Wirken zu ermöglichen. Wir bedürfen also mehr als des **Intellekts** oder des intellektuellen Denkens, das an die hinter der Stirn liegende Gehirngruppe gebunden ist, und mehr als des **spirituellen** und **materiellen** Denkens vermittels des Scheitelhirns und des Gehirns im Hinterkopf und am Schädelboden. Vielmehr müssen diese **drei Gehirngruppen** das ihnen Anvertraute auf parallelen Linien vollziehen und sich auf das **Gesinn** in der Zirbel einstellen, so dass auch alle Sinne, einschließlich des Gefühls, nach der Zirbel zurückgezogen sind. Dann kann die schöpferische Intelligenz aus dem Herzen über die Zirbel auf alle drei Gehirngruppen gleichmäßig erweiternd wirken und unsere geistige Entwicklung fördern.

Von Natur aus entwickeln sich die 3 Gehirngruppen nicht gleichzeitig, sondern **nach und nach,** erst die materielle, dann die spirituelle und zuletzt die intellektuelle, so dass im Lauf der Entwicklung in jeder Gruppe **Hemmungen oder Übertreibungen** eintreten können und das Endergebnis ein unausgeglichener Gehirnzustand ist. Aber nur wenn alle 3 Gruppen **ausgeglichen** sind, kann ein höherer Gedanke aufkommen. Deshalb ist die Ausgleichung der 3 Gruppen für jeden von uns notwendig und auch erreichbar durch die rhythmischen Atemübungen. Je mehr die Ausgleichung vor sich geht, umso mehr rundet sich, selbst im späten Alter, sogar der Schädel aus, so dass man an der Änderung der Schädelform die Wirkung der Atemübungen feststellen kann.

Erweitert sich die Dreiseitigkeit unseres Gehirns **gleichmäßig,** dann gibt es für uns nichts Geheimnisvolles, Okkultes, Mysteriöses, Übernatürliches mehr, weil die Erinnerung und das Gedächtnis erwachen und uns alles offenbar machen, je mehr sich die Intelligenzen des ganzen Körpers auf die Zirbel konzentrieren. An diesen Punkt hat sich alles in uns zu heften und soweit das geschieht, wachsen wir und nehmen an Erkenntnis zu.

Jeder Teil, jedes Organ unseres Körpers steht in unmittelbarer Verbindung mit einem bestimmten Teil des Gehirns. Wird ein Organ verletzt oder geht es verloren, so werden die entsprechenden Gehirnintelligenzen lahmgelegt. **Der Gehirnzustand ist also von den Organen und ihrem Zustand abhängig.** Schon wenn man ein Fingerglied verliert, setzt ein gewisser Teil des Gehirns aus. Sind gewisse Körperteile gelähmt wie bei einem Schlaganfall, so wird das Gehirn in Mitleidenschaft gezogen; man wird schwerfällig, ungeschickt und gedankenschwach. Verliert jemand das Gehör, so ist er in vielen Beziehungen gehemmt. Selbst wenn beim Verlust z.B. der Augen der Gehör- und Gefühlssinn schärfer werden, ist das doch kein Ersatz für den Gesichtssinn. Wir müssen also alles daran setzen, dass wir nicht mit gelähmten oder toten Organen herumlaufen. Denn wir wollen keine Krüppel sein, solange es einen Ausweg gibt, und es gibt einen, indem wir allen Körperteilen Verbindung mit der Zirbel verschaffen.

Um dies zu beschleunigen, müssen wir lernen, uns vollkommen zu ergeben, und dazu müssen alle Teile des Körpers, einer nach dem anderen, täglich für einige Minuten geübt werden, sich auf die Zirbel zu konzentrieren. Dazu dient uns die folgende Vorbereitungs-Übung für die 7. rhythmische Atemübung.

Vorbereitungs-Übung

Wir üben uns, aus den einzelnen Körperteilen das **Sinnenwesen,** auch das Gefühl, auf die Zirbel **zurückzuziehen.** Wir ziehen das Gefühl aus dem **Arm** bis zum Schulterblatt zurück, so dass im Arm kein Gewicht, keine Schwere, kein Gefühl zu spüren ist; der Arm ist wie abgestorben und die Hände sind gefühllos, als ob sie versteinert wären. In diesem abgestorbenen Zustand müssen wir dann den Arm ganz mechanisch bewegen können.

So ziehen wir das Gefühl aus allen Teilen des Körpers zur Zirbel zurück, auch aus den **Beinen** und **Füßen.** Wir setzen uns dazu am besten auf den kleinstmöglichen Fleck, indem wir ein Bein unterschlagen, uns auf den Fuß setzen und darauf solange sitzen bleiben, bis alles Gefühl im Fuß verschwunden ist. Wir dürfen also nicht sagen: „Ich halte es nicht mehr aus!“ Wir müssen aushalten, um Herr über uns selbst zu werden, und werden es auch aushalten, je mehr wir uns unseres Gesinns in der Zirbel bewusst werden. Wenn es uns wenigstens 1 Minute lang gelingt, das Gefühl aus dem Fuß und dem Bein nach der Zirbel zurückzuziehen, dann genügt es schon für diese Stellung.

Dann nehmen wir **eine andere Stellung** ein und verbleiben darin für 1 Minute oder solange, bis wir fühlen, dass sich das Gefühl in der Zirbel sammelt. Gelingt es nicht gleich, so atmen wir solange aus, bis sich das Gefühl von selbst zurückzieht. Dann setzen wir andere Stellungen hinzu, drehen auch den Körper von einer Seite zur anderen und achten darauf, dass keine Spannung entsteht.

Aus dem **Gehirn** entlassen wir alle Ideen und Gedankenläufe, machen uns förmlich gedankenlos, bis in einem Augenblick alles verschwunden ist, was wir je gesehen, gehört, gefühlt oder sonst wie wahrgenommen haben.

Nachdem wir uns 5 bis 6 Minuten in dieser Weise geübt haben, setzen wir uns in den gewöhnlichen Sitz, werfen die **Brust** heraus und nehmen einige **tiefe Atemzüge.** Schauen wir dann um uns, so scheint uns alles klarer zu sein als zuvor. Damit haben wir uns den Beweis geliefert, dass durch solche kleine Übungen die **Augen** klarer geworden sind, der **Gesichtssinn** sich also gebessert hat. Was aber dem einen Sinn wird, wird nach und nach auch den anderen und schließlich **allen Sinnen,** weil die schöpferischen Ausstrahlungen aus der Zirbel von den entsprechenden Gehirnzellen mehr und mehr aufgenommen werden.

Damit wächst unsere **Erkenntnis** auf allen Gebieten und damit unsere **Liebe** für alles und alle.

Nun wenden wir uns der **7. rhythmischen Atemübung** zu. Wir setzen voraus, dass die ersten sechs rhythmischen Übungen gewissenhaft, getreulich und in dem Geiste, wie sie gegeben wurden, befolgt worden sind, wenigstens einmal täglich, während wir die, von denen wir besonders gute Wirkung verspüren, mehrmals am Tag machen sollten.

Die 7. Übung soll aber grundsätzlich **nicht mehr als einmal täglich** vorgenommen werden, weil sie so stark wirkt, dass dem Körper Zeit gelassen werden muss, die dabei geweckten **elektrischen Kräfte** über den ganzen Körper zu verteilen. Wir dürfen nie vergessen, dass nicht die Menge der Arbeit, sondern die Gewissenhaftigkeit und Sorgfalt der Ausführung ausschlaggebend sind. Was wir bedachtsam und erkenntlich tun, trägt bessere Früchte als übereifrige Anstrengungen.

Die starken elektrischen Kräfte, die durch die Übung ausgelöst werden, sollen die schlummernden **Nervenzentren** im Körper wecken und die **Gehirnzellen** beleben. Wenn dabei prickelnde Schläge fühlbar werden und starke Strömungen durch den Körper ziehen, brauchen wir uns deshalb keine Sorge zu machen. Sie regen die Zirbeldrüse an und beruhigen das Scheitelhirn, sind also eine natürliche und gewünschte Wirkung der Übung, damit die Verbindung zwischen Zirbel und Organen immer weiter hergestellt wird.

7. Rhythmische Atem-Übung

Sobald du am Morgen erwacht bist, strecke den Körper in alle Richtungen, besorge deine Morgentoilette, nimm ein lauwarmes oder kaltes Schwammbad, kleide dich an und mache dich für die Übung bereit.

Verschaffe dir ein **Becken,** dessen Boden groß und flach genug ist, dass beide Hände in mäßiger Entfernung von einander darauf liegen können, fülle sie so hoch mit **kaltem Wasser,** dass das Wasser bis zur Mitte des Handgelenkknöchels reichen wird, aber nicht darüber. Wenn du auf dein Handgelenk schaust, findest du einen kleinen Knochen herausstehen; das ist er. Dann lege ein Kupferstück, etwa eine Kupfermünze, nicht etwa ein Silberstück, so auf den Boden des Beckens, dass es später die eingetauchten Hände nicht berührt.

Mache die übliche **Vorübung,** indem du rasch hintereinander mehrmals kurz ein- und ausatmest und die letzte Ausatmung so weit wie möglich verlängerst. Dann lege **beide Hände in das Wasser** flach auf den Boden des Beckens, ohne dass sie das zwischen ihnen liegende Kupferstück berühren, richte den Blick auf das Kupferstück, **atme** tief und rhythmisch **durch die Nase** ein, spitze den Mund, als wolltest du pfeifen und pfeife oder atme langsam alle Luft durch den Mund aus. Wiederhole das für 2 bis 3 Minuten.

Dann trockne die **Hände** ab und reibe mit der linken Hand die rechte in kreisförmigen, einwärts gehenden Bewegungen und dann ebenso mit der rechten Hand die linke, bis beide Hände samtweich sind.

Der **Oberkörper** ist während der ganzen Übung aufrecht. Sollte es aber notwendig sein, ihn etwas vorwärts zu neigen, damit sich die Hände flach auf den Boden der Schüssel legen können, so sollte es nur durch eine Hüftbewegung geschehen, also ohne dass das Rückgrat gebogen oder gekrümmt wird.

Nach der Übung ziehe etwas Wasser in die **Nase** hoch und lasse es durch den Mund ausfließen. Das Wasser kann anfänglich warm, später auch kälter angewendet werden. Gib etwas Kochsalz in das Wasser; es bestärkt das ganze Organ.

Die Übung kann **jeden Morgen** vorgenommen werden und wirkt von Tag zu Tag besser. Der Körper wird dabei von einer angenehmen **Wärme** durchströmt und du kannst ein **leichtes Pochen im Scheitelhirn** und in der Zirbeldrüse wahrnehmen, während der Kopf klar und frei und das **Gleichgewicht im Rückenmark** hergestellt wird. Der **Eingebungssinn** wird geweckt und du wirst dir dessen von Tag zu Tag mehr bewusst.

Der **Eingebungssinn** bildet die Brücke zwischen den nach außen und auf das **Objektive** gerichteten Sinnen und den höheren, auf das **Abstrakte** gerichteten Sinnen. Fehlt uns diese Brücke, weil der Eingebungssinn unentwickelt ist und versagt, dann sind wir unsicher, alles ist uns fraglich, wir konstruieren uns die Gegensätze „Gut und Böse", verwerfen heute, was wir gestern für gut fanden, und halten heute für gut, was wir gestern verwarfen, je nach den Einflüssen und Einflüsterungen unserer Umgebung, deren Strömungen der Begrenztheit wir annehmen, bis sie uns mit sich reißen.

Ist aber unser Eingebungssinn geweckt, dann wird er uns zum **sicheren Wegweiser** auf allen Gebieten des Lebens, selbst in Lagen, wo die äußeren Sinne versagen oder behindert sind, weil der geweckte Sinn seine Offenbarungen vom Göttlichen, Wahren, Unendlichen im Herzen empfängt und diese Offenbarungen sich in der Materie verkörpern lassen.

Jeder Gedanke aus dem Herzen trägt die **Kraft der Verwirklichung** in sich und mittels der Eingebung finden wir Mittel und Wege zu seiner Verwirklichung. Alles, was bis heute entdeckt und erfunden worden ist, beruht auf Offenbarungen solcher, in deren Gehirn gewisse Zellen schon von Natur aus entwickelt waren und die durch ihren geweckten Eingebungssinn Mittel und Wege fanden, das ihnen Offenbarte praktisch anzubringen.

So kommen uns selbst auf Gebieten, von denen wir bisher nichts wussten, Offenbarungen. Ja, es kommt vor, dass in uns etwas aufkommt, was uns zunächst befremdet, schließlich aber erkennen lässt, dass wir von etwas Unangenehmen weggeleitet werden sollen.

Sobald wir unsere Ernährungsweise naturgemäß gestaltet und dadurch unseren Verdauungsgang normalisiert haben, normalisiert sich auch unser **Selbsterhaltungstrieb** und wird für die Schwingungen des Eingebungssinns empfänglich, so dass uns von innen her bewusst wird, was wir brauchen, um uns aufrecht zu erhalten, und was wir meiden müssen, um uns nicht zu belasten. Dann brauchen wir nicht mehr zu theoretisieren, zu kalorisieren, zu vitaminisieren und uns andere Rätsel über unsere richtige Ernährung aufzugeben. Denn unsere Eingebung ist uns ein sicherer Führer.

Schon die uns überlieferte Geschichte der **Versuchung des Heilandes** will uns das Wesen und die Bedeutung des Eingebungssinns klar machen. Man versuchte, ihn bald von diesem, bald von jenem zu überzeugen, um ihn für sich zu gewinnen. Aber er sagte: „Gehe hinter mich; du sollst allein Gott dienen!“ Er wies also alle Einflüsse von dieser oder jener Seite ab und die Folge seiner Festigkeit war, dass „die Engel kamen, ihm zu dienen.“ Das heißt, er wurde sich der **Eingebung des Gottgedankens** aus dem Herzen bewusst, die ihm den Weg offenbarten, den er zu gehen hatte.

Diesen Zustand kann aber jeder von uns erlangen, wenn er standhaft und charaktervoll ist und sich ein für allemal sagt: „Einflüsse von außen sind nicht für mich; sie können hinter mir sein, aber ich verbleibe im **göttlichen Gedanken meines Herzens!“**

Je freiheitlicher, göttlicher wir denken, umso mehr wächst die Eingebung für weitere Ergänzungen und Schöpfungen unseres Wesens und lässt uns immer **neue und größere Möglichkeiten** finden, deren Verwirklichung uns selbst und der ganzen Menschheit zur endgültigen **Erlösung, Errettung und Befreiung** aus den Ketten der Gedanken- oder Gottlosigkeit verhilft und uns die Glückseligkeit verschafft.

10. Anrufung

O Gottesliebe, geheiligt sei dein Namen, du größte unter den Gottestugenden! Nur wer in das Reich der Erkenntnis eingetreten ist, vermag deine Größe zu begreifen. Wo du einkehrst, wird das Nutzlose dem Nützlichen, das Tote dem Lebendigen geopfert, wie die Nacht dem Tage, der Tag der Nacht, der Sommer dem Winter, der Winter dem Sommer geopfert wird und wie der Wind von einer Sphäre in die andere weht, ohne in der ersten vermisst zu werden. Frieden wohnt in jedem Hause, in dem du in aller Freiheit thronst.

Gedanke, Wort und Tat sind deine drei heiligen Kinder, die in deutlicher Sprache zu mir sprechen. Horche, meine Seele, auf ihre Stimme! Gedenke der Witwen und Waisen, der Elenden und Verstoßenen, der Armen und Bedrückten und auch der Reichen und Mächtigen; denn sie haben dasselbe Anrecht am Leben wie du. Alle Menschen sind gleich, wenn sie auf dieser Erde den ersten Atemzug nehmen und wenn sie den letzten in das Reich der Auflösung aushauchen. Vom ersten bis zum letzten Atemzuge gehört das ganze Leben dem Ewigwirkenden, der die früheren Daseinsstufen verbirgt und die künftigen in einen Schleier hüllt, den nur der heben kann, der auf dem Pfade der Erleuchtung wandelt.

Lasse daher deinen angesammelten Reichtum aus deinen Händen fließen wie aus einem Strom der Fülle, nicht als dein Eigentum, sondern als das der großen Ursächlichkeit, von der auch du ihn erhalten hast! Werden dir auch die Werke deiner gottgerechten Liebe nicht in irdischer Münze vergolten, so doch durch das Bewusstsein des Friedens, der über allen irdischen Werten steht. Wie Geist, Seele und Leib für die Heiligen eine Einheit bilden, so sind auch alle Wesen, die atmen, eins in den Augen dessen, dem die Gottesliebe ist. Wer in dieser wahren Liebe verbleibt, der bleibt in Gott und Gott in ihm.

Jede Jahreszeit bringt täglich ihre eigenen Arten hervor und spricht ihre eigene Sprache, ohne den geringsten Anspruch auf Lohn zu erheben.

Lerne die große Lehre von der Doppelnatur aller Lebewesen, die sich zunächst als universeller Selbsterhaltungstrieb äußert, schließlich aber in universeller Liebe aufgeht und durch die Verschmelzung beider den gottgewollten universellen Fortschritt gebiert!

Horche, o Seele, auf die Stimme der Weisheit, übe die hohe Tugend der Liebe und meistere den Lebensodem, der auf den Pfad ewigen Fortschritts führt!

Sei dem so! Und zu diesem Zwecke mögen alle Dinge gedeihen!

Gruß aus dem Lande des frühen Aufgangs und aus den Tälern, da die Rosen ewig blühen!

10. Lektion
Gegenwartsmenschen

Die 7 rhythmischen Atem-Übungen, die bisher gegeben worden sind, dienen allen zum Besten und jeder soll alle 7 Übungen machen, bis er sich über die **individuelle** Wirkung der einzelnen Übung klar geworden ist. Nach einiger Zeit entwickelt sich der **Eingebungssinn** und sagt uns deutlich, welche Übungen unserem Temperament und unserem gegenwärtigen Zustand am besten entsprechen. Diese Übungen mögen wir dann bevorzugen, bis uns die Eingebung zu einer Änderung kommt, dass wir sie vielleicht sogar eine Zeitlang ganz aussetzen und dafür andere aufnehmen sollen.

Sollten wir im Üben nachlässig werden, nicht auf unsere Eingebung achten und gedankenlos üben oder gar das Üben versäumen, so wird uns die innere Stimme zunächst eine Warnung geben, und wenn diese nicht beachtet wird, geraten wir in negative Zustände, wie **Mutlosigkeit, Niedergeschlagenheit, Schwermut.** Dann ist es höchste Zeit, dass wir uns aufraffen, damit nicht Krankheit und Elend daraus entstehen. Am besten ist es, wir machen sofort folgende **Übung.**

Erhebe dich zu deiner ganzen Größe, strecke den Körper, nimm einen tiefen Atemzug, hebe Hände und Arme so hoch wie möglich, halte den Atem einige Sekunden, atme aus, falte deine Hände und fahre eine Zeitlang fort, gelassen zu atmen.

Kommt dir inzwischen keine Eingebung, was du tun sollst, dann **setze dich** aufrecht und entspannt auf einen Stuhl, konzentriere dich auf den Atemstrom und den Schlag deines Herzens und gehe mit dem Gedanken von einem Organ zum anderen, bis dir eine Eingebung wird, was du tun sollst.

Vielleicht kommt dir der Gedanke, du möchtest in völliger Sammlung niederknien und **einen guten, aufmunternden Gedanken** für ein armes irrendes Menschenkind **ausatmen.** Dann führe den Gedanken sofort aus und du wirst dich selbst doppelt und dreifach ermutigt fühlen.

Jeder gute Gedanke, der begeistert und liebevoll ausgesandt wird, vervielfacht seine Schwingungen durch die Ätherwellen, die alle Reiche und Himmelsrichtungen erfüllen, und alle, die mit den ausgesandten Schwingungen in Berührung kommen und empfänglich dafür sind, fühlen die darin liegenden **geistigen Kräfte.** Ist der Kreis der Schwingungen vollendet, dann kehren sie mit tausendfach vermehrter Kraft zurück, die ihnen aus der Dynamomaschine oder Allbewegung des Weltalles zugeströmt ist, und heben deine ausgesandten Schwingungen in höhere Sphären.

Wenn man außerdem diesem guten Gedanken durch eine entsprechende **Handlung** oder Tat als Zeichen der Aufrichtigkeit Nachdruck verleiht, dann wird seine Kraft umso größer; er bekommt förmlich Flügel und kehrt mit einer Botschaft des Erfolges zurück. Wenn man 10 Cent nach einem Monat verdoppelt und das Ergebnis jeden Monat wieder verdoppelt, so sind nach zwei Jahren annähernd zwei Millionen Euro daraus geworden. So bringt uns auch jeder Euro, den wir für eine gute Sache ausgeben, tausendfältigen Segen.

Jede Atemübung, die wir konzentriert durchführen, bedeutet, dass wir dem Geistestrieb, der gleich ist der Gottesliebe, **eine Gelegenheit** gegeben haben, sich schöpferisch auszuwirken, zunächst in uns durch die Belebung gewisser Gehirnintelligenzen und dann in unserer Umgebung durch die Verwirklichung dessen, was uns durch die Belebung des Gehirns bewusst geworden ist. Deshalb empfangen wir unmittelbaren Lohn aus jeder Übung und erleiden Einbuße, wenn wir das Üben unterlassen.

Aber erst wenn wir gelernt haben, **alle kleinen Gelegenheiten** bewusst auszunutzen, die sich uns Tag für Tag ganz natürlich **wie das Atmen** darbieten, werden uns größere Gelegenheiten geboten werden, unsere Kraft zu erproben und auf höhere Ebenen und in noch unbekannte Reiche einzutreten, wo eine Fülle neuer Erkenntnisse auf uns wartet und wir erkennen, dass das Schatzhaus der Natur unerschöpflich für den ist, der jede von ihr angebotene Gelegenheit auszunutzen versteht.

Schlaf

Eine alltäglich einem jeden angebotene Gelegenheit ist der Schlaf. Aber wie wenige benutzen ihn bewusst für ihre Entfaltung, Entwicklung und Erneuerung! Schon die **Körperlage** während des Schlafens verlangt unsere Aufmerksamkeit. Dazu müssen wir einige Beobachtungen an uns selbst machen.

Wenn wir ganz still, entspannt und gelassen auf dem Rücken liegen und gleichmäßig atmen, fühlen wir **Kühle über das Gehirn** kommen, weil sich die Nerven zusammenziehen und **Nervenfluidum** erzeugen, wobei sie ihre **kreisförmigen** Schwingungen in **elliptische** überführen, die uns weiteres Denken unmöglich machen, so dass wir einschlafen. Haben die Nerven genügend Nervenfluidum erzeugt, so bilden sie ihre elliptischen Schwingungen wieder in kreisförmige zurück, die Nervenzentren im Körper nehmen ihre organischen Beziehungen wieder auf, eine gewisse Wärme überkommt das Gehirn und wir wachen auf.

Legen wir uns waagerecht auf den Rücken, so dass der Kopf nicht höher liegt als die Füße, und sind unsere Muskeln nicht völlig entspannt, dann wandern unsere Gedanken umher, die **Phantasie** beherrscht den Gedankengang und der Schlaf flieht uns, weil die teilweise Spannung die Nervenzentren behindert, ihre nächtliche Ausgleichsarbeit aufzunehmen.

Ziehen wir in der gleichen Lage noch die Beine an und breiten die Knie aus, dann kommen **Furcht und Zittern** über uns, weil der Blutumlauf teilweise gestört, der Atemstrom erschwert und die Nervenzentren überanstrengt werden.

Legen wir uns auf den Bauch, so entwickeln sich sofort **leidenschaftliche Gedanken** mit entsprechender Rückwirkung auf das Gehirn.

Wenn wir uns so auf die linke Seite legen, dass die Arme frei sind, dann fällt uns das Atmen leicht, vor den Augen erscheinen milde Farben von Weiß bis Hellgelb und sanfte, ergebene und **erhebende Gedanken** ziehen durch unser Gehirn.

Beobachten wir uns weiter, so werden wir finden, dass bei natürlichem Schlafbedürfnis eine **sanfte Kühle** vom Kopf aus das Rückgrat hinabgleitet. Das ist dann das Zeichen, dass wir schlafen gehen sollen. Die Nervenzentren senden keine elektrischen Ströme mehr zum Gehirn, sondern verlegen sich auf die Herstellung neuen Nervenfluidums. Infolgedessen stellen die Gehirnzellen ihre positive Arbeit ein; das Wahrnehmen, Begreifen, Abwägen, Beurteilen, Schlussfolgern hört auf, weil die Nervenkraft oder der Elektrismus erschöpft ist. Das liegt in der Natur unseres **Körpers,** dass er nachlässt, dass sich das Blut beschwert, dass sich die Nerven ermüden und dass sogar oft die Drüsen die nötigen Elemente nicht in das Venenblut übertragen.

Von solchen Ermüdungserscheinungen bleiben aber **Gesinn, Seele und Geist** unberührt. Sie wissen nichts von Ermüdung und ihnen sind keine Grenzen gesetzt und die vom Geistestrieb ausgehenden Schwingungen nehmen ihren Weg durch den Seelenzustand und das Rückenmark in das Gesinn in der Zirbel, so dass das Gesinn den zwar nicht mehr positiv tätigen, aber doch empfänglich gebliebenen Gehirnintelligenzen geistige oder Gedankenschwingungen und Botschaften übermitteln kann, seien es solche aus dem Herzen, seien es solche aus dem Weltall.

Ist das Gehirn **locker und entspannt,** dann spiegeln sich diese Schwingungen aus der Zirbel wie in einem Aufnahmeapparat für Gedankenwellen in das Gehirn ein und wir werden uns ihrer früher oder später bewusst, indem uns ein erweiterter, besserer, höherer Gedankengang wird. Wir werden sogar die Beobachtung machen, dass ein Gedanke, den wir vor dem Schlafengehen hegten, während des ruhigen nächtlichen Schlafs von Gesinn, Seele und Geist über Nacht gefördert, geklärt und ans Ziel geführt wird, so dass wir beim Erwachen den Weg klar sehen, den wir gehen sollen.

Legen wir uns aber **mit gespanntem Gehirn** nieder, sei es, weil wir uns Sorgen und Kummer machen, sei es, weil wir uns mit Arbeit übernommen, uns überanstrengt haben und deshalb zerstreut und zerfahren sind, so versuchen die entsprechenden Gehirnintelligenzen Elektrismus aus dem Nervensystem an sich zu ziehen. Die Nervenzentren geben zwar bis zu einem gewissen Grad nach, erhitzen sich aber dabei, dehnen sich stark aus und hören auf, Nervenfluidum herzustellen. Dann wandern unsere Gedanken umher, wir schlafwandeln und nachtwandeln, schlafen unruhig, verbringen oft die ganze Nacht schlaflos und sind beim Erwachen nicht ausgeruht. Ein unruhiger Schlaf ist elektrischer Natur, weil die Nervenzentren gezwungen werden, Elektrismus in das Gehirn abzugeben. Ein ruhiger Schlaf ist dagegen magnetischer Natur, weil die Nervenzentren ungehemmt sind, Nervenfluidum zu erzeugen.

Manche Frau beschäftigt ihr Gehirn, wenn sie zu Bett geht, mit dem Gedanken über die Arbeiten im Haushalt am nächsten Tag. Dann braucht sie sich also nicht zu wundern, wenn sie unruhig schläft oder überhaupt nicht einschlafen kann. In ihrem Gehirn geht alles drunter und drüber, sie regt sich auf, dass sie noch keine Ordnung im Haus gemacht hat und fürchtet die Kritik der Gäste, die sie erwartet.

> Hast du durchaus noch eine Arbeit zu erledigen und lässt dir das keine Ruhe, so stehe auf, wie spät es auch sein mag, **führe die Arbeit aus**, lege dich, befreit von dieser Sorge, wieder nieder und du wirst ruhig schlafen.

So erklärt es sich auch, dass manche Leute mehr Schlaf brauchen als andere. Wer in der richtigen Körperstellung und mit tiefen, gleichmäßigen Atemzügen schläft, dessen Nervenzentren können in 2 Stunden Schlaf soviel Nervenfluidum erzeugen, dass sie schon nach 2 Stunden wieder elektrischen Strom in das Gehirn senden können und man völlig ausgeruht erwacht. Andere, die diese Voraussetzungen weniger gut erfüllen, brauchen 6, 8, ja 10 und noch mehr Stunden, um dasselbe zu erzielen. Auch das Temperament spielt dabei eine Rolle. Elektrische Personen brauchen bedeutend weniger Schlaf als magnetische, weil sich bei ihnen die elektrischen Kräfte schneller ergänzen. Man kann also **keine feste Regel für die Dauer des Schlafes** aufstellen.

Es kommt auch vor, dass man zunächst einen ruhigen Schlaf hatte, plötzlich munter wird und nicht wieder einschlafen kann. Dann suche man herauszufinden, ob die Nase mehr Luft durch die rechte oder durch die linke Nüster einlässt, und man wird finden, dass **durch die rechte Nüster** mehr Luft einströmt.

Dann legt man sich auf die rechte Seite, hält die rechte Nüster zu und atmet nur durch die linke. Die anfänglichen Widerstände hören bald auf. Dann folgt man dem Atemstrom und ist in wenigen Minuten wieder eingeschlafen.

Sollte man während des Schlafs unvermittelt deshalb aufwachen und nicht wieder einschlafen können, weil sich irgendwo **ein Schmerz, ein Ziehen, ein Zucken** bemerkbar macht, dann steht man sofort auf und klopft die Stelle ganz entspannt mit den Fäusten oder Handrücken. Dazu kann man singen, pfeifen, beten oder in irgend einer Weise ausatmen. Man klopft solange, bis sich der Schmerz zurückgezogen hat. Das tritt nach kurzer Zeit ein, sobald sich der Blutumlauf durch das Klopfen beschleunigt hat und die reizenden Stoffe dadurch abgeführt worden sind.

Wer sich leicht aufregt und deshalb oft unter **Schlaflosigkeit** leidet, der falte ein Leinentuch zu einer Binde, tauche den mittleren Teil in kaltes Wasser, winde das Tuch aus und lege es mit der feuchten Stelle um den linken Knöchel des linken Fußes. Darum wickelt man noch ein trockenes Tuch, legt sich nieder, verfolgt in Gedanken den ein- und ausströmenden Atem durch die Windungen der Nase, die Luftröhre und die Lungen und denkt weder an die Binde, noch an die Fußknöchel, noch an andere Dinge. Bald ist man eingeschlafen.

In den meisten Fällen ist die **Überladung des Magens** die Ursache der Schlaflosigkeit, sei es, dass dem Magen schwer- oder unverdauliche Speisen zugeführt wurden, sei es, dass er später als 4 Stunden vor dem Niederlegen feste Nahrung verarbeiten sollte. In dieser Richtung muss man sich also immer zuerst prüfen. Wenn wir im Rhythmus der **Jahreszeiten** leben und uns an die **Gaben der Natur** halten, wie sie uns in Feld und Garten in reicher Fülle dargeboten werden, statt Theorien über Kalorien und Vitamine nachzulaufen, werden unsere Magenverstimmungen aufhören und wir werden einen gesegneten Schlaf haben.

Viele neigen in **vorgerückteren Jahren** zur Schlaflosigkeit. Sie sollten sich beim **Abendmahl** aller anregenden Speisen enthalten und überhaupt alle Speisen weglassen, die den Magen belasten und aufschwemmen, also besonders Öl und ölhaltige Nahrungsmittel zurückstellen. Abends eignen sich Zwiebelmilchsuppen, Mohnmilch, frisch ausgepresster Apfelsaft, reichlich Kopfsalat, Sauerampfer und Sauermilch. Statt des Öls nehmen sie je 1 Esslöffel dickflüssiges Petrolatum unmittelbar vor dem Schlafengehen, morgens nüchtern gleich nach dem Aufstehen und noch einmal in der Zwischenzeit. Wenn sie das 5 Wochen lang gewissenhaft durchführen, werden sie von Tag zu Tag Besserung verspüren.

Jeder von uns hat schon die Beobachtung gemacht, dass wir an **schwülen** Tagen besonders **nachmittags** von **Schläfrigkeit** übermannt werden, selbst wenn das Mittagsmahl den Ernährungsregeln entsprach, und dass wir sie nur mit einer körperlichen Betätigung im Schach halten können; andernfalls erschlaffen die Augenlider, die Glieder werden schwer und wir schlafen ein. Wie erklärt sich solche Schläfrigkeit am sonnenhellen Tag?

Bezeichnen wir das Sonnenlicht als die **positive Elektrizität** des Naturlebens, so sammelt sich diese beim Vorhandensein des Sonnenlichtes an bestimmten Teilen der Erde und an den nicht sonnenbeschienenen Teilen entsteht **negative Elektrizität.** An diesen Vorgängen nimmt der Mensch teil und seine positive oder negative Polarität entspricht im allgemeinen der der Erde. Geht die Erde bei Sonnenuntergang in negative Polarität über, dann nimmt der Mensch in dieser Gegend daran teil. Auch seine positive Elektrizität verringert sich und damit seine Positivität und Aktivität nach außen. Mit den ersten Sonnenstrahlen am frühen Morgen wächst in dieser Gegend der Erde deren positive Elektrizität, während die negative abnimmt. Dementsprechend erweitert sich auch im Menschen die positive Elektrizität, weckt sein organisches Leben und drängt ihn zu äußerer Betätigung.

Daher geht die Schläfrigkeit bei Nacht aus der **abnehmenden** positiven Elektrizität der Erde hervor, dagegen die Schläfrigkeit bei Tag aus der **Übersättigung** mit positiver Elektrizität. Das bedeutet, dass unser Körper nicht genügend Tätigkeit entwickelt, um die starke positive Elektrizität, die in der Natur vorhanden ist, zu verbrauchen oder umzuwandeln; er wird deshalb von ihr überwältigt. Solcher **Hitzeschläfrigkeit** können wir uns also nur dadurch erwehren, dass wir sogleich eine entsprechende körperliche Arbeit aufnehmen. Es leuchtet uns auch ein, dass wir aus einem solchen Hitzeschlaf bei Tag nicht die Segnungen eines natürlichen Schlafs bei Nacht erwarten dürfen.

Der Segnungen eines gesunden Schlafs bei Nacht warten unser aber noch viele.

Versuche es immer wieder, mit gleichmäßigen Atemzügen einzuschlafen, wenn du dich abends niederlegst. Atme viermal ein und aus **bis 4,** fünfmal ein und aus **bis 5,** sechsmal ein und aus **bis 6,** siebenmal ein und aus **bis** 7, dann wieder ein und einmal aus **bis 108** oder neunmal 12 in einer Ausatmung, noch ein zweites Mal bis 108 und, wenn du inzwischen noch nicht eingeschlafen bist, noch ein drittes Mal bis 108. Jedoch zwinge dich nicht, damit keine Spannung aufkommt!

So fahre fort, Tag für Tag, Woche für Woche, bis es dir selbstverständlich ist, dass du vor dem Einschlafen **dreimal bis 108** je in einer Ausatmung ausgeatmet hast.

Inzwischen mache dir eine einfache Einrichtung, die es dir gestattet, während der Übung deinen **Blick auf ein rotes, blaues oder gelbes Licht** zu richten, indem du farbiges Glas oder Papier oder farbigen Stoff vor ein Licht stellst oder farbige Glühbirnen verwendest.

Bald wirst du herausfinden, dass die rote Farbe den **materiellen,** die blaue den **spirituellen** und die gelbe den **intellektuellen** Gehirnteil in einen besonderen Schwingungsgrad versetzt, so dass der Teil, der der ins Auge gefassten Farbe entspricht, in eine engere Verbindung mit dem Gesinn in der Zirbel kommt als die anderen Gehirnteile.

Bist du getreu und beharrlich, dann wählst du dir sehr bald an jedem Abend mit Hilfe des Eingebungssinns die Farbe, die es der subjektiven Seite deines Gesinns erleichtert, über Nacht deine Pläne und Wünsche in der jeweils notwendigen Richtung, sei es materiell, spirituell oder intellektuell, zu fördern.

Beginne heute Abend, fahre Morgen und die folgenden Abende damit fort, beweise dir die Richtigkeit und bald wirst du mehr erfahren, als dir je in Worten gesagt werden könnte.

Der Schlaf ist aber nur eine von den vielen Gelegenheiten, die sich uns tagtäglich bieten, und die wir besser zu unserer Förderung ausnutzen sollten und auch ohne große Umstände ausnutzen könnten, wenn wir nur unseren Gedanken und unsere Aufmerksamkeit darauf lenkten. Wir wollen noch einige weitere Gelegenheiten ins Auge fassen: das **Baden**, die **Hautpflege**, die **Gesichtspflege**, die **Haarpflege**, die **Mundpflege**, die **Fußpflege** und die **Gewohnheiten.**

Baden

Bade nicht zu oft. Ein gutes **Schwammbad** mit lauem oder kaltem Wasser ist für die Haut anregender als ein Vollbad. Ein kaltes Schwammbad vor dem Schlafengehen an Waden, Armen, Nacken und Gesicht wirkt beruhigend.

Mehr als 1 heißes **Vollbad** in der Woche ist im Allgemeinen nicht nötig. Wer den ganzen Tag Kohlen geschaufelt hat, dem wird es natürlich gut tun, am Abend in einem kurzen heißen Bad den Staub abzuwaschen, der die Hautporen verstopft. Zu häufiges Baden schwächt die Hauttätigkeit.

Um ein **Mineralbad zu nehmen,** braucht man nicht in einen Badeort zu reisen, sondern bereitet es sich zu Hause zu, ebenso andere Bäder, denen man die entsprechenden **Zusätze** gibt, einmal etwas **Essig** oder **Salmiakgeist, Karbolsäure, Eukalyptusöl.** Salmiakgeist macht die Haut und auch die Augen klar, da er während des Badens flüchtig wird und die Augen erreicht. Je reiner aber die Augen sind, umso klarer ist das Licht ihrer Ausstrahlung und umso klarer erkennen wir uns gegenseitig. Karbolsäure macht die Haut fest, lässt sie aber doch geschmeidig. Eukalyptusöl dringt in die Poren ein und öffnet sie.

Man seift den ganzen Körper gründlich mit **Pflanzenfettseife** ein, wäscht sich ab und massiert dabei die Haut. Nach dem Baden trockne die Haut mit einem Handtuch ab und reibe sie kräftig mit den Händen, bis sie vollständig trocken, weich und geschmeidig ist. Will sie nicht geschmeidig werden, dann reibe eine Mischung aus **Öl und Kornbranntwein** ein, bis der Erfolg da ist; es braucht dazu nur sehr wenig Öl. Süßes Mandelöl oder Petrolatum eignen sich am besten. Etwa auf der Haut verbleibendes Öl reibt man mit einem Handtuch ab.

Hautpflege

Gute Hauttätigkeit verbürgt gute Gesundheit. Die Haut bildet sich zuerst und behält noch 930 Jahre nach dem Tod ihre **Widerstandsfähigkeit.** Regen wir sie entsprechend an, so werden durch die Haut sogar Gifte aus dem Blut ausgeschieden. In der Haut laufen **Nervenbahnen** aus, die Verbindungen zwischen dem Gehirn und gewissen Organen herstellen und daher bei entsprechender Behandlung der Haut leicht günstig beeinflusst werden können. Daher fördert sorgfältige Pflege der Hände, Finger, Fingerspitzen und Fingernägel das schöpferische, künstlerische Schaffen.

Die einfachsten Mittel, um die Haut wieder zur natürlichen Tätigkeit anzuregen, sind **heiße und kalte Wasseranwendungen.** Reibt man nach solchen Anwendungen echtes australisches Eukalyptusöl in die Haut ein, und zwar für 21 Tage, so verbessert sich die **Porenatmung,** die für den Aufbau des Körpers von großer Bedeutung ist.

Das Waschen und Baden der Haut allein genügt nicht, um sie widerstandsfähig zu machen. Das hatten unsere Vorfahren schon vor Jahrtausenden erkannt. Daher benutzten sie zum Abwaschen des Körpers starke **Salzlösungen** und danach zum Einreiben in die Haut verschiedene **Öle,** wie Mandelöl, Olivenöl, Sonnenblumenöl, salzten sogar bisweilen diese Öle noch, weil Salz die Haut nicht nur widerstandsfähig, sondern zugleich geschmeidig macht. Daneben verwendeten sie noch Haoma oder **Weingeist,** der zusammenziehend auf die Poren wirkt, die Hauttätigkeit belebt und das Gehirn erfrischt.

Besonders das Gesicht kann man häufig mit etwas Weingeist abreiben. Dazu netzt man die Handflächen mit etwas Weingeist, fährt sich damit mehrmals über das Gesicht und atmet etwas von dem flüchtigen Weingeist durch die Nase ein. Der eingeatmete Weingeist erweitert die Nasengänge und erleichtert dadurch das Atmen.

Gesichtspflege

Der Gott der Natur wird nie alt, er ist ewig **jugendlich.** Warum sollte dann der Mensch, der als Gottes Ebenbild geschaffen wurde, alt werden und alt erscheinen, wenn er es vermeiden kann? Wir sollten deshalb alle Mittel anwenden, um jugendlich zu sein und zu erscheinen.

Die Gesichtspflege wirkt günstig auf das **Gehirn.** Jedermann weiß aus Erfahrung, dass schon das Waschen des Gesichts das Gehirn erquickt. Jedoch soll das Gesicht **nicht zu häufig gewaschen** werden, weil sonst die Haut **erschlafft,** besonders wenn die Ausscheidungsorgane des Körpers in vorgerückteren Jahren weniger tätig sind und die Natur sich deshalb auch der Haut für Ausscheidungen bedient. Ist nun die Haut erschlafft, untätig und nicht mehr in der Lage auszuscheiden, dann belasten nicht nur die nicht ausgeschiedenen Giftstoffe die Organe, sondern auch die erschlaffte Haut hat nicht mehr die Fähigkeit, den feinen **Staub der Atmosphäre** abzuweisen, behält ihn vielmehr zurück. Der Staub setzt sich in den charakteristischen Gesichtslinien fest und lässt nach und nach Klein-Organismen entstehen, die sich über das ganze Gesicht und den Hals ausbreiten und **Runzeln** erzeugen. Also nicht das Alter an sich erzeugt die Runzeln, sondern die erschlaffte Gesichtshaut ist die unmittelbare Ursache, weil sie den feinen Staub, der sich in den Poren festsetzt, nicht mehr abstoßen kann.

Am besten ist es, man wäscht das Gesicht abends vor dem Schlafengehen mit **heißem** Wasser und spart dabei nicht mit der Seife. Verwende nur reine Pflanzenfettseife, weil Tierfett Bakterien erzeugt. Das Wasser muss so heiß sein, wie man es irgendwie ertragen kann. Man wäscht mit reinem warmen Wasser und dann kurz mit möglichst **kaltem** nach und trocknet Gesicht und Hals mit einem weichen Handtuch ab. Grobe Handtücher und Bürsten verwenden wir nie, weil sie die Haut reizen und als Rückwirkung Erschlaffung der Haut verursachen.

Dann behandle die Haut mit beiden Händen und ziehe sanfte massierende Striche von der Gesichtsmitte nach den Ohren zu, also der **Körnung der Hautporen** folgend, öle dabei Gesicht und Hals mit etwas Petrolatum oder süßem Mandelöl ein und lasse das **Öl** über Nacht wirken. Reibt man am nächsten Morgen das Öl mit einem Handtuch ab, so zeigt es sich, dass das Öl seine Schuldigkeit getan hat; denn das Handtuch ist schmutzig. Das Öl hat den feinen Staub aus den Poren und Runzeln herausgezogen und an die Oberfläche gebracht.

Wenn wir das Gesicht auf diese Weise behandeln, werden die Runzeln verschwinden und wir werden sogar in hohem Alter noch jugendlich aussehen, besonders wenn wir gleichzeitig den **Salzgenuss** einschränken, weil er die Haut vorzeitig alt macht. Ebenso wie wir das Gesicht weniger waschen und mehr Öl zur Pflege verwenden sollen, empfiehlt es sich auch, die **Hände** nicht zu oft mit Wasser zu waschen, sondern sie eher einzuölen, wenn sie schmutzig sind, und sie dann mit einem Handtuch abzureiben.

Wollen wir eine schöne, **glatte Haut** behalten, dann geben wir morgens in das Waschwasser etwas **Salmiakgeist,** 3 bis 5 Tropfen auf jeden Liter Wasser; dadurch wird das Wasser weich wie Regenwasser. Von der Seife nehmen wir nur ein wenig auf die Hände, waschen das Gesicht damit schnell ab, machen einige heiße Aufschläge und spülen zum Schluss rasch kalt ab. Das übrige Wasser tupfen wir mit einem weichen Tuch ab und reiben mit den Händen schnell nach, damit das Blut gut umläuft und die Nerven angeregt werden. Das macht die Haut rein, jugendlich und samtartig und man sieht besser aus, als wenn man sie mit allem Möglichen bemalt.

Ist die Haut **empfindlich,** weil sie sich bei Witterungswechsel nicht genügend zusammenzieht, dann gibt man in das Waschwasser je 3 Tropfen **Karbolsäure und Salmiakgeist.** Dadurch zieht sich die Haut zusammen und die Empfindlichkeit verschwindet; aber trotzdem bleibt die Haut geschmeidig und jugendlich.

Haben wir einmal gelernt, wie wir jugendlich erscheinen können, sollten wir auch die **hohlen Stellen in Wangen und Hals** ausfüllen, besonders während der Fastenzeit. Dazu machen wir folgende **Übung:**

> Setze die Fäuste in die Achselhöhlen, atme durch die Nase ein, **blase die Wangen auf** und atme durch eine möglichst kleine Öffnung des Mundes langsam und vollkommen aus; auch während des Ausatmens bleiben die Wangen aufgeblasen. Wiederhole das mehrmals.

Behalte die gleiche Stellung der Fäuste und Arme bei, atme ein, blase die Wangen auf, halte den Atem und bewege die Arme drei- oder viermal **vorwärts und rückwärts.** Darauf atme mit aufgeblasenen Wangen langsam und vollkommen aus und entspanne die Muskeln der Arme.

Machst du diese Übung vor dem Spiegel, so wirst du schon nach wenigen Monaten die Besserung eintreten sehen. Machst du sie täglich zwei- oder dreimal, dann kommt der Erfolg umso rascher.

Es ist vollkommen in Ordnung, wenn wir uns bestreben, mit unserem Aussehen zufrieden zu sein und unseren eigenen Augen zu gefallen. Denn solange wir uns selbst bewundern können und unsere **Selbstachtung** mit allen nur möglichen Mitteln fördern, werden wir auch die **Achtung anderer** gewinnen.

Haarpflege

Gegen **Kopfschuppen** wasche den Haarboden vor dem Schlafengehen mit heißem Wasser, trockne ihn gut ab und reibe Petrolatum ein und am nächsten Morgen etwas australisches Eukalyptusöl. Wiederhole das für 10 Tage; das genügt in den meisten Fällen zur Heilung und fördert außerdem das Wachstum der Haare.

Um **grauen Haaren** ihre natürliche Farbe wiederzugeben, bereite dir folgendes Mittel: Koche 1 Handvoll rote Zwiebelschalen in 1 Liter Wasser über gelindem Feuer 1 Stunde lang. Lasse erkalten, schlage durch und füge hinzu: 1 Teelöffel Borax auf je ½ Liter Flüssigkeit, 30 Gramm Eukalyptus-Tinktur (nicht Öl) und 60 Gramm Kornbranntwein. Schüttle das Ganze 20 Minuten lang und bewahre es an einem dunklen Ort auf. Damit reibe häufig den Haarboden vor dem Schlafengehen ein.

Gegen **Haarausfall** reibe die Kopfhaut täglich mit Zitronensaft ein, dem zu gleichen Teilen soviel Salz, Schwefel und Borax zugesetzt sind, als er aufnimmt. Unmittelbar danach reibe Petrolatum ein. Bürste den Haarboden häufig und massiere ihn danach mit den Fingerspitzen.

Mundpflege

Darunter versteht man im Allgemeinen nur die Zahnpflege. Aber das übliche Zähneputzen entfernt die **Säuren** nicht, die sich entlang dem **Zahnfleisch** ansammeln, und belebt auch die Drüsen des Mundes nicht. Massieren wir aber das Zahnfleisch häufig mit ein wenig australischem Eukalyptusöl, Menphor oder einer mentholierten Creme, so beheben sich viele organische Beschwerden von selbst. Mache es dir also zur Regel, das Zahnfleisch morgens und abends in dieser Weise zu massieren; die Mühe wird sich verlohnen.

Fußpflege

„Sind die Füße rein, so ist der ganze Körper rein", sagte der Heiland. Fußpflege und Fußbekleidung spielen tatsächlich eine große Rolle für die Gesundheit. Sorgfältige Fußpflege heilt entzündete Schleimhäute, Katarrhe, Magenübel, mangelhafte Verdauung und wehrt sogar Krebs ab; sie belebt das Nervensystem, besonders die Gehörnerven. Hühneraugen und Schwielen können nicht entstehen bei richtiger Fußpflege und Fußbekleidung, weil dann der Blutumlauf nicht behindert wird.

Unmittelbar auf der Haut wähle zur Bekleidung **Seidenstoff**, feines **Leinen** oder ganz dünne, leicht zu reinigende **Baumwolle** und ziehe, wenn nötig, dünne Strümpfe von dünner Baumwolle oder Kunstseide darüber. Du wirst mit dünnen Strümpfen und niederen Schuhen die besten Erfahrungen machen, weil Wind und Kühle die Knöchel umfächeln können. Vermeide Gummischuhe und Gummisohlen; lieber lasse den Fuß einmal nass werden.

Wenn du die **Strümpfe** täglich zwei- oder dreimal mit frisch ausgewaschenen Strümpfen **wechselst** und besonders, wenn du von der Arbeit heimkommst und bevor du dich zum Essen niederlässt, so erweisest du deinem Magen und deinen Verdauungsorganen einen besseren Dienst als mit einem Studium von zehn Semestern in Anatomie und Chemie.

Iss nie, solange du kalte Füße hast!

Mache es dir zur Pflicht, die Füße **frühmorgens** heiß zu waschen und sie mit leicht geölten Händen einzureiben. Zum Ölen eignen sich alle reinen Öle und Salben, wie Petrolatum, Mandelöl, australisches Eukalyptusöl.

Gegen **kalte Füße** helfen lange Ausatmungen und das Abklopfen der Fußsohlen mit einer kräftigen Haarbürste für 3 Minuten; tagsüber streut man etwas Schwefelpulver oder doppeltkohlensaures Natron in die Strümpfe.

Gegen **schweißige Füße** nimmt man heiße Fußbäder mit Borax und Seife; danach reibt man die Füße mit Eiweiß und Salz ein. In die Strümpfe streut man etwas Senfpulver oder Reispuder. Außerdem sorgt man für regelmäßigen und reichlichen Stuhlgang.

Gegen **müde Füße** nimmt man abends ein heißes Fußbad mit etwas Waschsoda. Danach reibt man die Füße mit süßem Mandelöl ein und streut ein wenig Schwefelpulver darauf, ohne es einzureiben.

Gegen **schmerzende Füße** binde man über Nacht zerdrückte Preiselbeeren auf die harten oder schmerzenden Stellen und esse auch morgens, mittags und abends rohe Preiselbeeren. Das kühlt und erfrischt und man fühlt sich wie neugeboren, weil diese Behandlung Säuren ausgeschieden hat.

Sollen **Säuren** in kürzester Frist ausgeschieden werden, so nimmt man morgens und abends ein heißes Fußbad für 10 bis 21 Tage. Nach dem Abendfußbad zieht man dünne wollene Socken an, in die man je 1 Teelöffel Schwefelpulver gestreut hat. Nach dem Morgenfußbad ölt man die Füße ein und zieht dünne baumwollene Strümpfe darüber und im Winter, wenn nötig, außerdem noch dünne wollene Strümpfe. Während der ersten 3 Tage der Behandlung nimmt man morgens nüchtern 1 Glas Wasser mit 1 gehäuften Teelöffel doppeltkohlensaurem Natron, und zwar heiß, solange Verdauungsbeschwerden vorhanden sind, sonst kalt. An den folgenden 7 Tagen nimmt man nur ein Drittel der seitherigen Natronmenge in kaltem Wasser. Dann folgen wieder 3 Tage mit der größeren Natronmenge und man schließt mit 7 Tagen in der geringeren Menge. Inzwischen ist man nicht nur die Säuren, sondern auch die rheumatischen Schmerzen losgeworden.

Gewohnheiten

Die **guten Gewohnheiten** des täglichen Lebens müssen wir pflegen; sie bedürfen der Pflege, während schlechte Gewohnheiten von selbst wachsen wie das Unkraut auf einem Feld, das sich selbst überlassen bleibt. In dem Augenblick, da wir aufhören, die guten Gewohnheiten zu pflegen, setzen wir uns schlechten Einflüssen aus. Das Wertvolle kann nicht für sich selbst sorgen; man muss ihm sorgfältige Pflege angedeihen lassen. Das liegt in der Natur der Sache, nicht, weil das Gute leicht schlecht wird, sondern weil es leicht vom schlechten verdrängt wird, wie man es beim Queckengras sieht, das in einem gut gepflegten Rasenplatz eindringt.

Die guten Gewohnheiten entspringen den **guten Eigenschaften,** die uns anvertraut worden sind zu dem Zweck, dass wir sie ausnützen. Wir müssen sie zunächst erkennen und dann bekennen, dass sie zu uns gehören, wenn auch nicht zu unserer Individualität im Herzen, so doch zu unserer körperlichen Erscheinung, der sie den Weg der Entwicklung erleichtern sollen. Wir dürfen sie also nicht vernachlässigen oder gar unterdrücken, sondern müssen sie leiten und anbringen, uns selbst zur Freude und zum Segen und unserer Umgebung als Beispiel zur Nacheiferung.

Erst wenn wir lernen, die vielfältigen Gelegenheiten, die sich uns **Tag für Tag bieten,** mehr zu unserer Förderung auszunutzen, erkennen wir weitere und **größere Gelegenheiten** in unserer Umgebung, aus denen wir Nutzen für uns und auch für andere ziehen können, und werden das, was die Menschheit braucht, nämlich **Gegenwartsmenschen.**

Was nutzt uns das Leben, wenn wir nicht verstehen, uns jetzt, in dieser Gegenwart, seinen vollen Wert zu eigen zu machen! Erarbeiten wir uns den Wert des gegenwärtigen Lebens, dann erschließt es uns die unendlichen Schätze der Ewigkeit von selbst, die sich in der Gegenwart greifbar verwirklichen lassen. Deshalb brauchen wir Gegenwartsmenschen, die alle **Möglichkeiten des Lebens** erfassen, keine Schwärmer, Phantasten, Sophisten, Dogmatisten, Theoretiker und dergleichen mehr, die alle in die Vergangenheit passten.

Jetzt ist eine andere Zeit, jetzt ist die **Gegenwart,** die ihre eigenen Gesetze, ihre eigenen Rechte und Pflichten, ihr eigenes Denken und ihren **eigenen Zeitgeist** hat. Was vorher war, müssen wir alles wissen, um unsere daraus gewordene Gegenwart zu verstehen. Aber die Gegenwart müssen wir uns selbst erziehen. Alles in der Vergangenheit Gewordene steckt auch in uns; aber wir wissen es nicht mehr, weil wir unsere Herkunft vergessen haben. Kein Wunder, dass wir dann die Gegenwart nicht verstehen, sie nicht meistern, sie nicht ausschöpfen!

Der Gegenwartsmensch braucht **Religion oder Führung aus sich selbst heraus** zum Fortschritt auf dieser Welt und in diesem gegenwärtigen Leben. Wer das nicht erkennt, ist kein Gegenwartsmensch, passt nicht in die neue Zeit mit dem neuen Denken und muss deshalb geführt werden von den **Gesetzen der Begrenzung,** des Zwanges und der alten Autoritäten. Der Gegenwartsmensch aber hat sich auf **das in ihm niedergelegte Gesetz** zu besinnen und mit dessen Hilfe die in ihm niedergelegten Werte aus sich herauszuholen und sie in den Dienst des Ganzen zu stellen. Das verlangt der Zeitgeist von ihm und dann hat er auch kein Verlangen nach den Reichtümern anderer. Das ist der Sinn des gegenwärtigen Lebens: dass alles Gegenwärtige seinen vollen Wert, seinen inneren Reichtum, seine Gaben und Fähigkeiten so vollkommen wie nur möglich offenbare und dass aus diesen Offenbarungen eine neue, noch vollkommenere Gegenwart herauswachse.

Die einzige wirkliche Hilfe in irgendeiner Lage sind unsere eigenen **Fähigkeiten und Talente.** Deshalb darf der Gegenwartsmensch, der sich behaupten will, auch nicht mehr das Geld, sondern muss seine **Arbeitskraft** als Kapital ansehen, die allein Werte schafft. Er wünscht sich deshalb auch nicht mehr **Reichtum,** sondern nützliche, praktische und wertvolle **Arbeit,** bei der er seine Fähigkeiten und Gaben zum Fortschritt auf allen Gebieten des Lebens einsetzen kann.

Durch **Selbstbeherrschung** und Bemeisterung des Körpers werden wir uns nach und nach der inneren Führung oder der **Führung aus uns selbst heraus** bewusst, in der das Geheimnis unserer Kraft, unseres Erfolges und unseres Glückes liegt. Vertrauen wir uns dieser eigenen inneren Führung **selbst in den kleinen Dingen des täglichen Lebens** an, dann können wir nicht mehr fehlgehen. Nur wer im Kleinen treu ist, kann auch im Großen treu sein.

Je **einfacher** wir leben, je mehr wir alle Vorgänge des täglichen Lebens auf das Prinzipielle, **Grundsätzliche** zurückführen und mit Verständnis und Erkenntnis erfüllen und leiten, umso eher und umso leichter wird uns die **Selbstbeherrschung** zur Selbstverständlichkeit oder zu einer **guten Gewohnheit.** Von Tag zu Tag entdecken wir selbst mehr und mehr die **Wahrheit der Dinge,** anstatt von anderen Beweise zu erwarten, und erkennen zugleich, dass wir immer **origineller, individueller und schöpferischer** im Denken, Reden und Handeln werden und dass die Welt der Erscheinungen, wie die Natur sie vor uns stellt, nur das Spiegelbild unseres eigenen Wesens ist, in dem der ewigwirkende Gottgedanke das Urbild niedergelegt hat.

Solches Selbstbewusstsein, solche Erkenntnis und Selbsterkenntnis erreichen wir nur, wenn wir unsere ganze Aufmerksamkeit der Gegenwart und den gegenwärtigen Notwendigkeiten zuwenden. Macht der Geistestrieb in unserm Herzen einen **Wunsch** rege, dann müssen wir den Wunsch mit unserm **Willen** unterstützen, ihn mittels des **Eingebungssinnes** dem Denkenswesen zuleiten, ihn verständig und vernünftig **überschlagen** und mit Hilfe des **Verwirklichungssinns** im rechten Geiste ausführen. Es genügt also nicht, nur Schönes und Edles zu denken und sich in **Gedanken** ein hohes Ziel zu stecken, sondern wir müssen dem Geiste im Herzen unsere Kräfte und Fähigkeiten zur Verfügung stellen, damit die Gedanken Wirklichkeit werden oder durch schöpferisches Handeln **Gestalt und Form** annehmen.

Dazu bietet sich aber nicht nur hier und da oder bei außergewöhnlichen Verhältnissen Gelegenheit, sondern Tag für Tag mit jedem neuen Morgen. Deshalb müssen wir uns, sobald wir uns am **Morgen** erhoben haben und durch unsere Übungen gegangen sind, mit Leib und Seele **auf unsere täglichen Aufgaben einstellen oder konzentrieren.** Dadurch sammeln sich schon alle Intelligenzen und Energien auf ihr Ziel und wir vollziehen alles Notwendige mit Lust und Liebe, leicht und genau, so dass der Erfolg sicher ist und uns der gerechte Lohn wird. Wer aber mit Unlust und zerfahren an die Arbeit geht, vergeudet seine Kräfte und hat Misserfolg.

Für den, der höher steigen will, ist konzentrierte Arbeit ein **Bedürfnis** und eine **Freude** und niemals eine Last. Er hat auch nicht das Gefühl, dass die Arbeit ihn knechte, sondern ist dankbar für das **Vorrecht,** seine Kräfte, Fähigkeiten und Gaben für nützliche Zwecke einsetzen zu können, und erblickt darin ein Mittel zu seiner materiellen, spirituellen und intellektuellen Entwicklung und einen Schritt in der Richtung der Vollkommenheit.

Durch konzentrierte Arbeit schaffen wir uns nicht nur unser **eigenes Heil** und unsere **eigene Befreiung** aus den Ketten der rückständigen Umgebung, sondern werden durch unser Beispiel zu **Erlösern unseres Volkes** und zu Mitarbeitern an der **Erlösung der ganzen Menschheit,** beschleunigen also durch unsere **individuelle Erlösung** den Tag der **Erlösung der Kollektivität** oder Gesamtheit.

So werden wir zu höheren und größeren Aufgaben und Taten und in Reiche geführt, die der begrenzt Denkende nicht finden und sich nicht erschließen kann, es sei denn, er erwacht auch zum **Bewusstsein seiner selbst** oder der Gottesintelligenz in seinem Herzen.

Nun wenden wir uns der **8. Übung, dem orientalischen Sitz,** zu. Er ist die konzentrierteste Stellung des Körpers, fördert nicht nur das körperliche, sondern auch das geistige Gleichgewicht, befreit Sehnen, Nerven und Unterleibsorgane von ihrer Spannung, bringt sie in ihre richtige Lage, heilt also Verstellungen der Organe und lässt den ganzen Körper ausruhen. Die Entspannung des Unterleibs wirkt entspannend auf das Gehirn und macht es frei und klar. Bist du ermüdet, so wird dir das Ausruhen im orientalischen Sitz stets Erleichterung bringen.

Künd' mir die alte Sage

Alte Weise

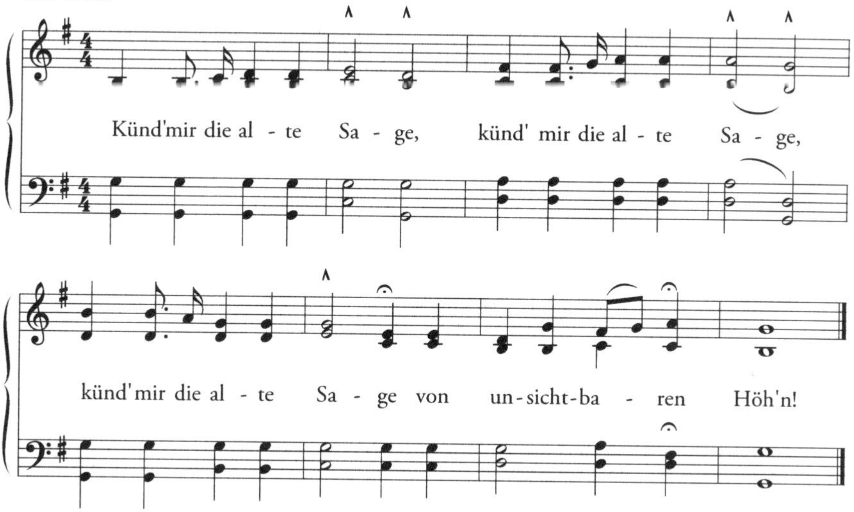

8. Übung
Orientalischer Sitz

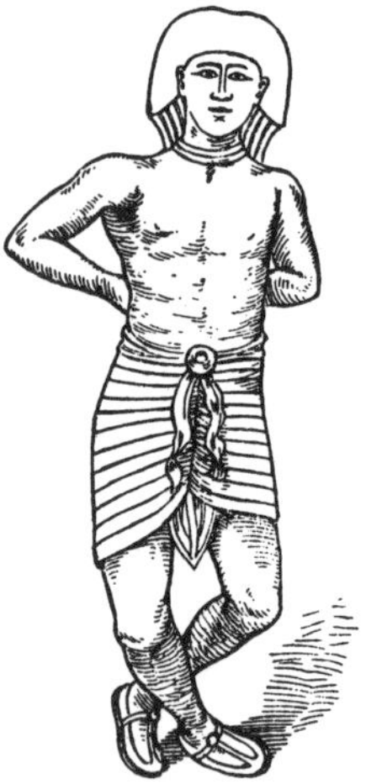

Kreuze den rechten Unterschenkel über den linken und lasse dich **leicht und anmutig** auf den Boden nieder. Der Körper fällt oder stürzt also nicht, sondern geht in sich selbst nieder. Anmutige und leichte Bewegungen sind ein Zeichen von Selbstbeherrschung, während Steifheit und Schwerfälligkeit Schwäche verraten.

Dann erhebe dich langsam und anmutig vom Boden, während die Hände an den Hüften angelegt sind, also das Erheben nicht unterstützen. Der Körper hebt sich sozusagen **aus sich selbst** empor. Bei gutem Willen und einiger Ausdauer gelingt es dir bald.

Um anfangs leichter aufzustehen, kannst du ein Knie etwas vorwärts beugen, das Gewicht des Körpers auf beide Knie werfen, indem du ihn nach vorn neigst, und dich aus dieser knienden Stellung aufrichtest.

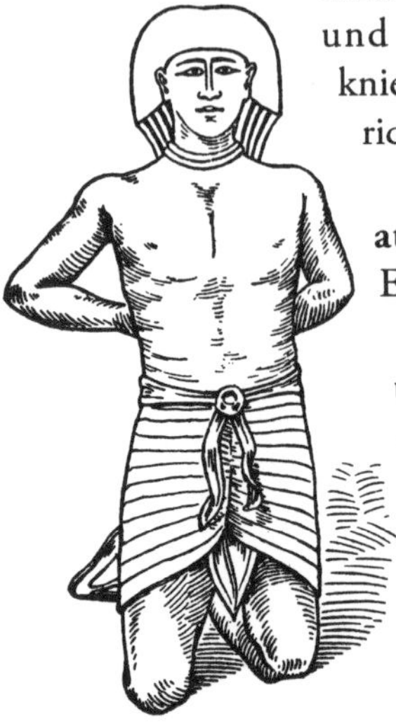

Beim Niederlassen **atme aus** und beim Erheben **atme ein.**

In dieser Weise wiederhole das Niederlassen und Erheben sechs- bis zwölfmal hintereinander.

Für **Kopfarbeiter** ist diese Übung besser als die übliche Gymnastik mit Hanteln und dergleichen. Die **Fettpolster** des Unterleibs und aufgeschwemmte Formen verschwinden schon nach kurzer Übungszeit.

Kreuzatmung

Mit dem orientalischen Sitz kann man die Kreuzatmung verbinden, die der **Reinigung der Nerven** dient, vorausgesetzt, dass man den Körper im ganzen schon durch knappe Ernährung und Fasten bis zu einem gewissen Grad **gereinigt** hat.

Lasse dich in den orientalischen Sitz nieder, lege den rechten Ellenbogen in die linke Hand, lasse das Kinn in der rechten Hand ruhen, halte mit dem rechten Zeigefinger das linke Nasenloch zu, richte beide Augen auf die Nasenspitze und atme 1 Minute lang durch **das rechte Nasenloch** ein und aus. Dann wechsle die Ellenbogen und die Hände in die entgegengesetzte Stellung um und atme durch **das linke Nasenloch** in der gleichen Weise 1 Minute lang.

Die Übung soll nur 2 Minuten lang und nicht zu häufig gemacht werden, sondern nur, wenn man sich dazu getrieben fühlt.

Brustschlagen

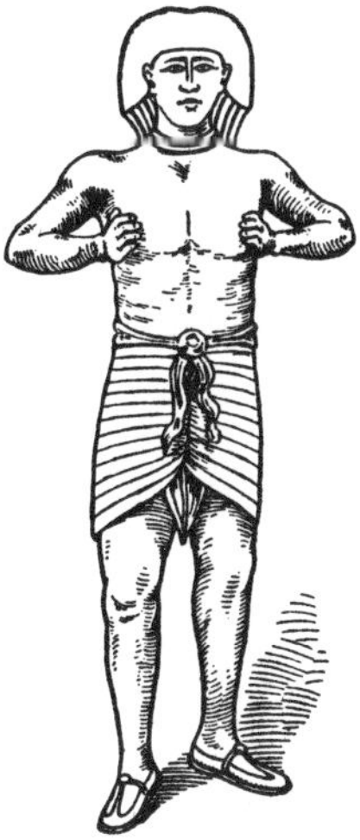

Nachdem man das Üben des orientalischen Sitzes beendet und sich erhoben hat, kann man diese Übung regelmäßig anschließen oder kann sie auch sonst nach Belieben oft vornehmen.

Man steht aufrecht, atmet ein, wirft beide Arme waagerecht seitwärts, schlägt mit den Händen viermal hintereinander kräftig auf die Brust, lässt nach dem 4. Schlag die Hände unter den Achselhöhlen zum Rückgrat gleiten, wo sie sich berühren, lässt sie dann am Rückgrat entlang zum Kreuz entspannt hinunterfallen und atmet aus.

Der **Atem** muss während des ganzen Vorgangs bis zum Hinunterfallen der Hände **gehalten** werden.

11. Anrufung

Geist der Wahrheit, ew'ges Licht! Wem soll ich danken und wohin soll ich meine Blicke richten, wenn die Glückseligkeit in mir selbst ist, unermessliches Licht mich erfüllt und meine Individualität die Gottheit selbst darstellt, obwohl ich die Individualität, die der Anfang, die Mitte und das Ende aller Dinge ist, noch nicht im Herzen aller Menschen zu fühlen vermag!

Vom Irrtum bin ich frei geworden, da sich mir die leise sanfte Stimme des Herzens offenbart, die zwar den gewöhnlichen Sinnen unverständlich ist, zu mir aber erst leise vernehmbar, dann deutlicher und lauter spricht, bis ich schließlich den geheimnisvollen Schleier hebe, den die geistigen Kräfte um den Thron der ewigwirkenden Allmacht weben und ich die unbeschreibliche Pracht der Individualität erblicke und nun von den Wassern trinke, die ins ewige Leben quellen.

Lange suchte meine Seele nach dem rechten Wege; nun fechten Sorgen und Kummer, Armut und Alter, Geburt und Tod mich nicht mehr an, da das innere Licht mich erleuchtet und mich zielbewusst handeln lässt.

Deine göttliche Kraft hat meinen Irrtum beseitigt, ich habe mich für immer aus meinem Fall erhoben, bin stark und frei von Furcht und Zweifel geworden und gehorche der Stimme des Gottgedankens, der immer bereit ist, mich zu führen.

Sei dem so! Und zu diesem Zwecke mögen alle Dinge gedeihen!

Gruß aus dem Lande des zeitigen Frühlings, aus dem dir der Nordwind himmlische Blumendüfte zuweht, deren Wohlgeruch dein Gesinn inspiriert!

11. Lektion
Erziehung des Intelligenzwesens

Atme ein die Heilung spendende Lebensessenz! Denn sie ist frei. Du brauchst dich dabei nicht anzustrengen und auch kein Opfer dafür zu bringen. Nimm sie einfach und sie ist dein! Für das Wasser musst du schon zahlen und überhaupt alles, was die Zellen deines Körpers zur Erhaltung benötigen, musst du dir kaufen, weil es zwecks Verteuerung aufgekauft wird, so dass du, wenn überhaupt, nur mit großer Umständlichkeit dazu gelangen kannst. Nur eins ist noch frei, die **Luft**. Also atme!

Atme von dieser Luft soviel, wie du nur kannst, damit sich dein **Gehirn** normal entwickelt und größere Tätigkeit entfaltet und damit all der angehäufte Aberglauben und alle die Widersprüche auf religiösen, wissenschaftlichen, politischen, sozialen, ökonomischen und anderen Gebieten weggeräumt werden. Dann ist der Tag nicht mehr fern, den die Menschen seit unvordenklichen Zeiten erträumt haben, der Tag der **Befreiung und Erlösung aus Aberglauben und Unwissenheit.**

Also atme jetzt, atme **heute**! Denn jetzt, **heute** ist deine Zeit, heute ist dein Tag der Befreiung und Erlösung. Jetzt, heute musst du dir alles beweisen, wahrmachen, verwirklichen oder in die Tat umsetzen. Wenn du von der Zukunft die Stunde der Befreiung erwartest, wird sie dir nie kommen; nur im Heute kann sie dir schlagen!

Wir sollen zwar nicht über die schlechten Zeiten klagen, müssen aber die Zustände in der uns umgebenden Welt klar ins Auge fassen, wenn wir uns von ihrem hypnotischen Einfluss befreien und ihnen gegenüber die richtige Stellung einnehmen wollen. Überall in der Welt werden Methoden zur Ausbeutung des Nächsten erfunden. Etwas **Wahrheit und Ehrlichkeit** ist zwar immer dabei; aber es gehört schon besonderer Scharfsinn dazu, um zu erkennen, wo Wahrheit und Ehrlichkeit anfangen und wo sie aufhören. Es ist auch in jedem Menschen Ehrlichkeit vorhanden und Wahrheit ist seine Grundlage, so dass er mit guten Absichten in die Welt hinausgeht; aber er hat meist nicht die Kraft, den Versuchungen zu widerstehen, so dass sie ihn in ihren Strudel reißen und er als Schiffbrüchiger heimkehrt. Also wir wollen die Welt nicht richten, sondern uns nur Klarheit verschaffen.

Ist es recht oder unrecht, wenn die Ärzte ihre Patienten täglich mit **Arzneien** vergiften? Wäre die Nachfrage nach Arzneien nicht so stark, dann würde die Frage gar nicht auftauchen. In den meisten Fällen ist der Arzt gezwungen, Arzneien zu verschreiben, nicht weil er selbst daran glaubt, sondern weil die Patienten eine **natürliche Lebensweise** nicht aufnehmen und gerade durch die Arznei erreichen wollen, dass sie ihre falsche Lebensweise fortsetzen können. Würde ihnen auch der eine Arzt die Arznei verweigern, dann gingen sie zu einem anderen, der ihrem Verlangen nachgibt.

Auf beiden Seiten ist die **Moral** nicht genügend entwickelt, was **Charakterschwäche** zur Folge hat. Die Menschen sind in einen Aberglauben versetzt und beständig darin bestärkt worden. Ein Beruf, der mit solchen Methoden arbeitet, ist aber nicht erstrebenswert; es gibt genügend andere Berufe, die man sich als moralischer Mensch wählen kann. Die meisten Ärzte sind sich auch über ihre Irrtümer klar, haben aber nicht den Mut, die Menschen über eine natürliche Lebensweise zu belehren. In Wirklichkeit ist ja nur **Unwissenheit** die Ursache für die falsche Lebensweise.

Die Wissenschaft, die Politik und das Kirchenwesen unterstützen die Ärzte in ihren Irrtümern. Das Unrecht wird aber dadurch nur vergrößert. Denn solange eine gewisse Klasse oder ein gewisser Berufsstand das Vorrecht genießt, andere zu vergiften, wirkt das anziehend auf alle unmoralischen Elemente, die jede Gelegenheit wahrnehmen, um ihrer Unmoral die Zügel schießen zu lassen. Auf **Belehrung** über die richtige natürliche Lebensweise hat aber nicht nur eine gewisse Schicht Anspruch, sondern **jeder Mensch** ohne Ausnahme.

Es ist das Geburtsrecht eines jeden Menschen, sich der **Gesundheit** zu erfreuen. Wer etwas anderes lehrt oder trotz seiner Stellung im öffentlichen Leben nicht das Wohl aller Menschen im Auge hat, verfolgt selbstsüchtige Absichten, für die früher oder später die Zeit der Abrechnung kommt. Die Welt braucht **moralisch und ethisch entwickelte Lehrer,** Erzieher, Ärzte, Beamte, Regierende, die dem Volk ein gutes **Beispiel** vorleben. Wenn ein Volk einmal weiß, wie es natürlich und gesundheitsfördernd leben soll, wird es von selbst erkennen, dass Arzneien und Pillen nutzlos und schädlich sind und die Gesundheit nicht verbürgen.

Kommende Ereignisse werfen ihre Schatten voraus. Die **heutigen Gesundheitszustände** des Volkes sind nur die Schatten der kommenden Ereignisse. Das **Schiff der Verderbnis ist im Sinken begriffen** und sinkt zusehends immer tiefer. Die Wissenschaft, die Politik, die Heilkunst, die Apotheken, die Heilmittelindustrie, das Leichenbestattungswesen und sogar das Kirchenwesen geben sich zwar alle Mühe, mit ihren Mitteln das Schiff zu retten, schon aus eigenem Interesse und auch mit einem Anhauch von Pflichtgefühl, da das Volk sein Fahrgeld bezahlt hat, aber untergehen muss das Schiff mit Mann und Maus. Denn es ist ein unabänderliches Naturgesetz, dass ein Ding, das verdorben ist, sich durch seine eigene Verderbnis zersetzt und untergeht. Die Natur rächt sich, auf dass Gerechtigkeit auf Erden herrsche.

Wer einmal den **Untergang eines Schiffes** mit erlebt hat, wird das schreckliche, herzzerreißende Ereignis nie vergessen. Der Kapitän hatte die Schifffahrtsgesellschaft in Kenntnis gesetzt, dass das Schiff nicht mehr seetüchtig sei, wurde aber mit Entlassung bedroht, wenn er sich nicht sofort auf seinen Posten begäbe. Er tat alles, was in seiner Macht stand, und im Gedanken an seine Frau und sein Kind daheim war er vorsichtiger denn je. Das Schiff fuhr auch flotter, als man es erwarten konnte. Als es sich aber seinem Ziel an der syrischen Küste näherte, erhob sich ein furchtbarer Sturm. Der Kapitän wusste, wie heimtückisch das Mittelländische Meer ist, erkannte sofort die große Gefahr und gab umsichtig und bestimmt seine Befehle in der Hoffnung, den nahen Hafen glücklich zu erreichen.

Am Ufer stand eine große Menschenmenge in atemloser Erwartung. Der Sturm heulte und trug herzzerreißende Hilferufe an das Ufer und - nur noch eine Sekunde - das berstende Schiff versank in den Wogen. Hier und da klammerte sich ein einzelner an eine in den Fluten treibende Planke und konnte darauf Fuß fassen. Ein Ertrinkender versuchte sich an einer Planke festzuhalten, auf der ein Matrose stand, der um sein

Leben bangte und deshalb mit seinem Gürtel auf die Hand des Hilfesuchenden losschlug; noch ein Schlag und der Unglückliche versank in der Tiefe des Meeres. Im selben Augenblick kommt eine große Woge und verschlingt die Planke mitsamt dem Matrosen, um ihn vor den Richterstuhl dessen zu rufen, der allein **das Recht hat zu richten.** Am Ufer wagte sich niemand hinaus in die rasende See; nur drei, die ihre Freunde erwarteten, setzten ihr Leben aufs Spiel und - kehrten nicht zurück.

Aber auch auf festem Grund und Boden können **Katastrophen** über uns kommen. Erdbeben, Orkane, Überschwemmungen, Lawinen erscheinen von Zeit zu Zeit, um gewisse Naturkräfte, die in entgegengesetzter Richtung wirken, wieder ins **Gleichgewicht** zu bringen. Überall, wo Massenerscheinungen im Werden begriffen sind und neue Kraftströme sich dabei entwickeln, die zu einseitigen Ergebnissen führen, müssen diese ausgeglichen werden.

Das trifft auch für den Menschen in seinen Beziehungen zur Natur zu. Wenn er die **Naturgesetze** vergewaltigt, dann wird sie sich rächen. Ergibt er sich der Unmäßigkeit und dem Müßiggang, der Selbstsucht und der Habgier, dann treten Krankheiten aller Art, Pest, Hungersnot, Aufruhr und Krieg hervor und geben ihm die **Zuchtrute der Natur** zu fühlen. Je mehr er sich an die Naturgesetze hält, umso rascher geht er der Vollkommenheit entgegen. Sollte er aber als vollkommener Mensch seiner Stellung nicht eingedenk bleiben und ein von ihm als richtig erkanntes Gesetz übertreten, so wird ihm die Strafe auf dem Fuße folgen, weil, wie schon die Schrift sagt, **Sünden gegen den heiligen Geist** oder Verfehlungen gegen besseres Wissen unverzeihlich sind. Das alles ist gut so; denn es ist seine Rettung.

Der Mensch, der sich an die Naturgesetze hält, gleicht dem Mann, der **nie Kredit** verlangt und **nie Schulden** macht, so dass auch nie etwas von ihm oder seinen Erben gefordert werden kann und sich seine Kinder und Kindeskinder des Segens seiner Einsicht erfreuen, die alles wohlbedacht und wohlbestellt hat.

Aber der unbedachte, unvollkommene Mensch übertritt die Gesetze der Natur aus **Unkenntnis** und verschuldet sich dadurch der Natur. Für eine gewisse Zeit gewährt sie ihm zwar Nachsicht und stundet ihm seine Schuld. Aber von Zeit zu Zeit drängt sie doch auf **Ausgleichung** des Schuldkontos. Werden nicht wenigstens Abzahlungen geleistet oder schwillt die Schuld gar immer weiter an, dann macht die Natur meist gegen den Willen des Schuldners und zu einer Zeit, da er dergleichen am wenigsten erwartet, den Schlußstrich unter die Rechnung. Das Gesetz vollzieht sich; denn der ewigen Gerechtigkeit kann niemand entgehen.

Der **Segen unserer Väter,** die sich an die Naturgesetze hielten und den Segen von Geschlecht zu Geschlecht vererbten, ist auch uns geworden, damit wir ihn erweitert auf unsere Kinder und Kindeskinder übertragen. Erfüllen wir diese unsere Pflicht, dann brauchen wir auch nicht die Heimsuchung durch Naturereignisse, Krankheiten und Übel aller Art zu fürchten, selbst wenn andere, die sich weiter an die Natur verschulden, schwere Katastrophen und schreckliche Tage auf sich ziehen. Jedoch werden nach dem Prinzip der Unendlichkeit, das für alle Reiche der Erscheinungswelt entsprechend gilt, die **Gerechten und Auserwählten zuerst geprüft** werden. Die zur allgemeinen Ordnung notwendigen Naturerscheinungen werden unter ihnen und um sie herum auftreten, aber nicht, um sie zu schrecken, sondern um ihnen den **Trost der Erlösung** zu spenden.

Geradeso wie Ausschläge an einem kranken Körper seine **Genesung vorbereiten,** wie das Fieber den Höhepunkt der Krankheit offenbart, wie Schmerzen auf das Mittel hinweisen, das dem Körper helfen könnte, so sind auch die Naturereignisse auf der Erde und unter der Menschheit die erfreulichen **Vorzeichen** einer bevorstehenden **Besserung.** Je eher wir durch die Tage der Prüfung gehen, desto besser ist es für uns, weil wir uns, nachdem die Ordnung wieder hergestellt ist, umso mehr der Güte der Mutter Natur erfreuen können.

Alle **Naturereignisse** dienen in Wirklichkeit der in der Entwicklung begriffenen Menschheit zum **Glück** und zur **Erweiterung der Erkenntnis** der Naturgesetze und der Verwandtschaftsbeziehungen zwischen Natur und Mensch, bis sich die Menschheit von allen Fesseln des Irrtums, der Täuschung und der Unwissenheit befreit hat und ihr die **Erfüllung der Naturgesetze zur Selbstverständlichkeit** geworden ist.

Seitdem Mazdaznan angefangen hat, die **Öffentlichkeit** auf die Beachtung und Befolgung der Naturgesetze aufmerksam zu machen, also die Kugel ins Rollen gebracht hat, ist sehr viel über Natürlichkeit und naturgemäße Lebensweise geredet, geschrieben und noch mehr gedruckt worden. Wie Pilze nach einem warmen Regen aus dem Boden hervorschießen, sind bald hier, bald da einzelne und ganze Gruppen Gleichgesinnter hervorgetreten und haben dieses unerschöpfliche Thema der Länge und der Breite nach behandelt, so gut sie es verstanden oder zum großen Teil auch missverstanden.

Fast immer handelt es sich dabei um **Theorien,** die einer einseitigen intellektuellen Richtung, Neigung oder Entwicklungsstufe entsprechen und demgemäß in Worte gekleidet werden; aber die **Erkenntnis des Prinzipiellen, der Geist der Wahrheit und die Verwirklichung** oder praktische Durchführung fehlen. Sogar solche, die sich zu den Heiligen, Verbündeten und Freunden Gottes zählten, missverstanden das Wesen der natürlichen Lebensweise und bestaunten sie wie eine göttliche Offenbarung, die man wohl wie ein Heiligenbild verehren, aber auf dieser vergänglichen Erde nicht verwirklichen könne.

Immer, wenn man sich nicht an die Prinzipien hält, die Naturgesetze nicht beständig mit Lust und Liebe, wie nach den ersten beglückenden Anfangserfolgen, erfüllt und die Übungen nicht fortsetzt, läuft man Gefahr, an den toten Punkt zu kommen, schwankend zu werden, zu zweifeln und in ein **altes Gleis** einzubiegen, das immer mehr vom richtigen Weg abbiegt. Ehe man es sich noch richtig gewahr wird, folgt man **fremden Göttern,** die irgend ein falscher Prophet verkündet, dessen Stimme nicht die Stimme des Herzens, des Geistes, nicht die Stimme Gottes, sondern die Stimme des einseitig entwickelten Intellektes ist.

Sind wir einmal soweit zurückgefallen, so ist es schwer, unsere frühere **gehobene Stellung** wieder zu gewinnen, ja, wir schämen uns sogar umzukehren und verdingen uns lieber wie **der verlorene Sohn** in die Unfreiheit, täuschen uns vor, wir seien frei, und fristen unser Dasein mit den Abfällen der wissenschaftlichen, philosophischen, religiösen und soziologischen Theorien, die für die entarteten Kinder der Welt gerade noch gut genug sind, die aber nicht einmal von den Ungebildeten der Beachtung für wert befunden werden, obwohl sie Hilfe dringend nötig haben. Kein Wunder, wenn wir dann traurige Erfahrungen sammeln und Leiden aller Art durchzumachen haben!

Naturgemäße Lebensweise ist keine Theorie und keine Lehre, sondern die **tatsächliche Beachtung und Befolgung** der Naturgesetze, wodurch man sich deren Richtigkeit beweist. Sie ist die denkbar einfachste Lebensweise, die gerade durch ihre Einfachheit die unlösbar erscheinenden Rätsel des Lebens lösen hilft und die verborgenen Schätze des Lebens enthüllt, so dass sie im Glanz eines sonnenbekleideten Tages vor uns liegen.

Naturgemäße Lebensweise ist auch mehr als die Beachtung einiger **Gesundheitsregeln.** Sie offenbart sich in den Formen des **Umgangs** mit anderen, in der persönlichen **Denk- und Handlungsweise,** in der **moralischen und ethischen Einstellung** gegenüber dem einzelnen und der Gesamtheit, in der **Gelassenheit,** in der **Sammlung des Gesinns,** in der **Seelenverbundenheit,** in der **Liebe füreinander** und in der **Ergebung,** der leisen sanften **Stimme des Herzens** zu folgen, die uns mahnt, den Weg zu gehen, den uns die Gottheit durch das **Licht der Erkenntnis** offenbart.

Diese leise sanfte Stimme des Herzens hören wir, wenn wir **in Ergebung und Stille** auf die Schläge des Herzens lauschen, uns an die Mahnung Zarathustras: „**Gute Gedanken, gute Worte, gute Werke!**" halten und in Verbindung bleiben mit **all den Heilanden,** die sich zu allen Zeiten und unter allen Völkern zur Errettung der Menschheit offenbarten bis zu dem, den die Welt „den Heiland" nennt, der unsagbar viel litt, aber doch schließlich den Sieg davon trug und den Zustand des Chrystos oder Christi erreichte.

So wollen wir denn alle, die wir wünschen, ein Leben zu führen, das des Lebens wert ist, die **naturgemäße Lebensweise** mit der Tat beweisen, damit wir durch ein einwandfreies und makelloses Leben ein würdi ges **Vorbild** für die kommenden Geschlechter sind!

Je mehr wie die Dinge betrachten, die die Natur vor unseren Sinnen ausbreitet, umso deutlicher sehen wir, dass sie **beständige Entfaltung** hervorzaubert. Sie gibt den Anstoß, dass sich die Grashalme gen Himmel strecken, dass die Bäume ihr Laub schütteln, wenn der Windhauch sie küsst. Wir können gar nicht anders, als die Weisheit in allen Dingen der Erscheinungswelt zu erkennen. Deshalb sollten wir auch **das lebendige Wort Gottes im offenen Buch der Natur** viel mehr studieren als die Bücher auf unserem Bücherbrett und unsere Augen abwenden von den Kunstwerken, von Menschenhand gemacht, die uns nicht eine göttliche Meisterhand erkennen lassen.

Wir sehen, wie die Menschen durch alle Menschengeschlechter hindurch, bis der Staub sie deckt, unnütze Dinge aufhäufen, mit denen sie irgend etwas anfangen wollen, und sich den Kopf zerbrechen, wie sie sie am besten verwerten könnten, ohne dass sie auch nur den Staub abschütteln, der sich auf den Dingen und ihrem Denken angehäuft hat. Wenn wir die **Ordnung**, die überall in der Natur herrscht, mit der **Unordnung** vergleichen, die unter den Menschen herrscht, dann begreifen wir, dass es einer göttlichen Meisterhand bedurfte, um die Natur zu schaffen und durch diese Natur das hervorzubringen, was der Mensch braucht, um an dieser **Lebensordnung** teilzunehmen und sich ihrer zu erfreuen.

Deshalb ist Gott notwendig und wir brauchen ihn jetzt mehr denn je, um uns wieder in Ordnung zu bringen. Die Natur gehorcht ihm nicht nur, sondern offenbart seine Macht in allen ihren Erzeugnissen, während sich der Mensch der **in ihm schlummernden Möglichkeiten** noch unbewusst ist. Die Natur rechtfertigt durch ihre Erzeugnisse voll das Vertrauen, das Gott ihr geschenkt hat, während der Mensch sein Licht des besseren Verständnisses hinter einem Scheffel verbirgt, als fürchte er sich vor seinem eigenen Licht.

Die Natur bringt selbstlos alles hervor, was sie in sich hat, ohne einen Gedanken an eine Belohnung, während der Mensch mit seinen Leistungen zurückhält, indem er beständig nach Dingen ausschaut, die hinter dem Schleier einer fernen Zukunft liegen. Obwohl die Natur das Gute und Nützliche beständig vor ihn stellt, sind seine Augen **so blind wie die Augen Adams im Garten von Eden,** der dort auch seine Möglichkeiten nicht erkannte. Ein Fremder beschrieb ihm das ferne Land und der Wunsch, es zu besitzen, veranlasste Adam, das Land seiner Verheißung preiszugeben, um in dem fernen Land nichts als Disteln und Dornengestrüpp zu finden. Er schämte sich vor sich selbst, dass er sich auf das leere Wort eines anderen verlassen hatte, und stand nun nackt, entblößt der Früchte seiner Arbeit, vor dem Herrn. Er war unzufrieden mit den **Mächten der Vergeltung** und zog aus, ein Land zu finden, das ihm aber nur einen bescheidenen Teil von dem einbrachte, dessen er sich lange zuvor in weit größerem Maße erfreut hatte.

So vergessen viele Menschen die Fülle und Schönheit der Natur, malen sich selbst ein **Götzenbild** und verehren dieses armselige Abbild, als wäre es etwas Höheres als das göttliche Original. Wie eindringlich klingen aber die Gebote Hamurapis und Moses in unseren Ohren, indem sie sagen: „Du sollst dir nicht ein Bildnis oder Abbild schnitzen von dem, was im Himmel, auf der Erde, im Wasser oder unter der Erde ist, und sollst nicht davor niederknien, um es anzubeten!“ Und doch verschwenden wir Zeit und Kraft, dasselbe nur immer wieder in anderen Formen zu tun.

Gott schuf den Menschen vollkommen; aber der Mensch schuf sich viele Abweichungen. Der Mensch muss deshalb wieder zum ersten Prinzip der Natur zurückkehren, muss **Gott wieder in jedem Ding** finden, dass sich seinen Sinnen darbietet, und aus jedem lebendigen Wort des Gottes der Natur den Ursprung, das Ziel und den Zweck jeder Offenbarung erkennen lernen. Dann lernt er auch, durch **das Göttliche in ihm** die Mächte und Kräfte der Natur zu lenken, zu leiten und zu beherrschen. Denn die Gottesmacht kann alles lenken, leiten und beherrschen und ist auch immer bereit, den Ihrigen zu helfen. Der Mensch muss und wird auch seine Aufgabe wieder erkennen, dass er der Beherrscher des Erdenballes ist und dass er durch die Macht des Gottgedankens in ihm die Elementarkräfte beeinflussen und Wind und Wellen seinem Willen untertan machen kann, so dass die Erde zu einem Paradies wird.

Werden wir dieser unserer **Lebensaufgabe** gerecht, dann werden wir uns auch nicht **abergläubischen Vorstellungen** und Täuschungen hingeben, wenn ein uns nahe stehender Mensch diese Sinnenwelt verlässt. Denn nichts kann verloren gehen in der Unendlichkeit. Empfinden wir Schmerz darüber oder sind wir betrübt über den Verlust, so kommt es nur daher, dass wir uns auf andere zu verlassen pflegen und noch nicht gelernt haben, allein zu stehen und uns um unsere eigene Sache zu kümmern. Hast du für den **Abgeschiedenen** vor seinem Abscheiden schlaflose Nächte verbracht, um ihn sorgfältig und liebevoll zu pflegen und ihm die letzten Stunden möglichst angenehm zu machen, so hast du alles getan, was von einem moralischen, mitfühlenden, treuen Menschen erwartet werden kann.

Du hast also gar keinen Grund, bekümmert und voll Sorgen um das weitere Schicksal des Abgeschiedenen zu sein und dich der Täuschung hinzugeben, dass du ihm damit etwas Gutes tust. Für ihn bringt der **Wechsel nur Gewinn;** denn sein körperlicher Zustand hinderte ihn, hier weitere Aufgaben zu erfüllen. Tue alles, was in deinen Kräften steht, um dich selbst besser kennen zu lernen und nimm dir **ein Beispiel an dem Abgeschiedenen,** vermeide seine Fehler und lerne von seinen Fähigkeiten und Vorzügen, was dir zum Nutzen und Heile dient. Er ging dahin, damit du weiter lebest und das Leben vollkommener gestalten und genießen mögest. Suche also das Himmelreich größerer Erkenntnis, das Reich des wahren Friedens, den sicheren Hafen des Gott- und Selbstvertrauens auf, damit dein Lebensschifflein nicht unversehens in das seichte Wasser der Unkenntnis gerate oder an den Klippen des Zweifelns zerschelle.

Hat der Abgeschiedene dir wirklich etwas zu sagen, dann wird er Mittel und Wege finden, sich **unmittelbar** mit dir in Verbindung zu setzen, wird sich aber nicht eines bezahlten Mediums oder Geistervorführers bedienen, um dir eine Botschaft zu übermitteln, die nur dich angeht. Wenn dein Kind, deine treue Mutter, deine Geliebte dir nach dem Abscheiden etwas zu sagen haben, dann rufe sie in deine unmittelbare Gegenwart; kommen sie aber nicht, dann lasse sie, wo sie sind!

Wache auf und tritt ab von den Pfaden der Täuschung und des Aberglaubens! Die Zeit ist da, dass du endlich anfängst, **selbst und selbständig zu denken!** Solange du aber selbst noch Irrtümern und Einbildungen nachjagst, hast du kein Recht, auf andere verächtlich herabzusehen, die vor einem Heiligenbild niederknien und Trost finden oder die glauben, dass Jesus ihnen erschienen sei und ihnen tröstlich zugesprochen habe. Du hast kein Recht zu richten, solange du selbst in höherem Grade blind bist als die, die sich keiner besonderen Weisheit rühmen.

Wenn wir die Gesetze der Natur innehalten, erleichtern wir uns alles. Obwohl wir der stärkere Teil gegenüber dem Elementarwesen der Natur sind, müssen wir uns doch **in die Naturgesetze fügen**, auf dass **Gerechtigkeit** in allen Dingen geübt werde. Wir brauchten wohl dies und jenes nicht zu tun, tun es aber doch um der Gerechtigkeit willen. Sogar der Heiland ging zu Johannes, um sich von diesem taufen zu lassen, so dass sich sogar Johannes darüber wunderte: „Du brauchst doch nicht mehr bekehrt zu werden; denn du bist dir doch deiner inneren Größe bewusst!" Aber der Heiland sagte: „Um der Gerechtigkeit willen!" Er tat es, um ein Beispiel für die anderen zu sein, damit nicht von ihm gesagt werde, er habe dies oder jenes nicht erfüllt. So müssen auch wir um der Gerechtigkeit willen und um ein Beispiel zu sein, **die Gesetze der Natur innehalten.**

Wir können sie zwar übertreten; das steht uns frei. Wenn wir aber zur Erkenntnis unserer **größeren Möglichkeiten** gelangen wollen, müssen wir die Gesetze der Natur erfüllen und dürfen nicht auf unserem begrenzten Eigensinn beharren. Bleiben wir innerhalb der Gesetze der Natur, dann wird alles im Weltall unseren Zwecken und Zielen dienen. Deshalb müssen wir uns **üben in der Befolgung der Gesetze** und müssen lernen, alles, was sich unseren Sinnen darbietet, zu beobachten und zu begreifen.

Bei allen Übungen muss uns der Gedanke beseelen, dass die Macht in uns ist, in jeder Lebenslage **etwas Höheres und Vollkommeneres** zu erwirken. Nach und nach werden wir uns dann bewusst des **inneren Lichtes** der Erkenntnis, der Weisheit des Wesens, der Sonnenwärme der Unendlichkeit, die unabhängig ist von der Weltensonne. Dann sehen wir nicht nur unseren Weg klar vor uns, sondern er ist sogar beleuchtet und wir fühlen uns geführt und geleitet durch die Zuversicht des Allmächtigen, die sich durch die leise innere Stimme kundmacht, die wir auch hören, aber oft wieder in den Hintergrund drängen, weil sich andere Ideen vorschieben und uns wieder zweifeln lassen. Sobald wir uns aber auf unsere **innere Stimme** verlassen und ihr folgen, fällt uns alles Unsrige in den Schoß. Wenn sich etwa eine **Furche auf dem Kopf** an der Stelle zeigt, wo die intellektuelle Gehirngruppe an die spirituelle angrenzt, ist das zum abstrakten Denken notwendige Gehirn noch nicht entwickelt; es ist zwar da, vibriert aber nicht und ist daher für gewisse Schwingungen nicht empfänglich. Dann muss man sich üben, bis sich diese Furche **ausgleicht.**

Schon wenn wir uns einen Konzentrationspunkt für unsere **Augen** setzen, dann offenbart sich uns infolge der Konzentration alles, was innerhalb des Gesichtskreises liegt. Konzentrieren wir unser **Gehör,** dann wird unser rechtes Ohr für alle aufwärtsschwingenden Töne empfänglicher und das linke Ohr für alle niedergehenden Töne. Richten wir alle Sinne auf das **Tasten,** so werden wir uns des feineren Tastsinnes bewusst. Ist unser **Gefühlssinn** genügend geweckt, so werden wir uns der unmittelbaren Verbindung zwischen dem **Gehirn** und dem **Gesinn** in der Zirbel bewusst und erfreuen uns der **Eingebung** in objektiver und abstrakter Beziehung. Gebrauchen wir die Eingebung nur in objektiver Beziehung, dann führen uns die **objektiven Sinne,** soweit wir sie unter Kontrolle haben. Haben wir dann aber den Gesichts- und Gehörsinn nicht unter Kontrolle, dann kann sich die Eingebung nicht einmal in objektiver Beziehung durchsetzen, so dass wir unsicher bleiben, ob das, was unsere Augen sehen oder unsere Ohren hören, auch wirklich das Richtige ist. Das will dann schon etwas heißen gegenüber all den optischen Täuschungen, die uns von allen Seiten entgegentreten. Wir dürfen uns also nie ausschließlich den **äußeren Sinnen** überlassen, sondern müssen uns immer wieder dem ewigwirkenden **Konzentrationsgedanken in unserm Herzen** ergeben. Auch darin müssen wir uns üben.

Entsprechend der Empfänglichkeit unserer Gehirnzellen offenbaren sich auf korrespondierenden Linien alle Geheimnisse der Natur, der Atmosphäre, des Weltalls und aller Weltalle durch die Vermittlung des **Gesinns in der Zirbel**, das unseren Sinnen die Zusammenhänge bis zum Urgrund aller Dinge begreiflich und uns bewusst machen kann, dass **jeder Mensch Miterbe und Teilhaber an den Reichtümern der Ewigkeit und Unendlichkeit** und damit der Gottheit ist. Das Ziel aller unserer Übungen ist und bleibt daher, die Gehirnintelligenzen zu wecken und leistungsfähiger zu machen, und das grundlegende Mittel dafür ist die **Ausatmung**, die wir bei jeder sich bietenden Gelegenheit bewusst üben sollten, ganz besonders aber **abends vor dem Einschlafen**.

> Wenn wir am Abend wenigstens drei Versuche machen, **bis 108 Sekunden auszuatmen**, dann erwacht das Gesinn in der Zirbel und bleibt beständig auf der Wache, um alle sich entwickelnden Gehirnintelligenzen zu kontrollieren und sofort für **die Ausarbeitung der uns gerade interessierenden Fragen** in Anspruch zu nehmen; infolgedessen erweitert sich unsere Erkenntnis.
>
> Die langen Ausatmungen treiben das ganze **Körperwesen** sozusagen auf den **Höhepunkt der Konzentration** und dann tritt die **abstrakte Seite des Gesinns** von selbst in Tätigkeit und kommt uns zu Hilfe, da uns die objektive Seite des Gesinns nicht weiter helfen kann. So entwickeln sich die verwandtschaftlichen Beziehungen zwischen der objektiven und abstrakten Seite des Gesinns immer mehr und die subjektive Seite gewöhnt sich schließlich daran, sich mit unseren unfertigen objektiven Ideen zu befassen.
>
> Der Schlaf mit tiefen Atemzügen macht uns daher nicht nur gesund, stark, kräftig und ausdauernd, sondern entwickelt gleich-

zeitig auch unseren **Gedankenlauf** und klärt alles Verborgene, Geheimnisvolle und Unklare auf. Da, wo die Schule endet und unser Universitätsstudium unseren Wissensdrang nicht mehr befriedigt, fängt die abstrakte oder subjektive Seite unseres Gesinns in der Zirbel an, uns zu belehren. Dann wissen wir mehr, als die anderen wissen, wissen alles klarer und sicherer und beweisen uns auch alles mit der Tat, so dass wir uns langwierige Studien, Untersuchungen und Versuche ersparen.

Legen wir uns schließlich vor dem Einschlafen auf die rechte oder linke Seite und **die Hand der gleichen Seite auf die Wange**, so dass der Daumen hinter dem Ohr liegt und die Stelle berührt, wo die Intelligenz der Zähigkeit ihren Sitz hat, während die Finger glatt an der Schläfe liegen, so beobachten wir schon nach kurzer Zeit, dass wir alle Angst und Furcht losgeworden und unternehmender und zuversichtlicher geworden sind und nie mehr an unserem Erfolg zweifeln. Wir entschließen uns rasch zum Handeln und sind bei allen Unternehmungen vom Glück begünstigt. Die Wärme der Fingerspitzen übermittelt sich den Nerven, die das Essen und Trinken kontrollieren; wir werden bedachtsamer in unserer Ernährungsweise und nach kurzer Zeit verlieren sich Magen- und Verdauungsbeschwerden.

In den Händen sind außerdem **Linien eingezeichnet**, die den Zustand unserer Organe kennzeichnen, wobei die **linke Hand** die festgesetzte, vorgeburtlich gekennzeichnete Hand, die Hand des Erbteils ist, das uns der Muttergedanke übertragen hat, die Hand der Astrologie, die Hand mit den festgesetzten Linien, die sich nicht ändern lassen.

Die **rechte Hand** dagegen ist sozusagen unser Privateigentum, womit wir tun dürfen, wie wir wollen, die Hand, deren Linien wir durch entsprechendes Denken und Handeln ändern können. Alles, was uns in den Linien der linken Hand nicht gefällt, das vollziehen wir mit der rechten Hand und je nach dem **Gedankengang**, den wir auf die Linien der rechten Hand übertragen, zeichnen sich dann die Linien in der rechten Hand anders als in der Linken.

Wenn nun die eine oder die andere Hand an die Wange gelegt wird, schafft ihre Wärme über das Gesinn in der Zirbel Verbindungen zwischen der abstrakten Seite des Gesinns und den Gehirnintelligenzen, die mit den in die Hände eingezeichneten Linien korrespondieren und dadurch die Unterstützung der abstrakten Seite unseres Wesens oder der Individualität im Herzen finden, so dass wir immer **größere Fortschritte** im Verwirklichen unserer Wünsche machen.

Denn sobald sich die subjektive Seite des Gesinns in der Zirbel betätigt, greifen wir schon in das **Seelenreich** oder den psychischen Zustand über und von da allmählich in das **Geistesreich** oder den Geisteszustand im Herzen. Nach und nach werden wir uns des **Gottesfunkens** bewusst, dieses aufsprühenden Funkens, der alles in uns erhellt und uns auch den Weg zum Innersten unseres Wesens, zum Ego, zur **Individualität**, zum Unendlichen, Ewigen, Wahren, Göttlichen offenbart.

Solange wir aber unser Gesinn nur in der objektiven Richtung des äußerlichen Alltagslebens üben und gebrauchen, stoßen wir früher oder später auf Grenzen und kommen nicht zur Selbst- und nicht zur Gotteserkenntnis, nicht zur Erkenntnis der Wahrheit. Gleicht sich aber die objektive Seite des Gesinns mit der subjektiven aus, dann kommt uns das Unsrige von allen Seiten zu. In diesen **Zustand der objektiven und subjektiven Ausgleichung des Gesinns** müssen wir alle wieder kommen.

Beim **Durchschnittsmenschen** ist nur die objektive Seite des Gesinns in der Zirbel rege, während die abstrakte oder subjektive Seite ganz oder fast ganz schlummert und höchstens bei außergewöhnlichen seelischen Erschütterungen für kurze Zeit rege wird. Die objektive Seite des Gesinns vermittelt seinem Gehirn dann alle möglichen Eindrücke aus der objektiven Welt der Erscheinungen und alle diese Eindrücke werden in der **Gedächtniszelle des Gehirns** aufgestapelt gleich Negativbildern und können daher beliebig oft hervorgeholt und positiv zum Ausdruck gebracht werden.

Dabei beruht das Gedächtnis nur auf einer einzigen kleinen Gehirnzelle, deren Intelligenzwesen auf einer feinen Nadelspitze Platz hat, aber genügt, um das ganze Gedächtniswesen zu kontrollieren, das alles einschließt, was man irgendwie mit seinen Sinnen wahrgenommen hat. Die **Gedächtnisintelligenz** kann zwar nicht zwischen Recht und Unrecht,

Atme tief

Kate Shearer *O. Z. A. Hanish*

Gut und Besser, Hoch und Niedrig unterscheiden, kontrolliert aber einen ungeheuren **Stapelplatz.**

Sie bietet Raum für alle politischen Programme aller Zeiten, Vorwärts und Rückwärts, Zentrum und Ringsherum, Volkspartei und wie sie alle heißen. Sie hat Raum für alle Katechismen, alle Bibelstellen, alle Philosophiesysteme, alle theosophischen und ähnlichen Ansichten, alle Diät-, Vitamin- und Kalorienideen und alle Reform- und Reformationsideen, alle Kunst- und Malereiideen, für alle Töne, Weisen, Melodien, Lieder, Psalmen, Theaterstücke, die je vorgetragen oder vorgeführt worden sind.

Sie stapelt alles auf, was die Augen gesehen, die Ohren gehört, die Nüstern unterschieden, der Mund durch den Geschmack festgestellt hat, was wir durch Betastung mit den Händen und Füßen erfahren, was wir seit unserer Kindheit in uns aufgenommen haben, alle Schulaufgaben, Spaziergänge und auch alle Schläge, die wir vom Lehrer bekamen, die Erfahrungen als Lehrling, Geselle und Meister, das ganze Studium bis zum Staatsexamen, alle Vorkommnisse des Geschäftslebens, alle Biographien der erfolgreichen Männer und Frauen, alles das und noch viel mehr bewahrt die kleine Gedächtniszelle für uns auf.

Wir brauchen uns nur an diese winzig kleine **Gedächtnisintelligenz** zu wenden, sogleich fängt sie an zu vibrieren und übermittelt uns das Gewünschte durch die objektive Seite des Gesinns auf die entsprechenden Sinnesintelligenzen, so dass wir uns positiv alles dessen gewahr werden, was 10, 20, 30, 40 oder mehr Jahre zurückliegt und Eindruck auf die Gedächtnisintelligenz gemacht hatte. Aber sie **entscheidet nichts, prüft nichts, wägt nichts gegeneinander ab, sondern stapelt nur auf** gleich einer Bibliothek, wo die theologischen und medizinischen Bücher friedlich nebeneinander stehen. Deshalb kann auch jemand großartige Ideen über Moral, Ethik und Spiritualität im Gedächtnis aufgespeichert haben und damit nur so herumwerfen, aber in seiner tatsächlichen Lebensführung ein Ausbund von Unmoral, Würdelosigkeit und Charakterlosigkeit sein.

Wir sehen schon hieraus, was wir nötig haben. **Möglichst viele Gehirnintelligenzen** müssen geweckt und wirksam gemacht werden, nicht nur die eine winzige Gedächtniszelle. Die neue Zeit ist da und jedermann fühlt, dass etwas mehr als bisher von uns getan werden muss, um uns ihr gewachsen zu zeigen. Aber nur Mazdaznan bietet uns den Schlüssel an und zeigt uns Mittel und Wege, wie wir uns das Fehlende ergänzen und unsere stecken gebliebene **Entwicklung wieder in Gang bringen** können, damit wir allmählich wieder in die menschenwürdige Stellung eingestellt werden, die dem Menschen seit Ewigkeit zukommt.

Wollen wir weiter kommen als eine Menschheit, müssen wir das **Intelligenzwesen unseres Gehirns** zunächst in **objektiver** Beziehung weiterentwickeln, damit wir immer mehr die **Zusammenhänge** zwischen den unsichtbaren Kräften der Natur und der greifbaren Materie, die an die Erde gebunden ist, erkennen. Je mehr wir das Amalgamierende, Verwandtschaftliche, Korrespondierende zwischen der Atmosphäre und der Materie der Erde zusammenbringen, umso offenkundiger wird der Fortschritt der Menschheit in der Richtung des allgemeinen Ausgleichs oder Friedens; das heißt: der **Entdecker- und Erfindergeist** hat sich auf allen Gebieten des praktischen Lebens zu offenbaren.

Parallellaufend mit dem sich erweiternden Entdecker- und Erfindergeist wird uns die **subjektive oder abstrakte Seite** unseres Wesens bewusst. Dann fühlen wir uns nicht mehr allein und verlassen, sondern erkennen, dass die Gedankenwellen Unseresgleichen ähnlich den Ätherwellen über den ganzen Erdball dahinziehen und die Verbindung zwischen allen Gleichgesinnten herstellen. Es bedarf dann nur eines Gedankens an den anderen und im gleichen Augenblick ist er uns im Gedanken gegenwärtig.

Wenn wir diesen Gedanken vermöge der subjektiven Seite unseres Wesens denken können, ist es nur eine Frage der Zeit, dass die subjektive Seite unseres Wesens die korrespondierenden Entdecker- und Erfinderintelligenzen im Gehirn befruchten oder in Schwingung versetzen wird und dass wir die **Gedanken-Übertragung** mit technischen Mitteln verwirklichen. Dazu wird ein kleiner uhrähnlicher Apparat genügen, den wir die **irdische Scheibe** nennen und durch den wir uns drahtlos um die ganze Erde herum miteinander unterhalten und während der Unterhaltung sogar gleichzeitig bildlich gegenwärtig sehen können. Die Atmosphäre gibt den Hintergrund, auf dem das Bildnis des anderen steht, als stünde er uns gegenüber.

Jeder Mensch, bei dem sich Herz und Gesinn harmonisch verbinden, gleicht dieser Uhr oder irdischen Scheibe oder diesem Fernhör- und Fernseh-Apparat. Hin und wieder ist es ja auch jedem schon so gewesen, als wäre er von jemand aus der Ferne angerufen worden, so dass er unwillkürlich seinen Gedanken in diese Richtung setzte und die Verbindung hergestellt hat, und zwar mehr oder weniger deutlich, je nach dem Entwicklungsgrad.

Mancher sagt: „Ich habe so ein Kitzeln in den Ohren, als melde sich jemand; aber es ist schon wieder weg." Es hatte sich eine Verbindung herstellen wollen. Der Gedanke eines anderen ist in unsere Sphäre gelangt; aber die Verbindung kam nicht vollständig zustande. Das deutet schon an, dass wir uns mit der Zeit soweit entwickeln werden, dass wir selbst das uhrähnliche Instrument oder die **irdische Scheibe** nicht mehr brauchen werden, um durch **Gedankenübertragung** in Verbindung miteinander zu kommen.

Nachdem die **irdische Scheibe** erfunden worden ist, wird uns auch das zweite Instrument, die **himmlische Scheibe** werden, durch die wir uns mit allen Planeten oder Weltenkörpern in Verbindung setzen können. Diese Verbindung kann uns aber nur die subjektive oder abstrakte Seite unseres Wesens vermitteln, da sie über die Reichweite unserer Sinne hinausgeht. Der Gedanke, der eine andere Welt erreichen soll, muss durch die unbegrenzte und unbegrenzbare Macht der Gottheit geleitet werden; einen anderen Weg gibt es nicht.

Je mehr wir uns der abstrakten oder göttlichen Seite unseres Wesens bewusst werden, was einem höheren Schwingungsgrad des Gesinns in der Zirbel gleichkommt, und dieser höhere Schwingungsgrad das **Begriffsvermögen** im Gehirngebiet hinter der Stirnmitte weckt, umso tiefer dringen wir in das Verständnis der **Seele**, des **Geistes** und des **Gottesfunkens** im Herzen ein, bis wir schließlich in der linken, hinteren, fünften Herzkammer an das luftlose Bläschen gelangen, worin das Ego, die **Individualität** oder das Göttliche seinen Sitz hat, sich aber gleichwohl völlig frei und unabhängig von der Materie und selbst von Äther und Atom hält. Dann stehen wir an der Räumlichkeit, die uns die Verbindung gestattet nicht nur mit allem auf der Erde Befindlichen, sondern auch mit allem in der Ewigkeit und Unendlichkeit enthaltenen.

Die Atemübungen machen wir also nicht nur, um das Zellengewebe des Körpers neu zu **beleben** und uns der **Gesundheit** zu erfreuen, sondern vornehmlich deshalb, damit wir uns das **Intelligenzwesen des Ge-**

hirns erziehen. In dem Grad, wie wir uns körperlich oder im Organwesen neu beleben, werden auch die Gehirnzellen neu belebt, in denen die reflektierenden Intelligenzen wie Samenkörner eingebettet liegen und nur auf die Zeit der Entkeimung, des Sprossens und darum der Offenbarung dessen warten, was die Intelligenz einer jeden Zelle innehält. Je mehr die Gehirnintelligenzen aufeinander reflektieren, umso mehr erweitert sich das **Wirkungsfeld des Gesinns** in der Zirbel bis in die Unendlichkeit hinaus und anschließend der Kreis unserer Kenntnisse, des Begreifens und Verstehens.

So wir weitergehen, der Natur nachhelfen und unserem Körper alles zukommen lassen, was er zur **Weiterentwicklung** braucht, und wenn alle Organsysteme zusammenarbeiten, also die Linien der Lebensoffenbarung parallel laufen mit den Linien der innewohnenden Gottesintelligenz, dann offenbart sich dem Gesinn von selbst der **Seelenzustand** oder das Geheimnisvolle oder Okkulte unseres Wesens. Erst dann können wir uns klar werden über den **Geisteszustand** und alles, was in dessen Bereich gehört.

Bis dahin ahnen wir nur alles. Geben wir uns mit der Ahnung nicht zufrieden und wollen wir die Klarheit erzwingen, dann erweitert sich nur die Einbildung oder wir machen uns Illusionen vor. Nur durch **Selbstdenken** kann uns das **Selbstbewusstsein** werden, dieser höhere Schwingungszustand des Gesinns in der Zirbel. Dann erst kann sich der Geisteszustand mit Hilfe des Seelenzustandes dem Gesinn offenbaren und dieses die ihm gewordene Offenbarung vermittels der Gehirn intelligenzen den Sinnen begreiflich machen.

Soweit wir die Prinzipien der Unendlichkeit und die Gesetze der Natur anerkennen und uns der Zusammenhänge bewusst bleiben, werden uns klare Gedanken und Einsichten über Einsichten. Aber niemand kann die **Erkenntnis der Unendlichkeit** auf einen anderen übertragen. Sie muss in jedem selbst aufkommen und kann es auch, da jeder Anteil an ihr hat. Wir können uns durch Belehrung gegenseitig Irrtümer wegräumen und können einander Erfahrungen übermitteln; aber nur der in einem jeden wohnende ewigwirkende Gottgedanke kann ihm zur Erkenntnis der Unendlichkeit verhelfen.

Dass die Menschheit beständig Fortschritte gemacht und dabei ihren Gedankengang erweitert hat, ist für jedermann offenkundig, ebenso, dass sie von Tag zu Tag ihre Erkenntnis noch erweitert. Wir könnten aber diesen Vorgang noch wesentlich fördern und beschleunigen, wenn wir uns mehr übten, die **Gedankenschwingungen zu fühlen**, die unsere Umgebung durchwellen, weil darin Möglichkeiten zu neuen Erweiterungen liegen.

Wir sollten uns also üben, nicht nur unseren eignen Gedanken freien Lauf zu lassen, sondern auch **allem, was auf uns zukommt, nachzugehen**, darüber nachzudenken, es uns zu überschlagen, statt diesen oder jenen Gedankenlauf einfach abzuschneiden; wir sollten ihn verfolgen, damit wir das Wesentliche an ihm erkennen. Auch wenn wir selbst den Gedanken nicht weiter ausarbeiten können, ihn aber hegen, ihm Raum geben, ihn schwingen lassen gleich einem Ton, besteht die Möglichkeit, dass er vom Gehirn eines anderen aufgenommen, erweitert und verwirklicht wird.

Ebenso kann es vorkommen, dass wir einen Gedankenfaden in uns verwahren, dessen wir uns noch gar nicht bewusst sind, der aber da ist und nur darauf wartet mit der parallel laufenden Schwingung eines anderen Gesinns in Verbindung zu kommen und dadurch so bestärkt oder in so starke Schwingung versetzt zu werden, dass er in uns rege und uns bewusst wird. Zwei korrespondierende Gehirnzellen haben sich gleich einer **Sende- und Empfangsstation** aufeinander eingestellt. Sind wir empfänglich, dann überträgt sich die Idee des anderen auf uns; wir ziehen sie vermöge der Ätherwellen an, die durch alles hindurchziehen und das, was sie mit sich führen, dort ablagern, wo Empfänglichkeit vorhanden ist.

Nun wollen wir aber doch nicht nur in dieser oder jener Richtung ein wenig vorwärts kommen, sondern wollen **einen prinzipiellen grundsätzlichen Schritt** tun, der unsere Lebenslage in jeder Hinsicht verbessert. Wir wollen grundsätzlich bessere Lebensverhältnisse für uns alle, für die ganze Menschheit haben, müssen also vor allem einen solchen Gedanken fassen und hegen und ihm freien Lauf geben. Je konzentrierter und ernsthafter wir das tun, umso eher verwirklicht sich dieser Gedanke in unserer Gegenwart.

Dieser grundsätzliche Gedanke ist der **Gedanke der freien Energie**. Sie soll in Allgemeingebrauch kommen, damit die ganze Menschheit von allen Syndikaten frei werde und frei bleibe. Denn wir leiden unter den

Diktaten des Monopol- und Syndikatswesen, weil sie uns selbst in dem begrenzen, was für unseren Lebensunterhalt notwendig ist. Die Preise für Öl, Gas, Elektrizität, Eisenbahn und Schifffahrt, sogar für Trinkwasser werden beständig erhöht, angeblich wegen der „schweren Zeiten".

Deshalb hegen und verbreiten wir den Gedanken, dass die freie Energie von einem jeglichen benutzt werde, und zwar nicht nur zu **Beleuchtungszwecken**, sondern auch zu **Heizungszwecken** und als **Antriebskraft** für alle unsere Maschinen im Haus und außerhalb. Jeder kann dann sein Auto haben, das durch einen vereinfachten Motor ganz billig wird und kaum noch Reparaturkosten verursacht.

Nun wollen wir uns aber nicht nur auf dem Erdboden und auf dem Wasser bewegen, sondern in kürzester Zeit die ganze Welt umreisen, um mit eigenen Augen alle die Wunder der Natur zu sehen, uns dadurch der Größe und Unerschöpflichkeit des ewigwirkenden Gedankens und der vielen Möglichkeiten bewusst zu werden und sogar unlösbar scheinende Rätsel unseres gegenwärtigen Gesellschaftslebens zu lösen. Deshalb sollten wir auch den **Gedanken des Luftdruckes** immer mehr ausdenken.

Die geringeren Grade des Luftdruckes können uns auf die verschiedenste Art und Weise im Alltagsleben nützen, während die stärkeren Grade neuartige Fliegzeuge oder **Luftdruck-Schiffchen** mit 1800 Kilometer und noch mehr Stundengeschwindigkeit durch die Luft befördern.

Es mag seine Zeit nehmen, ehe sich ein neuer Gedanke verkörpert oder verwirklicht. Aber wenn wir ihn festgesetzt und die zu seiner Verwirklichung notwendigen Voraussetzungen geschaffen haben, kommt auch sicher der Zeitpunkt der Verwirklichung, weil **der festgesetzte Gedanke eine Macht** ist, die alles erzielt und uns selbst das in den Schoß wirft, was wir uns nicht einmal träumen ließen. Umso mehr können sich alle unsere Träume und Visionen verwirklichen, wenn wir dem Gedanken nachgehen und ihn ausbauen und erweitern.

Allmählich fühlen wir die Gedankenwellen und wecken und entwikkeln den Sinn der **Gedankenübertragung**, der aber viel größere praktische Bedeutung hat als das, was man heute im allgemeinen mit Telepathie bezeichnet. Der **Sinn der Gedankenübertragung** ist schon im hohen Altertum bekannt gewesen und wurde zu allen Zeiten von allen Rassen gepflegt und geübt; auch heute weiß man noch etwas davon. Jeder hat diesen Sinn und sollte ihn gebrauchen lernen, damit er selbständig sieht und hört und sich nicht auf andere zu stützen oder zu verlassen braucht. Es ist der Sinn, mit dem man sich in der Ferne verständlich macht, mit dem man gute, schöne, wahre Gedanken auf kleine oder unbegrenzt weite Entfernungen aussendet, sei es **innerhalb**, sei es **außerhalb** unseres Körperwesens, der Sinn, mit dem man die Bande der Freundschaft enger und inniger knüpft, so dass man das Band und die Verbindung mit allen Freunden fühlt, als wären alle gleich einem einzigen Körper.

Um diesen Sinn zu entwickeln und Fertigkeit in der Gedankenübertragung zu erlangen, müssen wir uns **üben** und zu allererst lernen, uns zu **konzentrieren**. Aber es gibt nur wenige Menschen in dieser Welt, die es sich zur Aufgabe machen, diesen Sinn systematisch auszubilden und zu erweitern. Zunächst machen wir ganz einfache Übungen, damit die Augen hinsichtlich Farbe und Anzahl sicher werden.

Gedanken-Übertragung

Übung 1

Wenn du an einem **Schaufenster** vorbeigehst, präge dir 5 ausgestellte Gegenstände nach Zahl, Reihenfolge und Farbe genau ein, gehe weiter und wiederhole dir in Gedanken alle Einzelheiten, zähle dir die Gegenstände namentlich auf und beschreibe ihre Farbe, Lage und Reihenfolge. Solltest du bei einem Gegenstand im Zweifel sein, so kehre zu dem Schaufenster zurück und beseitige den Zweifel sofort. Tust du das nicht, dann unterbrichst du die Weiterentwicklung des Sinnes und es wird sich in der Weise bemerkbar machen, dass du, selbst wenn du in manchen geschäftlichen Dingen erfolgreich bist, beständig über Unsicherheit dir selbst gegenüber klagst.

Übung 2

Erweitere diese Übung. Sind z. B. in dem Schaufenster Körbe mit Früchten ausgestellt, wie Rosinen, Feigen, Datteln, Bananen, teilweise ausgeschmückt mit großen Pflaumen und kandierten Früchten, so achte auf die verschiedene Art und Farbe der Körbe, auf die daneben liegenden Schachteln mit Früchten und Kuchen, auf die verschiedenen Sorten Trauben, eingerahmt von heimischen und tropischen Erzeugnissen. Dazwischen liegt hier und da ein Mistelzweig oder ein Palmenblatt, so dass eine Art Gemälde entsteht. Das alles sollst du **mit einem einzigen Blick** übersehen und dir so fest einprägen lernen, dass du dir im Weitergehen das Gemälde genau vergegenwärtigen und alle Einzelheiten beschreiben kannst. **Beobachten** allein genügt noch nicht, uns denkend und scharfsinnig zu machen; deshalb muss das **Beschreiben** des Beobachteten in systematischer Ordnung hinzukommen. Wenn wir Tag für Tag, auf Schritt und Tritt unser Auge und unsere Beobachtungsgabe in dieser Weise üben, werden wir in weniger als fünf Wochen über die Wirkung auf unser Denkenswesen freudig überrascht sein. Wir halten uns frei von Irrtümern und Fehlgriffen, werden sicherer und ruhiger und erfreuen uns eines guten Schlafs und eines besseren Gedächtnisses.

Das Beobachten wird uns zur Gewohnheit und nichts mehr von dem, woran wir interessiert sind, entgeht uns. Ist aber unser **Interesse** erst einmal in einer Richtung erwacht, dann können wir es auch **in irgend eine andere Richtung** lenken, weil **dem Gedanken keine Grenzen** gesetzt sind. Schließlich entwickeln wir Interesse für ganz neue Gebiete, weil wir lernen zu denken, woran wir denken.

Übung 3

Lege 5 verschiedene Früchte auf den Tisch. **Schließe die Augen**, lasse die Hand über dem Tisch schweben, sprich den Namen der Frucht aus, die du mit der Hand greifen willst, berühre und ergreife sie. Fühlst du, dass du einen Fehler gemacht hast, so öffne die Augen. Nimm täglich eine neue Frucht hinzu, aber im Ganzen nicht mehr als zehn. Übst du das täglich für einige Minuten, so bestärkt sich außerdem das Gedächtnis.

Übung 4

Lege 5 verschiedene Sachen auf den Tisch, sieh sie dir genau an, **wende dich um** und beschreibe sie, wie und in welcher Reihenfolge sie auf dem Tisch liegen, beschreibe sie in der umgekehrten Reihenfolge und wiederhole dasselbe nochmals in Gedanken. Dann lege die Sachen in anderer Reihenfolge auf den Tisch, drehe dich wieder um und vergegenwärtige dir wiederum die Reihenfolge vorwärts und rückwärts. Bist du dir wegen einer Sache nicht ganz sicher, dann sieh dir die Lage nochmals genau an und kehre dich wieder um. Erweitere diese Übung und setze nach und nach andere Sachen hinzu, ohne dich aber zu ermüden; nimm daher im ganzen nicht mehr als 10 Sachen. Man soll nie über die Zahl 10 hinausgehen.

Übung 5

Mache dir ein **Verzeichnis von 10 Früchten** und zu jeder Frucht einen kleinen Fragesatz, so dass jedem Fragesatz ein besonderes Wort hinzugesetzt wird, um eine andere Frucht damit zu kennzeichnen. Also z. B. 1. Was ist das? Ein Apfel. 2. **Nun**, was ist das? Eine Birne. 3. **Aber** was ist das? Ein Pfirsich. 4. Was ist das **wohl**? Eine Aprikose usw.

Wollen etwa **zwei Partner** als Gedankenleser auftreten, dann üben sie sich solche Fragesätze gemeinsam ein. Er stellt die Fragen und sie gibt sofort die entsprechenden Antworten. Das erweitern sie sich systematisch und üben sich jede Erweiterung systematisch ein. Sind sich beide Partner innig verbunden, also einig, so laufen ihre Gedanken sehr bald auf Parallellinien und sie bedürfen nur noch der weiteren Entwicklung, dann können sie in kurzer Zeit ihre Gedanken lesen, ohne dass sie noch der kleinen Hilfssätze bedürfen. Das ist dann die **Kunst des stillen Gedankenlesens.**

Auch dieses stille Gedankenlesen beruht auf einer Vereinbarung beider Partner über eine Liste von 10 Gegenständen in einer bestimmten Reihenfolge. Sie sitzt mit verbundenen Augen auf dem Podium und er läuft nur so unter den Leuten herum und zeigt mit seinem Stöckchen bald auf dieses, bald auf jenes, und sie sagt sofort, was es ist. Das Publikum wundert sich, wie das möglich ist; es ist aber weiter nichts als eine systematische, methodische Ausbildung.

Übung 6

Willst du Verse machen oder wichtige **Gedanken, die dir über Nacht kommen, niederschreiben**, dann binde vor dem Schlafengehen einen Bleistift mit einem Seidenfaden an dein Handgelenk und nimm dein Notizbuch mit ins Bett. Dann wird es nicht selten vorkommen, dass du am Morgen schöne Verse oder Gedanken niedergeschrieben findest. Deine Hand hat sie niedergeschrieben und deine Individualität hat sie dir mit Hilfe des Gesinns in der Zirbel offenbart.

Übung 7

Willst du ein Gedicht oder dergleichen **auswendig lernen**, so überlese es vor dem Schlafengehen langsam und mit Konzentration, lege das Buch unter dein Kopfkissen und am nächsten Morgen überlese das Gedicht noch einmal: es gehört dir.

Übung 8

Willst du **eine Person im Schlaf im Zimmer umhergehen lassen**, dann halte ein Licht vor ihr Gesicht und heiße sie mit leiser Stimme aufzustehen und zu gehen. Sie wird es tun und am nächsten Morgen nichts davon wissen. Wenn du sie aber in der folgenden Nacht im Schlaf danach fragst, wird sie sich erinnern. Wiederholst du dasselbe nochmals mit der gleichen Person, dann erinnert sie sich auch bei Tag, als wäre es ein Traum gewesen. Führst du sie aber, während sie im Schlaf geht, vor einen Spiegel, dann wird sie sofort erwachen.

Übung 9

Siehst du in deiner Hand immer noch **Kummer- und Sorgenlinien**, so dass du dir eingestehen musst: „Ich klammere mich also immer noch an gewisse Dinge, die keinen Wert für mich haben, halte mich immer noch an so manches, was im Innern morsch ist!", so setze dir den Gedanken fest: „Alles, was mich beschränken könnte, lasse ich nunmehr fallen!" Dann verschwinden die Kummer- und Sorgenlinien nach und nach und umso tiefer graben sich die vier Hauptlinien in die Hand ein, bis schließlich nur noch die **Lebenslinie, die Gedanken- oder Kopflinie, die Herzlinie und die Glückslinie** da sind, auf die es im Leben ankommt.

Die **Lebenslinie** zieht sich um den Daumen herum. Die **Gedanken- oder Kopflinie** läuft quer mitten durch den Handteller. Oberhalb nach den Fingern zu, läuft die **Herzlinie**. Die **Glückslinie** durchschneidet die Handfläche von der Daumenwurzel nach den Fingern zu.

Auf der **Lebenslinie** ist die Lebensweise des Menschen abgezeichnet und manchmal erscheint darauf ein kleiner **roter, grauer** oder **weißer Punkt** und kündigt eine Lebensgefahr, eine Krankheit auf Leben und Tod oder eine unheilbare Krankheit an. Aber selbst solche Punkte können wir umgehen, indem wir unsere Lebensweise naturgemäß gestalten und den Gedanken der Zuversicht, des Selbstvertrauens und des Selbstbewusstseins in uns festsetzen, ihn hegen und erweitern. Dann verschwinden die Punkte mit der Zeit. Sind die **Lebens-** und die **Kopflinie** genügend zusammengezogen, dann brauchen wir uns nicht vor Krankheiten zu fürchten. Wenn nötig, führen wir die beiden Linien jeden Abend mit dem Bleistift zusammen und legen uns mit diesem **Verbindungsgedanken** nieder.

Reicht die **Glückslinie** nicht bis zur **Kopf-** oder **Gedankenlinie**, dann verlängern wir sie bis an die Gedankenlinie, zunächst jeden Abend mit einem Bleistift, und gehen mit diesem **Verlängerungsgedanken** zu Bett. In weniger als 5 Monaten hat sich nicht nur die Glückslinie verlängert, sondern auch der **Glückseligkeitsgedanke** ist in uns erwacht und überstrahlt unseren gesamten Gedankenlauf.

Ist die **Herzlinie** nicht klar genug, dann machen wir sie am Abend vor dem Niederlegen mit einem Rotstift deutlich. Läuft sie zwischen den Fingern weg, dann müssen wir diese Ausläufer sozusagen austrocknen und dazu von Zeit zu Zeit die Berge zwischen der Herzlinie und den Fingern langsam abreiben, bis sie trocken und trockener werden. Durch dieses Trockenreiben sammelt sich innerlich Öl an, so dass sich die zu weit laufenden Linien verwischen und schließlich verlieren. Dann können wir die Herzlinie am Abend mit dem Rotstift auf eine der Berge ziehen und mit diesem Gedanken einschlafen. Das ist wiederum eine **innere Gedankenübertragung** mittels weiterer Konzentration. Wir konzentrieren unseren Gedanken auf einen gewissen Erfolg und, siehe, er wird uns. Von der Herzlinie hängen aber alle Erfolge im Leben ab.

Also offenbaren uns die Handlinien auf ganz einfache Art und Weise den **Zustand unseres Wesens.** Alle die Nebenlinien haben sich im Lauf der Zeit hinzugesellt infolge des Drucks, der von außen auf unser Gesinn und Herz ausgeübt wurde, ohne dass wir aber auf die warnende Sprache der Natur achteten. Aber eines Tages werden wir doch aufmerksam darauf und ziehen den Schluss daraus, dass wir unseren Gedankenlauf ändern müssen. Ändern wir ihn aber nicht, dann ziehen sich immer neue Nebenlinien, je nachdem ob sich unser Kummer, unser Herzeleid, unsere Sorgen auf das materielle, spirituelle oder intellektuelle Gebiet beziehen. Um das abzustellen, müssen wir uns einen anderen Gedanken festsetzen und alles Sorgen- und Kummervolle von uns abfallen lassen, wie es schon der Dichter empfiehlt: „Lass fahren, was das Herz betrübt und traurig macht!“ Dann verwirklicht sich der neue bessere Gedanke, mit dessen Hilfe wir sogar einen Misserfolg in einen Erfolg verwandeln können.

Mit einem einzelnen Erfolg dürfen wir uns aber nicht zufrieden geben, sondern müssen immer neue Pläne schmieden und immer darauf zielen, dass unsere Entwicklung weitergeht, indem wir uns sagen: „Gott lässt sich nicht begrenzen; deshalb darf ich mich auch nicht begrenzen!“ Immer müssen wir daran denken, dass noch Talente in uns schlummern, die zum Vorschein gebracht werden sollen, und müssen diese selbst auferlegte Verantwortung fühlen, die etwas ganz anderes ist als die Verantwortung, die andere auf uns werfen, weil man der selbst auferlegten Verantwortung aus innerem Antrieb nachkommt.

Was wir bisher schon erkannt hatten, wird uns nun umso klarer und erscheint uns selbstverständlich. Zunächst hatten wir uns sozusagen **materiell** in die Sache verliebt, dann aber fühlten wir, dass es der Drang der inneren Liebe, der **Gottesliebe** ist, die uns anspornt, es nicht bei dem einmal Erreichten zu lassen, sondern nunmehr aus der Liebe füreinander immer noch etwas Besseres und Höheres zu schaffen.

So schreiten wir dann durch das Leben mit der größten Glückseligkeit und Freudigkeit in dem Bewusstsein, dass wir einen Zweck für das große Ganze erfüllen. Wir lernen dann auch einander besser verstehen, indem wir **beim anderen die Möglichkeiten seines Inneren erkennen** und uns von seinem Äußeren weder blenden noch abschrecken lassen. So wir aber einander **dem Inneren nach erkennen**, begreifen wir, dass alles um uns herum auf **Parallellinien** läuft. Jede erfolgreiche Tat ermuntert uns zu neuem Schaffen und ist uns einmal eine Sache gelungen, dann brauchen wir das angewandte Prinzip nur etwas zu erweitern und der neue, erweiterte Erfolg ist uns sicher.

Übertragen wir unseren **schöpferischen Gedanken ungeteilt** auf unser Unternehmen, dann sehen wir es reflektiv schon fix und fertig vor uns stehen und die Mittel und Wege der Ausführung offenbaren sich. Wir glauben weder an Fehlschläge dabei, noch kümmern wir uns um die allgemeine finanzielle Lage, die ja zu keiner Zeit in irgendeinem Land absolut gut war. Aber stets hat es Leute gegeben, die erklärt haben, die Lage sei gut. Das waren immer solche, die sich in das richtige Fahrwasser hineingesteuert hatten.

Sind wir es, die in das richtige Fahrwasser einlaufen, dann sind wir die Glücklichen und es macht uns nichts aus, ob die Welt in Üppigkeit lebt, ob sie die Hülle und Fülle hat oder ob sie am Hungertuch nagt. **Wir steuern auf unser Ziel zu** und überlassen es den anderen, sich zum Bewusstsein zu bringen, dass sie ihren Gedankenlauf ändern, sich einen anderen neuen Gedanken festsetzen müssen, wenn sie bessere Zustände unter sich haben wollen; das müssen sie selbst tun, kein anderer kann es für sie tun.

Deshalb dürfen wir auch nie unsere eigene Sache verneinen, **nie einen Fehler zugeben** und nie sagen: „Nun ist mir die Sache doch nicht so gelungen, wie ich wollte!“ Vielmehr sagen wir: „Also ist doch alles gut ausgefallen unter den obwaltenden Umständen und Zuständen und ich habe jetzt eine viel bessere Vorstellung, wie ich die Sache nun anfassen muss.“ So bauen wir uns auf.

Wir dürfen doch nicht sagen: „Unser Boden ist nicht ertragreich genug, weil wir nicht genügend Chemikalien bekommen können.“ Vielmehr sagen wir uns: „Ich werde **das Fehlende in anderer Weise ersetzen**, den Boden mehrmals umpflügen, und zwar immer am Spätnachmittag gegen Abend, damit die Feuchtigkeit den Boden durchdringt." Tagsüber erwärmt mir die Sonne diese Bodenfeuchtigkeit, zieht also das Wässrige ab, während das Mineralische im Boden bleibt. In der nächsten Nacht gibt es weitere Feuchtigkeit, die wiederum verdunstet, und nach 5 Wochen ist mir der Boden in einem Zustand, als wäre er mit dem besten Dünger versehen worden. Nach diesen 5 Wochen werde ich abermals, und zwar über Kreuz pflügen und wiederum 3, höchstens 5 Wochen dem Boden Ruhe lassen und ihn danach zum dritten Mal wieder über Kreuz pflügen. Dann wird er vermoltscht oder pulverisiert, bis er wenigstens auf die Länge eines kleinen Fingers in Staub verwandelt ist. Ist es dann noch nicht zu spät zum Bepflanzen, dann lege ich mir noch irgendeine Gartenfrucht ein oder säe wenigstens Winterweizen aus und lasse ihn aufwachsen. Habe ich den Winterweizen im Juli geschnitten, pflüge ich schnell um, vermoltsche den Boden wieder und setze Bohnen, Erbsen, Kraut und dergleichen, was im Spätherbst anreift. Der Weizen ist mir dann ein Geschenk, das Gartenzeug wächst üppig und die Hülsenfrüchte geben mir eine fünf- bis zwanzigfache Ernte, wenn ich spritze, sprenge und den Boden pulverisiere, weil die Frucht dadurch Nahrung bekommt und zugleich alles Ungeziefer ferngehalten wird.

Wir können uns darauf verlassen, dass ein mehrmals umgepflügter Boden dem Ungeziefer keine Heimat bietet; wir werden es dadurch los. Es liegt also alles an der richtigen gedanklichen Einstellung und Vorbereitung. Durch wissenschaftliche Landwirtschaft wird uns das Wissenschaftliche hinsichtlich unserer menschlichen Natur. Denn die Agrikultur und die Menschheitskultur laufen auf parallelen Linien.

Auch wir können unsere Ernte verdreifachen, vervierfachen, verfünffachen, wenn wir uns durchackern und vermoltschen, das heißt, so **entspannen**, dass jeder Teil unseres Körperwesens in Verbindung mit unserem **Dynamo- oder Lungensystem** gebracht wird und sich dadurch aus der Luft alle die notwendigen Elementarien zuführen kann, von denen die Ernte oder der Erfolg abhängig ist.

Je besser wir uns hinsichtlich unseres Organwesens selbst kennen lernen und auch einen Blick in die Geheimgemächer der abstrakten Seite unseres Wesens getan haben, umso stärker wird der Wunsch, uns die Allseitigkeit des Menschen und seine Beziehungen zur Natur klarzumachen, und es gelingt uns auch, wenn wir uns die so genannten Naturgeheimnisse selbst entschleiern, anstatt sie mit mystischem Dunkel zu umgeben, das uns die Entschleierung erschwert oder unmöglich macht. Es gibt überhaupt **keine** Naturgeheimnisse; denn **das offene Buch der Natur** ist jedermann zugänglich. Es hängt aber von der Entwicklung unseres Intelligenzwesens und unserer Sinne ab, ob wir die Sprache der Natur verstehen und ihre Schrift lesen können.

Beobachte die **Vögel**, wie sie einen tiefen, vollen Atemzug nehmen, bevor sie sich in die Lüfte schwingen, wie sie dann den Atem halten und während des Fliegens immer noch mehr Atem einziehen und ihn halten und doch von Zeit zu Zeit Töne von sich geben. Der **Adler** schwebt hoch in der Luft und die ausgebreiteten Schwingen tragen ihn mit Hilfe des Atems. Die **Fakire** halten sich vermittels des Atems monatelang in der kleinsten Gefängniszelle am Leben, ohne die Zelle zu verlassen, und fasten monatelang ohne zu sterben. Ziehe deine Schlüsse aus solchen Beispielen!

Du brauchst also nicht zu verzweifeln, wenn du in Not gerätst, und kannst dich selbst über tobenden Wassern halten, wenn auch sonst alles untergeht. Rhythmische Atemzüge setzen die Eingebung selbst in der größten Gefahr in Gang, geben dir **Geistesgegenwart**, lassen dich Mittel und Wege für einen Ausweg finden und beweisen dir, dass du dein Schicksal meistern kannst. Gewöhnen wir uns rhythmische Atemzüge an, dann erfreuen wir uns beständiger Geistesgegenwart, so dass wir vor nichts mehr erschrecken und kein Schicksalsschlag uns niederwirft.

Noch unendlich vieles können wir aus dem offenen Buch der Natur lernen, wenn wir schärfer beobachten. Die Natur ist voll von schönen Darstellungen in allen vier **Dimensionen des Raumes**, im Elementar-, Mineral-, Pflanzen- und Tierreich. Aus diesen vier Reichen der Entwicklung hat der Mensch die Erfahrungen der Vergangenheit zu sammeln, die der Schöpfergeist gemacht hat, und dafür die Gehirnzellen der **Wiedererinnerung** zu wecken. Kein Mensch braucht also auf eine dieser niederen Entwicklungsstufen zurückzutreten, um sich ihr Wesen bewusst zu machen. Wenn er sein menschliches Wesen vollkommen darstellt, offenbart ihm seine Individualität mit Hilfe der Wiedererinnerung das Wesen aller Entwicklungsstufen bis zum Uranfang und er behauptet sich dabei auf seiner höchsten Stufe.

Verliert er aber sein **Selbstbewusstsein** und überlässt er sich träumerischer Negativität, dann gerät er unter das Gesetz der Natur, wird ein Spielball der Umstände und Zustände und kommt in Lagen, in denen ihn die Einflüsse der tieferen Entwicklungsstufen zu beherrschen suchen, so dass er sich in einem beständigen Abwehrkampf befindet, bis er den Einflüssen schließlich erliegt. Ist unser Selbstbewusstsein wach, dann haben wir keine Zeit, die Widersprüche auf den Gebieten der Wissenschaft, der Politik, des Kirchenwesens und des Gesellschaftswesens zu erörtern, sondern wenden uns den **Bedürfnissen der Gegenwart** zu und suchen zu allererst zur **Selbsterkenntnis** zu gelangen, weil sie ihre Lichtstrahlen auf unseren weiteren Weg wirft. Die Hindernisse auf dem Weg überlassen wir sich selbst, indem wir einfach dem Übel nicht widerstehen und uns eine Stellung wählen, in der wir unsere Kräfte voll zum Aufbau entfalten können.

Nur zu oft vernachlässigen wir die **Pflichten gegen uns selbst**, indem wir uns mit Fragen der Zeit befassen, die keine innere Berechtigung haben. Wir reden über **Mildtätigkeit**, üben sie aber nicht, sondern beschließen in unserem Wohltätigkeitsverein, dass erst drei Mitglieder ihre Unterschrift geben müssen, bevor die Unterstützung gewährt werden könne. Wir klagen über die schlimmen Folgen des **Alkohol-Missbrauchs**, sagen aber kein Wort gegen die Einrichtungen, die ihre Einnahmen von den Bierbrauereien und Branntwein-Brennereien beziehen. Wir geben den bestehenden **Missständen** die Schuld, tun aber nichts, um das Übel an der Wurzel zu fassen, und bedenken nicht, dass die Missstände die Folge unseres eigenen unlogischen und zerfahrenen Denkens sind. Davon sollten wir uns nun endlich freimachen, damit wir das Leben genießen und glücklich werden und dadurch zugleich eine feste Grundlage für die Erlösung der Menschheit legen.

Zu einer besseren Denkweise, zu **logischem und konzentriertem Denken** kommen wir nur mit Hilfe des **Atems**. Wer ihn zu meistern versteht, findet darin in allen Lebenslagen eine unversiegbare Kraftquelle. Mit dem gleichen Atem können wir Hitze oder Kälte erzeugen und sogar Hunger und Durst stillen.

> Wenn du am **Verschmachten oder am Ersticken** bist, atme durch die Nase tief ein, gegen Ende der Einatmung öffne und schließe den Mund rasch, wobei kurz Luft durch den Mund ein-

gezogen wird, und atme durch die Nase aus. Diese Übung ist besonders im **Sommer** wohltuend und außerdem bei Asthma sehr wertvoll.

Um den **Durst** zu stillen, stelle die obere Zahnreihe über die Unterlippe und atme durch die Zähne tief ein und durch den Mund aus. Wiederhole das einige Male und der Durst ist gestillt. Um das Wasser des Lebens zu genießen, brauchen wir also tatsächlich nicht mehr aus Jakobs Brunnen zu schöpfen.

Wirst du **hungrig** auf deinen Wanderungen durch die Wüste oder hast du ein Hungergefühl beim Fasten, dann setze die Zähne aufeinander, lasse die Zungenspitze entspannt an den unteren Zähnen ruhen, trenne die Lippen, atme durch den Mund ein, schließe die Lippen und atme durch die Nase aus. Wiederhole das mehrmals. Bildet sich Speichel im Mund, so halte den Atem nach der Einatmung an, verschlucke den Speichel und atme dann erst aus. Die Luft gibt dabei ihren Metallgehalt an den Speichel ab, man kann sogar das **Eisen** darin schmecken, das für die Auffrischung des Blutes sehr wertvoll ist.

Um dem Blut mehr **Kupfer, Zink und Silber** zuzuführen, setze die Zähne aufeinander, lasse die Zungenspitze entspannt an den unteren Zähnen ruhen, trenne die Lippen, lege die Unterlippe dicht an die unteren Zähne, atme durch den Mund ein, schließe die Lippen und atme durch die Nase aus. Wiederhole das mehrmals.

Fehlt es den Nerven und dem Gehirn an **Gold**, so setze die Backenzähne fest aufeinander, als wolltest du mit den Zähnen knirschen, und nimm in der gleichen Weise kurze Atemzüge. In der Luft sind alle Metalle enthalten, so dass wir sie uns durch bestimmte Mundstellungen sozusagen anatmen können. Unser Nervensystem und unser Gehirn enthalten viel Gold. Sollten sich die Banken und Geldverleiher dessen bewusst werden, dann werden sie Geld an jedermann ausleihen, der sich verpflichtet, ihnen seinen Leichnam zu überlassen, damit diesem durch einen großen Konzentrator das Gold entzogen wird.

Werden große Anforderungen an deine **Leistungsfähigkeit und Ausdauer** gestellt, dann hole dir aus deinem Garten eine Handvoll Erde, 7 Zentimeter unter der Oberfläche, befestige diese Erde mit einem Tuch auf dem Nabel und setze diese Stelle kurz den Sonnenstrahlen aus. Wiederhole das täglich sechsmal und nimm dabei rhythmische Atemzüge. Dann wirst du alle anderen an Ausdauer übertreffen.

9. Übung

Stehe aufrecht, gib dem Kopf die Haltung der Unabhängigkeit, atme tief ein und schlage dabei die Brust mit den flachen Händen, halte den Atem weiter, wirf die Arme empor, beuge dich in den Hüften vorwärts, bis die Fingerspitzen den Boden berühren, ohne dass sich die Knie beugen. Richte dich langsam auf, während du ausatmest, und lasse die Hände am Körper herab- und in ihre ursprüngliche Stellung zurück gleiten. Diese Übung kann beliebig oft wiederholt werden. Sie ist eine große Hilfe bei **Unterleibsschwäche**, stärkt die **Rumpfmuskeln** und bringt verlagerte Organe in ihre **richtige Lage**.

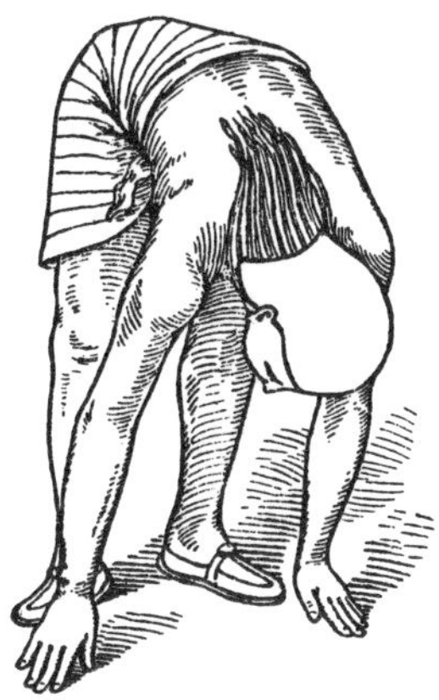

10. Übung

Ziehe etwa mit Kreide eine waagerechte Linie an der Wand, und zwar so hoch, dass du sie mit den Fingerspitzen des erhobenen Armes gerade erreichst. Etwa 10 bis 12 Zentimeter darüber ziehe eine zweite Linie.

Stelle dich einige Schritte von der Wand entfernt auf, atme ein und gehe dabei auf die Wand zu. Sobald du mit dem rechten Fuß der Wand nahe gekommen bist, hebe die rechte Hand und strecke den ganzen Körper, bis du mit der rechten Hand die höhere Linie erreichst. Der rechte Fuß bleibt vollständig flach am Boden, dagegen hebt sich die Ferse des linken Fußes vom Boden und man stellt sich auf die Zehen des linken Fußes, um mit der Hand so hoch wie möglich zu reichen. Halte den Atem, bis du die obere Linie berührt hast und gib mit der Hand einen kräftigen **Schlag auf die Wand**; dann erst atme aus und kehre in die Ausgangsstellung zurück. Wenn der Schlag mit der Hand auf die Wand auch kräftig sein soll, sind aber doch der Arm, das Handgelenk und die Hand selbst völlig locker und entspannt.

Dann übe dasselbe mit der linken Hand und wiederhole das Ganze **drei- bis viermal mit jeder Hand**. Vergiss nie, den Atem zu halten bis der Schlag mit der Hand auf die Wand erfolgt ist. Beim Einatmen, Aufatmen, Aufholen des Atems kommt man immer höher und beim Ausatmen kommt man von selbst von der höheren Linie weg. Durch das Aufholen des Atems entwickelt sich das **Gesinn** in der Zirbel.

Wenn man auf die Wand zugeht und dann wieder von ihr weggeht, übt man sich zugleich im Vorwärts-, Rückwärts- und Seitwärtsgehen. Sorgt man dafür, dass die Knie dabei locker und entspannt sind, dann bestärken sich die **Nieren** und die **Beckenorgane**. Die Henne, die sich strecken muss, um ihr Futter aus dem Kasten zu holen, streckt dabei ihre Unterleibsorgane, vor allem die Eierstöcke. Dadurch wird das Ei besser und das Eigelb so kräftig, dass es gegen Schwellungen oder Krämpfe wahre Wunder wirkt.

Wenn wir uns also übten wie die Henne, die ihr Futter so aus einem Kasten holen muss, dass sie ihren **Unterleib fest einziehen** muss, so könnten wir keine Unterleibsleiden haben, besonders wenn wir zwischen dem Aufholen des Atems und dem Ausatmen **Pausen von 10 bis 30 Sekunden** machten, ohne uns aber während dieser Wartezeit zu spannen. Dann würden auch alle Hilfs- und Stützmittel wegfallen, die man jetzt noch braucht, um sich aufrecht zu erhalten; alles würde uns leicht fallen und wir würden mit viel weniger Nahrung auskommen.

Auch die **Lungen** werden durch die Übung **frei von allem Schleim** und allem Druck, so dass Lungenentzündungen, Kehlkopf- und Nasenkatarrhen der Boden entzogen wird. Diese Übel entstehen aus der Verschleimung des Magens. Der Schleim versucht zwar, den Magen auf natürlichem Weg durch den Darm zu verlassen; aber bei Darmträgheit gelingt ihm das nicht oder nicht vollständig, so dass ein Teil des Schleims die Schleimhäute entlang bis zu den Lungen und in die Nase steigt, Entzündungen, Husten und Schnupfen verursacht und die Bewegungsfreiheit der Lungen beeinträchtigt. Oft ist auch der Brustkorb entstellt oder bedrückt, weil eine Schulter höher als die andere ist. Von alledem befreit uns diese Übung.

Jeder wird aus dieser Übung großen Nutzen ziehen und sie deshalb gern wiederholen. Kinder und auch Erwachsene, die noch wachsen wollen, finden darin ein Mittel, den Körper zu strecken und das Wachstum zu fördern.

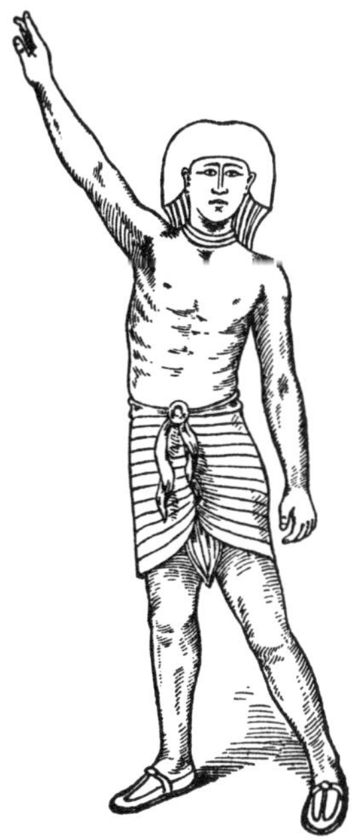

12. Anrufung

Nicht heute nur erstrahlt des Lichtes Helle,
Die ganze Ewigkeit erfüllt sein Glanz!
So sollte ich mich fragen auf der Stelle:
Tu' immer ich das Rechte, tu' ich's ganz?

Folg' immer ich des Herzens leiser Stimme?
Tu' ich allzeit, was edel und auch gut?
Bestreb' ich mich in wahrhaft treuem Sinne?
Spricht wirklich Gott aus mir, der in mir ruht?

Sind meine Handlungen so, wie ich denke,
Und gab dem Sinkenden ich meine Hand?
Ob ich auch stets mein Spiegelbild bedenke,
Im Tier, im Mensch als göttlich Unterpfand?

Und lieb' ich alle Zungen und Nationen?
Erblick' in allem ich den bessern Teil?
Steh' immer dort ich, wo das Recht muss wohnen?
Könnt' ich mich opfern für des Bruders Heil?

Wird meine Hand den Freund und Feind beschützen?
Erkenne ich der Selbstsucht falschen Schein?
Kann ich die Jakob-Esau-Lehre nützen,
Mich statt der Finsternis dem Licht zu weih'n?

Sobald ich mich zurecht gefunden
Und meine Pflichten habe recht erkannt;
Auch ans Gesetz mich halte stets gebunden,
Vergesse, wie das Alte fest mich band,

Sobald ich weiß, dass dem die Krone winket,
Der seine Treue bis zum Ende hält,
Dass Sünde, von der ab ich ließ, versinket,
Dass Gott mich selbst vor diesen Kampf gestellt,

Sobald ich weiß, dass jede Tat in solchem Sinne
Mich auf dem Pfad des Heiles weiter bringt,
Mir Ehre schafft und köstliche Gewinne,
Ja, dass als Schöpfer mir dann Lob erklingt:

Dann werd' ich Frieden hier auf Erden finden,
Dann ist die ganze Welt voll Harmonie,
Zum Paradies wird alles sich verbinden,
Mein wird ein Glück, wie schöner träumt ich's nie,

Die Sprache der Natur werd' ich dann lesen,
Versuchung, Sorge wird mir nicht mehr nah'n.
Denn alles Alte ist für mich: „Gewesen!"
Ich hab' ein neues Kleid mir umgetan!

Gruß und Handschlag
allen Menschen!

12. Lektion
Belehrung, Erziehung, Entwicklung

Um einem jeden zu helfen und einen jeden für sich selbst zu interessieren, offenbart sich Mazdaznan zunächst als ein **Lehrsystem,** nicht als eine Wissenschaft, nicht als eine Philosophie, und gibt daher in diesem Lehrsystem einfach die **Mittel und Wege** bekannt, mit deren Hilfe ein jeder aus seinem **Körper** ein leistungsfähiges Instrument machen kann. Gleichzeitig räumt das Lehrsystem von vornherein allerhand Irrtümer beiseite und steckt uns dadurch ein **Licht besseren Verständnisses** auf, weil es sich mit allen wißbaren und wissenswerten Dingen befasst. Das Lehrsystem ist das Ergebnis jahrtausende alter **Untersuchungen** und **Versuche** und darum aller **Erfahrungen,** weil es alles in Betracht zieht, was das Leben ausmacht, also nicht nur vereinzelte Erscheinungen, sondern alles in jeder Richtung, was nur in der Unendlichkeit vorhanden ist.

Wollte Mazdaznan alle die mannigfaltigen **Erscheinungen des Lebens** lehren, begreiflich machen, auseinandersetzen, verbildlichen und beweisen, dann wäre die Spanne eines Erdenlebens zu kurz, um alles darzustellen. Aber ebenso wie sich der ewigwirkende Gedanke **Anhaltspunkte** setzt, um Welten zu schaffen, braucht auch der Mensch Anhaltspunkte, die er sich dann mit seiner **eigenen Intelligenz** oder Gedankenkraft ausarbeitet. Ebenso könnte Mazdaznan die transzendentale **Philosophie der Ewigkeit** bis in alle Einzelheiten klarlegen; aber die Ausführungen würden dem Schüler nur insoweit von Nutzen sein, als sein **eigener Gedankengang** den Ausführungen folgen kann, weil er seine materiellen, organischen Einrichtungen erst stimmen und für erweiterte Gedankenschwingungen empfänglich machen muss. Erst muss er **sich selbst erkennen,** ehe er **zunehmen** kann an Weisheit und Gnade bei Gott und den Menschen.

Wer nicht wenigstens einen gewissen Grad **selbständigen** Denkens besitzt oder sich aneignet, kann keinen Anteil an den Segnungen Mazdaznans gewinnen. Selbst die so genannten **Denker** müssen erst gewisse Vorurteile beseitigen. Die **Gebildeten** müssen erst die ihnen eingeprägten Ideen verlieren und die **Ungebildeten** besitzen sowieso nichts, weder etwas Angelerntes, noch etwas Ungelerntes. Die sich gegen Mazdaznan stemmen, haben sogar **Angst** davor und fürchten es.

Deshalb müssen sich alle Schüler zunächst mit dem **Lehrsystem** vertraut machen, müssen Untersuchungen anstellen, Versuche machen, Erfahrungen sammeln, sich Beweise liefern und sich gewisse Dinge des Alltagslebens zum Bewusstsein bringen. Zwar kommen sie dadurch noch nicht weiter und noch nicht in die Höhe, werden dadurch noch nicht frei, sondern handeln immer noch mit Schleiern, Vorhängen, Wolken, Geheimnissen und okkulten Dingen und sehen von allem nur die Umhüllung oder die Oberfläche, aber nicht den Gegenstand in seiner Wirklichkeit und malen sich selbst mit dem durch das Lehrsystem Gelernten immer noch etwas vor. Aber **damit fängt man an.** Wer keine Untersuchungen anstellt, keine Versuche macht, keine Erfahrungen und Beweise sammelt, sondern unvermittelt in das Mazdaznan-**Erziehungssystem** eingeführt wird, dem fehlt die Grundlage, auf der sich das **Entwicklungssystem** aufbauen kann; die Erziehung ist ihm nicht zuteil geworden.

Die Schüler gehören also entweder zu denen, die sich durch Untersuchungen, Versuche und Erfahrungen **mit dem Lehrsystem** angefreundet und es sich in der einen oder anderen Beziehung als richtig bewiesen haben, oder sie gehören zu denen, die **ohne die Grundlage des Lehrsystems** sofort in das Erziehungssystem hineingekommen sind, nun aber nicht weiter können. Denn bei jedem Schritt von einer Räumlichkeit in die andere wankt der Boden unter ihren Füßen, so dass sie es im Erziehungssystem nicht aushalten, sondern zurücksinken müssen in das Lehrsystem, ob sie wollen oder nicht.

Sie bleiben dann im Lehrsystem stecken, fangen an zu theoretisieren und zu faseln und verblenden sich mit der Idee, dass alles, was ihnen geheimnisvoll erscheint, überhaupt unerklärlich sei. Sie werden gewöhnlich **Astrologen,** arbeiten mit dem **Teleskop** und **Spektroskop**, verfallen dem **Okkultismus** und der **Geheimniskrämerei,** fischen beständig im Trüben und können nicht zur Erkenntnis ihrer individuellen Möglichkeiten kommen. Die Mehrzahl der Menschen befindet sich unter diesen in das Lehrsystem Zurückgefallenen, die immer nur gewisse Zweige der Wissenschaft oder Philosophie rekapitulieren und nie darüber hinauskommen.

Wer sich aber mit dem Lehrsystem festen Grund unter die Füße geschafft und sich mit seinen gesammelten Erfahrungen **in das Erziehungssystem hineingearbeitet** hat, der fängt sofort an, sich mittels der **Atem-, Ernährungs- und Wiedergeburtslehre**[17] neu aufzubauen, wird sich bewusst, dass **Selbsterhaltung** das erste Gesetz der Natur ist und dass er dem Gesetz gerecht wird, wenn er sich **entspannt** und **gelassen** der bewussten Atempflege ergibt, die mit langen **Ausatmungen** beginnt und durch die er sich systematisch, methodisch, rhythmisch erzieht, damit er lernt, von seinen **Gaben, Talenten und Fähigkeiten** Gebrauch zu machen und sich den Weg durch das Leben erfolgreich zu bahnen. So arbeitet er sich aus der Masse heraus und empor.

Er merkt auch sehr bald, dass ihm noch etwas Materielles fehlt, nämlich die **Verwirklichung,** und geht deshalb rasch entschlossen daran, sich alles, was ihm noch fehlt, zu erziehen. Er begreift auch nach und nach, dass das so genannte **Spirituelle,** Begeisternde, Vorwärtsdrängende nur

---

[17] Vgl.: „Mazdaznan – Ernährungskunde", sowie „Mazdaznan – Wiedergeburts- und Familienkunde"

auf einem gewissen **Teil des Gehirns** beruht und dass man sich mit diesem Gehirnteil wohl allerhand einbilden, verbildlichen, vorstellen, es aber ohne Mitwirkung der anderen Gehirngruppen nicht verwirklichen kann.

Deshalb sagt er sich: „Was nutzt der Welt die Phantasterei, Zauberei, Gespensterseherei und der ganze so genannte Okkultismus? Wenn es wirklich so etwas wie ein **Geheimnis** gibt, das diesem oder jenem offenbart werden kann, dann kann es sich auch **mir offenbaren!**" Er begreift, dass er sich vermittels der Befolgung der Atem-, Ernährungs- und Wiedergeburtslehre ein **erweitertes,** ausgeglichenes und verwirklichungsfähiges **Denken auferziehen** kann und dass das eine **individuelle** Angelegenheit ist, im Gegensatz zum Lehrsystem, das eine **kollektive** Angelegenheit und für die Öffentlichkeit und die ganze Menschheit bestimmt ist.

Schon wenn wir denselben Gedanken in drei verschiedenen Sprachen ausdrücken, ändert sich zwar nicht der **Gedanke** an sich, aber der **Gedankenganglauf.** Ebenso löst derselbe Gedanke bei jedem Temperament einen anderen Gedankenlauf aus. Den gleichen Weg geht der **Phlegmatische** langsam und gemächlich, während der Aktiv-Nervöse lebhaft ausschreitet und nur selten Halt macht. Dem einen bedeutet dasselbe Ding viel, dem anderen wenig. Der Intellektuelle ist kurz angebunden, der Spirituelle verbindlich und der Materielle langsam im Denken, so dass man ihm alles haarklein darlegen muss.

Sorgt nicht jeder **individuell** für seine **Ausgleichung,** dann bleibt er voller Ideen, Ansichten und Meinungen, die er einseitig verteidigt. Deshalb sind auch alle Fächer der **Wissenschaft** einander **widersprechend.** Der Mathematiker sagt: „2 und 2 ist 4", und der Philosoph sagt: „3 kann man sich nur als eine Einheit denken." Überall ist Widerstreit infolge der unausgeglichenen Gehirngruppen, so dass man sich weder über die Gesetze der Natur, noch über die Prinzipien der Unendlichkeit klar werden kann.

Deshalb müssen wir uns um diese **Ausgleichung der Gehirngruppen** bemühen und uns immer wieder üben, alles von jedem nur möglichen Standpunkt aus zu betrachten, zu überdenken, zu überschlagen, zu vergleichen und zu beurteilen, damit wir das **Prinzipielle,** Wesentliche, Richtige, Wahre erkennen. Wir dürfen also nicht mehr leichtfertig urteilen oder gar verurteilen, sondern müssen lernen, alles von dem Standpunkt aus zu begreifen und zu verstehen, auf dem es beruht. **Jeder wählt sich den Weg seiner Erziehung** so, wie er seiner Denkanlage entspricht, und niemand hat das Recht, ihm daraus einen Vorwurf zu machen oder ihn von seinem Weg gewaltsam abzudrängen.

Aber jedem und allen kommt Mazdaznan auf ihren Wegen und Gedankengängen entgegen und zu Hilfe, weil es allumfassend ist und nur **Tatsachen** und keine Theorien anerkennt. Dass die sichtbare **Sonne** ein Feuerball sei, ist nur eine Theorie, aber keine Tatsache. Denn sonst müsste es immer heißer werden, je mehr wir uns der Sonne nähern. Es ist aber eine seit Jahrtausenden erwiesene Tatsache, dass es umso kühler wird, je höher wir steigen, und höher als 28 000 Fuß ist bis jetzt ohne Hilfsapparate noch niemand gekommen. Die Sonnenstrahlen sind der Abglanz eines elektromagnetischen Körpers, der von der Erde aus nur unter gewissen Bedingungen wahrnehmbar ist.

Wenn unsere Erde nicht selbst elektromagnetische Kräfte besäße, würde uns die Sonne nichts nützen, d.h. sie schiene uns nicht. Also macht sich **die Erde ihr eigenes Licht,** wie es sich auch jeder andere Weltenkörper macht. Die wirkliche Sonne ist genau so ein Planet wie die Erde und die zwischen beiden liegende scheinbare oder erscheinende Sonne ist nur eine Gegen-Reflektion, die man **Refraktion** nennt. Wenn wir auf der wirklichen Sonne wären, hätten wir dort ähnliche Eindrücke wie hier auf der Erde.

Dass irgendwo Gegenstände sind, die ich sehen könnte, macht sie noch nicht sichtbar für mich. Ich muss die entsprechenden **Sinneseinrichtungen,** die Augen, haben, die die Gegenstände wahrnehmen und dem Begriffsvermögen die entsprechende Vorstellung vermitteln. Die Gedankengänge im Gehirn eines anderen können mir nur dann von Nutzen sein, wenn ich ein in gleicher Weise gewecktes Gehirn habe und dadurch ein **Gedankenaustausch** möglich wird. Ebenso wie jeder Weltenkörper sein eigenes Licht in sich haben muss, muss jeder Mensch **Intelligenz** in sich haben, um zu sehen, zu hören oder sinnliche Wahrnehmungen zu machen, diese zu begreifen und seine Schlüsse daraus zu ziehen. Fehlt es ihm aber an der nötigen Vibrierung, Schwingung oder Regsamkeit in der intellektuellen, spirituellen oder materiellen Gehirnanlage, dann nutzt ihm alles Studieren, Untersuchen und Versuchen nichts; denn das **Begreifen und Verstehen** lässt sich nicht eintrichtern.

Je gewissenhafter wir die Atem-, Ernährungs- und Wiedergeburtslehre befolgen, umso eher ernten wir die Früchte unserer **Selbsterziehung,** indem alle Körpereinrichtungen ihre Aufgabe naturgemäß erfüllen. Wir werden dadurch bekannt mit dem **Blutlaufwesen,** mit den Bestandteilen, Windungen und Wendungen des Blutes, seinen innewohnenden Kräften und Intelligenzen und erkennen, dass vom Blut das **objektive Leben** unseres Wesens abhängig ist. Aber nur wenn die **Bestandteile der eingeatmeten Luft** durch die Atemkraft der Lunge genügend konvertiert oder **umgewandelt** und dem Blut zugeführt werden, wird das Blut immer wieder neu belebt und instand gesetzt, belebend auf das **Nervensystem** zu wirken, so dass die Nerven genügend Nervenfluidum erzeugen, um die **Drüsen** zu beleben und diese zu veranlassen, genügend Elementarstoffe für die **körperliche Erneuerung** und genügend Ätherstoffe für die **Belebung der Gehirnintelligenzen** zu erzeugen und abzugeben.

Nun mögen wir ja das **Erziehungssystem** bis zu einem gewissen Grad getreulich befolgt und dadurch sogar alles erreicht haben, was nur die Welt anzubieten vermag, kommen aber selbst damit früher oder später an den toten Punkt, wo wir nur noch dieselben Ideen, Ansichten und Meinungen entweder selbst verkünden oder durch andere verkünden lassen. Wenn wir diesen toten Punkt überwinden und weiter vorwärts kommen wollen, müssen wir zu all dem Angelernten und Anerzogenen die **Entwicklung** hinzusetzen, um uns gewahr zu werden, dass wir nicht mehr auf der Stufe des Tieres stehen, das nur gerade seine Entwicklungsstufe darzustellen hat, sondern dass wir uns **ununterbrochen weiterentwikkeln** müssen. Lernen, Erfahrungen sammeln, uns erziehen, alles das hat seine Berechtigung; aber wir dürfen dabei nicht stehen bleiben, sondern müssen beständig weitergehen.

Das **Entwicklungssystem** ist also weder ein Lehr-, noch ein Erziehungssystem und beruht nicht auf Textbüchern, Sprüchen, Auswendiglernen oder Belesensein in heiligen oder nichtheiligen Schriften. Vielmehr verlangt das Entwicklungssystem unsere Hingabe oder **Ergebung an die abstrakte oder ewige Seite unseres Wesens,** damit wir uns **wiedererinnern,** wer wir eigentlich sind, woher wir stammen, was wir darstellen, was in uns verborgen liegt, wie wir dieses Verborgene an den Tag bringen können, wie wir uns anstellen müssen, um uns der Gegenwart der Unendlichkeit, des ewigwirkenden Gottgedankens oder der unendlichen Gottesintelligenz in uns gewahr zu werden.

Im Entwicklungssystem erforschen wir also nicht die Gegenstände der objektiven Natur, befassen uns nicht mit so genannten wissenschaftlichen oder philosophischen Themen, auch nicht mit Bekenntnissen, Dogmen und Religionssystemen, weil alle von Menschen aufgestellten Systeme nur individuelle Erziehungsergebnisse einer gewissen Zeit darstellen, die war, aber nicht mehr ist. **Die Zeit der Ideen-Entwicklung auf objektivem Weg ist vorbei.** Deshalb nutzt uns weder der Islam, noch der Mohammedanismus, noch das so genannte Christentum etwas für unsere **Weiter-Entwicklung,** die eine **individuelle** Angelegenheit ist, also von jedem einzelnen selbst in die Hand genommen werden muss.

Deshalb hat schon Johannes der Offenbarer gesagt: „Das Alte ist vergangen, siehe, **ich mache alles neu!**" Ich selbst bin es, der alles neu zu machen hat. Ich selbst, mein Ich in mir, muss den ersten Schritt zur Weiterentwicklung meines Wesens tun. Gewiss ist das keine Kleinigkeit, wohl aber eine **Möglichkeit,** schon deshalb, weil ich es denken kann und es in den Bereich der ewigwirkenden unendlichen Intelligenz gehört, die in mir ist und wirkt. Auch wenn wir uns alles angeeignet haben, was nur die menschliche Gesellschaft anzubieten hat, so bleiben wir früher oder später in der Wiederholung des Alten stecken, wenn wir nicht den **individuellen Entwicklungsgang** von innen heraus antreten, der mit der Beherrschung oder **Kontrolle des Körpers** beginnt, auf dass dieser Körper ein Tempel, eine Schule, eine Stätte der **Belehrung, Erziehung** und **Entwicklung** unter der **Leitung des heiligen Geistes Gottes** oder der Gottheit sei.

Die Frucht oder der Lohn der Selbst-Entwicklung ist die **Erkenntnis unserer individuellen Möglichkeiten** und das **Aufblühen** unseres inneren Wesens. Aus diesem Aufblühen entwickeln sich die **Früchte des Geistes** und die **Gotterkenntnis.**

Also wird einem jeden von uns **innerhalb seines Körpers offenbar** gemacht, was die **Gottheit** in sich schließt, und das ist alles, was die **Unendlichkeit** innehält, nicht aber das, was ein Katechismus oder diese oder jene heilige Schrift darüber sagt. Die Gottheit hat **Schöpfung** auf

Schöpfung zustande gebracht bis auf diesen menschlichen Körper und gebietet als die schöpferische, weiterfördernde Intelligenz immer noch über **Äther und Atom,** so dass sich jeder einzelne des Schöpfungs- und Entwicklungswegs bis zur Vollkommenheit bewusst werden kann. Jeder einzelne von uns besitzt die **Vollkommenheit** durch den Besitz der unendlichen Intelligenz, die das menschliche Wesen ausmacht und der wir nun durch die **Vervollkommnung der Materie oder des Körpers** den Weg zu bahnen haben, damit sie sich in ihrer ganzen Fülle offenbaren kann.

So müssen wir lernen, uns von nun an von **Gott-in-mir** führen und unterweisen zu lassen, und zwar ohne Vermittler, Medien, Priester, Bischöfe oder dergleichen zu befragen, gleichviel ob wir getauft oder konfirmiert sind oder ob wir an das Abendmahl glauben. Dadurch, dass wir mit Worten und begrenzten Begriffen um uns werfen, entwickeln wir weder uns noch andere.

In der **Gegenwart der Gottheit ist absolute Freiheit,** der wir uns auch bewusst werden, wenn wir das erfüllen, was dem Menschen eigen ist. Denn „der Mensch ist sich selbst ein Gesetz zur Genüge". Insoweit wir dieses Gesetz erfüllen, sind wir **mit Gott verbunden** und dann dürfen wir uns jedes Ziel setzen, dürfen unsere Talente offenbaren und anbringen, das Leben genießen und uns der Gegenwart von einander erfreuen. Dann erst hat das Leben seine volle Bedeutung für uns und alles geht mit der größten Leichtigkeit vonstatten. Denn wo die Gottheit als gegenwärtig erkannt wird, ist auch der **Schöpfungsgedanke** gegenwärtig und durch dessen Vermittlung wird sich alles, was ich in die Hand nehme verwirklichen, wird mir alles glücken.

Nun wollen wir uns noch einigen Übungen zuwenden, die uns die Kontrolle über unseren Körper sichern werden.

Rückgratsübungen

1. Rückgratsübung

Lasse dich mit gekreuzten Unterschenkeln in den **orientalischen Sitz** nieder und wirf dich auf die Knie, kehre wieder in die Sitzstellung zurück und wiederhole das mehrmals, bis es dir leicht fällt. Nach dieser Vorübung atme ein, wirf dich auf die Knie, kreuze die Unterarme auf dem Rücken, setze dich auf die Fersen, **beuge dich langsam rückwärts,** bis der obere Teil des Kopfes den Boden berührt, dann wieder **soweit vorwärts,** bis das Kinn oder die Nase den Boden berührt, und kehre in die aufrecht kniende Stellung zurück, dabei ausatmend. Der Atem wird also während der Rückwärts- und Vorwärts-Beugung gehalten.

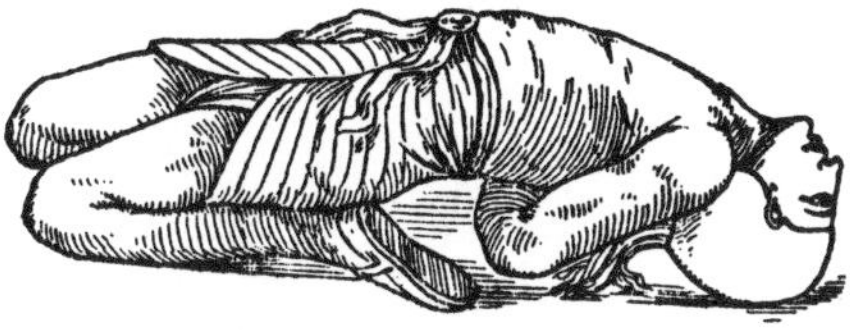

Diese Übung kann so oft vorgenommen werden, wie du es für gut findest. Sie bringt **verstellte Rückgratswirbel** in die richtige Lage zurück und hebt daher die **Tätigkeit des Rückenmarks.** Je nach der Lage der verstellten Wirbel verschiebe das Gewicht des Körpers während der Beugungen nach der einen oder anderen Seite, um die Wirbel ihrer richtigen Stellung entgegenzuführen. Selbst bei **Rückgratsverkrümmungen** werden die Wirbel bei entsprechender Ausdauer in ihre richtige Lage zurückkehren.

2. Rückgratsübung

Knie auf beide Knie nieder, lege beide Handflächen vor dir auf den Boden und strecke **beide Beine rückwärts** soweit aus, dass der Körper nur auf den Händen und den Zehenspitzen ruht, der Rumpf also den Boden nicht berührt, sondern frei schwebt. Hebe den Kopf etwas in die Höhe, atme ein, halte den Atem, beuge die Arme, **berühre** mit dem Kinn oder mit der Nase **den Boden,** kehre in die Ausgangsstellung zurück, indem du die Arme wieder streckst und atme dabei aus. Der Rumpf darf während der Beugung der Arme den Boden nicht

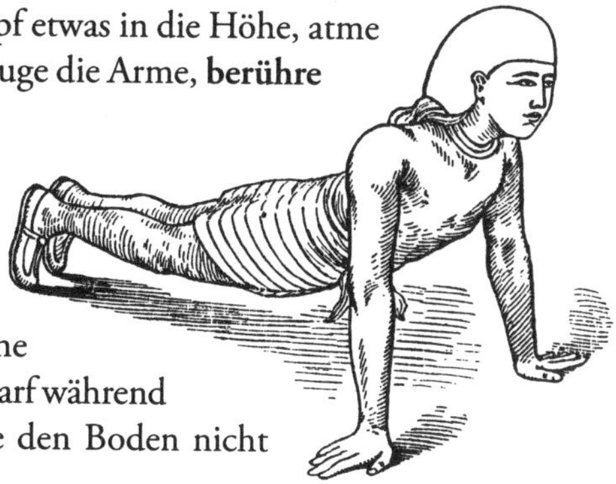

berühren; vielmehr wird sein Gewicht durch den Atem in der Schwebe gehalten. Wiederhole die Beugungen so oft, wie du es für gut findest, übertreibe jedoch nie, weil das Spannung verursacht und die gute Wirkung aufhebt. Allmählich wirst du aber drei Beugungen während einer Atemstauung leicht fertig bringen.

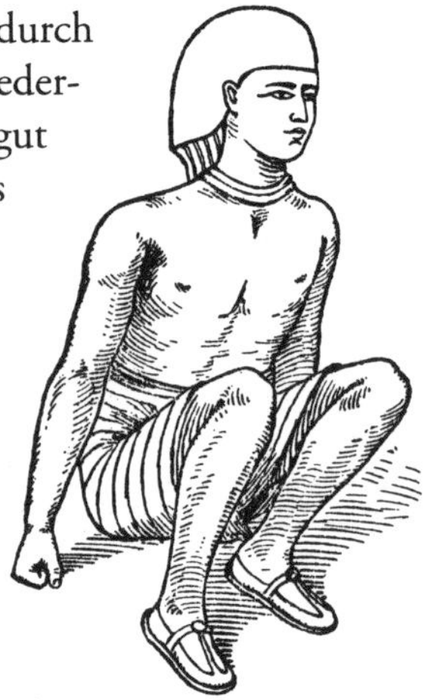

Nun springe in die so genannte **Känguruh-Stellung,** wobei der Körper in den Knien hängt und sich nur leicht auf die seitlich des Körpers ausgestreckten Hände und Arme stützt; die Fußsohlen berühren den Boden vollständig. Atme ein und **hüpfe in dieser Stellung** drei- oder viermal hintereinander so hoch wie möglich und kehre jedes Mal in die Hockestellung am Boden zurück.

Darauf stelle dich aufrecht, nimm zur Erholung einige kurze Atemzüge, ziehe Arme und Ellbogen zurück, lege die Handflächen mit abwärts gerichteten Fingerspitzen auf das Kreuz und **schlage mit den Füßen nach hinten aus,** links und rechts abwechselnd, so dass die Ferse das Gesäß oder das Steißbein trifft. Wiederhole dies mehrmals und gehe dabei im Zimmer auf und ab; bald wirst du die wohltätige Anregung der Übung im Rückgrat fühlen. Das Ausschlagen muss völlig entspannt geschehen; sonst erreicht die Ferse die gewünschte Stelle nicht. Haben wir uns diese Entspannung einmal angewöhnt, dann gehen wir nicht nur leichten Schrittes durch das Leben, sondern bleiben auch immer entspannt und gelassen und nehmen das Leben nicht mehr zu schwer.

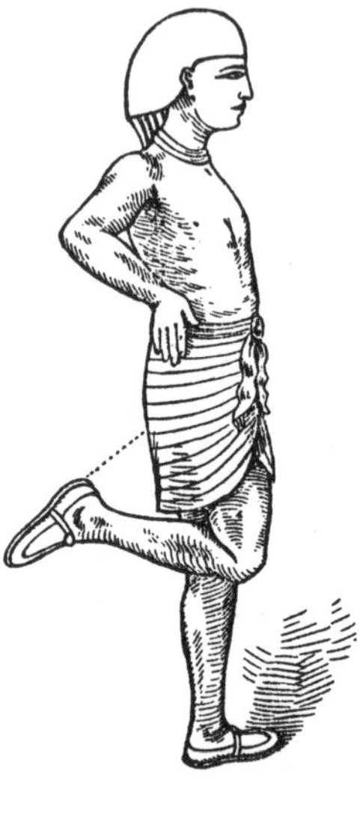

3. Rückgratsübung

Stehe aufrecht, atme ein, halte den Atem, **hebe das linke Bein** ausgestreckt nach vorn und so hoch wie möglich, lasse es herab, **schlage damit soweit nach hinten aus,** dass die Ferse das Steißbein trifft, und atme aus, während das Bein in die Ausgangsstellung zurückkehrt. Wiederhole dasselbe mit dem rechten Bein und fahre auf diese Weise abwechselnd nach Belieben fort.

Darauf atme ein, halte den Atem, hebe das **linke Knie** so hoch wie möglich, so dass sich der Oberschenkel dem Rumpf nähert und ziehe mit beiden Händen **den Unter- und den Oberschenkel dicht an den Rumpf** heran. Lasse das Bein in die Ausgangsstellung zurückgehen und atme dabei aus. Wiederhole dasselbe mit dem rechten Knie und fahre so abwechselnd nach Belieben fort.

4. Rückgratsübung

Die so genannte **kataleptische Übung,** die als „Erstarrungs-Übung" hin und wieder als ein „Zauber"-Kunststück im Zirkus vorgeführt wird, die aber in Wirklichkeit eine seit Jahrtausenden bekannte und gepflegte Rückgratsübung ist und von jedermann leicht ausgeführt werden kann.

Stelle zwei Stühle mit einander zugekehrten Sitzen so zurecht, dass du bei ausgestrecktem Körper mit dem Nacken auf dem einen Sitz und mit den Fersen auf dem anderen Sitz liegen würdest, und lege ein zusammengerolltes Tuch zum Schutz des Nackens auf den einen Sitz. Setze dich zwischen die beiden Stühle an den Boden, atme tief ein, halte den Atem, lege den Nacken auf das zusammengerollte Tuch und die Fersen auf den Sitz des anderen Stuhls, **so dass der ausgestreckte Körper zwischen den beiden Stühlen in der Luft schwebt,** bzw. nur auf dem Nacken und den Fersen ruht. Die Arme und die Hände lege auf die Brust und an die Seiten. Du wirst finden, dass du dich in diesem Schwebe- oder „Erstarrungs"-Zustand solange halten kannst, wie du den Atem staust, dass selbst jede schwache Person, ja sogar jedes Kind diese Übung ausführen kann und dass sie nichts mit Zauberei und Hypnotismus zu tun hat, sondern dass alles am Atem liegt. Nach einiger Übung kann man nicht nur den Körper in dieser Weise frei schwebend halten, sondern kann ihn sogar noch **belasten,** etwa mit einem Gewicht oder einem Stein oder in der Weise, dass sich ein Kind auf den ausgestreckten schwebenden Körper setzt.

Man nimmt diese Übung am besten **am Morgen** vor und anfänglich nicht länger als eine Minute. Später, wenn sich die Muskeln bestärkt haben, kann man sie nach Belieben ausdehnen und wird dann bald imstande sein, Lasten auf dem ausgestreckten Körper zu tragen. Es kommt auch nicht darauf an, dass man bei der Übung hoch in den Lüften schwebt; sind dir die Stuhlsitze noch zu hoch, dann genügen auch zwei Fußbänke zur Ausführung.

Die Übung bestärkt nicht nur die **Muskeln des Rückgrats,** sondern bringt auch **verlagerte Wirbel** in ihre richtige Lage zurück, so dass **Rückenmarksstörungen** verschwinden, die der Druck eines jeden verlagerten Wirbels verursacht. Ebenso verschwinden mit der Zeit die **Spannungen im Rücken,** unter denen die meisten Menschen leiden, und die das ganze Nervensystem in Mitleidenschaft ziehen. Bei Kindern, die nicht wachsen wollen, fördert die Übung das Wachstum, weil sie die Steifheit und Spannung im Rückgrat löst.

5. Rückgratsübung

Erfasse den Stiel eines **Stubenbesens** mit der Hand so, dass der **Daumen nach unten** und der **Ellenbogen nach vorn** zu liegen kommen und das Ende des Stiels nach oben und der Kehrbesen nach unten zeigen. Stelle dich fest hin, atme ein und halte den Atem. Nun lasse zwei oder drei Personen versuchen, mit ihrer ganzen Kraft den Stiel aus deiner Hand zu ziehen; es wird ihnen nicht gelingen, solange du den Atem hältst.

6. Rückgratsübung

Ergreife den Besenstiel mit **beiden Händen** und halte ihn **mit ausgestreckten Armen** waagerecht vor dich hin. Stelle dich fest auf einen Fuß, indem du den Körper etwas nach vorn neigst, und den anderen Fuß mit etwas angehobener Ferse dahinter setzt. Dann atme tief ein und halte den Atem. Lasse zwei bis vier Personen mit ihrer ganzen Kraft gegen den Besenstiel drücken, um dich aus deiner Stellung zu bringen. Es wird ihnen aber nicht gelingen, solange du den Atem hältst. Es bedarf nur wenig Übung, um das als ein wunderbar erscheinendes Kunststück vorzuführen.

7. Rückgratsübung

Lasse eine Person sich aufrecht hinstellen und zwei weitere Personen, je eine auf einer Seite, **eine Hand unter die Füße der ersten Person** legen. Nun atmen alle drei miteinander ein und halten den Atem und die beiden Hände werden den auf ihnen ruhenden Körper leicht in die Luft heben und **in der Luft halten** können, solange alle drei Personen den Atem stauen. Mit etwas Übung kann man es soweit bringen, dass **zwei kleine Finger** genügen, um auf diese Weise einen schweren Körper hoch zu heben und in der Luft zu halten, als ob er schwebe.

Alle diese Übungen sind **am Morgen** besonders wirksam, weil der Körper zu dieser Zeit am empfänglichsten für die Aufnahme des **Elektrismus** ist, der während des Schlafs von den Nervenzentren erzeugt worden ist. Auch die Muskeln können morgens leichter beherrscht und leichter in ihre richtige Lage gebracht werden und dabei auch etwa verlagerte Organe leichter zurechtsetzen. Alle Stellungen wirken, weil sie mit dem Atem in Verbindung gebracht werden, in erster Linie auf die **Nerven** und erst in zweiter Linie auf die **Muskeln.** Jede Stellung wirkt auf die korrespondierenden Nervenzentren und mit ein wenig Selbstbeobachtung finden wir die jeweils beeinflussten Nervenzentren heraus. Die Nervenzentren erzeugen dadurch mehr **Elektrismus** und verteilen ihn über das ganze Nervensystem und mit dessen Hilfe auch über das Muskelsystem. Die Beweglichkeit und die Kraft der Muskeln hängen unmittelbar von dem Elektrismus ab, den sie von den Nervenzentren zugeführt bekommen, und diese wiederum hängen ab von der Tätigkeit der Lungen und deren Fähigkeit, sich Ga-Llama anzueignen.

Wer also einen gesunden und kräftigen Organismus erlangen will, muss dafür sorgen, dass mit Hilfe des Atems genügend **Elektrismus im Nervensystem** erzeugt wird. Wer bei seiner Gesundheitspflege mit den Muskeln anfängt, fängt am verkehrten Ende an und wird sein Ziel nicht erreichen. Daher können diese Übungen auch nicht mit der gewöhnlichen Muskelgymnastik verglichen werden.

Außerdem bringen alle diese Stellungen wegen ihrer Verbindung mit dem Atem alle **Organverlagerungen** in Ordnung, wovon sehr viel abhängt. Schon ein einziges verlagertes Organ verhindert die organische Zusammenarbeit aller Organe, so dass der ganze Körper leidet und eine Organverlagerung viel häufiger die eigentliche Krankheitsursache ist, als man vermutet. Die Verlagerung des Magens, der Leber, der Nieren, der Beckenorgane hat schwere Leiden zur Folge, die sich erst beheben, wenn jedes Organ wieder seine richtige Stellung einnimmt.

Die in jedem Körper-Organ vorhandene **Intelligenz** ist zwar ständig bereit und bemüht, unnatürliche Zustände zu verbessern oder ihre Folgen zu mildern, bedarf aber dazu des **Elektrismus** und ist machtlos, wenn es dem Nervensystem an Elektrismus mangelt. Sie überanstrengt sich dann und das erzeugt einen gereizten, fiebrigen und entzündeten Zustand. Ohne den notwendigen Elektrismus kann die Intelligenz nicht genügend auf den **Willen** wirken, so dass das verlagerte Organ in einen **Lähmungszustand** verfällt, weil darin der Willen der Intelligenz nicht zum Ausdruck kommen kann.

Die Körperteile, deren Nervenzentren sich noch ausdehnen und zusammenziehen, sind empfänglich für die Willensregungen der Intelligenz und erfüllen deshalb ihre Aufgabe. Dagegen sind die Körperteile, deren Nervenzentren nicht mehr ausdehnungsfähig sind, gelähmt und außerstande, der Stimme der Intelligenz Folge zu leisten. Sobald aber **Elektrismus in den gelähmten Teilen** entwickelt wird, gehorchen sie wieder der Intelligenz. Das Blut kreist zwar noch in den gelähmten Teilen und hält sie warm, so dass man dem Glied oder Organ nicht ansieht, dass es krank ist; es ist aber unbeweglich. Vermehrte **Blutzufuhr** kann also den Zustand nicht heilen; vielmehr ist der **Atem** das einzige Mittel, das die gelähmten Teile wieder beleben kann. Alle Lähmungen können

Ga-Llama

O. Z. A. Hanish

mit Hilfe des bewussten Atems und genügender Ausdauer geheilt werden und **alle unentwickelten und schlummernden Gehirnzellen** gehören auch in die Gruppe der **Lähmungen.**

Wenn wir also das Leben wirklich genießen wollen, müssen wir **Leben in die toten oder abgestorbenen Teile** unseres Körperwesens bringen. Wenn wir aber die Herrschaft über unseren Körper schon soweit verloren haben, dass wir den **Willen zu einer besseren Lebensweise** nicht mehr aufbringen können, oder wenn wir trotz Belehrung die Quelle verneinen, aus der wir Lebenskraft schöpfen könnten, um diesem „Totengebein aus Jesaias Totenacker" neues Leben zu verschaffen, dann ist es besser, wir treten zur Seite, damit wir nicht den Lebenswilligen ein trauriges Beispiel geben oder die Unwissenden damit zu Tode erschrecken. Ein gelähmter Körper ist zu nichts mehr gut, sondern höchstens ein Gegenstand des Mitleids oder ein Hindernis für die, die mit uns des gleichen Weges ziehen.

Wünschst du aber zu leben, dann befreie dich aus diesem gelähmten, totenähnlichen Zustand! Raffe dich auf und lege Hand an! **Bringe Leben in die leblosen Glieder und atme,** wenn es dir auch anfangs wegen Vernachlässigung der Lungenflügel schwer fallen sollte! Atme so lang und so tief, wie es dir eben gelingt, aber mit dem Gedanken, dass du deine Atmungsfähigkeit verbessern und erweitern willst, und nach und nach atme mehr und mehr!

Was nützt dir das **Grübeln** über deinen eignen traurigen Zustand und den noch traurigeren Zustand deiner Mitmenschen! Was nützen dir alle **Theorien über Weltverbesserung und Weltbeglückung,** wenn sie dir nicht aus Krankheit, Sorge, Kummer und Armut heraushelfen! Nimm irgendwelche **nützliche Arbeit** auf und denke nicht, dass die Arbeit dir schade, weil du einige tausend Euro auf deinem Bankkonto stehen hast!

Hilf denjenigen, die sowieso schon mit Arbeit überlastet sind! Hast du überflüssige Zeit, hole dir die Landstreicher oder Obdachlose in dein Haus, gib ihnen ein Bad, flicke ihre Kleider und sei ihnen behilflich, dass sie wieder zu **geordneter Arbeit** kommen! Gehe persönlich zu den Armen, die nie gelehrt worden sind, Ordnung zu halten, **schaffe Ordnung** in ihrem Heim mit deinen eignen Händen und lehre sie durch dein eignes Beispiel, wie man Ordnung hält und sich dadurch alles erleichtert!

Gehe zu den mit Armut geschlagenen Eltern, wo die Mutter oder die Kinder vernachlässigt und krank geworden sind durch ihre **Unwissenheit!** Rede ihnen aber nicht vor, dass es weder Krankheit noch Sünde gibt; das würde ihnen nicht helfen, wohl aber ihr Herz gegen dich verhärten! Mache die Wohnung rein, koche ihnen eine gute Suppe, wasche und flicke, was nötig ist, sorge, dass die Kinder die Schule nicht versäumen, und muntere alle auf mit liebevollen Worten, sich **positiv zu den Alltagspflichten** einzustellen, und sie werden beginnen, richtig zu leben!

Lass ab von der selbstgefälligen Theorie, dass du die soziale Not dadurch lindern hilfst, dass du einigen **Wohltätigkeitsvereinen** angehörst, hier und da den Armen ein **Almosen** gibst und deine **Steuern** pünktlich zahlst! Das vermehrt nur die Verbitterung der Armen und begünstigt die Kriminalität. Alle **so genannte Nächstenliebe,** die nur aus Hochmut oder selbstgefälligem Mitleid geboren wird, schadet dir selbst und auch dem Notleidenden und ist ein Übel für die menschliche Gesellschaft.

Sei ehrlich zu dir selbst, prüfe die Sache ohne Vorurteil von allen Seiten und du wirst dich bald frei machen von deinem Irrtum, der auf Selbsttäuschung oder dem hypnotischen Einfluss deiner Umgebung beruht! Lege selbst Hand an, wo es nötig ist! Damit streust du guten Samen aus, der hundertfältige Frucht bringt. Sei allezeit **tätig** und stets **hilfsbereit!** Die kleinen guten Taten aus reinem, **aufrichtigem Herzen** fördern die Neubelebung und wirken schöpferisch, nicht aber die geistlose und liebeleere Großtuerei.

Es mag nicht leicht, vielleicht sogar für dich schwerer als für manchen andern sein, dich von den Einflüssen oder Suggestionen deiner Umgebung freizumachen. Es muss aber geschehen, wenn du nicht in einem Zustand der Ungewissheit und Unwissenheit stecken bleiben willst, der die Folge deines eigenen negativen Zustands ist, dich haltlos, schwankend und ziellos macht, dich dein eigenes, inneres Licht nicht erkennen lässt, deine Individualität ausschaltet und dich verleitet, die äußeren Einflüsse als eine wirkliche Macht anzusehen, die aber nur auf deiner eigenen **Einbildung und Willensschwäche** beruht. Machst du dich aber nicht frei von diesem **negativen Zustand,** dann hast du auch kein Recht, dich über die Einflüsse deiner Umgebung zu beklagen; denn du verletzest das erste Gesetz der Natur, das auf **Selbsterhaltung, Selbständigkeit** und originelle oder **individuelle Betätigung** zielt.

Die Gefahren dieses negativen und den äußeren Einflüssen oder Suggestionen zugänglichen Zustands berühren aber nicht nur den einzelnen, der sich darin befindet; vielmehr kann die **Selbsttäuschung** eines einzelnen soweit gehen, dass er sich einbildet, **Macht über andere** zu besitzen, während diese scheinbare Macht nur auf dem negativen Zustand und der Einbildung der anderen beruht. Der Wahn geht dann oft sogar so weit, dass die davon Ergriffenen den negativen Zustand der anderen ausnutzen, diese **zwingen, ihre Theorien und Irrlehren anzuerkennen** und anzunehmen, und dass sie die unglaublichsten Scheinbeweise ins Feld führen, um ihre Theorien und Irrlehren als wahr erscheinen zu lassen.

In Wirklichkeit befindet sich die überwiegende Anzahl der ganzen Menschheit in diesem grauenhaften Zustand der **Einbildung**, den sich die Menschen durch ihre eigene **Unselbständigkeit** und **Beeinflussbarkeit** geschaffen haben und der ihr ganzes Leben von der Wiege bis zur Bahre beherrscht. Sie haben wohl noch eine blasse Ahnung eines besseren Zustands; denn sie wünschen alle, am Leben zu bleiben, hängen am Leben, obwohl sie in Wirklichkeit nur vegetieren und sich gerade über Wasser halten, um die Beerdigungskosten zu vermeiden. Aber sie haben nicht genug **Willenskraft**, sich aufzuraffen und sich selbst Zustände zu schaffen, die das Leben wirklich lebenswert machen. Wenn es gut geht, dann begnügen sie sich damit, Einrichtungen zu schaffen, die jedem gerade so viel Lebensunterhalt gewähren, dass er nicht zu verhungern braucht. Dass wir aber als eine Menschheit damit nicht auf eine höhere Entwicklungsstufe gelangen können, leuchtet jedem denkenden Menschen ein.

Wenn wir diese traurigen Zustände erwähnen, so geschieht es nicht, um zu tadeln, sondern um denen, die sich ihres Irrtums und ihrer Selbsttäuschung bewusst werden und all der einseitigen und undurchführbaren Theorien müde sind, **den Weg zum Licht** zu weisen. Denn trotz ihres guten Willens befinden sie sich noch im Zweifel und können sich viele Dinge der Erscheinungswelt noch nicht erklären, weil ihre **Sinne noch nicht genügend geweckt** sind.

Auf der anderen Seite wissen aber alle die, die hypnotisierenden Einfluss zu üben suchen, selbst nicht, was sie tun, und können sich selbst auch keinen Beweis für ihre „wunderbaren“ hypnotischen Kräfte liefern, sondern wiederholen nur das, was andere ihnen vorgemacht haben und sich diese anderen durch angebliche Erfolge bewiesen haben sollen. Aber selbst der „erfolgreichste“ **Hypnotiseur** hat nicht mehr Kraft als ein **Zaunpfahl.** Wenn du dich auf einen Zaunpfahl konzentrierst, um dich von ihm einschläfern zu lassen, wirst du genau so gut einschlafen, wie wenn du dich mit dem gleichen Gedanken auf den Hypnotiseur konzentrierst, wie er es von dir verlangt.

Konzentration auf sich selbst ist also der beste Schutz gegen alle Suggestionen oder hypnotischen Einflüsse. Wäre die „Macht des Hypnotismus“ Wirklichkeit, dann müsste sie gegenüber jedermann wenigstens in gewissem Umfang wirken; aber ein auf sich selbst konzentrierter Mensch bleibt völlig unberührt davon.

Der nicht auf sich selbst konzentrierte, zerfahrene, **negative Mensch,** der sich von anderen zu Handlungen beeinflussen lässt, die zu seinem Schaden ausschlagen, ist **selbst schuld an seinem Schaden** und verdient kein Mitleid. Wenn der eine ihn nicht beeinflusst, dann wird es ein anderer tun, sei es im gesellschaftlichen Verkehr, sei es in seinem Geschäft oder in seinem Heim, weil er für alle äußeren Einflüsse empfänglich ist.

Wenn du jemand aus dem vierten Stock herabstürzen siehst, bist du im Augenblick des Atems beraubt, deine Füße sind wie angewurzelt und du bist vor Schreck wie gelähmt. Wer anders aber hat dich beeinflusst als **deine eigene Vorstellung oder die Furcht,** die daraus entsprang! Es gibt aber unzählige solche Grade von Furcht und Selbsthypnotisierung und unzählige Gelegenheiten, die einen starken äußeren Einfluss ausüben.

Ein ganzes Dorf wurde einmal in Schrecken gejagt und **durch den Schrecken hypnotisiert,** weil die Einwohner glaubten, ein Bär liege auf der Straße. Ein Betrunkener war nämlich nachts auf dem Heimweg auf einen Gegenstand gefallen, der einen grunzenden Ton von sich gab. Die Bewohner des Dorfes fassten Mut und bewaffneten sich, um dem Bären zu Leibe zu gehen. Als aber der Schein ihrer Laternen auf den Gegenstand fiel, entdeckten sie, dass es nicht ein Bär, sondern eine Pauke war, die ein Dorfmusikant in seinem Rausch verloren hatte. Wer war nun der Hypnotiseur, der Bär oder die Leute selbst?

Ein anderes Mal geriet ein ganzes Dorf in **Aufruhr und Blutvergießen,** so dass Militär zu Hilfe gerufen werden musste. Die Sache wurde untersucht. Die Zeugenaussagen waren so widersprechend, dass man der Ursache lange nicht auf die Spur kam, aber schließlich klärte sich alles.

Ein Jäger hatte im genossenschaftlichen Kolonialwarengeschäft des Dorfes Honig verlangt. Als der Verkäufer den Honig zum Abwiegen auf die Waage brachte, fiel ein Tropfen Honig auf den Boden. Eine Fliege ließ sich sofort darauf nieder und die Katze, die die Fliege bemerkte, sprang auf diese los. Des Jägers Hund packte die Katze im Nacken und schüttelte sie. Der Jäger rief zwar sogleich seinen Hund; aber dieser ließ von der Katze nicht ab. Der Verkäufer geriet darüber in Erregung und schlug auf den Hund ein. Dem Jäger stieg das Blut zu Kopf und er packte den Verkäufer beim Kragen. Während beide miteinander kämpften, sammelten sich viele Genossen vor dem Laden und ergriffen teils Partei für den Jäger, teils für den Verkäufer, so dass ein allgemeines Handgemenge entstand. Alles, was Beine hatte, rannte herbei und verwickelte sich in den Aufruhr und man verprügelte sich und schlug sich die Köpfe blutig; alles um einen Tropfen Honig.

Ähnliche Fälle sind gang und gäbe bei dem gegenwärtigen Zustand der Menschen. Sie lieben es, sich in Angelegenheiten zu mischen, die sie nicht verstehen, viel Redens darüber zu machen, mit missverstandenen Begriffen um sich zu werfen, sich zu widersprechen, zu erhitzen und in Wortgefechten zu übertrumpfen oder mundtot zu machen. Sobald man aber der Sache auf den Grund geht, zeigt sich, dass die Darstellungen beider Seiten mit der Wirklichkeit nichts oder nur sehr wenig zu tun hatten und dass das **Wesentliche** der ganzen Angelegenheit, die so große Aufregung verursacht hatte, von keiner Seite richtig verstanden worden war.

Es ist unsere Aufgabe, **die Menschen zu belehren,** wie sie möglichst schnell aus diesen traurigen Zuständen herauskommen können. Wir sagen „möglichst schnell", weil sie schon viel zu viel Zeit mit wertlosen Theorien vergeudet haben, das Leben aber dafür zu kurz und zu wertvoll ist. Diesem Ziel möglichst rascher Hilfe dienen auch die verschiedenen Rückgratsübungen, ebenso wie alle anderen Atemübungen, die schon weiter vorn behandelt wurden.

Wenn wir dem **bewussten Atem** von Zeit zu Zeit unsere ganze Aufmerksamkeit schenken, werden die **Organe** des Körpers allmählich so harmonisch miteinander arbeiten, dass sich die **Organ-Intelligenzen** ihrer Aufgaben voll bewusst werden und sie gemäß den Naturgesetzen erfüllen. Dann erwachen auch die korrespondierenden **Gehirn-Intelligen-**

zen und wirken in voller Harmonie mit den Organ-Intelligenzen und -Energien, so dass wir nach und nach die verwickeltsten Fragen des Lebens und das Lebensrätsel selbst bis in alle Einzelheiten zu lösen imstande sind und unser innerer Drang, zur Erkenntnis der Wahrheit zu gelangen, befriedigt wird.

Dann lassen wir uns durch den beständigen Wechsel in dieser Welt der Erscheinungen nicht mehr blenden oder täuschen. Denn wir erkennen in den **objektiven Erscheinungen,** die uns durch unsere Sinne zum Bewusstsein kommen, nur die **Reflexe der Schwingungen unseres Gehirns.** Die objektiven Erscheinungen spiegeln sich in unserem Gehirn ab und enthüllen dabei unseren Sinnen alle Zusammenhänge rückwärts in die Vergangenheit bis zum Anfang aller Dinge und vorwärts in die Zukunft bis in alle Ewigkeit. Denn die ganze **Vergangenheit** und die ganze **Zukunft** kulminieren oder realisieren sich in der **Gegenwart,** in der sich das polarisierte Leben in seiner ganzen Fülle und seiner wahren Größe offenbart. Die Gegenwart ist die Gipfelung aller Kräfte des ganzen Weltalls.

Sobald wir die eigenen Kraftquellen in unserem Inneren finden und aus ihnen schöpfen, wird uns das **Selbstbewusstsein,** die **Selbständigkeit** und das originelle, **individuelle Denken,** womit die **Erkenntnis** des Wesentlichen und Prinzipiellen in allen Dingen der Erscheinungswelt parallel läuft, so dass wir erlöst sind von Irrtum und Täuschung und damit den Lohn für unseren Eifer und unsere ernsten Bemühungen erhalten.

Haben wir uns einmal den bewussten Atem angewöhnt und uns den Bedürfnissen der Gegenwart zugewendet, dann brauchen **wir uns keine Sorgen um die Zukunft** zu machen. Denn aus der Erfüllung der Gegenwartsbedürfnisse fließen die Offenbarungen und Weisungen für die künftige Gestaltung der Dinge ununterbrochen von selbst, weil das **Leben** gleichbedeutend mit **ewiger Neugestaltung** ist. Alle Einflüsse oder Suggestionen, die uns zurückhalten und in ihren Bann ziehen wollen, werden durch **Evolution,** Entwicklung oder Neugestaltung überwunden und alle Evolution setzt **Involution** oder Einatmung voraus; ohne Einatmung gibt es keine Offenbarung oder Erweiterung.

Deshalb ist der bewusste oder individuelle Atem das zu unserer **Vervollkommnung** unumgänglich notwendige Mittel. Er lässt uns eine ganz **andere Einstellung zu unserer Umgebung** gewinnen. Wir halten uns nicht mehr über die Zustände, Zeiten und Menschen auf, die nur gewisse Stufen des sich ewig neugestaltenden Lebens darstellen, die wir selbst auch durchschritten haben, auf die wir aber nicht zurücktreten dürfen, wenn wir **unser Teil zur ewigen Neugestaltung des Lebens beitragen** wollen. Gleichwohl blicken wir nicht verächtlich auf unsere Mitmenschen; denn sie sind ein Teil des Ganzen genau so wie wir selbst und ihre Handlungen oder Werke gehören zum Gesamtwerk genau so wie unsere.

So werden wir uns allmählich der wahren Liebe oder der **Gottesliebe** bewusst, die sich ununterbrochen als **schöpferische Neugestaltung** des Lebens offenbart und daher in ihren Geschöpfen keine Rangunterschiede, sondern nur Erzeugnisse ein und derselben Lebensquelle sieht, die nur nach Zeit und Raum ihrer Offenbarung einen anderen Schwingungszustand darstellen. Die äußere Erscheinung der Dinge wird deshalb auf die äußerlich eingestellten Sinne immer einen täuschenden Einfluss üben, aber nur so lange, bis die **feineren Sinne** erwacht und genügend entwikkelt sind.

Deshalb ist es notwendig, dass wir **alle zwölf Sinne voll entwickeln,** damit wir alle Erscheinungen richtig einschätzen, vor Selbsttäuschung bewahrt bleiben, das wahre Wesen der Dinge erkennen und begreifen, dass sich selbst das wunderbar und übernatürlich Erscheinende nach den einfachsten Naturgesetzen erklärt, die jedermann anwenden kann, da es überhaupt nichts Übernatürliches gibt, außer in der Einbildung. Entwickeln wir alle zwölf Sinne auf die entsprechende Höhe, dann fallen alle täuschenden Schleier der äußeren Erscheinung ab und **das Wesen der Dinge** steht klar und deutlich vor unserem inneren Auge.

Dann können dich die **Politiker** nicht mehr mit blendenden Wahlreden in die Irre führen, sondern müssen sich zu gegenwartsnaher Sozialökonomie bekennen. Der **Arzt** wird dir nicht mehr Rezepte und Pillen verschreiben können, sondern dich über eine natürliche Lebensweise und die chemischen Vorgänge in deinem Körper belehren müssen. Der **Apotheker** wird dir keine Pillen und künstlichen Fabrikmedizinen verkaufen können, sondern die Mittel zur Körper- und Schönheitspflege liefern müssen. Der **Nahrungsmittelchemiker** wird mit Theorien über Kalorien und Vitamine keinen Eindruck mehr auf dich machen können, sondern sich und dich mit der Kochkunst vertraut machen müssen, damit die Speisen Vitamine oder Lebenskräfte in dir entwickeln. Die **Kirchen** werden dem Volk nicht mehr mit Vogelscheuchen theologischen Aberglaubens Furcht vor Fegefeuer und Hölle einjagen und den Himmel und das Paradies in ein nicht vorhandenes Jenseits verlegen können, sondern werden es zu einer höheren Menschheitsmoral und Menschheitsethik anleiten und in einer im Alltag brauchbaren Lebensphilosophie unterweisen müssen, durch die sich das Volk gegenwärtig das Paradies auf Erden schaffen und in das Himmelreich der Erkenntnis und des Gottesbewusstseins jetzt, heute und hier eingehen kann.

Dann wird **Liebe,** die gleich ist der Gottesliebe, überall herrschen und **Frieden** in jeder Hütte, in jedem Palast und unter allen Menschen sein. Denn wir unterschätzen uns selbst und unseren Nächsten nicht mehr, sondern hegen **Selbstachtung** und pflegen die gegenseitige **Anerkennung.** Wenn wir auch gewissen Menschen näher stehen und engere Beziehungen zu ihnen unterhalten mögen als zu anderen, so heißt das nicht, dass wir diesen anderen unsere Liebe entziehen, sondern nur, dass sich noch keine Gelegenheit geboten hat, mit ihnen in schöpferische Beziehungen zu treten.

Auch die Gottesliebe ist bei ihren Verwirklichungen oder Schöpfungen an Zeit und Raum gebunden und ebenso können wir nur wenigen in Liebe nahe sein, während wir anderen gegenüber Distanz wahren müssen und ihnen dadurch mehr Liebe erweisen, als wir es in der Nähe könnten. Selbst die Gottesliebe beachtet das **Gesetz der Distanz** und drängt sich nie auf, sondern wartet ihre Zeit ab, bis eine Neuschöpfung oder Neugestaltung durch harmonische Ausgleichung der entgegengesetzten Pole möglich ist. Aber Hass gibt es nicht; denn alles Leben strömt aus der Liebe und Gott ist die Liebe.

Schauen wir nun auf die empfangenen Lehren zurück, so müssen wir uns gestehen, dass wir mehr erhalten und gelernt haben, als wir vermuten konnten, dass wir auf unserem Lebensweg höher gestiegen sind und dass wir nun erkennen, dass **der Atem den Geist des Lebens in uns lebendig gemacht** hat, so dass unser Leben wieder einen Inhalt und ein Ziel erhalten hat und uns die Natur und das ganze Weltall in anderem Licht erscheinen.

Wir sind **frei und selbständig** im Denken, Reden und Handeln geworden und sehen dem Treiben der Welt aus der Ferne wie aus der Vogelperspektive zu, ohne uns von ihr in Mitleidenschaft ziehen oder von ihren Autoritäten beeinflussen zu lassen. Gleichwohl stehen wir mitten im Leben und freuen uns seiner mehr denn je, da uns in allen unseren Unternehmungen der Erfolg begleitet.

Die **Gottesnatur** erscheint uns als die Einkleidung des ewigwirkenden Gottgedankens, die **Sonne** als der Fokulisationspunkt der Ausstrahlungen des Weltenlichts und des Erdenballs, der zunehmende und abnehmende **Mond** als das Ebenbild unseres Lebenswegs, die **Sterne** als die Leuchten, die uns den Weg durch die Unendlichkeit zur Erkenntnis der Gottheit weisen, und alle **Menschen** als die berufenen Mitarbeiter am ewigen Entwicklungsplan der Gottheit. Das alles schafft die **Gottesliebe** in uns durch den **Weltenodem,** den sie beständig, frei und selbstlos auf uns aushaucht, so dass unsere Nüstern ihn nur bewusst einzuziehen brauchen.

Vermöge des **bewussten Atems** wird die **Gottesliebe** in alle Ewigkeit **die schöpferische Triebkraft** für alle Entwicklung in Zeit und Raum bleiben. So lasst uns beständig wachsen durch den **Atem** und die **Sonne des Erfolgs** wird unseren Pfad beleuchten!

Sei dem so!

Der erste Amenophis-König

13. Ergebung

Es soll kein Hilferuf von meinen Lippen die Tiefe deiner heil'gen Stille brechen! „Wie lange noch, o Herr", mag meine Seele flüstern, „in all' den Prüfungen, die diese Welt bestürmen?" Doch weiß ich wohl, dass alle Trübsal, Krankheit, Sorgen sind Ausfluss deiner Gnade, um zu segnen und festzuhalten deine Heil'gen bis zum Ende. Vom Pfad der Treue soll mich keine Furcht vor Mangel wenden; ich stehe fest und sei es auch allein!

Den Kampf im Tal tief unten betrachte ich von deines Berges Gipfel; Zuschauer bin ich nur in diesem Streit der Körper. Jedoch im Geiste bin ich voll bewaffnet und mit scharfem Schwert, bin dein und darf darum die Macht des Rechtes glauben, furchtlos und unverzagt. Denn mir zur Seite atmet immer mein Freund, der Friedefürst, der Retter dieser Welt. Er kennt den bittern, müden Weg des hohen Strebens und wandert Schritt um Schritt demütig mit den Dornenpfad und spricht: „Ja, Heil sei dir!"

Selbst wenn du mir den Kelch des Lebens bietest mit bittrer Hefe statt mit süßem Wein, so werde ich ihn dennoch trinken mit brennenden Lippen und mit heißem Hoffen, im Läutrungsfeuer seine Scherben umzugießen, mit Lebensbrot mir deinen goldnen Kelch an meine Brust, mein klopfend Herz zu drücken im wahren Abendmahl.

Ich weiß ja wohl, dass oft wie Gift das schmeckt, was Göttertrank dem „All in Einem", und dass der Weg scheinbarer Armut ist der Ruhmespfad der dauernden Begeistrung, ein Schattenweg, der vor dem stechend scharfen Blick der Unentwickelten uns schützt, und blumenüberstreut für den, der weiß, dass Gott ihn schützt und führt, der ew'ge Herrscher Himmels und der Erden.

So folg' ich deinem Willen im Sonnenscheine deines allumfassenden Gedankens sichern Schrittes, erfolgreich und unsterblich, und lobe deinen heil'gen Namen täglich mit Taten steten Friedens und steter Liebe.

Durch dich ist mir der Sieg! Sei dem so!

13. Lektion
Ägyptische Übungen

Die ägyptischen Übungen geben den weiter fortgeschrittenen Schülern Gelegenheit, noch weiter zu kommen. Solche Wünsche sind berechtigt; denn **im Vorwärtsschreiten gibt es kein Ende,** sondern jeder Fortschritt bereitet einen neuen Fortschritt vor.

Die verschiedenen Arten von Körperübungen, die heute als etwas ganz Neues gelehrt werden, wie zum Beispiel das schwedische und das so genannte rhythmische Turnen, sind wohl in der Anwendungsform neu, aber nicht tief genug durchdacht und daher im Erfolg mehr oder weniger zweifelhaft. Dagegen waren die Leibesübungen der alten Kulturvölker von Grund auf **wissenschaftlich durchdacht** und in langen Erfahrungen **erprobt** und berücksichtigten bei allen Bewegungen und Stellungen bewusst den **Atem, den Spiritus, das Pneuma** als die Triebkraft, die den Erfolg der Übung verbürgt.

Die **Römer** hatten ihre Übungen von den Griechen übernommen, die **Griechen** hatten ihre Übungen in den **ägyptischen Weisheitsschulen** kennen gelernt und in Ägypten hatte der **Fortschritt aller Völker des Altertums** Eingang gefunden, soweit er Bedeutung und Wert für das tägliche Leben hatte. Wie das Meer mit offenen Armen alle Ströme aufnimmt, so waren in dem Ägypten des Altertums alle Errungenschaften der damaligen Kulturvölker zusammengeflossen.

Die ägyptischen Bildungsstätten Schulen oder Tempel für Heilkunde, Philosophie und religiöse Betätigung genossen Weltruf, weil sie in jeder Beziehung das **Prinzipielle** oder Wesentliche in den Mittelpunkt der Belehrung stellten und die Erziehungssysteme **einfach und verständlich** gestalteten und auf die **Weckung der menschlichen Fähigkeiten,** Gaben und Talente einstellten, nicht aber auf das Auswendiglernen von Textbüchern, wie es heute im Erziehungswesen ganz allgemein und fast ausschließlich geschieht, womit man sich aber keine **denkenden,** sondern allenfalls nur **Gedächtnis-Menschen** erzieht.

Heute verlangt aber der Zeitgeist gebieterischer denn je eine Lehrweise, die nicht nur leicht lehrbar und leicht fassbar und außerdem gründlich erprobt ist, sondern sich auch sogleich als erfolgreiches **Entwicklungs-**

system erweist, sei es für die Muskel- oder die Sinneskräfte, sei es für die geistigen Kräfte. Wenn nun die ägyptischen Übungen im folgenden veröffentlicht werden, so soll zwar dem Zeitgeist Rechnung getragen, dabei aber **nicht auf Einzelheiten** eingegangen werden, um damit etwa den oberflächlichen Besser-Wissern den Mund zu stopfen; denn sie bekommen doch nie genug, weil sie sich scheuen, die Übungen selbst auszuprobieren und sich selbst ihren Wert zu beweisen, dafür aber umso schneller mit ihrem theoretischen Vorurteil zur Hand sind. Schon ein Versuch, aus allen vertrockneten Gehirnen das Spinngewebe verstaubter Bücherweisheit auszukehren, würde ganze Bände füllen und doch nicht zum Ziel führen.

Es genüge deshalb der Hinweis, dass sich jeder selbst bei der größten Voreingenommenheit bald von der **guten Wirkung der ägyptischen Übungen** überzeugt haben wird, wenn er die bisher in diesem Atembuch gegebenen **Übungen getreulich befolgt** hat. In der Form sind die Übungen sehr einfach und wenn man sie der Reihe nach tatsächlich ausführt, beweist man sich ihre Wirkungen besser, als es die schlüssigste Beweisführung auf dem Papier vermöchte.

Bevor wir mit den Übungen beginnen, sollten wir uns die **Abbildungen genau ansehen** und uns unsere **anatomischen Kenntnisse** über den Körperbau und die Lebensvorgänge im Körper ins Gedächtnis zurückrufen und dann erst die Übungen der Reihe nach und gewissenhaft nach der gegebenen Anleitung ausführen. Sind wir in der ägyptischen Kulturgeschichte bewandert, so wissen wir auch, dass die ägyptischen Priester, Ärzte und Richter zur Sühnung von Sünden, Fehlern und Rechtsverletzungen entsprechende Übungen verordneten. Dann sehen wir in ihren **Standbildern** keine Götzenbilder mehr, sondern die **Verbildlichung von Übungsstellungen**, die den Weg zur Entwicklung und Vervollkommnung weisen.

Jede Entwicklungsstufe der Menschheit und **jede Rasse** hat Sitten, Gebräuche, Übungen und geistige Bestrebungen in **eine ihr eigentümliche Form** eingekleidet, die ihrer Stufe entspricht, daher ihre volle Berechtigung hat und verbürgt, dass das ihr gesteckte Ziel erreicht wird. Denn jede Entwicklungsstufe und jede Rasse beweist durch den erzielten Fortschritt, dass ein **natürlicher Drang** dahinter steht, der bestrebt ist, **das Blut zu reinigen**, zu erneuern und zu verbessern, weil sich dadurch allein die Menschheit höher entwickeln kann.

Die alten Ägypter waren ein Mischvolk aus **weißen Iraniern**, die von Norden her nach Ägypten eingewandert waren, und aus **braunen Ätaloniern**, die sich beim Untergang des Erdteils Ätalonien nach Südafrika durchgerettet und sich von dort her nordwärts nach Oberägypten gewandt hatten. Aber das von den Iraniern mitgebrachte **arisch-iranische Weistum** hat sich trotz der Vermischung so stark durchgesetzt, dass es der altägyptischen Kultur besondere Charakterzüge aufgeprägt hat, die sich bei keinem anderen Volk finden und sich auch nur durch den iranischen Einfluss erklären lassen.

Aus den ägyptischen Übungen ergibt sich, dass die alten Ägypter erkannt hatten, wie wichtig das **Blut** für die Gesundheit und die Weiterentwicklung des Körpers ist, dass Krankheitszustände und körperliche Hemmungen aller Art durch die Lenkung des Blutlaufs günstig beeinflusst und beseitigt werden können und dass das **Herz** der Mittelpunkt des Blutlaufsystems ist, für die Verteilung des Blutes im Körper zu sorgen hat und diese Aufgabe umso leichter und vollkommener erfüllen kann, je reiner das Blut ist. Sie waren sich auch bewusst, dass das Herz Schwingungen aussendet, für die das **Gesinn** in der Zirbel empfänglich ist und die das Gesinn an die Gehirnintelligenzen weiterleitet, und dass dem Menschen auf diesem Weg aus dem Innersten seines Herzens **Offenbarungen** werden.

Reinigung des Blutes und des Herzens ist aber der Grundzug der arischen[18] Entwicklungslehre und auch heute noch die **Grundbedingung für den Fortschritt und die Vervollkommnung der Menschheit**. Daher widmen wir uns den „ägyptischen" Übungen mit großer Hingabe, und empfangen aus ihrer Anwendung den größten Segen.

Der Wert der ägyptischen Übungen kann nicht genug betont werden. Hier genüge der Hinweis, dass das **Blut** durch die verschiedenen Körperstellungen in Verbindung mit dem bewussten **Atem** in alle Gegenden des Körpers geleitet wird, so dass sich Störungen im **Blutumlauf** und Spannungen in kurzer Zeit verlieren. Dadurch werden die **Nerven** freier und erzeugen mehr Nervenfluidum, was schließlich der **Gehirn-**

[18] Elemente der arischen Entwicklungslehre, wurden durch das Naziregime verfälscht, verdreht und zu ihren schändlichen Zwecken missbraucht, sodass die eigentliche arische Entwicklungslehre heute falsch interpretiert und falsch verstanden wird, und heute noch große Missverständnisse darüber bestehen.

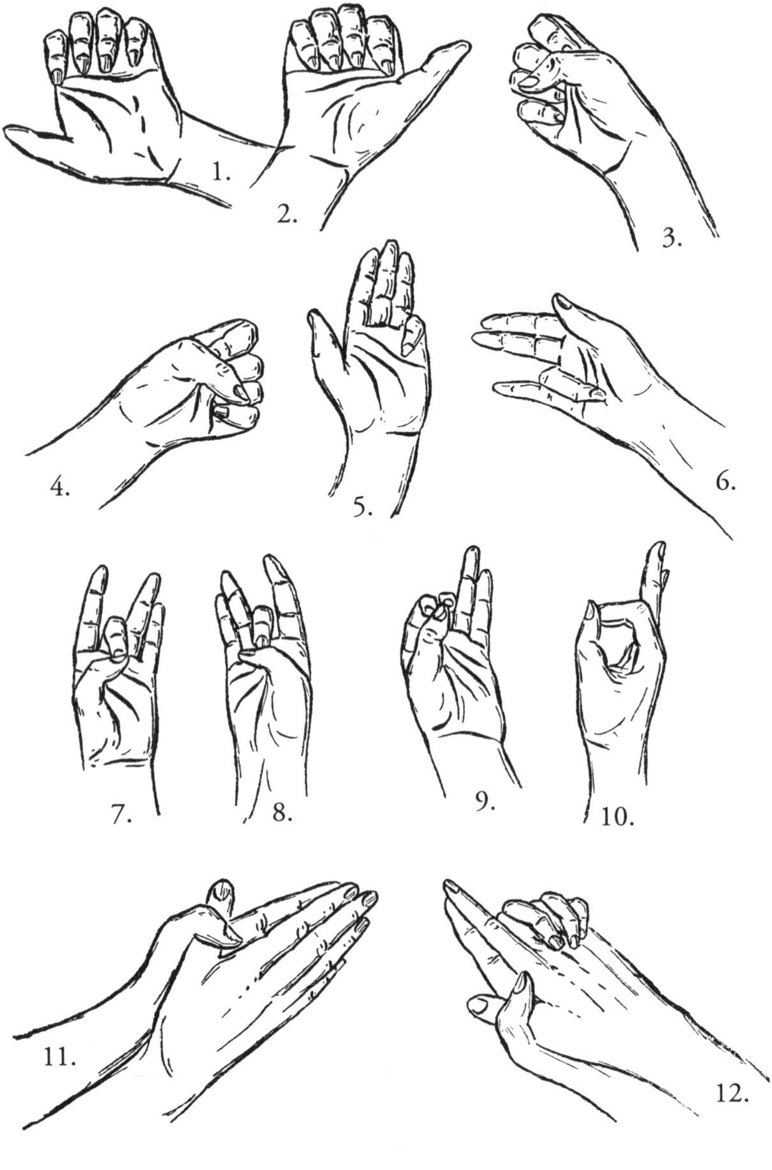
1.
2.
3.
4.
5.
6.
7.
8.
9.
10.
11.
12.

entwicklung zugute kommt, so dass durch die Übungen nicht nur die körperliche, sondern auch die geistige **Gelenkigkeit** gefördert wird.

Auch die ägyptischen Übungen werden alle **im Atem** vorgenommen, also unter Anwendung des bewussten Atems, wenn sogleich günstige Ergebnisse erzielt werden sollen. Vorteilhaft ist es außerdem, wenn sie **durch Musik oder Gesang begleitet** werden, und gerade die schwierigeren Stellungen erleichtern wir uns, wenn wir dabei **summen.** Alle Stellungen werden für eine gewisse Zeitdauer und jedenfalls solange eingenommen oder wiederholt, bis wir uns darin vollständig **entspannt** und Ruhe und **Selbstvertrauen** gewonnen haben.

Finger-Übungen

Ehe wir mit den eigentlichen ägyptischen Übungen beginnen, nehmen wir die **Finger-Übungen** nach Bild 1 bis 12 der Reihe nach durch und wenden dabei den rhythmischen Atem an. Jede Fingerstellung üben wir solange, bis wir das Gefühl bekommen, dass der Schwächezustand überwunden ist. Während der übende Finger in den Handteller deutet, werden die anderen Finger entspannt ausgestreckt in einer Linie gehalten. Am besten wirken die Finger-Übungen in den frühen Morgenstunden, wenn der Magen noch leer, die Umgebung friedlich und unsere Stimmung harmonisch ist; können wir sie im Freien vornehmen, ist es umso besser.

Sind wir mit dem Gedanken ganz bei den Übungen, dann fühlen wir bald ihre wohltuende Wirkung in den Körperteilen, die mit den einzelnen Fingern korrespondieren. Denn die Nerven des **Zeigefingers** stehen mit der Lunge, die des **Mittelfingers** mit Magen und Leber, die des **Ringfingers** mit den Nieren und die des **kleinen Fingers** mit den Keimdrüsen in Verbindung. Die gespannte oder krankhafte Stellung eines Fingers zeigt deshalb unmittelbar an, welche Körperteile krank oder gespannt sind. Andererseits wirken die Übungen in Verbindung mit dem Atem auf die in den Fingern liegenden Nerven, beleben dadurch die den einzelnen Fingern entsprechenden Körperteile und deren Belebung überträgt sich auf die entsprechenden Gehirngruppen, so dass die Finger-Übungen den Energien und Intelligenzen des Körpers in gleicher Weise dienlich sind.

Durch die Finger-Übungen lernen wir auch, die **Faust** richtig zu machen. Wir winkeln die Finger so fest ein, dass die Fingerspitzen auf die **Kopflinie**, später sogar auf die darüber befindliche **Herzlinie** zu liegen kommen, und halten sie in dieser Lage, wenn wir anschließend die Faust machen. Dabei legen wir den **Daumen** auf das zweite Glied des Mittelfingers, später sogar des Ring- und des kleinen Fingers. Der Daumen soll fest aufliegen und einen Druck ausüben; aber die Finger, die Hände, die Handgelenke, die Ellenbogen, die Arme und die Schultern müssen, nachdem die Faust gemacht worden ist, locker und beweglich bleiben, damit sich der zwei- und dreiköpfige Muskel im Oberarm frei bewegen und die Faust leicht in jede beliebige Stellung gebracht werden kann.

In der richtig gebildeten Faust entwickelt sich eine **außerordentliche** Kraft; ein Schlag mit dem Knöchel des Mittelfingers auf den Atlaswirbel eines Menschen kann sofort tödlich wirken. Ist die Faust richtig gebildet und behandelt man damit das Rückgrat und die einzelnen Wirbel, so durchwärmt sich das **Rückenmark** alsbald.

Nachdem wir die Finger-Übungen eine Zeit lang gewissenhaft und konzentriert befolgt haben, gehorchen die Muskeln in den Fingern, Händen, Unter- und Oberarmen leichter und rascher unserem Willen im Anspannen und Entspannen, ein Zeichen, dass sich im Körper schon mancherlei geordnet hat, so dass er **mehr leistet** als früher und dabei **weniger Kraft** aufzuwenden braucht.

Widmen wir uns dann den folgenden Übungen mit dem gleichen Eifer, der gleichen Ausdauer und der gleichen Konzentration, dann entwickeln sich unsere körperlichen und geistigen **Fähigkeiten** zusehends, weil die graue Nervenmasse belebt wird und das Knien besonders günstig auf das Rückenmark und die Aufsaugung der Lebenssäfte wirkt, wovon die **Beweglichkeit** in körperlicher und geistiger Hinsicht und damit die **Jugendlichkeit** abhängt. Sogar die Sechzig- bis Siebzig-Jährigen können durch die ägyptischen Übungen wieder beweglich und jugendlich werden, und alle können sich durch die Übungen ihre Beweglichkeit und Jugendlichkeit erhalten, weil besonders die Übungen im Knien die oberen Teile des Gehirns oder die **spirituelle Gehirngruppe** anregen.

Je besser wir den einzelnen Bewegungen und Stellungen mit dem Gedanken folgen, umso rascher werden wir darüber klar, worauf es bei jeder Stellung ankommt. Dann werden wir mit den Übungen dasselbe Ziel erreichen, das die alten Ägypter vor Augen hatten, nämlich dass sich unsere **Gehirn-Intelligenzen** nicht nur in **objektiver** Beziehung immer neue Gebiete erschließen, sondern uns auch die Offenbarungen der **subjektiven** Seite unseres Wesens bewusst machen.

Dadurch gestalten sich unsere gegenseitigen Beziehungen immer schöpferischer oder liebevoller und wir werden auch unserer **himmlischen Berufung** mehr und mehr bewusst: Mitarbeiter am Entwicklungsplan der ewigwirkenden Gottesintelligenz zu sein und in diesem Sinn unsere Gaben, Fähigkeiten und Talente für die Gesamtheit einzusetzen, auf dass sich der Tag der **Erlösung für die ganze Menschheit** beschleunige.

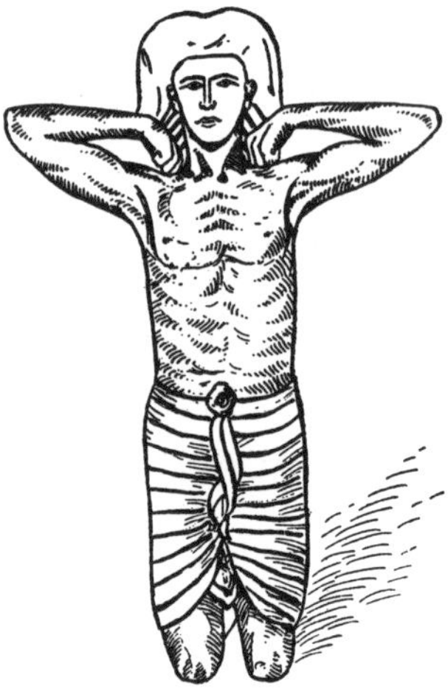

13.

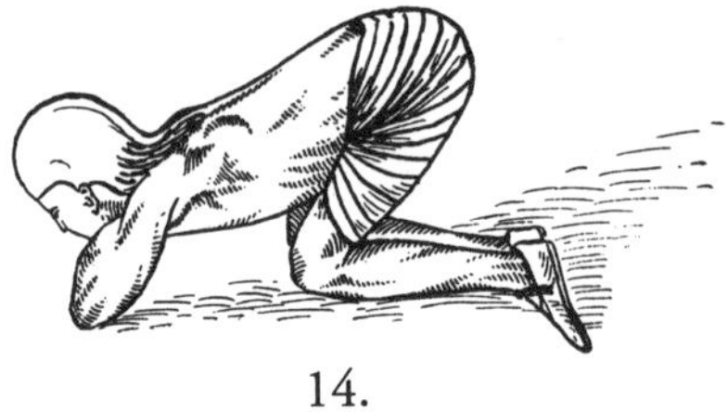

14.

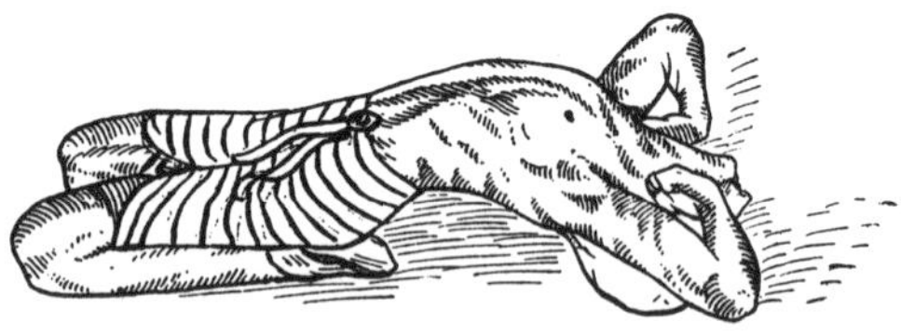

15.

16.

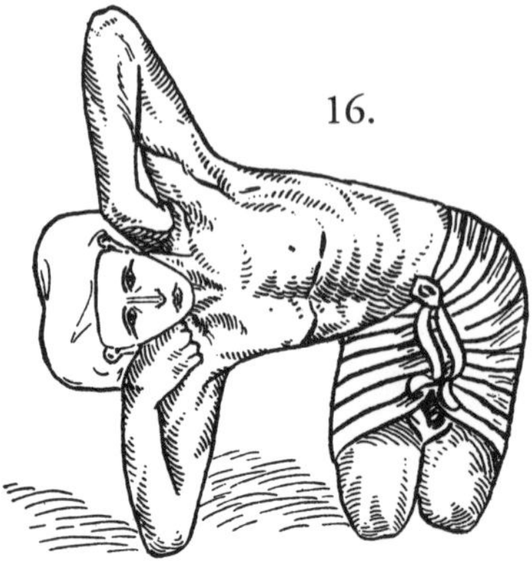

17.

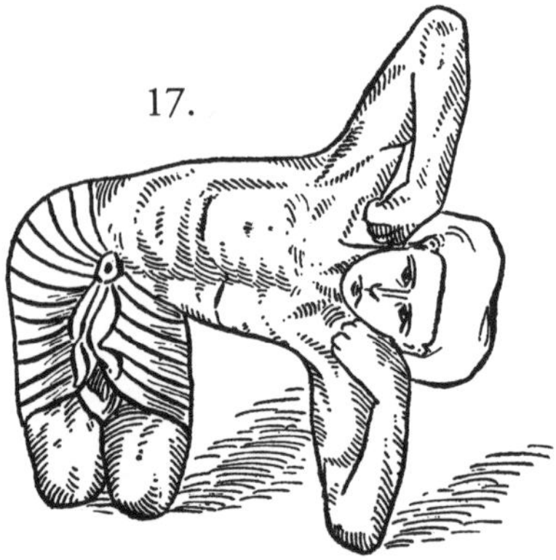

Die ägyptischen Übungen

1. Übungsreihe

Bild 13. Mit der **Grundstellung im Knien** sollten wir es von Anfang an sehr genau nehmen, weil sie bei vielen Übungsreihen wiederkehrt. Der Unterleib wird dabei soweit eingezogen, dass die freiliegenden Rippen fest angezogen sind und der Brustkorb hoch und frei steht, damit sich die Lunge darin vollständig ausdehnen und zusammenziehen kann. Das Gesicht drückt Gelassenheit aus. Der Hals ist locker und frei beweglich. Die Fäuste machen wir nach Bild 3 und 4 und setzen sie seitlich am Hals in die **Schulterhöhlen.**

Bild 14. Nun atme vollständig aus, aber ohne dich zu spannen, **atme voll ein, staue den Atem** und beuge dich vorwärts, bis die Stirn oder später das Kinn den Boden berührt. In dieser Stellung bleibe solange wie möglich. Dann richte dich wieder zur Grundstellung auf und atme dabei die **Tonleiter auf die Vokale a ä e i ü u ö om** aus, ohne dich aber anzustrengen. Lockere die Fäuste und die Finger nach deinem inneren Drang.

Bild 15. Nimm die Grundstellung ein wie auf Bild 13, setze die Fäuste wieder in die Schulterhöhlen, atme lang aus und voll ein, **staue den Atem** und beuge dich rückwärts, bis du mit dem Kopf den Boden berührst. In dieser Stellung bleibe solange wie möglich und von Tag zu Tag etwas länger. Dann richte dich wieder zur Grundstellung auf und atme dabei unter Summen einer Tonreihe oder einer Melodie aus. Anfangs tust du vielleicht gut, eine Anzahl Bücher unter den Kopf zu legen und Tag für Tag eins davon wegzunehmen, bis es dir leicht wird, mit dem Kopf den Boden zu berühren.

Bild 16. Nimm die Grundstellung ein wie auf Bild 13, setze die Fäuste wieder in die Schultergruben, atme lang aus, am besten unter Summen von Vokalen und enthalte dich des Atems für einige Sekunden. Atme voll ein, **staue den Atem** und beuge dich nach rechts, bis das rechte Ellenbogengelenk den Boden berührt. Das Beugen geschieht anmutig in der Hüfte. Verharre in dieser Stellung solange wie möglich. Dann kehre wieder in die aufrechte Grundstellung zurück und atme dabei unter Summen der Tonleiter oder einer Melodie aus.

Bild 17. Wiederhole dasselbe, beuge dich aber nach links, bis das linke Ellenbogengelenk den Boden berührt.

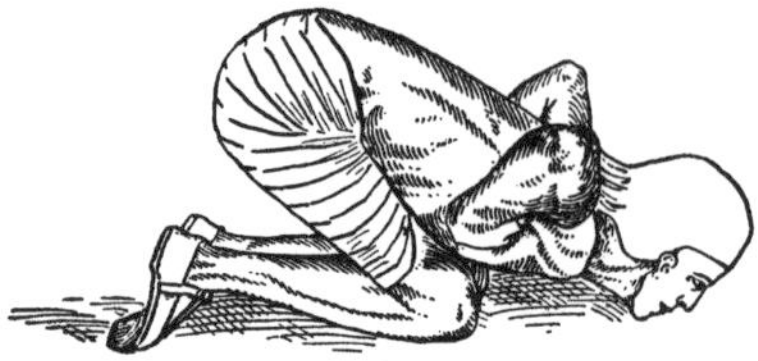

18.

19.

20.

21.

Nachdem wir diese vier Stellungen solange im einzelnen geübt haben, bis sie uns leicht fallen, nehmen wir alle vier Stellungen hintereinander **während einer Atemstauung** ein.

Dann üben wir jede Stellung einzeln **nach der Ausatmung** bei Atementhaltung, darauf nochmals in der Art, dass wir summend bis zum Äußersten ausatmen und dann bei Atementhaltung die Stellungen erst einzeln und schließlich auch alle vier Stellungen hintereinander während einer Atementhaltung einnehmen.

2. Übungsreihe

Bild 18 und 19. Nimm die Grundstellung wie auf Bild 13 ein, setze aber die Fäuste in die **Achselhöhlen** und übe in derselben Weise wie bei der 1. Übungsreihe die 4 Stellungen vorwärts, rückwärts, nach rechts und nach links. Bei den Seitenbeugungen berühren die Ellenbogengelenke den Boden.

3. Übungsreihe

Bild 20. Nimm die Grundstellung wie auf Bild 13 ein, bringe aber erst die eine, dann die andere Faust **auf den Rücken zwischen die Schulterblätter,** bis beide Fäuste dicht aneinander liegen; je höher sie dabei gebracht werden, umso besser. Dann üben wir die 4 Stellungen vorwärts, rückwärts, nach rechts und nach links und bemühen uns, bei den Seitenbeugungen mit den Ellenbogengelenken den Boden zu berühren. Wenn die Brust gehoben, der Hals locker gehalten und die Faust richtig gemacht wird, fühlen wir im ganzen Körper eine angenehme Entspannung. Knackt oder kracht es gelegentlich in diesem oder jenem Gelenk, so brauchen wir uns keine Sorge zu machen. Durch die Übungen verliert sich das.

4. Übungsreihe

Bild 21. Die rechte Faust wird auf den Rücken zwischen die Schulterblätter gebracht, der Kopf wird nach links gedreht, die **linke Hand** wird am Gesicht vorbei dem linken Ohr entgegen geführt und erfasst das Ohrläppchen von hinten. Das linke Ohr wird der linken Hand entgegengedreht, bis das Kinn auf der linken Schulter ruht, und am Ohr wird kräftig gezupft. Dann folgt die umgekehrte Übung mit der **rechten Hand** und dem rechten Ohrläppchen, wobei das Kinn auf die rechte Schulter gelegt wird. Sobald wir diese Stellungen leicht einnehmen und innehalten können, nehmen wir die 4 Beugungen vorwärts, rückwärts, nach rechts und nach links hinzu. An diese Übung schließen wir sogleich das **Kopfrollen** an und rollen dabei den Kopf kreisförmig erst in der einen, dann in der anderen Richtung, während die Augen nach oben gerichtet sind. Durch diese Übung gewinnen wir mehr Klarheit als durch Studieren und Philosophieren.

22.

23.

24.

5. Übungsreihe

Bild 22. Bringe die rechte Faust **auf dem Rücken** zwischen die Schulterblätter und lege die linke Hand auf dem Rücken so unter das rechte Ellenbogengelenk, dass dieses **im linken Handteller** ruht. Die linke Hand schiebt den rechten Arm und die rechte Faust möglichst bis zum siebenten Halswirbel hoch, der unmittelbare Beziehungen zum Herzen hat; hier verbleibt die rechte Faust mindestens eine Minute. Dann wird dasselbe mit der linken Faust und dem rechten Handteller geübt. Wenn uns beide Stellungen leicht fallen, nehmen wir die 4 Beugungen vorwärts, rückwärts, nach rechts und nach links hinzu.

Danach entspanne und **lockere die Arme** und die Hände rasch. Hebe die Hände hoch über den Kopf und schüttle sie in den Handgelenken mehrmals nach rechts und nach links. Dann bringe die Arme waagerecht nach vorn, lasse die Hände in den Handgelenken lose herabhängen und schüttle sie. Dann kehre die Hände dem Gesicht zu und bewege sie nach rechts und links, als wolltest du dich fächeln. Solche **Lockerungsübungen** sollten wir stets anreihen, wenn sich Spannung in den Händen oder Gelenken bemerkbar macht.

6. Übungsreihe

Bild 23. Setze die linke Faust in die linke Achselhöhle und die rechte auf dem Rücken möglichst hoch auf das Rückgrat. **Schlage mit der rechten Faust das Rückgrat** vom 5. Wirbel abwärts bis zum Kreuzbein und dann auch die übrigen Teile des Rückens. Danach wechsle die Fäuste um und wiederhole dasselbe. Schließlich nimm die 4 Beugungen hinzu. Wenn beim Vorwärtsbeugen das Gesicht am Boden ist, so versuche, mit dem Kinn die Schulter zu berühren, und gib nicht nach, bis es dir gelingt; dazu schlage den Rücken mit der Faust.

7. Übungsreihe

Bild 24. Bringe die linke Faust hoch auf den Rücken und **bearbeite mit der rechten Faust den Nacken,** die Schulterblätter und die dazwischen liegenden Teile, schließlich den ganzen Körper bis hinunter zu den Knien, Waden und Knöcheln. Wechsle die Fäuste um und wiederhole dasselbe.

Dann übe dazwischen die Stellungen der 1., 2. und 5. Übungsreihe und beende die Übung mit Lockerungsübungen wie bei der 5. Übungsreihe, um die Nerven kräftig anzuregen und zu bestärken.

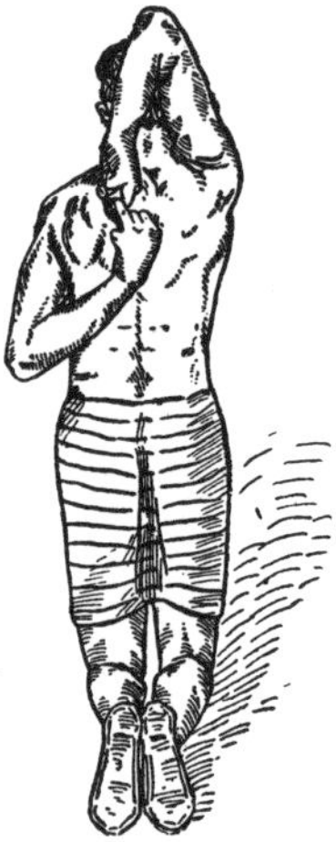

25.

26.

27.

28.

8. Übungsreihe

Bild 25. Nimm die Grundstellung ein wie auf Bild 13, schiebe aber die linke Hand unter der linken Schulter am Rückgrat hinauf und die rechte Hand über die rechte Schulter zwischen die Schulterblätter. In dieser Stellung fassen sich der Reihe nach je zwei entsprechende Finger beider Hände. Danach werden alle **Finger beider Hände fest ineinander gehakt.** Schließlich werden die Arme umgewechselt und dann wird dasselbe geübt. Sobald uns das alles leicht fällt, beugen wir uns mit eingehakten Händen vorwärts, rückwärts, nach rechts und nach links.

Bild 26. Bei aufrecht stehender Stellung werden die Arme und die **Fäuste,** also nicht die Hände, in die Stellung wie auf Bild 25 gebracht und mit den Fingergelenken aufeinander gesetzt. Sobald uns das gut gelingt, wiederholen wir es in kniender Stellung und beugen uns schließlich auch dazu noch vorwärts, rückwärts, nach rechts und nach links.

9. Übungsreihe

Bild 27. Nimm die Grundstellung ein wie auf Bild 13, lege aber die Ellenbogen fest an die Hüften, mache die Fäuste, atme voll ein, staue den Atem und **schlage die Brust** mit zunehmender Stärke, aber ganz entspannt, solange du den Atem stauen kannst. Dann atme aus. Beuge dich mit der gleichen Armstellung vorwärts, rückwärts, nach rechts und nach links. Nun nimm die Ellenbogen weiter zurück, als sollten sie sich berühren, atme voll ein, staue den Atem und schlage mit den Fäusten entspannt gegen die Brust, solange du den Atem stauen kannst, und schließe die Beugungen vorwärts, rückwärts, nach rechts und nach links an. Danach **strecke die Unterarme,** während die Ellenbogen an den Hüften anliegen, **vorwärts, aufwärts und abwärts** und übe das rasch und im Rhythmus. Dann beuge dich dazu noch vorwärts, rückwärts, nach rechts und nach links und schließe mit den Lockerungsübungen der 5. Übungsreihe ab.

Bild 28. Nimm die Grundstellung ein wie auf Bild 13, mache die Fäuste und **strecke die Arme entspannt vorwärts,** und zwar von den Schultergelenken aus, als wolltest du bei völlig entspannten Armen mit den Fäusten zuschlagen. Dann beuge dich vorwärts, rückwärts, nach rechts und nach links. Beim Vorwärts-Beugen werden die ausgestreckten Arme möglichst weit nach hinten geführt und beim Rückwärts-Beugen wieder nach vorn; beim Seitwärts-Beugen werden sie hoch über den Kopf erho-

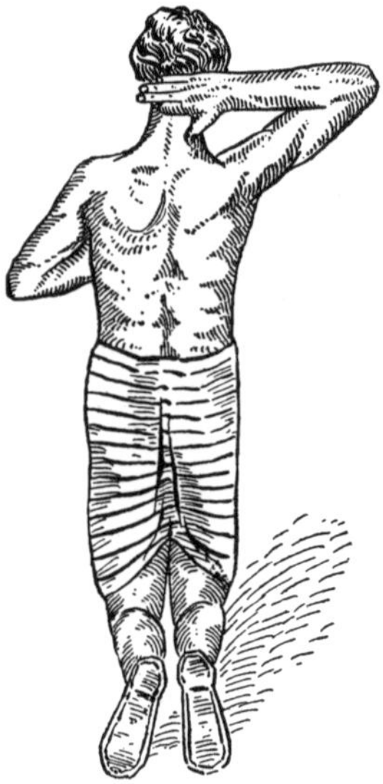

29.

30.

31.

32.

ben. Bei den Beugungen summt man eine passende Melodie oder die Tonleiter. Danach mache dasselbe stehend, und achte während der Beugungen darauf, dass die Brust hoch gestellt bleibt.

10. Übungsreihe

Bild 29. Beuge die **Zeigefinger** entsprechend Bild 5 und 6, lege den rechten Zeigefinger auf den Atlaswirbel und den linken Zeigefinger auf die Brust. Drücke beide Zeigefinger fest auf und setze sie rhythmisch in zitternde Bewegung, vermehre den Druck nach und nach zu erheblicher Stärke und stelle schließlich den Druck plötzlich ein. Wechsle die Hände um und wiederhole dasselbe. Schließlich wiederhole die Übung mit den Mittelfingern, den Ringfingern und den kleinen Fingern. Die unbeteiligten Finger bleiben stets gerade ausgestreckt.

11. Übungsreihe

Bild 30. Knie auf das **linke Knie** nieder und stelle das rechte Bein im rechten Winkel aufrecht. Lege die **Hände** nach Bild 11 mit ausgestreckten Fingern aneinander und den linken **Daumen** über den rechten. Lege die Hände auf das **Herz,** atme ein, staue den Atem und beuge dich vorwärts, rückwärts, nach rechts und nach links. Dann wechsle die Beinstellung um und wiederhole dasselbe.

Bild 31. Nimm die gleiche Stellung ein wie auf Bild 30, bringe die aneinander liegenden **Hände über den Kopf auf den Rücken,** so dass die Daumen zwischen den Schulterblättern liegen. Während das linke Knie auf dem Boden aufliegt, wird das rechte Bein **nach rückwärts ausgestreckt.** Dann beuge dich vorwärts, rückwärts, nach rechts und nach links. Wechsle die Beinstellung um und wiederhole die Übung.

Dann knie wieder auf das linke Knie nieder, strecke das rechte Bein **vorwärts** aus, lege die Hände wieder über den Kopf auf den Rücken und beuge dich vorwärts, rückwärts, nach rechts und nach links. Wechsle die Beinstellung um und wiederhole die Übung.

Bild 32. Bringe Arme und Hände ausgestreckt **hoch über den Kopf,** während ein Knie auf dem Boden aufliegt und das andere Bein **vorwärts** ausgestreckt ist, und beuge dich vorwärts, rückwärts, nach rechts und nach links. Wechsle die Beinstellung um und wiederhole die Übung.

Strecke Arme und Hände hoch über den Kopf, setze das rechte Knie auf den Boden und strecke das linke Bein **vorwärts** aus. **Summe** eine

Melodie, etwa „Spenta Ainyahita“ („Das deutsche Manthra“ Nr. 299) und ziehe dabei das linke Bein bis zum rechten Winkel heran, strecke es **rückwärts** aus, entsprechend Bild 31, und stelle es schließlich im rechten Winkel auf den Boden, entsprechend Bild 30. Dann wechsle die Beinstellung um und wiederhole die Übung.

Nimm dann die Beinstellung wie auf Bild 30 und die Armstellung wie auf Bild 32 ein, strecke das rechte Bein **vorwärts,** beuge dich gleichzeitig **rückwärts,** und kehre in die Ausgangsstellung wie auf Bild 30 zurück. Strecke das rechte Bein **rückwärts** aus und beuge dich gleichzeitig **vorwärts.** Dann wechsle die Beinstellung um und wiederhole die Übung. Versuche, mit denselben Beinbewegungen gleichzeitig die Beugung nach rechts und nach links.

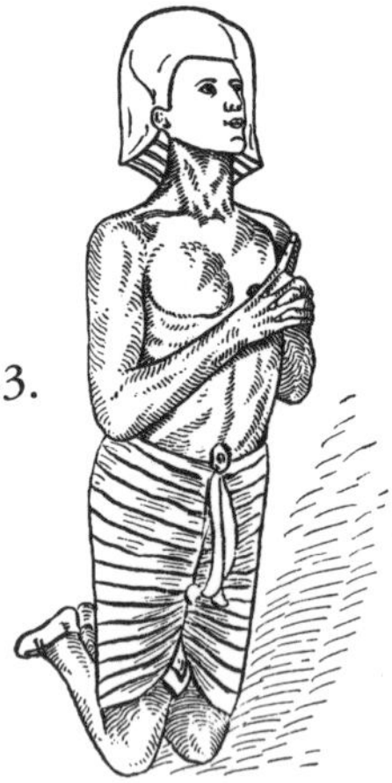

33.

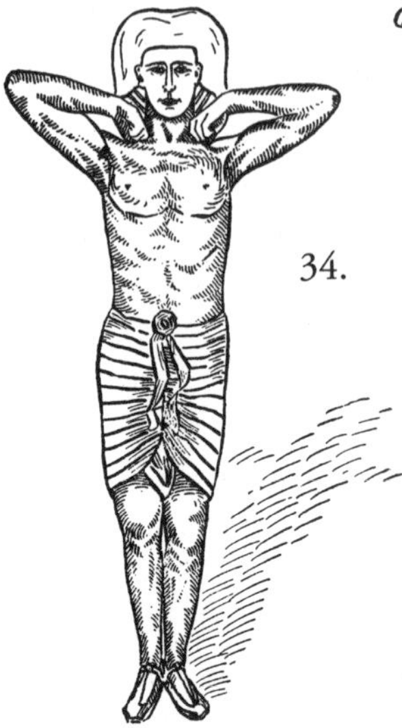

34.

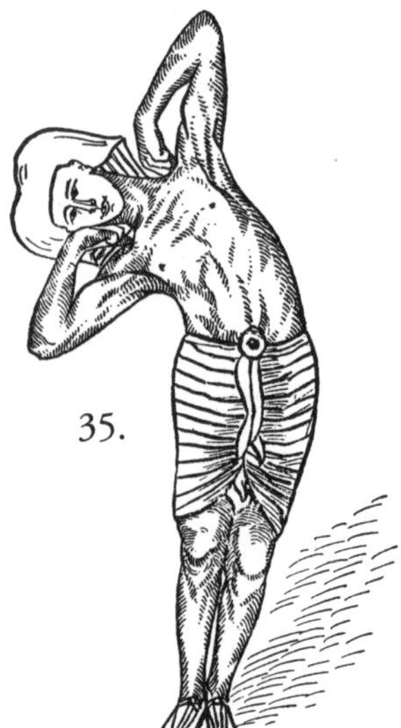

35.

12. Übungsreihe

Bild 33. Nimm die Grundstellung wie auf Bild 13 ein, lege aber beide **Ellenbogen** fest an die Hüften, falte die **Hände** wie auf Bild 12, die einzelnen Finger nacheinander, und lege immer mehr Kraft in die gefalteten Hände, bringe sie näher an den Körper und hebe sie empor wie ein Hilfeflehender. Beuge dich mehrmals vorwärts und rückwärts; beim Vorwärts-Beugen ziehe die gefalteten Hände an das Herz heran und berühre den Boden mit der Stirn oder mit dem Kinn und beim Rückwärts-Beugen hebe die Hände empor. Während du dich schließlich zur Ausgangsstellung aufrichtest, gehen die Hände auseinander und bilden **Fäuste.** Lege die linke Faust auf den Rücken und die rechte auf die Brust über das Herz. Dann schlage mit der rechten Faust **neunmal** kräftig gegen die Brust und **bekreuzige** den Körper, indem du mit der rechten Faust gegen die Stirn, die linke Schulter, die rechte Schulter und die Magengrube schlägst. Das Bekreuzigen kann mehrmals während einer Atemstauung erfolgen. [19]

13. Übungsreihe

Bild 34. Stehe aufrecht, setze die Fäuste in die Schultergruben, wobei die Ellenbogen nicht nach vorn zeigen, sondern in der gleichen Ebene mit dem Körper liegen sollen. Beuge dich möglichst weit **vorwärts**, gleich anschließend **rückwärts** und richte dich schnell wieder kerzengerade auf. Die Beugungen werden aus der Hüfte ausgeführt, und die Knie sollen sich dabei nicht um Haaresbreite bewegen.

Bild 35. Nimm die gleiche Stellung wie auf Bild 34 ein, summe eine Melodie oder die Tonleiter, beuge dich dabei nach **rechts**, und erhebe dich dabei langsam auf die **Zehenspitzen**. Ziehe den Körper nach oben, als wolltest du ihn auseinander reißen, und beuge dich soweit seitwärts, als sollte der Oberkörper die Hüfte berühren. Wiederhole die Übung mit der Beugung nach **links**, und achte beständig darauf, dass die Fäuste unverändert in den Schultergruben liegen bleiben. Sobald dir das Seitwärtsbeugen keine Mühe mehr macht, schwinge den Körper schnell **sechsmal** von der einen nach der anderen Seite und summe dabei eine Melodie oder die Tonleiter.

---

[19] Diese Übung kann man auch auf die Melodie „Ashem vohu“ vornehmen. Siehe auch in „Das deutsche Manthra“ Nr. 479: Kreuzigungs-Übung.

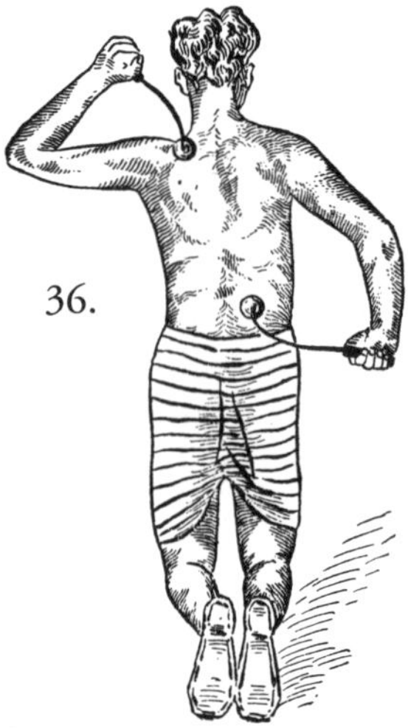

36.

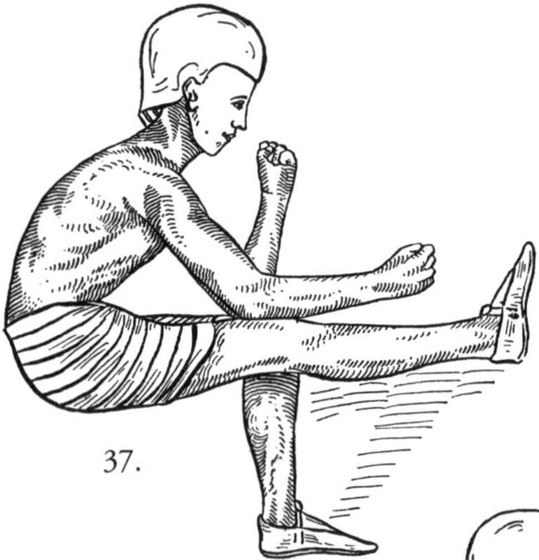

37.

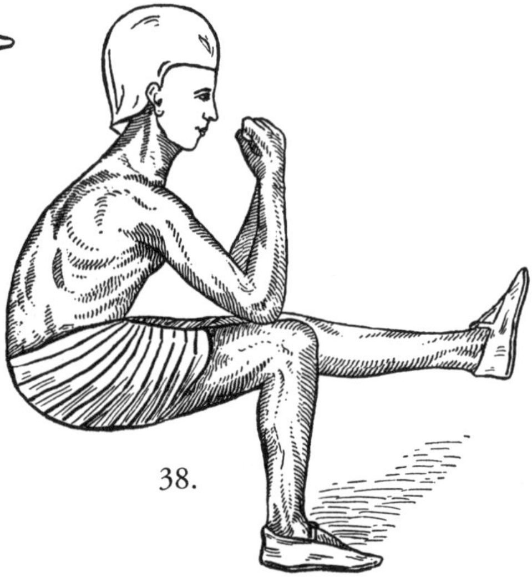

38.

14. Übungsreihe

Bild 36. Beschaffe dir **2 Kugeln aus Pappelholz**, so groß wie Walnüsse und befestige jede an einer Weidenrute oder einem anderen biegsamen Stock von einer Länge, dass sie sich leicht wie Hämmerchen handhaben lassen.[20] Bearbeite damit den **Rücken** links und rechts vom Rückgrat wie eine Holzzither, und zwar mit dem einen Hämmerchen von oben und mit dem anderen von unten im Rhythmus einer Melodie oder im Takt. Versuche, mit jedem Hämmerchen so weit wie möglich zu kommen, aber immer in entgegengesetzter Richtung. Zunächst üben wir das in der Grundstellung wie auf Bild 13; später dann auch nach den Beugungen vorwärts, rückwärts, nach rechts und nach links.

Auf die gleiche Weise können wir **alle Körperteile** bearbeiten; zuletzt kommen die Arme, die Oberschenkel, die Waden und die Füße an die Reihe. Gerade die schwierigsten Stellungen werden sich am wirksamsten erweisen.

15. Übungsreihe

Bild 37. Nimm scheinbar eine **sitzende Stellung** ein; vielleicht musst du dabei anfangs einen Fußschemel zu Hilfe nehmen. Das eine Bein wird wie beim Niedersetzen eingewinkelt und der Fuß ruht dabei flach auf dem Boden; das andere Bein wird gerade vorwärts gestreckt, wobei man anfangs der Ferse eine Stütze geben darf. Das Rückgrat darf nicht gekrümmt werden. Die **Ellenbogengelenke** kommen auf die Knie; der eine Ellenbogen wird senkrecht gestellt und der andere waagerecht aufgelegt. Wechsle die Stellung der Ellenbogen um, erst langsam und dann immer schneller. Die Hände werden anfangs zu **Fäusten** gemacht. Wenn wir darin sicher geworden sind, können wir auch mit den **Fingerstellungen** nach Bild 5 bis 10 üben.

Bild 38. Nimm die Grundstellung ein, entsprechend Bild 37. Der rechte Fuß ruht flach auf dem Boden; die Ferse des linken Fußes kann man mit einem dünnen Stab unterstützen. Der Brustkorb muss gehoben und in dieser Lage festgesetzt sein; nur dann ist es möglich, die Ellenbogengelenke auf die Knie zu stützen, ohne das Rückgrat zu krümmen. Dann

---

20 Ebenso ist es möglich sich mit zwei Tennisbällen, die jeweils am Ende eines Stabes befestigt werden, ein entsprechendes Klopfwerkzeug herstellen.

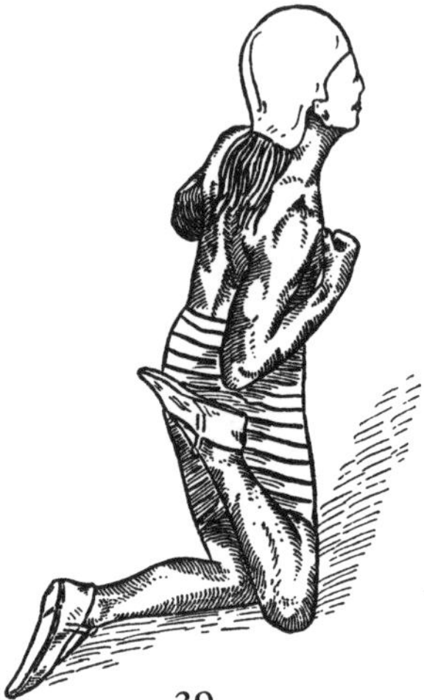

39.

40.

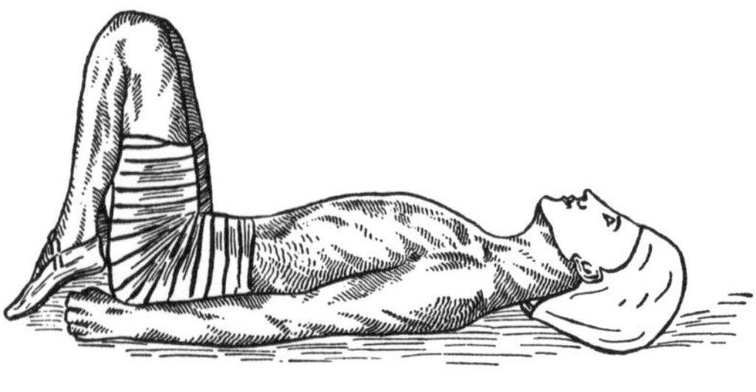

41.

schlage langsam mit den Fäusten **gegen die Schultern** und **beschleunige** die Schläge immer mehr, ohne dass die Ellenbogengelenke ihren Platz verlassen. Je sicherer wir in der Übung werden, umso schneller können wir schlagen.

16. Übungsreihe

Bild 39. Knie nieder, ziehe die Schulterblätter möglichst eng zusammen, hebe den Brustkorb hoch, halte ihn in dieser gehobenen Stellung und lege die Fäuste auf die Brust. Nun **hebe langsam den rechten Fuß**, bearbeite mit der **Ferse** wie mit einem Hämmerchen den Hüftnerv, etwa zwölfmal, und mache dasselbe mit dem linken Fuß und der linken Ferse. Nach einiger Übung wird es dir auch gelingen, den Körper dabei vorwärts und rückwärts zu schwingen.

Bild 40. Nimm die gleiche Stellung wie auf Bild 39 ein. Nachdem die Fäuste ihren Platz auf der Brust erhalten haben, hebe zunächst den **linken Fuß**, bis die linke Ferse auf den Hüftnerv zu liegen kommt, und lasse dann den **rechten Fuß** und die rechte Ferse in der gleichen Weise folgen. Dann hebe zuerst den rechten Fuß und lasse den linken folgen. Bis wir das zu dieser Übung notwendige **Gleichgewicht** gefunden haben, können wir den Kopf etwa gegen ein festes Geländer lehnen, müssen aber dabei darauf achten, dass sich die **Halsmuskeln** nicht spannen. Bei dieser Übung gehen wir nur schrittweise vor und müssen uns des einen Schrittes erst ganz sicher sein, ehe wir den nächsten unternehmen; wir müssen deshalb die Übung Schritt für Schritt im Kopf **durchdenken**. Sind wir innerlich klar geworden über die Ausführung, dann haben wir eine sichere Grundlage geschaffen selbst für die schwierigsten Stellungen. **Summen** wir zu der Übung, so vermeiden wir Spannung und erleichtern uns die Durchführung. Jedoch halten wir während des schwierigsten Teils der Übung den Atem besser an.

17. Übungsreihe

Bild 41. Lege dich flach auf den **Rücken**, strecke den ganzen Körper, hebe die Brust hoch und halte sie in dieser Stellung. Hebe die **Knie** an, bis die **Fersen** links und rechts den Hüftnerv berühren, während die **Zehenspitzen** auf dem Boden ruhen. Die Hände bilden Fäuste, aber die Arme bleiben entspannt und man bemüht sich, sie gleichsam aus den Schultergelenken herauszuziehen. Sobald wir das Gefühl haben, dass wir

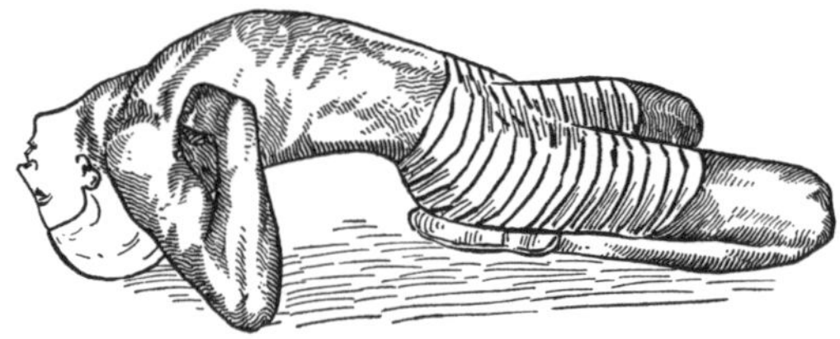

42.

die richtige Lage eingenommen haben, versuchen wir, mit dem **Kinn** oder mit der **Stirn** die **Knie zu berühren**, worauf wir uns sogleich wieder in die liegende Stellung zurückbegeben. 3 Versuche, die Knie mit dem Kinn oder der Stirn zu berühren, sollten uns für 6 Stunden genügen.

18. Übungsreihe

Bild 42. Knie nieder, setze die Fäuste in die **Achselhöhlen**, halte die Füße dicht beieinander, lasse das Gesäß auf den Fußsohlen ruhen und beuge dich rückwärts, bis der Kopf mit dem Scheitel den Boden berührt. Später kann man die Übung auch mit den Fäusten in den **Schulterhöhlen**, später mit den Fäusten **über dem Kopf** und noch später mit den Fäusten **seitlich am Körper** wie auf Bild 41 machen.

19. Übungsreihe

Bild 43. Diese Übung nehmen wir zunächst am Boden vor, bis wir die Muskeln vollständig beherrschen. Wir begeben uns in die **kataleptische Lage** und verwenden als Stützen für den Nacken und die Fersen zwei Fußschemel oder irdene Gefäße wie die Ägypter. Die Arme liegen seitlich am Körper. Sobald der Körper starr zu sein scheint, machen wir Fäuste, strecken **die Arme senkrecht in die Höhe** und recken sie, als wollten wir sie ausrenken. Darauf bringen wir sie über dem Kopf in **waagerechte** Lage, strecken sie wieder senkrecht in die Höhe und legen sie schließlich **seitlich an den Körper**. Dann heben wir abwechselnd die **Beine** senkrecht hoch und schließlich gleichzeitig das **linke Bein** und den **rechten Arm** und abwechselnd das rechte Bein und den linken Arm.

Widmest du dich den ägyptischen Übungen mit **Ausdauer** und **Selbstvertrauen**, dann wird dir der gleiche Segen werden, der den Getreuen zu allen Zeiten geworden ist.

Nimmst du **täglich sechs ägyptische Übungen** vor, so verändert sich der körperliche Zustand in kurzer Zeit völlig. **Schlacken,** die sich in sonst nicht erreichbaren Winkeln des Körpers abgelagert haben, werden ausgeschieden. Der **Blutkreislauf** verbessert sich, und ungeahnte **Gelenkigkeit, Frische und Lebhaftigkeit** stellen sich ein.

Auch das Gehirn fängt an, besser zu arbeiten und mehr zu leisten. Denn es steht mit allen Teilen des Körpers in Verbindung und in dem Grad, wie die einzelnen Körperteile belebt werden, beleben sich auch die entsprechenden Gehirnteile.

Die **Hauptlinien der Hand** werden deutlicher, klarer, regelmäßiger und lebhafter in der Farbe, sei es die Herz-, die Kopf-, die Lebens- oder die Glückslinie. Besonders die **Lebenslinie,** die sich um den Ballen des Daumens herumzieht, vertieft sich und liefert den Beweis, dass sich unser körperlicher Zustand gehoben hat. Die kleinen **Querlinien,** die durch Sorgen und Leiden aller Art hervorgerufen worden sind, verlieren sich mitsamt ihren Ursachen und die Kraft, die bisher an unnütze Sorgen verschwendet worden ist, kommt nun den Gehirnintelligenzen für aufbauende, schöpferische Arbeit zugute.

Je mehr wir in den **Geist der Übungen** eindringen, umso klarer und ruhiger wird unser **Gedankenlauf,** umso besser werden **Hände** und **Füße** durchblutet und umso harmonischer arbeiten die **Energien** und **Intelligenzen** im ganzen Körper miteinander, so dass die **geistigen Kräfte** sich offenbaren und entfalten und das **Gesinn** in der Zirbel in einen höheren Schwingungszustand versetzen. Dann erwacht unser **Selbstbewusstsein,** wir werden uns unseres wahren Selbst bewusst und anvertrauen uns nun seiner Führung, weil wir begreifen, dass unser **wahres Selbst** oder unsere Individualität und das Ewigwirkende, Unendliche, **Göttliche** eins sind. Zu diesem Zweck mögen alle Dinge gedeihen!

43.

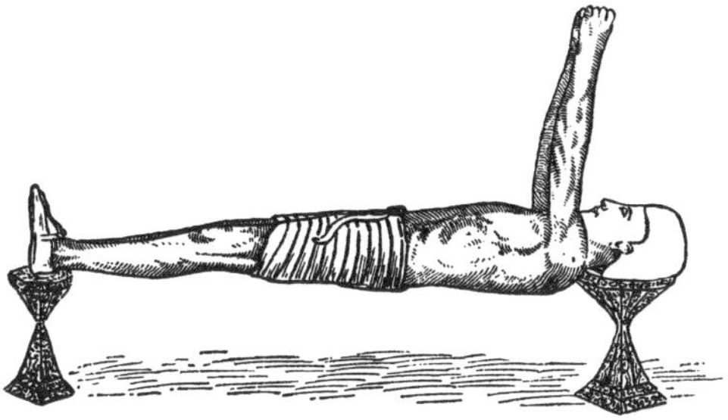

14. Danksagung

Wir haben allen Grund, dankbar zu sein nicht nur für die Segnungen, die uns als einzelnen und als einem ganzen Volke zuteil geworden sind, sondern auch für die Dinge, von denen wir verschont geblieben und die weniger ehrenvoll sind, weil sie zwiespältig machen und dem hinterlistigen Spiel fremder Einflüsse Raum geben.

Wir haben allen Grund, dankbar zu sein für die bessere Entwicklung unserer Sinne, so dass wir in verfänglichen Lagen der höheren Führung in uns folgen und uns nicht von der schwarzen Hand gängeln lassen, die immer auf der Lauer ist, den einzelnen und die ganze Menschheit in das Netzwerk ihrer Ränke zu verwickeln.

Wir haben allen Grund, dankbar zu sein, dass sich größere Ehrenhaftigkeit und eine höhere Moral und Ethik allerwege bemerkbar machen und das Leben Tag für Tag neue Beweise liefert, dass wir auf dem Wege zu wahrer Menschlichkeit sind und dass sich die Menschen immer mehr als eine Einheit oder Menschheit erkennen.

Wir haben allen Grund, dankbar zu sein für die großen Errungenschaften auf allen Gebieten der Wissenschaft und für die beständig sich erweiternden Offenbarungen des Erfindungsgeistes, die uns klarlegen, was uns bisher vollkommen rätselhaft erschien, und uns Mittel und Wege zur Verwirklichung an die Hand geben und dadurch den unumstößlichen Beweis liefern, dass die Individualität des Menschen am ewigen Entwicklungsplane der Gottheit mitarbeitet und dass der beständige Wechsel in der Welt der Erscheinungen nur ein weiterer Beweis für die Unbegrenztheit und Unbegrenzbarkeit der unendlichen, ewigwirkenden Gottesintelligenz ist.

Darum Preis und Dank sei Gott, dem Urquell allen Segens!

Sei dem so!

14. Lektion
Alles atmet

Sobald wir im **Atem ein Prinzip des Lebens** erkennen, begreifen wir auch, dass jede Verkörperung des Lebens atmen muss, dass also sogar die **Steine** atmen und dass es im Grunde **nur eine Art und Weise des Atmens** gibt, gleichviel ob es sich um einen tierischen, pflanzlichen oder mineralischen Körper handelt, indem nämlich beim Einatmen aus der Atmosphäre geschöpft und beim Ausatmen an die Atmosphäre ausgeschöpft wird. Die einatmende Körperform zieht aus der umgebenden Luft solche Elementarien in sich hinein, die ihrer Natur entsprechen; daran schließt sich eine Umwandlung und dann die Ausscheidung des Unbrauchbaren oder die Ausatmung.

Um hierin ein Prinzip zu erkennen, durch das sich das Leben ausdrückt, sollten wir nicht zuerst das **Tier** und die **Pflanze** betrachten, sondern mit dem **Stein** beginnen und ausfindig machen, ob er das **Atmen notwendig** hat. Ist das der Fall, dann werden wir auch darüber klar werden, wie er atmet.

Allgemein wird von der Wissenschaft gelehrt, dass die Materie nur der Ausdruck zweier entgegengesetzter Kräfte, der **Zentripetalkraft** und der **Zentrifugalkraft**, ist, also der zum Mittelpunkt drängenden und der vom Mittelpunkt wegstrebenden Kraft. Die Materie erscheint, sobald sich diese beiden Kräfte gleichkommen und ununterbrochen Anstrengungen machen, sich nach allen Richtungen auszudehnen und auszudrücken. Sobald die eine Kraft Fortschritte macht, offenbart die entgegengesetzte Kraft Fortschritte im gleichen Grad. Würde die zum Mittelpunkt drängende Zentripetalkraft nicht beständig durch arteigene Hilfskräfte aus ihrer Umgebung **ergänzt und unterstützt,** so würde sie schließlich von der Zentrifugalkraft unterdrückt und aufgesaugt, was für die Zentripetalkraft den Untergang und für die Betätigung der Zentrifugalkraft das Ende bedeutete.

Deshalb muss auch der Stein, welcher Art oder Eigenschaft er auch sein mag, um sich selbst zu erhalten, vermittels der Zentripetalkraft aus der ihn umgebenden Atmosphäre alle die Teile einsaugen und einbehalten, die mit seiner Art harmonieren und seinem Charakter am nächsten kommen. Dadurch ersetzt und gewinnt er solche Bestandteile, die bei der beständigen Wechselwirkung der beiden Kräfte oder beim Kampf um die **Selbsterhaltung** verbraucht oder umgewandelt worden sind. Gleichzeitig stößt er mit der Zentrifugalkraft solche Bestandteile zurück und aus, die seiner Art fremd sind, also seine Natur ändern könnten, wenn sie einverleibt blieben. Auf diese Weise bewahrt er sich seine ursprüngliche Natur.

Die Umwandlung der eingeatmeten Bestandteile kommt gewöhnlich auf der **Oberfläche** zum Ausdruck, indem sich diese im lauf der Zeit mit einer eigentümlich gefärbten Kruste bedeckt, die bei größeren Gesteinsmassen nach genügend langer Zeit oft so dick und verhärtet ist, dass sie wiederum ein besonderes Gestein oder einen Edelstein darstellt, obwohl die Verwandtschaft mit dem Grundgestein vorhanden bleibt.

Manchmal sprießt diese Oberfläche sogar pflanzenwuchsähnlich auf oder geht sogar in die Tierform über wie bei der **Koralle.** Selbst sehr hartes Gestein, das weder Feuchtigkeit in sich aufsaugt, noch etwas an sich hat, was dem Pflanzenwachstum zu vergleichen wäre, wie z. B. reiner **Bergkiesel,** ist oft über die ganze Oberfläche hin mit zolldicken fremdartigen Gebilden besetzt, die auf einer anderen Gesteinsart nicht zu finden sind. Das ist nur so erklärlich, dass das Grundgestein gewisse Umwandlungsergebnisse nicht völlig abgestoßen oder ausgeatmet hat, weil es die atmosphärischen Verhältnisse gewisser Luftregionen nicht zuließen.

Diesen Vorgang können wir uns im Kleinen vergegenwärtigen, wenn wir einen Gegenstand eine Zeitlang in **Mineralwasser** legen. Der Gegenstand saugt bald die seiner Natur entsprechenden Bestandteile des Wassers auf, während sich andererseits die ihm nicht zusagenden Bestandteile an der Oberfläche des Gegenstandes als eine salzförmige Kruste absetzen.

Die gleiche Erscheinung können wir beobachten, wenn wir einen dünnen **Zinkstab in Bleiwasser** hängen. Der Zinkstab beginnt sofort, eifrig einzuatmen und saugt aus dem Bleiwasser alles auf, was seiner Natur entspricht, während sich das Blei, das durch Säure aufgelöst worden war, wieder verdichtet und rings um den Zinkstab in den verschiedensten Formen niederschlägt, wie es der Ausatmungsweise des Zinkstabes entspricht. Ähnliches können wir bei allen Mineralien beobachten.

Hin und wieder kommt es auch vor, dass selbst ein Stein in gewissem Umfang eine Art **Stoffwechselkrankheit** offenbart, wenn er artfremde Bestandteile aus der Atmosphäre einsaugt und diese sich neben die arteigenen lagern, anstatt ausgeschieden zu werden, weil der Druck der Zentripetalkraft zu groß ist gegenüber der Zentrifugalkraft. Das führt dann zu einer Umgestaltung in dem einen oder anderen Stein oder zu einem vollkommen verschiedenen Aufbau und Charakter in derselben Gesteinsklasse, wie man es nicht selten bei niederen, aber auch bei höheren Gesteinsarten oder Edelsteinen findet. So erklärt es sich auch, dass durchsichtige und kristallklare Steine, sogar Diamanten, hin und wieder dunkle Adern oder schleierartige Stellen enthalten, die der Natur des Steins völlig fremd sind und dem Beschauer als Fehler erscheinen.

Solche Erscheinungen lassen sich nur dadurch erklären, dass **auch der Stein ein- und ausatmet,** und sollten jeden Forscher und Sucher auf die richtige Spur bringen und ihn richtige Schlüsse ziehen lassen, selbst wenn er seither noch so voreingenommen war. Nun können wir auch dem Gedanken schon leichter folgen, dass alle Materie, also alles Stoffliche, Körperliche, auch das Material, aus dem ein **Haus** gebaut ist, und das Haus selbst, mithin alle Gegenstände atmen müssen, solange sie ihren Gleichgewichts- oder polarisierten Zustand durch ihre Festigkeit zum Ausdruck bringen. Es besteht auch kein Zweifel, dass wir die Atemtätigkeit eines Steines und erst recht einer Pflanze oder irgend eines Tieres belauschen, also für unser Gehör wahrnehmbar machen können, sobald wir ein entsprechendes Empfangs- und Umformungsgerät erfinden und benutzen.

Die Einatmung und die Ausatmung laufen parallel mit dem, was Mazdaznan **Magnetismus und Elektrismus** nennt. Der Elektrismus beherrscht die elektrische Seite des Atems und ist nichts anderes als die Aufsaugung und Umwandlung magnetischen Fluidums, wodurch das Gleichgewicht der Kräfte in dem atmenden Körper hergestellt wird. Dieses **Gleichgewicht** ist ein In-sich-selbst-Ruhen des Körpers infolge Ausgleichung oder **Polarisation** der beiden entgegengesetzten Kräfte Magnetismus und Elektrismus.

Solange diese elektromagnetische Polarisation aufrecht erhalten wird, behauptet sich die Körperform. Wenn aber ein so genannter Zufall oder die Umstände die Polarisation im einen oder anderen Pol stören, leidet das Gleichgewicht der Kräfte oder die Körperform **verwittert oder zerfällt** schließlich in Staub, und selbst dieser Staub bleibt nur solange Staub, als seine kleinsten Teilchen ihren Polarisations- oder Gleichgewichtszustand behaupten. Sobald die Umstände dies nicht mehr gestatten, verlegt die in jedem Staubteilchen wirksame Intelligenz ihre Tätigkeit in einen anderen Bereich der Unendlichkeit, wo Zustandsformen möglich sind und bestehen, die zwar für das menschliche Auge nicht sichtbar, die aber doch vorhanden und die Vorstufen sind, von denen aus der Wiederaufstieg in Reiche mit sichtbaren Körperformen möglich ist.

Damit ist auch die Frage, **wie das Atmen im Stein vor sich geht,** schon beantwortet. Es gibt **nur eine Art zu atmen** für Stein, Pflanze oder Tier und sie vollzieht sich durch **Inspiration** und **Exspiration** oder durch Ein- und Ausatmen. Stein, Pflanze, Tier sind vollkommen organisierte Körpergebilde und ziehen gemäß ihrer besonderen Natur beständig solche Bestandteile der sie umgebenden Luft an, die ihrer Natur entsprechen, und scheiden die nicht entsprechenden Bestandteile aus. Das Eingeatmete wird einer chemischen **Umarbeitung** unterworfen, die sich beim Stein auf der Oberfläche, bei der Pflanze und beim Tier innerlich vollzieht.

Jede Pflanze besteht aus einem **Wurzelteil,** einem **stammartigen Teil** und aus einer sich verzweigenden **Krone.** Der Wurzelteil gleicht den Füßen des Tieres oder besser den vielen Füßen eines Tausendfüßlers, der seine Nahrung durch die Füße vermittels besonderer Saugeinrichtungen aufnimmt. Der stammartige Teil entspricht dem Rumpf des Tieres und besorgt im Wesentlichen die Verdauung der mit den Wurzeln aufgenommenen Nahrung. Daneben gibt es noch viele kleinste Verdauungszellen, die die im Stamm vorverdaute Nahrung mit Hilfe der durch die Blätter eingeatmeten Elementarien in die besonderen Stoffe umwandeln, die zur Erfüllung der vielseitigen Aufgaben des Pflanzenkörpers gebraucht werden, damit er insbesondere auch vermittels der Krone neue Offenbarungen seines Wesens, wie Blüten, Früchte oder Samen, ermöglichen kann, in denen ein erweiterter oder höherer Polarisationszustand zum Ausdruck kommt, mithin auch eine höhere oder verfeinerte Atemweise.

Bei den meisten Pflanzen entdecken wir im Stamm, im Stängel, in den Abzweigungen oder in den Blattstielen einen **Hohlraum,** der mit Luft gefüllt ist. Diese Luft ist aber nicht gleich der atmosphärischen Luft der Umgebung, sondern entspricht der besonderen Natur der Pflanze, wie z. B. die Luft in den Blattstielen der Gurkengewächse. Dass die Pflanze die Fähigkeit besitzt, Luft aufzunehmen, also einzuatmen, beweist die Tatsache, dass man Luft entweichen spürt, wenn man einen solchen Hohlraum oder Röhrenstiel etwa von Gurke, Melone oder Kürbis aufschneidet und ihn dabei dicht an die Nase hält. Legt man eine frisch gepflückte Pflanze auf eine heiße Ofenplatte, dann bläst und zischt sie beim Verbrennen. Wäre keine Luft in der Pflanze, dann würde sie ohne Zischen und Knistern verbrennen, etwa wie ein in Öl getauchter Faden.

Die Pflanze hat also offenbar **Einrichtungen für die Einatmung**, für die Verwertung des Eingeatmeten und für die Ausscheidung des Unbrauchbaren. Die Luft der Umgebung tritt durch die Poren der Pflanze ein. Wäre die Oberfläche der Pflanze so dicht, dass sie nicht einmal allerfeinste Poren hätte, dann könnte keine Luft in sie eindringen und sie könnte sich nicht aufrechterhalten und noch viel weniger sich entwikkeln.

Wenn der Mensch den Mund und die Nüstern dicht verschließen würde, könnte keine Luft in seine Lunge gelangen und sein Körper könnte nicht mit den Elementarien versorgt werden, die für die Betätigung der Organe notwendig sind. **Mund und Nüstern** sind aber nur vergrößerte Poren, die das Luftbedürfnis auf andere und vollkommenere Art und Weise befriedigen als die **Hautporen-Atmung**, auf die die Pflanze allein angewiesen ist. Die Poren gestatten nur eine spärliche und **langsame Atmung**, so dass die Pflanze nur einmal tagsüber ausatmet und einmal während der Nacht einatmet. Dagegen kann der Mensch seine Atmung durch Mund und Nase unabhängig von den Tageszeiten führen und regeln.

Während des Tages verteilt die Pflanze die nachts eingeatmete Luft je nach Bedarf und sondert dabei zugleich vermittels eines besonderen **Häutchens**, das sie an gewissen Stellen gleich einer Scheidewand ausbildet, gewisse Bestandteile der Luft ab, die sie nicht oder nicht mehr benötigt. Jedenfalls ist die **tagsüber** erfolgende **Ausatmung** davon abhängig, dass vorher eine Einatmung stattgefunden hat. Diese **Einatmung** muss also **in der Nacht** vor sich gehen und dauert genau so lange wie die Ausatmung.

Den Vorgang können wir uns mit einem **Doppel-Blasebalg** verbildlichen. Wenn man ihn in die Hand nimmt und drückt, wird die Luft aus dem unteren Blasebalg in den oberen gepresst, und sobald man loslässt, füllt sich der untere Balg wieder mit Luft; drückt man wieder, dann wird die aufgenommene Luft wieder in den oberen Balg gepresst. Alles das machen aber die Bälge nicht von sich aus, sondern werden von einer äußeren Kraft oder Macht dazu veranlasst.

Die Frage ist also: Welche Kraft oder Macht veranlasst die Pflanze, sich wie einen Doppelblasebalg zu füllen? Beobachten wir genau, so bemerken wir zahllose kleinere und auch größere Verdickungen oder **Knötchen** im Stamm, Stängel oder Blattstiel, die tagsüber wie Saugapparate das **positiv polarisierte Fluidum** der Atmosphäre einziehen, das ausdehnend auf alle Räumlichkeiten der Pflanze wirkt und das Wachstum der Pflanze veranlasst. In der Nacht strömt durch diese Verdickungen oder Knötchen das **negativ polarisierte Fluidum** der Atmosphäre ein, das zusammenziehend auf alle Räumlichkeiten des Pflanzenorganismus wirkt. Dadurch rücken die Organe näher aneinander, scheiden die unbrauchbar gewordenen Teile der Luft durch die Poren aus und machen sich dadurch für den neuen nächtlichen Einatmungszug bereit.

Neben dieser gewöhnlichen **Tag- und Nachtatmung** haben gewisse Pflanzen noch eine andere Atemweise, die man das große **periodische Atmen** nennt. Diese Pflanzen atmen zu einer bestimmten Zeit lang ein und zu einer anderen Zeit lang aus, wie es die meisten **tropischen** und **überwinternden** Pflanzen tun. Es gibt Pflanzenarten, die neben dem täglichen Atmen während der ganzen Sommerszeit fast nur ausatmen und für eine entsprechend lange Zeit im Winter fast ununterbrochen einatmen.

Im Organismus solcher Pflanzen, Sträucher oder Bäume bleibt etwas von der eingeatmeten Luft zurück, abgesehen von dem natürlichen Tagesverbrauch. Dieser Rückstand beschleunigt mittels der Zentrifugalkraft das äußere **Wachstum in der Sommerzeit** und wird **im Winter** im Verlauf der periodischen Einatmung mittels der Zentripetalkraft in die der Pflanze nötigen **Schutzstoffe** umgewandelt, soweit er sich nicht durch die Poren den Ausgang in die umgebende Atmosphäre verschafft. Die Schutzstoffe dienen zur Festigung des Gewebes, zur Rindenbildung oder als Nährboden für Moos, das sich auf der Rinde ansetzt.

Daraus lässt sich deutlich erkennen, dass die Luft während der längeren Anwesenheit im Organismus der Pflanze nicht rein geblieben ist und von der offenen Atmosphäre erst dann aufgenommen werden kann, wenn sie mit Hilfe chemischer Vorgänge das abgeschüttelt hat, was der Atmosphäre nicht zukommt, was aber die Pflanze zur Gewebefestigung und Rindenbildung gut verwenden kann und verwendet.

Das periodische Atmen in großen Zeiträumen beweist also die Pflanze schon durch ihr Dasein in der Winterszeit und durch die erwähnten Erscheinungen, die sich nur so erklären lassen. Beobachten wir die Pflanzen weiter und genauer, dann werden wir noch **andere Atemweisen** erkennen, die entsprechende Unterschiede oder schon **Übergänge** zu höheren Atemweisen darstellen, wie sie dem Tier eigen sind.

Untersuchten wir zum Beispiel alle Apfelsorten genau, so kämen wir zu dem Ergebnis, dass sich alle Sorten sowohl im täglichen wie im periodischen Atmen unterscheiden. Dabei würden wir sogar feststellen, dass es überall Übergänge von einer zur anderen Sorte gibt und dass der **höheren Sorte** eine **höhere Atemweise** entspricht. Daraus dürfen wir unsere Schlüsse für die Atmung des Tieres und auch des Menschen ziehen.

Infolge solcher Übergänge finden wir Pflanzen, die dem Tierreich sehr nahe stehen, weil sie ähnliche Körpereinrichtungen haben, wie sie die Tiere gewöhnlich besitzen und sie ähnlich benutzen. Solche **Pflanzen verzehren kleine Tiere** mit ihrem Blütenkelch, müssen also, wenn sie derartige feste Nahrung verarbeiten, im Blütengrunde **magenähnliche Einrichtungen** haben. Manche besitzen sogar außerdem noch einen besonderen **Hauptmagen** im Pflanzenmittelpunkt oder am Fuße des Stängels oder Stammes da, wo sich die Pflanze vom Boden abhebt. Ist aber eine solche Pflanze mit solchen Mageneinrichtungen ausgestattet, dann muss sie auch mit einer **lungenähnlichen Einrichtung** ausgestattet sein, die ihrer Natur entspricht.

Um besser zu verstehen, dass auch von der Pflanze Verdauungs-, Aufspaltungs- und Umwandlungsarbeit geleistet werden und dass die entsprechende Atemfähigkeit bei ihr vorhanden sein muss, wollen wir einen Blick auf die **Atemweise des Tieres** werfen. Das Tier atmet nicht nur wegen der sich anschließenden Vorgänge chemischer Art, sondern vorwiegend deshalb, weil es **grobe und feste Nahrung** aufnimmt, um dadurch seinen Körperbau in sich fester und gleichzeitig frei beweglich zu machen. Der **Tiermagen**, der von der Lunge nie weit entfernt ist, wird durch die Lungenbewegungen beständig **gerieben, geschüttelt** und vibriert und muss durch Reibung beständig in Bewegung gesetzt werden, damit die feste Nahrung geschüttelt wird und dabei die **elektrische Wärme** entsteht, die für die Verdauung notwendig ist.

Aus Erfahrungen mit unserem eigenen Magen sagen wir manchmal: „Ich habe mir mit einer Speise den **Magen verdorben**"; oder: „Ich habe mir den **Magen erkältet**". Damit wollen wir sagen, dass wir eine Speise genossen haben, die zu grob war für den Zustand unseres Magens und die Leistungsfähigkeit der Lungen oder die wegen ihres negativ polarisierten Zustandes ungenügend positiv elektrisch war und deshalb nicht auf normalem Weg vergoren werden konnte.

Denn für die **Vergärung** ist **positive Elektrizität** unbedingt notwendig. Bei der Vergärung wird Elektrismus frei, von dessen Anwesenheit alles Leben in den Zellen der Organe abhängt. Man kann die Zellen mit kleinen Flaschen vergleichen, die mit Elektrizität geladen sind. Werden sie durch die innere Tätigkeit des Organismus geschüttelt, so dehnt die Elektrizität die Zellen aus, macht sich frei und läuft entweder zu dem **positiv-elektrischen Hauptpol** der Luft über oder verwandelt sich, wenn sie sich innerhalb eines Tieres oder einer tierähnlichen Pflanze frei macht, in eine **neue lebenswichtige Substanz.** Aus demselben Grund finden wir auch bei der Pflanze Ausatmungsorgane, damit die Verdauungsorgane beständig in Bewegung gehalten werden.

Wir werden sogar die Feststellung machen, dass bei manchen Pflanzen die **Wurzel** tierähnlicher gestaltet ist als der Stamm oder der Stängel oder andere Teile. In solchen Fällen dreht und wendet die Wurzel wie ein Wurm das Innere des Bodens hin und her und bohrt und wühlt nach Nahrung, die für das Wachstum der Pflanze brauchbar ist. Dann finden wir auch **Atmungsorgane** in der Wurzelnähe. In warmen und tropischen Gegenden findet man viele Beweise solcher tierähnlicher Pflanzenwurzeln.

In jedem Fall verliert die Pflanze die Frische oder das Leben, sobald die Elektrizität aus ihr entwichen ist. Man kann sie wohl erhalten oder das Entweichen der Elektrizität verzögern, wenn man abgeschnittene Pflanzenteile in Wasser stellt, das der Elektrizität nicht nur die Waage hält, sondern auch der Pflanze gestattet, sich für eine gewisse Zeit zu ernähren, ähnlich wie durch die Wurzeln, und zwar länger, wenn das Wasser stark elektrisch ist, und weniger lange, wenn es arm an Elektrizität ist. In diesem Fall welkt sie schneller.

Betrachten wir die verschiedenen Stufen der Tierwelt, dann finden wir, dass zwar jedes Tier atmet, aber jedes auf eine ihm **eigentümliche Art.** Sogar jede Klasse der vierfüßigen Tiere hat ihre besondere Atemweise, obwohl das Atmen im Grunde immer nur aus dem Einziehen und Ausstoßen der Luft besteht. Infolge der verschiedenen Atemweisen atmet jedes Tier gerade die Elementarien ein, die seine besonderen Eigenschaften entwickeln; was ihm hierzu nicht dienlich ist, atmet es wieder aus. Aber auch das Festhalten und Umwandeln des Eingeatmeten verläuft bei jeder Tiergattung anders gemäß der verschiedenen Atemweise.

Wollen wir uns die **verschiedenen Eigenschaften** der Tierklassen erklären, dann müssen wir sie beobachten, wie sie die Luft einziehen, umwandeln und verteilen und wie rasch sie das Unbrauchbare ausatmen. Die **Amphibien, Würmer, Insekten** atmen auch, aber ganz anders als die Warmblüter, da es sich bei ihnen um Kaltblüter oder blutlose Tiere handelt.

Insekten haben kein Blut, sondern nur einen Saft oder eine Flüssigkeit, an die ihr Fortbestand gebunden ist. Eine Involutions- und Evolutionsbewegung erzeugt den solchen Tieren notwendigen Elektro-Magnetismus und schließlich die eigentümliche Flüssigkeit, die die Grundlage für den Aufbau bildet.

Wieder anders und völlig eigenartig atmen die **im Wasser lebenden Tiere,** unter denen es zahllose Arten und Abarten gibt, die sich mehr oder weniger von einander unterscheiden und demzufolge wiederum eine unterschiedliche Atemweise haben.

Haben wir einmal begriffen, dass **atmen unbedingt notwendig** ist für jedes Lebewesen oder jede Verkörperung des Lebens, dann sind alle weiteren Fragen leicht zu beantworten. Wir begreifen dann auch, dass die **Planeten** atmen, also auch unsere Erde, und zwar **einatmen in der Nacht und ausatmen am Tag.** Das sollten wir uns zunutze machen, sollten also die Natur der Erde für uns arbeiten lassen.

Deshalb sollten wir auf unseren **Kartoffelfeldern** nur nachmittags von 17 bis 21 Uhr arbeiten. Um die Zeit nach Sonnenuntergang sinken die **Nitrate oder Stickstoff-Verbindungen** der Luft allmählich zur Erde nieder und werden von der Erde, wenn ihre Oberfläche gelockert ist, im Lauf der Nacht eingeatmet. Wir brauchen also nur den Boden wissenschaftlich zu behandeln und dann die Natur einzuladen, das Ihrige zu tun.

Was aber die Natur in der Nacht für die Kartoffeln tut, tut sie auch anderweit, wenn wir uns entsprechend zu ihr stellen. Wenn du dich **am Abend zur Ruhe** begibst, lege dich entspannt auf den Rücken, stelle die Brust hoch und frei und ziehe den Unterleib etwas ein, so dass du leicht ein- und ausatmen kannst. Dann hast du die richtige, **gelockerte und daher empfängliche Lage.** Dann **atme rhythmisch bis 7 ein und bis 7 aus, bis 7 ein und bis 14 aus, bis 7 ein und bis 21 aus usw.**, aber ohne dich zu spannen oder zu zwingen. Das übrige wird die Natur dann auch hier besorgen und am Morgen wirst du beim Erwachen finden, dass du tiefer atmest als je zuvor. Damit hast du aber den Grund für neue und größere Erfolge gelegt, deren kein Ende ist, wenn du deine Atemweise beständig verbesserst.

Halte dir immer gegenwärtig, dass **der Atem frei** und dass darum **alles frei** ist. Denn damit ist die Luft frei, und mit der Luft sind die Reiche des Äthers und Atoms frei. Durch Äther und Atom steht dem Menschen der Weg zum **Schatzhaus der Unendlichkeit** offen und er kann alles an sich und in sich einziehen und sich zunutze machen, was die Unendlichkeit innehält. Er kann in den Ausstrahlungen der Unendlichkeit, die von der **freien Energie** erzeugt werden, baden und darin leben wie in den warmen, lebenspendenden Strahlen der Sonne.

Daher ist der Mensch so frei, dass er von der **freien Energie** in allen ihren Abwandlungen und Abstufungen nach seinem **freien Willen** und seiner **freien Wahl** Gebrauch machen kann. Er allein trifft die Entscheidung, ob er sich die eine oder die andere in der Luft enthaltene Potenz dienstbar machen will. Niemand zwingt sie ihm auf, niemand drängt ihn dazu oder versucht auch nur, ihn dazu zu überreden. Nicht einmal Gott gibt ihm einen Befehl oder beschränkt ihn in der Freiheit der Wahl oder des Willens, sich der Gaben der Natur zu bedienen. Es bleibt dem Menschen ganz und gar selbst überlassen, sie anzunehmen oder zurückzuweisen.

Da der Atem der Träger der **dynamischen Kraft** oder der **Allbewegung** ist, ist er es, der alles antreibt, in Bewegung setzt und in Bewegung erhält. Deshalb wird durch besseres Atmen der **Blutumlauf** reger, das **Nervenfluidum** in den Nervenzentren vermehrt und das **Drüsensystem** instand gesetzt, innerlich und äußerlich zu sekretieren, so dass der Mensch im

Zustand der **Gesundheit** Zeit seines Lebens verbleiben kann und der Weg dazu jedem frei und offen steht.

Der Atem spendet die erneuernden Kräfte, die das **Wachstum,** die **Entwicklung** und die **Reife** im Menschen fördern. Also ist vom Atem der **Wiedergeburtszustand** abhängig, aus dem schließlich die **Früchte des Geistes** hervorkommen, zu denen der Weg demnach auch für jedermann frei ist.

Die **königliche Stellung** des Menschen gegenüber allen vorausgegangenen Geschöpfen äußert sich in seinem freien Willen und seiner freien Wahl. Dieser königlichen Stellung, seines höheren Ziels oder seiner himmlischen Berufung muss sich jeder Mensch beständig und in jeder Lage bewusst bleiben, muss in jeder Beziehung adlig, edel oder ein Edelmensch sein, edel in Gedanken, Worten und Werken, muss immer zuvorkommend, anständig, gütig sein, auf dass ihm allerwege dasselbe zuteil werde, der ausgesäte Samen mehr und mehr Früchte trage und schließlich alle Menschen frei werden, da der Zustand der Freiheit der höchste Stand im Leben des Menschen ist.

Ob wir die Straße hinauf- oder hinuntergehen, ob wir bei der Arbeit sind, gleichviel, woraus sie besteht, immer müssen wir uns bewusst halten, dass wir als Menschen etwas Höheres darstellen als das uns Umgebende. Selbst wenn Niedrigkeit, ja, Verkommenheit uns entgegentritt, müssen wir schon durch **unsere Haltung** unsere königliche Abstammung beweisen und den anderen ein Beispiel sein. Selbst wenn wir sitzen, halten wir den Kopf hoch, heben die Brust und ziehen den Unterleib ein, stellen also eine **königliche Haltung** zur Schau. Wir sehen doch niemals eine Königin mit übergeschlagenen Beinen sitzen, auch einen König nicht. Das wäre ein schöner König! Ein König ist sich seines Amtes wenigstens zu der Zeit bewusst, da er auf dem Thron sitzt. Was er außerhalb des Throns mit seinem Sitz tut, geht niemand etwas an; aber auf dem Thron muss er König sein oder das Königliche darstellen und muss sich alles ernst nehmen. Wir müssen uns immer wieder selbst aufmerksam machen auf die Pflicht, uns aufrecht zu halten, bis es uns **selbstverständlich** ist, die königliche Haltung zu wahren. Denn das ist **der erste Schritt,** den wir tun müssen, um **zu einer besseren Atemweise** zu kommen. Dann kommt das andere von selbst nach.

Solange wir immer noch glauben, Mängel oder Gebrechen zu haben, müssen wir öfters am Tag bis zum Äußersten **ausatmen** und es, selbst wenn es scheint, als könnten wir nicht weiter ausatmen, immer wieder versuchen, nachdem wir einen Augenblick innegehalten haben. Dann folgt die tiefe Einatmung von selbst. Alle **Einatmungszüge** sollen wir **wellenartig** nehmen, also nicht in einem langen geraden Zug, wie es die Natur tut, die sich des Wellenschlages des Atems nicht bewusst ist. Der Leib zieht sich dabei in Wellen zum Sonnengeflecht hoch, so dass dann eine große Welle in den Brustkorb kommt. Soweit sich das in den Wellen Enthaltene in den Lungen verarbeiten lässt, wird es umgewandelt und an andere Stellen im Körper weitergeleitet, wo davon zu geeigneter Zeit Gebrauch gemacht wird.

Sollte uns beim Ausatmen aus dem Innern ein Stoß oder **Stöhnen** ganz unverhofft kommen, so dürfen wir solches Stöhnen nicht unterdrücken. Denn es ist ein natürlicher Vorgang, der beweist, dass sich unsere Natur einer Änderung oder Umwandlung gewahr geworden ist und sich nun selbst hilft. Wenn dazu beim Einatmen ein **Seufzer** oder ein **Schluchzen,** ein inneres Bewegen, kommt, so dürfen wir auch das nicht hemmen. Denn es bedeutet auch einen Schritt zur Besserung infolge der verbesserten Atemweise.

So sucht sich die Natur einen Weg, uns vorwärts zu helfen. Wenn uns etwas zugestoßen ist, uns etwas schmerzt, dann **stöhnen** wir aus. Wenn uns ein Verlust geworden, etwas fehlgeschlagen ist, dann **seufzen** wir, **schluchzen** sogar, **Tränen** kommen, ja, Bäche von Tränen fließen. Dann haben wir uns einfach zu ergeben. Aber niemand aus unserer Umgebung sollte versuchen, uns zu trösten. Solches Trösten ist das Allergefährlichste in diesem Leben. Denn es bedeutet, dass ein anderer uns in den Weg tritt, unseren Weg beeinträchtigt, ihn verschmälert, so dass wir unsicher werden, ob wir weitergehen oder zurückgehen sollen, und in der Regel gehen wir zurück, erleben also einen Rückschlag.

Das Leben ist aber Freiheit und alles muss sich freiwillig einstellen. Wir haben Sonnenschein und Regen, sanftes Säuseln und Windessturm, und alles sind Mittel und Wege, um größere Vollkommenheit zu offenbaren. Wolken, Nebelschleier, dichte Nebel sind die Folgen von **Veränderungen im Rhythmus der Erdatmung** und sind notwendig für die

Weiterentwicklung des Erdbodens und der Naturkräfte, die im Menschen ihren Höhepunkt erreichen.

Das **Stöhnen,** das **Seufzen,** das **Schluchzen,** das **Weinen** berührt uns innerlich, wühlt uns auf, dass wir nicht einmal mehr einen Gedanken fassen können. Das Weinen wäscht aber schließlich alles weg, macht alles rein und klar, und nach dem Weinen kommen wir allmählich wieder zur **Besinnung,** weil sich mittlerweile die Atemweise geändert hatte. Kommen wir auf natürlichem Weg zur Besinnung, dann kommt uns auch ein eigener, wichtiger, wertvoller Gedanke.

Folgen wir einfach dem Zug der Natur, machen wir uns die Naturgesetze immer mehr bewusst und leiten wir unser Dasein gemäß den Naturgesetzen und den Prinzipien der Unendlichkeit, dann ist **beständiger Fortschritt** unser Begleiter, ohne dass wir uns anstrengen müssten. Denn es kommt in uns **infolge der veränderten und erweiterten Atemweise** alles ganz natürlich auf, so natürlich, wie die Pflanze wächst, blüht und Frucht ansetzt.

Alle, selbst unscheinbare Veränderungen und Verbesserungen im Atemrhythmus fördern unser Wachstum und unsere Entwicklung, wenn wir sie **bewusst** herbeiführen und ihnen **bewusst** folgen. Die Pflanze wird durch die ihr innewohnende Kraft getrieben, zu wachsen, und sie nimmt alle sich bietenden Gelegenheiten wahr und zieht ebenso den Sonnenschein wie die Feuchtigkeit und die Chemikalien der Erde an sich; darum wächst sie.

Wir aber, die Menschen, sind unachtsam, verpassen die unzähligen sich bietenden Gelegenheiten, werden dadurch ungeduldig, ungehalten, achten dann erst recht nicht auf den Atem, ja, vergessen ihn ganz und gar, und vergeuden dann noch die kostbare Zeit damit, dass wir zu ergründen suchen, warum uns dieses und jenes zugestoßen oder fehlgeschlagen ist.

„Habe ich das verdient? Was sollte ich getan haben, dass ich so leiden muss? Ich möchte nur wissen, warum so bös über mich gesprochen wird; ich meine es doch so gut! Warum muss ich eine so empfindliche Natur besitzen?" Dabei geben wir aber immer noch vor, wir hätten Verstand; zu solchen Ideen braucht man überhaupt keinen Verstand. Deshalb lassen wir sie besser ein für allemal fahren und machen uns Gedanken darüber, was naturgemäß ist und unsere Entwicklung fördert.

Sagte doch der junge Mann zu ihr: „Wenn Sie mir nicht Ihre Gegenliebe schenken, bringe ich mich um!“ Sie war ein neuzeitlicher Mensch, hatte **atmen gelernt** und gab ihm zur Antwort: „Wenn Sie mir sagen, welches Mittel Sie verwenden wollen, kann ich Ihnen vielleicht dazu verhelfen.“ Er lebt jetzt noch - natürlich mit einer anderen. Aber die Antwort hatte ihn zur **Besinnung** gebracht.

Wenn wir **erkranken,** sollten wir nicht warten, bis uns ein anderer seine Meinung sagt, sondern sollten **uns selbst sagen:** „Das geschieht mir ganz recht! Die Krankheit hat doch ihren natürlichen Grund, und es konnte auf gar nichts anderes hinauslaufen. Eigentlich bin ich froh, dass es so gekommen ist. Nun bin ich doch gewarnt worden und vor Schlimmerem bewahrt geblieben, bin noch imstande, selbst etwas zu meiner Gesundung zu tun, und sehe umso viel mehr ein, wie wichtig ein gesunder Körper ist.“

> Deshalb, wenn immer uns etwas zustößt oder fehlschlägt oder ein Stillstand in unserer Entwicklung sich bemerkbar macht, denken wir sofort an das Ausstoßen, **Ausatmen,** Wegräumen des Hindernisses. Wir erinnern uns dann immer wieder daran, dass die Mazdaznan-Lehre sagt, um sich gesund zu erhalten, sollte man sich regelmäßig **alle 3 ½ Stunden 5 Minuten** Zeit nehmen, um auszustoßen oder auszuatmen, was sich im Innern angesammelt und in den Weg gelegt hat und die Entwicklung hemmt. Damit wir also keinen Anlass geben, dass sich Hindernisse in unseren Weg werfen, treffen wir Vorsorge und pflegen die Ausatmung regelmäßig.

Besorgen wir das täglich fünfmal, so können wir uns darauf verlassen, dass wir uns nicht nur körperlich gesund erhalten, sondern dass auch Intelligenzen in uns erwachen, die immer wieder alles Widerwärtige und Hemmende zusammenziehen und dem Naturausgang überweisen. Dieses Ausstoßen oder **Ausatmen** wird uns zwar intellektuell und spirituell nicht entwickeln, uns aber immer wieder aufrichten und aufrecht erhalten, so dass wir alles, was nur in den Bereich der Materie gehört, mit Leichtigkeit verrichten können. Wir entlasten uns also dadurch und befreien uns von der Schwere des Alltagslebens.

Allmählich setzen wir dann der Ausatmung das Entgegengesetzte, die **Einatmung,** hinzu, bis wir uns im Innern eines leisen **Seufzers** bewusst werden. Der Seufzer ist das, was man **Konverte** nannte, der Zustand, der einen Umschlag bewirkt. Jeder Atem-Einzug soll gleich einem Einzug in Jerusalem am Palmsonntag sein: wir ziehen in unser Eigentum ein, und der Weg ist uns schon durch die Ausatmung vorbereitet und geebnet. Wir ziehen ein, erfüllt von dem Gedanken, was uns dadurch alles werden wird.

Diese einziehenden Atemwellen erweitern sich in uns und wecken das Gefühl eines wogenden Meeres. Der einziehende Atem konvertiert alles Aufgestapelte, wandelt es um und dieses Umwandeln gleicht einem **Seufzer,** oftmals einem inneren **Schluchzen.** Wir mögen das auch schon oft bemerkt haben, haben es aber immer wieder zu unterdrücken gesucht, indem wir uns sagten: „Am Ende bin ich doch etwas melancholisch angelegt", und haben dann Mittel gebraucht, um diese Melancholie loszuwerden.

Von nun an lassen wir also diesem **innerlichen Seufzen und Schluchzen** freien Lauf bei unseren täglichen Einatmungsübungen, so oft es uns kommt. Selbstverständlich tut Übertreibung nicht gut, weil die Natur, wo es sich um die **Einatmung** handelt, **nur 3 Minuten** wirkt. Will man sie weiterführen als 3 Minuten, also Zwang ausüben, dann schlägt die Natur zurück wie ein feinfühliges Vollblutpferd, das man mit der Peitsche über seine Kräfte antreiben will. Es schlägt aus, weil es aus innerem Trieb sein Bestes tut und deshalb nicht duldet, dass es noch gepeitscht werde.

Der innere Trieb, die **Liebe,** die Schöpfermacht muss sich in den 3 Minuten des Einatmens alles dessen annehmen, was wir an uns gezogen haben. Diese Liebe während des Einatmens macht uns empfänglich, für das durch die Konverte oder Umwandlung Gewordene, so dass wir die **unbefleckte Empfängnis** erleben, die sich dann von Tag zu Tag erweitert und die **Materie** nach und nach **vergeistigt, weil jede einzelne Zelle ihre individuelle Atemweise so verbessert,** dass sich die darin enthaltene **Intelligenz** ihrer selbst **bewusst** wird und nunmehr eine solche Regsamkeit entfaltet, dass der Zelle kein Schaden mehr zugefügt werden kann. Denn die Zelle weist nunmehr allen Einfluss, der vorher noch auf sie ausgeübt werden konnte, von sich ab; sie ist einflussfrei geworden, weil sich ihre

Atmung individualisiert hat. Je mehr diese Zellen sich ihrer Freiheit bewusst werden und sich dementsprechend freiheitlich verhalten, umso freier und selbstbewusster werden wir im großen ganzen und gehen daher Tag um Tag mit größerer Leichtigkeit durch das Leben.

An diese zwei Übungen, **die Aus-Atmungs- und die Ein-Atmungs-Übung**, sollten wir uns immer wieder erinnern, gleichviel, ob wir am Anfang, in der Mitte oder auf einem Höhepunkt unseres Atem-Studiums stehen. Wenn immer uns materiell oder körperlich etwas zustößt, ergeben wir uns sofort der Ausatmungs-Übung. Sollte uns etwas reizen, bedrücken, Kummer, Sorge, Herzeleid bereiten, machen wir sofort die Einatmungs-Übung, atmen ein bis zum Äußersten, halten den Atem einige Sekunden, solange es uns gut dünkt oder bis wir das innere Seufzen oder Schluchzen wahrnehmen, atmen dann erst aus und sogleich wieder ein. So fahren wir fort für 3 Minuten, und in diesen 3 Minuten wird uns immer ein kerniger Gedanke kommen, den wir dann befolgen zu unserem Segen.

Mittlerweile bekommen wir unseren Körper immer mehr unter unsere **Kontrolle**, haben uns **freigemacht** von allem Theoretisieren, Nachgrübeln und anderen Unannehmlichkeiten, fühlen, dass wir im **Zustand der Entwicklung** sind, und nehmen das systematische **Studium des Atems** mit noch größerem Eifer und Fleiß auf oder **erweitern und vertiefen** es. Erst müssen wir uns etwas **bewiesen** haben und gewisse **Erfahrungen** und **Kenntnisse** besitzen, ehe wir das **Bewusstsein absoluter Sicherheit** bekommen. Dann glauben wir nicht mehr, sondern schauen die Wahrheit und sehen klar, was uns noch bevorsteht, wenn wir unserem Studium und unseren Übungen treu bleiben. Mit einem Wort: wir sind **innerlich überzeugt** und lassen uns durch keinerlei Einwände von unserer Überzeugung wegreißen. Ein einziger Beweis, den wir uns selbst geliefert haben, genügt, um tausend Einwände aus dem Feld zu schlagen. Eine Tatsache, deren wir uns bewusst geworden sind, lässt sich nicht mehr abstreiten.

So wachsen und entwickeln wir uns mit jeder Verbesserung und Erweiterung unserer Atemweise, ohne dass uns als Menschen eine Grenze gesetzt wäre. Was wir durch alle unsere wissenschaftlichen Studien auf allen möglichen Gebieten nicht ergründen konnten, hat uns das **Studi-**

um des Atems und der Naturgesetze in Verbindung mit dem getreulichen **Üben** und dem **Befolgen** der Gesetze der Natur offenbar gemacht. Wie Schuppen ist es uns von den Augen gefallen, so dass wir nun die Schätze dieses Lebens vor uns ausgebreitet sehen und unseres Weges schreiten in dem sicheren Gefühl, dass wir **„geleitet und geführt sind bei Seiner Hand“**, wie der Psalmist sagt.

Nun erst begreifen wir, dass wir nie von der ewigwirkenden **Gottesintelligenz** abfallen und auch nicht von ihr im Stich gelassen werden können. Denn wenn sie sich einmal in unserem Bewusstsein eingestellt hat, schafft sie von diesem Augenblick an und schafft immer weiter fort. Hat sich der ewigwirkende Gedanke einmal in unserem Bewusstsein festgesetzt, dann erschließen sich uns alle seine Reiche, eins nach dem anderen, bis in die Unendlichkeit.

Mithin steht jedem Menschen die Erweiterung auf allen Gebieten und in allen Richtungen mit Hilfe des Atems offen.

Sei dem so!

Worterklärungen

Abba Das Anfang- und Endlose, die Unendlichkeit, Gottheit, ewigwirkende Intelligenz, der Name, der jedem der 144 000 an die Stirn geschrieben ist.

Avesta Das lebendige oder gesprochene Wort Gottes, wie es sich in der sichtbaren oder der Erscheinungswelt darstellt; auch die Auslegung des lebendigen Wortes Gottes; auch die Sammlung von Gebeten, die bezwecken, das Leben zu vervollkommnen.

Christus, Chrystos Ist einer, der dazu bestimmt ist, eine Neu-Ordnung zwecks Vervollkommnung der Menschheit herbeizuführen.

Ga-Llama Das Prinzip der Sphären und Atmosphäre, das zentralisierende Lebensprinzip, die Grundlage für die Dualität der ganzen Erscheinungswelt, also auch der Kern des menschlichen Körperwesens; in späterer Zeit wird man dafür "Atom" oder "weltlicher Atom" sagen.

Gesinn Das Gesinn hat seinen Sitz in der Zirbeldrüse. Es kontrolliert, verarbeitet und leitet alle von außen kommenden objektiven Sinneseindrücke und alle von innen kommenden subjektiven Ausstrahlungen.

Illumination Erleuchtung durch den Gottesfunken im Herzen.

Interdenominational Überkonfessionell und überweltanschaulich

Intussuszeption Vollzieht sich unter Leitung des ewigwirkenden Gottgedankens oder der Unendlichkeit ununterbrochen im Weltgeschehen zwischen den Weltallen, der Natur und dem Menschen, im Weltall als Schöpfung, in der Natur als Entwicklung und im Menschen als Vervollkommnung.

Leukokytos Ist das in den Lungenfellen umgewandelte und dann in der Atmosphäre der Blutkörperchen wirksam werdende Ga-Llama; es führt die Umwandlung der mit der Luft eingeatmeten Elemente in der Atmosphäre der Blutkörperchen weiter, reinigt dabei diese Atmosphäre von Fremd- und

Abfallstoffen und vermittelt ihr neue Belebungsstoffe, durch die sich die weißen und roten Blutkörperchen ausbalancieren.

Mazdaznan Sprich: „Masdasnan"; stammt als Wort aus der Zendsprache, bedeutet der Meistergedanke; ist die freie Botschaft an die Welt und umfasst alles: den Gedanken, das Wort und die Tat; ist die älteste und umfassendste Lebenskunde; ist kein Bekenntniswesen, kein Kult und keine Sekte.

4. rhytmische Atemübung Eine leicht andere Form dieser Übung ist auch möglich, wobei man sogleich während der Einatmung die sechs Armkreisungen und die anschließende Ausatmung mit sechs Kreisungen durchführt. Nach der letzten Armkreisung schwingt der Arm weiter, bis er senkrecht nach oben zeigt. Man ballt die Hand zur Faust, atmet dabei tief ein, führt die Beugung mit gestautem Atem nach vorne durch, berührt mit der Faust den Boden, richtet sich wieder auf, atmet aus und lässt dabei den Arm entspannt auspendeln.

Anmerkung: Nach ausführlicher Recherche aller uns zur Verfügung stehenden Schriften haben wir festgestellt, dass die 4. rhythmische Atemübung in zwei leicht unterschiedlichen Formen von Dr. Hanish selbst gegeben wurde. Die hier beschriebene Atemführung entspricht der Art und Weise wie die Übung in der amerikanischen „Health and Breath Culture" beschrieben steht. Die in der 4. Lektion dargestellte Atemführung entspricht dem Ablauf, wie ihn Dr. Hanish 1925 in Herrliberg (Schweiz) durchführte.

Zarvan Akarana Die Unendlichkeit, endlose Zeit, endlose Ruhe, endlose Ursächlichkeit, worin sich Mazda (der Namen des Höchsten und Größten) mit seinen Verbündeten bewegt.

Zend Kunde, Kenntnis, Wissen, Auslegung.

Zend Avesta Die Schriften oder Bücher, in denen das lebendige Wort Gottes ausgelegt wird.

Stichwortverzeichnis

A

B

F

G

H

I

L

M

N

O

P

Q

R

S

T

U

Z

Weiterführende Literatur

MAZDAZNAN

ERNÄHRUNGSKUNDE
und
KOCHBUCH

„Leben wir um zu essen“
oder
„Essen wir um zu leben“?

Glauben Sie auch, gesunde Ernährung macht zu viel Arbeit?
Glauben Sie auch, gesunde Ernährung schmeckt nicht?
Glauben Sie auch, gesunde Ernährung ist Einseitig?
Glauben Sie auch, gesunde Ernährung ist teuer?
Glauben Sie auch, die Familie mag das nicht?
Glauben Sie auch, „Das hilft sowieso nicht!“?
Glauben Sie auch, „Ich kann das nicht!“?
Glauben Sie auch . . . . ?

Verschaffen Sie sich Gewissheit!

Die Mazdaznan-Ernährungskunde führt uns in die Grundprinzipien des menschlichen Lebens ein und stellt die Einzigartigkeit jedes Menschen in den Mittelpunkt.

Das Alter, die Klimazonen, die Jahreszeiten, die berufliche Tätigkeit, die Herkunft und die gesundheitliche Verfassung werden bei der Wahl unserer individuellen Ernährung berücksichtigt. Dabei ist die Mazdaznan-Ernährung keine neue „Ernährungstheorie“, sondern eine auf die Erfahrung von Jahrtausenden beruhende Lebenswissenschaft und Lebenspraxis.

Erfahren Sie mehr über die Heilwirkungen der Nahrungsmittel, die richtige Kombination und ihre Zubereitung. **(348 S.)**

MAZDAZNAN–Monatsratschläge für Küche und Körperpflege (258 S.)

Über die tägliche Küche und Körperhygiene im Wechsel der Jahreszeiten, mit Winken zur Herstellung und Erhaltung der Gesundheit. Die Ratschläge machen uns wieder darauf aufmerksam, daß Mutter Natur nach einem weisen Plane wirkt, zu jeder Jahreszeit etwas besonderes hervorbringt, womit sich der Mensch gesund und leistungsfähig erhalten kann, und auch mit jeder Jahreszeit wechselnde Verhältnisse schafft, aus denen wir Nutzen ziehen sollen und können, wenn wir uns diesem natürlichen Rhythmus anpassen.

MAZDAZNAN–Drüsen-Kunde (292 S.)

Inhaltsübersicht: Drüsen-Kunde – Drüsen-Wesen – Hirn-Anhang – Schilddrüse – Brustbein-Drüse – Sonnengeflechts-Drüse – Neben-Nieren – Geschlechts-Drüsen – Zirbel-Drüse – Drüsen-Übungen. »Je weiter man liest, um so mehr wird es klar, daß die Drüsenkunde der Schlüssel des Weisheitstores ist und die Fülle der Unendlichen Weisheit eröffnet. Nicht nur lesen muß man, sondern studieren, dann aber auch üben. Denn in der Eurhytmie der Drüsenkunde erkennt man die Entwicklung des geistigen Wesens.« (Dr. Hanish)

MAZDAZNAN–Ergänzungslehre
Der Ruf an die Welt/Panopraktik (248 S.)

Eine umfassende Gesundheitslehre. Inhaltsübersicht: – Der Ruf an die Welt – Wiederherstellung der Gesundheit – Krankheits-Stillstand – Krankheits-Ausrottung – Lockerung durch Panopraktik – Entwicklung durch Übung – Übungen für alle Körperteile.

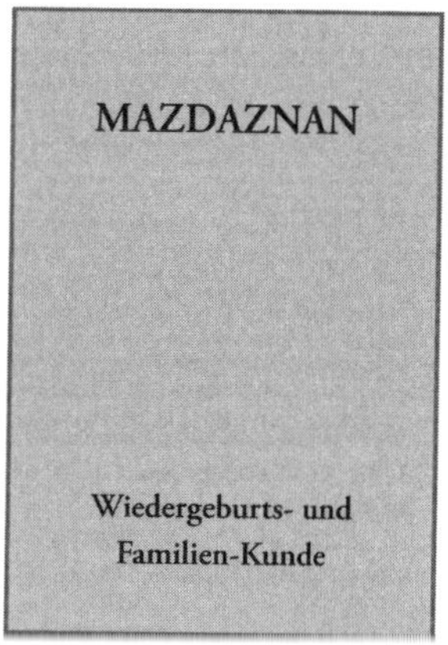

MAZDAZNAN– Wiedergeburts- und Familien-Kunde (241 S.)

Seinerzeit durch Prüderie und Unverstand mißdeutet und von kurzsichtigen Behörden mit Verboten belegt, erlangte dieses hochbedeutsame Werk, durch den voraneilenden Zeitgeist hochgetragen, inzwischen weiteste Anerkennung und löste eine Flut neuen Schrifttums aus, das dem Original jedoch weder an Tiefe noch an Bedeutung gleichkommt.

Inhaltsübersicht: – Wiedergeburts-Kunde – Ordnung im Körper – Die Verdauungsorgane – Das Geschlecht – Die Geschlechtsorgane – Pflege der weiblichen Organe – Pflege der männlichen Organe – Unbefleckte Empfängnis – Die Ehe – Die Familie – Vorausbestimmung des Geschlechts – vorgeburtliche Erziehung.

MAZDAZNAN–Gesundheitswinke (120 S.)

Eine Kurzfassung der Ergänzungslehre / Panopraktik für den täglichen Gebrauch. Ratschläge für die Gesundheit von A wie Atem bis Z wie Zuckerkrankheit

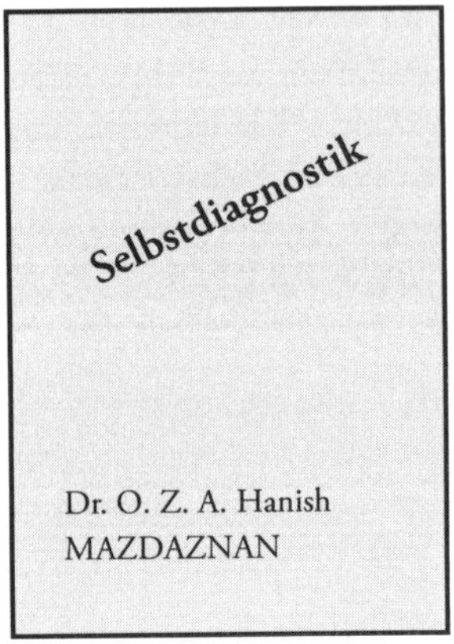

MAZDAZNAN–Selbstdiagnostik (206 S.)

Sich selbst diagnostizieren oder sich seines Wesens kundig zu werden, ist eine der größten Leistungen im Leben. Sobald wir uns selbst kennen lernen, bekommen wir Selbstvertrauen, finden unsere Stärken und Schwächen heraus, können vergleichen und ausgleichen und befähigen uns dadurch mehr und mehr, folgerichtig zu denken und zu handeln.

Inhaltsübersicht: – Grundlage und Neigungen – Die Mitgift der Natur – Dreierlei Naturell – Der intellektuelle Typ – Der spirituelle Typ – Der materielle Typ – Variationen – Grundlinien der Heilkunst – Vorgeburtliche Hemmungen – Erweiterte Selbstdiagnostik – Das Gesetz der Vollkommenheit.

MAZDAZNAN–Harmonie–Kunde (147 S.)

Inhaltsübersicht: – Der Grundton – Die Vokale – Die Tonleiter – Erste bis sechste Harmonie-Übung – Meisterung der Materie – Geistiges Üben – Ton-Lenkung – Musik als Wegbereiter – Das Schwingungsgesetz – Universelle Harmonie – Unser Instrument – Reflektion und Refraktion – Lichtschwingungen – Druck und Gegendruck – Künstlertum – Melodien.

MAZDAZNAN–Natürliche und harmonische Gesundheitspflege (97 S.)

Inhaltsübersicht: – Grundlage und Neigungen – Unnatürliche Körperzustände – Unnatürliche Gehirnzustände – Beziehungen im Körper – Drüsentätigkeit – Leistungssteigerung – Begriffsvermögen – Feingefühl.

MAZDAZNAN–Selbsterziehungs-Kunde (186 S.)

Inhaltsübersicht: – Gedankenlauf – Selbstbewußtsein – Schöpfertum – Zeitgeist – Erziehung des Denkens – Möglichkeiten und Erfolge – Fortschritt – Vergegenwärtigung des Gedankens – Abstraktes Denken – Ausgleichungen – Ergebung – Vervollkommnung – Zügeln und Lenken – Freie Wahl

MAZDAZNAN–Ainyahita in 23 Perlen (235 S.)

Die Weistümer der hl. Ainyahita, die sie vor nunmehr ca. 10 000 Jahren auf Steintafeln der Nachwelt hinterlassen hat. In der Übersetzung von Dr. O.Z.A. Hanish sind uns 23 dieser Steintafeln als ein Dokument aus uralten Zeiten übergeben worden.

Inhaltsübersicht: – Mazda und Ainyahita – A. in Mazdas Gegenwart – A. und ihre Verbundenheit – A. und ihr guter Gedanke – A. auf dem Kampffelde – A. und ihre Frawaschis – A. und der Herr der Heerscharen – A. am Altar des Mana-Sees – A. und der Alte der Zeiten – A. und die Schlange – A. und die Auferstehung – A. und der Schatten – A. und der Ahnenstein – A. und die Elementargeister – A. und die Erlösung der Erde – A. und die Stimme – A. in ihren Gebeten – A. und der Geist der Erde – A. und der Geist der Ausgleichung – A. und Mithra – A. und der Ahnengeist – A. und der Gesalbte des Herrn – A. und der Herr der Herren

MAZDAZNAN–Yehoshua, Das Leben Jesus (242 S.)

Inhaltsübersicht: – 1.Teil: Yehoshua Nazir, Jesus der Nasiräer. – 2.Teil: In den Tagen des Augustus. – 3.Teil: Die geistige Verfassung der Zeit Yessus. – 4.Teil: Jesus im Lichte der Mazdaznan–Botschaft.

MAZDAZNAN–Bambino Bezzari (157 S.)

Ein autobiografischer Einblick in das Leben von Dr. Hanish. Inhaltsübersicht: – Erfahrungen – Beobachtungen – Folgerungen.

MAZDAZNAN–Imanuel 1925 (Meistervorträge)
Band I+II (gesamt 358 S.)

aus dem Inhalt: Die Mazdaznan-Wissenschaft – Verbreitung der Lehre – Entwicklungs-Lehre – Erziehungs-Lehre – Vollkommenheits-Lehre – Mechanik der Vollkommenheit – Frei denken lernen – Sich selbst erziehen – Warum bin »Ich« hier? – Die einzige Schöpferkraft – Die Naturgesetze erfüllen – Das Bindemittel der Ewigkeit – Der Buchstabe tötet –

Das Ziel unserer Entwicklung – Das Gesetz der Vollkommenheit – Selbstentwicklung – Das auserwählte Volk – Die umwälzende Luftdruckidee – Das erste Gesetz der Ökonomie – Die Talente anbringen im Alltag – Das festgesetzte Programm des Lebens – Gedankenübertragung – Die Lehre der Unendlichkeit – Äther-Schwingungen – Das Gesetz der Intus-suszeption – Das Gesetz der Intro-spektion – Leibeigenschaft – Das Gehirnwesen entwickeln – Übungen zur Erweiterung im Denken – Nach der Erziehung die Entwicklung – Der Göttliche Atom – Mitotische Teilung – Verwirklichung.

MAZDAZNAN–Offenbarungen 1931 (Meistervorträge) (288 S.)

aus dem Inhalt: Was ist der Mensch? – Selbstbewertung – Sünde – Talente – Recht und Wahrheit – Das Auge Gottes – Harmonie – Freie Energie – Körper und Gehirn – Selbstdiagnostik – Selbsterkenntnis – Reflektion und Refraktion – Irdische und himmlische Scheibe – Der statische Zustand – Das Herz – Vergeistigung – Die Macht des Gedankens.

MAZDAZNAN–Offenbarungen 1932 (Meistervorträge) (352 S.)

aus dem Inhalt: Der Zweck unseres Daseins – Der gleiche Entwicklungsweg für alle – Die Erkenntnis erweitern – Entdecker- und Erfindergeist – Ökonomischer vorgehen – Äußere und innere Massage – Druck und Gegendruck – Lungen- und Herzmuskeln – Die 3 Gehirnanlagen – Das innere Auge – Selbstvertrauen – Körperkunde für Männerpflege und Frauenpflege – Der Staat, die erweiterte Familie – Arbeitsbeschaffung – Steuerentlastung – Finanzwesen – Handel und Verkehr – Individuelle Freiheit.

MAZDAZNAN–Biblische Gegenwart (128 S.)

Inhaltsübersicht: – Bibel ein Leitfaden der Kultur – Schöpfung – Gedanken sind Dinge – Sünden der Väter – Macht des Gedankens – Gemeinschaftsgeist – Chrystos-Botschaft – Bücher der Bibel – Offenbarung Johannis – Satanas – Taufe – Abendmahl – Lama Sabachthani – Judas Ischariot – Christenheit – Islam – Entwicklungspause – Mazdaznan – Blick in die Zukunft.

MAZDAZNAN–Das Evangelium des Lebens (263 S.)

Inhaltsübersicht: – Chrystosgedanke – Abstrakter Gedanke – Göttlicher und weltlicher Atom – Intelligenz und Materie – Gedanken-Kontrolle – Intelligenzen und Energien – Bewußtseins-Stufen – Harmonische Konzentration – Wegbereiter der Menschheit – Herzgedanke – Abendmahl – Erleuchtung – Talente – Alpha und Omega – Der verlorene Sohn – Individuelle Lebensschule – Kindheit und Jugend – Schöpfertum – Ungehobene Schätze – Atomzeitalter – Worte der Seeligkeit – Männer und Frauen Gottes – All-Bewußtheit – Himmlische Berufung – Erlösung – Ehre sei Gott – Wahrheit und Auslegung – Wunder? – Heilandswissenschaft – Gottesbegriff.

MAZDAZNAN–Weisheitsbuch (266 S.)

Inhaltsübersicht: – Gesetz und Ordnung – Vorwärts und Aufwärts – Ich und die Unendlichkeit – Vergeistigung – Eingebung und Offenbarung – Das innere Licht – Das Auge des Allmächtigen – Riten und Symbole – Verantwortung der Frau – Klarheit – Kenntnis – Verwirklichung

MAZDAZNAN–Lebensfragen (214 S.)

Inhaltsübersicht: – Was weiß ich von Mazdaznan? – Was lehrt mich die Schöpfungsgeschichte? – Wer bin ich? – Begreife ich Gottes Allgegenwart? – Ob auch Gott in mir regiert? – Warum bin ich hier? – Bekenntnis oder Erkenntnis? – Warum innerwärts schauen? – Wie weit reicht mein Glauben? – Habe ich Selbstvertrauen? – Werden mir Offenbarungen? – Kenne ich die Naturgesetze? – Halte ich Ordnung? – Gegensätze oder Ausgleichung? – Wie denke ich? – Wie weit reicht mein Denkvermögen? – Nutze ich meine Wahlfreiheit? – Bin ich erfinderisch? – Habe ich den richtigen Beruf? – Wie helfe ich mir selbst? – Mitleid oder Gerechtigkeit? – Was weiß die Frau von sich? – Was weiß der Mann von sich? – Bin ich ein Kulturmensch? – Kann ich abstrakt denken? – »Jetzt ist die angenehme Zeit!« Auch für mich?

MAZDAZNAN–Das deutsche MANTHRA (252 S.)

Mazdaznan in Lied und Gebet

Inhaltsübersicht: – Mazdaznan – Der Ruf an die Welt – Mazdaznan im Lied – Wie wir singen sollen – Liedertexte – Mazdaznan im Gebet – Wie wir beten sollen – Mazdaznan: Gebete, Erklärungen, Anrufungen – Ainyahita: Aus den 23 Perlen – Avesta: Gatha und Manthra – Gnostische Lob- und Preislieder – Omar Khayyam: Aus seinen Rubayat – Bambino Bezzari: Inspirationen – Mazdaznan in Zusammenkünften – Fasten-Andachten – Tagessprüche: 11 Spruchreihen – Wort-Erklärungen – Alphabetische Verzeichnisse.

Das Wunschkind (128 S.)

Inhaltsübersicht: – Geleitworte von Mutter Maria Hilton und David Hamburger Dr. Hanish: Intime Studien – Ehegeheimnisse – Natur-Gesetzmäßigkeiten – Sexualität, das Eheproblem – Sexualität, das philosophische Problem – Sexualität, das biologische Problem – Die vollkommene Umarmung; A. Schröder: Emanzipation; M. Geldmacher: Das Wunschkind – Der Menschheit Sehnsucht – Vorbereitung und Zeugung – Die Zyklen der Frau – Geschlechtsbestimmung – Die Schwangerschaft – Vorgeburtliche Erziehung – Die erste, zweite, dritte Periode – Allgemeine Winke – Vorbereitung zur Geburt – Die Geburt – Die Pflege des Neugeborenen, der Mutter, des Kleinkindes – Die Ernährung des Kindes – Anhang: – Erstlingsausstattung – Ausrüstung zu Geburt und Wochenbett – Erläuterungen Mutter und Kind – Rezepte für Mutter und Säugling – Ernährung während der Schwangerschaft – Schlußwort; G. Schröder: Zur Entstehung dieser Schrift, Kontaktadressen, Bezugsquellen, Literatur-, Stichwortverzeichnis.

Frauen-Buch (112 S.)

Zeitgemäße Frauenpflege von Dr. med. N. Müller

Der erste Teil des Buchs macht, unterstützt von 10 anatomischen Tafeln, die Frau mit dem Wunderbau der weiblichen Organe bekannt.

Der zweite Teil deckt die Zusammenhänge auf zwischen Gesundheit und Drüsensystem und geistiger Entwicklung, als deren Folge Glück und Erfolg in Beruf und Ehe sich einstellen. Der dritte Teil, aus der Feder von Frau Elisabeth Müller, der Gattin des Autors, gibt schließlich die praktische Anleitung zur Frauenpflege, ergänzt durch eine kurze Einführung in Atemschulung und Gymnastik.

Diätetische und kosmetische Ratschläge beschließen das Buch.

Männerbuch (70 S.)

Die sexuelle Aufklärung des Mannes von Dr. med. N. Müller

Mit anatomischen Illustrationen und Anleitung zu einer wissenschaftlichen Pflege. 14. Auflage.

Das Buch ist für jeden vorwärtsstrebenden Mann ein unentbehrlicher Führer. Von einem befreienden Gesichtspunkt aus klärt es auf über das Wesen der Geschlechtlichkeit und zeigt einen sicheren Weg, wie die sexuellen Kräfte zur körperlichen Gesundung und zur geistigen Entwicklung der Persönlichkeit schöpferisch verwertet werden können.

Notizen:

Kontaktadressen

Mazdaznan im Internet: www.MAZDAZNAN.de

Literatur - Information - Seminare

Lichtweg Arbeitgemeinschaft
Seesener Str. 15 D - 31167 Bockenem
☎ **05067 - 6362**
Fax: 05067 - 2280
Lichtweg@Mazdaznan.de

Wassermann Arbeitsgemeinschaft
Zur Ziegelhütte 13 D - 76228 Karlsruhe
☎ **0721 - 94531-44**
Fax: 0721 - 94531-48
Wassermann@Mazdaznan.de